Karl Kraus
Literatur und Lüge

Suhrkamp

Der Text folgt der Ausgabe:
Karl Kraus, Literatur und Lüge.
Wien/Leipzig: Verlag ›Die Fackel‹ 1929

suhrkamp taschenbuch 1313
Erste Auflage 1987
© Suhrkamp Verlag Frankfurt am Main 1987
Alle Rechte vorbehalten
Satz: Hümmer, Waldbüttelbrunn
Druck: Nomos Verlagsgesellschaft, Baden-Baden
Printed in Germany
Umschlag nach Entwürfen
von Willy Fleckhaus und Rolf Staudt
unter Verwendung einer Fotografie
von Benda d'Ora aus dem Jahre 1908

1 2 3 4 5 6 – 92 91 90 89 88 87

HEINRICH FISCHER GEWIDMET

Mai 1905

Die Büchse der Pandora [*]

... Die Liebe der Frauen enthält wie die Büchse
der Pandora alle Schmerzen des Lebens, aber sie
sind eingehüllt in goldene Blätter und sind so
voller Farben und Düfte, daß man nie klagen
darf, die Büchse geöffnet zu haben. Die Düfte halten das Alter fern und bewahren noch in ihrem
Letzten die eingeborene Kraft. Jedes Glück macht
sich bezahlt, und ich sterbe ein wenig an diesen
süßen und feinen Düften, die der schlimmen
Büchse entsteigen, und trotzdem findet meine
Hand, die das Alter schon zittern macht, noch die
Kraft, verbotene Schlüssel zu drehn. Was ist Leben, Ruhm, Kunst! Ich gebe alles das für die be-
nedeiten Stunden, die mein Kopf in Sommer-
nächten auf Brüsten lag, geformt unter dem Be-
cher des Königs von Thule, – nun wie dieser
dahin und verschwunden ...

Félicien Rops.

»Eine Seele, die sich im Jenseits den Schlaf aus den Augen
reibt.« Ein Dichter und Liebender, zwischen Liebe und
künstlerischer Gestaltung der Frauenschönheit schwankend,
hält Lulus Hand in der seinen und spricht die Worte, die
der Schlüssel sind zu diesem Irrgarten der Weiblichkeit, zu
dem Labyrinth, in dem manch ein Mann die Spur seines
Verstandes verlor. Es ist der letzte Akt des »Erdgeist«. Alle
Typen der Mannheit hat die Herrin der Liebe um sich versammelt, damit sie ihr dienen, indem sie nehmen, was sie zu
spenden hat. Alwa, der Sohn ihres Gatten, spricht es aus.
Und dann, wenn er sich an diesem süßen Quell des Ver-
derbens vollberauscht, wenn sich sein Schicksal erfüllt haben
wird, im letzten Akt der »Büchse der Pandora«, wird er, vor
dem Bilde Lulus delirierend die Worte finden: »Diesem
Porträt gegenüber gewinne ich meine Selbstachtung wieder.
Es macht mir mein Verhängnis begreiflich. Alles wird so na-

---

[*] Gesprochen als Einleitung zur ersten, von mir veranstalteten Aufführung am 29. Mai 1905.

türlich, so selbstverständlich, so sonnenklar, was wir erlebt haben. Wer sich diesen blühenden, schwellenden Lippen, diesen großen unschuldsvollen Kinderaugen, diesem rosig weißen, strotzenden Körper gegenüber in seiner bürgerlichen Stellung sicher fühlt, der werfe den ersten Stein auf uns.« Diese Worte, vor dem Bilde des Weibes gesprochen, das zur Allzerstörerin wurde, weil es von allen zerstört ward, umspannen die Welt des Dichters Frank Wedekind. Eine Welt, in der die Frau, soll sie ihrer ästhetischen Vollendung reifen, nicht verflucht ist, dem Mann das Kreuz sittlicher Verantwortung abzunehmen. Die Erkenntnis, welche die tragische Kluft zwischen blühenden Lippen und bürgerlichen Stellungen begreift, mag heute vielleicht die einzige sein, die eines Dramatikers wert ist. Wer die »Büchse der Pandora«, die im »Erdgeist« zwar ihre stoffliche Voraussetzung hat, aber das gedankliche Verständnis des Ganzen erst erschließt, wer diese Tragödie Lulu begriffen hat, wird der gesamten deutschen Literatur, so da am Weibe schmarotzt und aus den »Beziehungen der Geschlechter« psychologischen Profit zieht, mit dem Gefühle gegenüberstehen, das der Erwachsene hat, wenn ihm das Einmaleins beigebracht werden soll. Ich würde mich nicht scheuen, diese große Revue psychologischer Kindereien mit manchem Klassiker zu eröffnen. Die tiefsten Erforscher männlichen Gefühlslebens haben vor dem Augenaufschlag ihrer eigenen Heldinnen zu stammeln begonnen, und die unsägliche Tragik, der sie Worte liehen, war durch alle Zeiten die Tragik der verlorenen Virginität. Ein »Werde du zur Dirne«, oft auch bloß ein verschämtes »Werde du zur –«, von irgendeinem Knasterbart gemurmelt, wir hören es durch alle dramatischen Entwicklungen bis in unsere Tage: immer wieder sehen wir den dramatischen Knoten aus einem Jungfernhäutchen geschürzt. Nie haben sich hier die Dichter als Erlöser der Menschheit gefühlt, sondern sich mit ihr unter das Damoklesschwert gebeugt, das sie in christlicher Demut freiwillig über sich aufgehängt hat. Den Irrwahn, daß die Ehre der Welt vermindert wird, wenn sie ihre Freude vermehrt, haben sie gläubig nachgebetet. Und sie schrieben Tragödien über das, »worüber kein Mann wegkann«. Daß man über die knorrigen Plattheiten eines denkenden Tischlermeisters viel weniger wegkönnen sollte als über das Abenteuer seiner Maria Magdalena, ist ja eine literarische Angelegenheit für sich. Aber dem dramatischen Gejammer über die Verminderung des weiblichen Marktwertes hat erst Frank Wedekind entsagt und abgesagt. In seiner Bekenntnisdichtung »Hidalla« erhebt sich Fanny turmhoch über den Freier, der sie verschmäht hat, weil ihr »der Vorzug« mangelt, der ihre Geschlechtsgenossinnen erst preiswert macht: »Deswegen also bin ich jetzt nichts mehr?! Das also war die Hauptsache an mir?! Läßt sich eine schmachvollere Beschimpfung für ein menschliches Wesen ersinnen? – als deswegen, um eines solchen – Vorzugs willen geliebt zu werden?! – – Als wäre man ein Stück Vieh!« . . . Und dann die gewaltige Doppeltragödie, deren zweiten Teil Sie heute schauen werden, die Tragödie von der gehetzten, ewig mißverstandenen Frauenanmut, der eine armselige Welt bloß in das Prokrustesbett ihrer Moralbegriffe zu steigen erlaubt. Ein Spießrutenlauf der Frau, die vom Schöpferwillen dem Egoismus des Besitzers zu dienen nicht bestimmt ist, die nur in der Freiheit zu ihren höheren Werten emporsteigen kann. Daß die flüchtige Schönheit des Tropenvogels mehr beseligt als der sichere Besitz, bei dem die Enge des Bauers die Pracht des Gefieders verwundet, hat sich noch kein Vogelsteller gesagt. Sei die Hetäre ein Traum des Mannes. Aber die Wirklichkeit soll sie ihm zur Hörigen – Hausfrau oder Maitresse – machen, weil das soziale Ehrbedürfnis ihm selbst über den Traum geht. So will auch jeder, der die polyandrische Frau will, diese für sich. Solchen Wunsch, nichts weiter, hat man als den Urquell aller Tragödien der Liebe zu betrachten. Der Erwählte sein wollen, ohne der Frau das Wahlrecht zu gewähren. Und daß vollends Titania auch einen Esel herzen könne, das wollen die Oberone nie begreifen, weil sie gemäß ihrer höheren Besinnungsfähigkeit und ihrer geringeren Geschlechtsfähigkeit nicht imstande wären, eine Eselin zu herzen. Darum werden sie in der Liebe selbst zu Eseln. Ohne ein vollgerüttelt Maß von sozialer Ehre können sie nicht leben: und darum Räuber und Mörder! Zwischen den Leichen aber schreitet eine Nachtwandlerin der Liebe dahin. Sie, in der alle Vorzüge der Frau eine in sozialen Vorstellungen befangene Welt zu »Lastern« werden ließ.

Einer der dramatischen Konflikte zwischen der weiblichen Natur und einem männlichen Dummkopf hat Lulu der irdischen Gerechtigkeit ausgeliefert, und sie müßte in neunjähriger Kerkerhaft darüber nachdenken, daß Schönheit eine Strafe Gottes sei, wenn nicht die ihr ergebenen Sklaven der Liebe einen romantischen Plan zu ihrer Befreiung ausheckten, einen, der in der realen Welt nicht einmal in fanatisierten Gehirnen reifen, auch fanatischem Willen nicht gelingen kann. Mit Lulus Befreiung aber – durch das Gelingen des Unmöglichen zeichnet der Dichter die Opferfähigkeit der Liebessklaverei besser als durch die Einführung eines glaubhafteren Motivs – hebt die »Büchse der Pandora« an. Lulu, die Trägerin der Handlung im »Erdgeist«, ist jetzt die Getragene. Mehr als früher zeigt sich, daß ihre Anmut die eigentliche leidende Heldin des Dramas ist; ihr Porträt, das Bild ihrer schönen Tage, spielt eine größere Rolle als sie selbst, und waren es früher ihre aktiven Reize, die die Handlung schoben, so ist jetzt auf jeder Station des Leidensweges der Abstand zwischen einstiger Pracht und heutigem Jammer der Gefühlserreger. Die große Vergeltung hat begonnen, die Revanche einer Männerwelt, die die eigene Schuld zu rächen sich erkühnt. »Die Frau«, sagt Alwa, »hat in diesem Zimmer meinen Vater erschossen; trotzdem kann ich in dem Morde wie in der Strafe nichts anderes als ein entsetzliches Unglück sehen, das sie betroffen hat. Ich glaube auch, mein Vater hätte, wäre er mit dem Leben davongekommen, seine Hand nicht vollständig von ihr abgezogen.« In dieser Empfindensfähigkeit gesellt sich dem überlebenden Sohn der Knabe Alfred Hugenberg, dessen rührendes Schwärmen im Selbstmord endet. Aber zu einem Bündnis, das ergreifender nie erfunden wurde, treten Alwa und die opferfreudige, seelenstarke Freundin Geschwitz zusammen, zum Bündnis einer heterogenen Geschlechtlichkeit, die sie doch beide dem Zauber der allgeschlechtlichen Frau erliegen läßt. Das sind die wahren Gefangenen ihrer Liebe. Alle Enttäuschung, alle Qual, die von einem geliebten Wesen ausgeht, das nicht zu seelischer Dankbarkeit erschaffen ist, scheinen sie als Wonnen einzuschlürfen, an allen Abgründen noch Werte bejahend. Ihre Gedankenwelt ist, mag er sie auch noch so sehr in einzelnen Zügen von der seinen absondern, die Gedankenwelt des Dichters, jene, die schon in dem Shakespeareschen Sonett zu tönen anhebt:

> Wie lieblich und wie süß machst Du die Schande,
> Die wie ein Wurm in duftiger Rose steckt
> Und Deiner Schönheit Knospenruf befleckt –
> Du hüllst die Schuld in wonnige Gewande!
> Die Zunge, die wohl Deinen Wandel tadelt,
> Wenn sie leichtfertig deutend, von Dir spricht,
> Läßt ohne Lob doch selbst den Tadel nicht,
> Weil schon Dein Name bösen Leumund adelt.
> O welche Wohnung ward den Fehlern, die
> Zu ihrem Aufenthalt Dich auserlesen!
> Die reinste Schönheit überschleiert sie
> Und tadellos erscheint Dein ganzes Wesen.

Man kanns auch – mit dem albernen Roman-Medizinerwort – Masochismus nennen. Aber der ist vielleicht der Boden künstlerischen Empfindens. Der »Besitz« der Frau, die Sicherheit des beatus possidens ist es, ohne was Phantasiearmut nicht glücklich sein kann. Realpolitik der Liebe! Rodrigo Quast, der Athlet, hat sich eine Nilpferdpeitsche angeschafft. Mit der wird er sie nicht nur zur »zukünftigen pompösesten Luftgymnastikerin der Jetztzeit« machen, sondern auch zum treuen Eheweib, das bloß jene Kavaliere bei sich zu empfangen hat, die er selbst bestimmt. Mit diesem unvergleichlichen Philosophen der Zuhältermoral beginnt der Zug der Peiniger: nun werden die Männer an Lulu durch Gemeinheit vergelten, was sie durch Torheit an ihr gesündigt haben. Die Reihe der verliebten Alleinbesitzer wird naturnotwendig

13

von der Reihe der Praktiker der Liebe abgelöst. In ihr folgt
auf Rodrigo, der leider die Fähigkeit verlernt hat, »zwei
gesattelte Kavalleriepferde auf seinem Brustkorb zu balan-
cieren«, Casti Piani, dessen Schurkengesicht eine bösere
sadistische Gewalt über Lulus Sexualwillen erlangte. Um
dem einen Erpresser zu entrinnen, muß sie sich dem andern
an den Hals werfen, jedermanns Opfer, jeden opfernd, bis
der Erschöpften als der letzte und summarische Rächer des
Mannsgeschlechts – Jack the Ripper in den Weg tritt. Von
Hugenberg, dem seelischesten, führt der Weg bis zu Jack,
dem sexuellsten Manne, dem sie zufliegt wie die Motte dem
Licht – dem extremsten Sadisten in der Reihe ihrer Peiniger,
dessen Messeramt ein Symbol ist: er nimmt ihr, womit sie
an den Männern gesündigt hat. –

Aus einer losen Reihe von Vorgängen, die eine Kolportage-
romanphantasie hätte erfinden können, baut sich dem helle-
ren Auge eine Welt der Perspektiven, der Stimmungen und
Erschütterungen auf, und die Hintertreppenpoesie wird zur
Poesie der Hintertreppe, die nur jener offizielle Schwachsinn verdammen kann, dem ein schlecht gemalter Palast
lieber ist als ein gut gemalter Rinnstein. Aber nicht auf solcher Szene liegt hier die Wahrheit, sondern noch hinter ihr.
Wie wenig Platz fände in Wedekinds Welt, in der die Menschen um der Gedanken willen leben, ein Realismus der Zu-
stände! Er ist der erste deutsche Dramatiker, der wieder
dem Gedanken den langentbehrten Zutritt auf die Bühne
verschafft hat. Alle Natürlichkeitsschrullen sind wie weg-
geblasen. Was über und unter den Menschen liegt, ist wichtiger, als welchen Dialekt sie sprechen. Sie halten sogar wieder – man wagt es kaum für sich auszusprechen – Monologe.
Auch wenn sie miteinander auf der Szene stehen. Der Vorhang geht auf, und ein gedunsener Athlet spinnt seine Zu-
kunftsträume von fetten Gagen und Zuhältergewinsten, ein
Dichter zetert wie Karl Moor über das tintenklecksende Säkulum, und eine leidende Frau träumt von der Rettung ihrer
abgöttisch geliebten Freundin. Drei Menschen, die aneinan-
der vorbeisprechen. Drei Welten. Eine dramatische Technik,

14

die mit einer Hand drei Kugeln schiebt. Man kommt dahinter, daß es eine höhere Natürlichkeit gibt als die der kleinen Realität, mit deren Vorführung uns die deutsche Literatur durch zwei Jahrzehnte im Schweiße ihres Angesichtes dürftige Identitätsbeweise geliefert hat. Eine Sprache, die die verblüffendste Verbindung von Charakteristik und aphoristischer Erhöhung darstellt. Jedes Wort zugleich der Figur und ihrem Gedanken, ihrer Bestimmung angepaßt: Gesprächswendung und Motto. Der Zuhälter spricht: »Bei ihrer praktischen Einrichtung kostet es die Frau nicht halb so viel Mühe, ihren Mann zu ernähren, wie umgekehrt. Wenn ihr der Mann nur die geistige Arbeit besorgt und den Familiensinn nicht in die Binsen gehen läßt.« Wie hätte das ein sogenannter Realist ausgedrückt? Szenen wie die zwischen Alwa und Lulu im ersten, zwischen Casti Piani und Lulu im zweiten und vor allem jene im letzten Akt, in der die Geschwitz mit Lulus Porträt in das Londoner Elend hineinplatzt, hat ein anderer deutscher Dramatiker mit kunstvollster Stimmungstechnik nicht zustande gebracht, und keine andere Hand hätte heute Mut und Kraft zu solchem Griff in das Menscheninnerste. Shakespearisch grotesk wie das Leben selbst ist diese Abwechslung clownhafter und tragischer Wirkungen bis zu der Möglichkeit, beim Stiefelanziehen von stärkster Erschütterung durchwühlt zu sein. Diese visionär gewendete Moritat, diese vertiefte Melodramatik des »Von Stufe zu Stufe« ist außen Lebensbild, innen Bild des Lebens. Wie ein Fiebertraum – der Traum eines an Lulu erkrankten Dichters – jagen diese Vorgänge. Alwa könnte am Schluß sich über die Augen fahren und in den Armen einer erwachen, die sich erst im Jenseits den Schlaf aus den Augen reibt. Dieser zweite, der Pariser Akt, mit seinen matten Farben eines schäbigen Freudenlebens: alles wie hinter einem Schleier, bloß eine Etappe auf den parallelen Leidenswegen Lulus und Alwas. Sie, vorne, das Blatt eines Erpressers zerknitternd, er hinten im Spielzimmer, ein schwindelhaftes Wertpapier in der Hand. Im Taumel der Verlumpung hastet er über die Szene. Alles drängt dem Abgrund zu. Ein Gewirr von Spielern und Kokotten, die ein gaunerischer Bankier betrügt. Alles schemenhaft und in einer Sprache gehalten, die einen absichtlich konventionellen Ton muffiger Romandialoge hat: »Und nun kommen Sie, mein Freund! Jetzt wollen wir unser Glück im Baccarat versuchen!« Der »Marquis Casti Piani« – nicht als die Charge eines Mädchenhändlers, sondern als die leibhaftige Mission des Mädchenhandels auf die Bühne gestellt. In zwei Sätzen soziale Schlaglichter von einer Grellheit, die nur der Schleier der Vorgänge dämpft, ein Ironiegehalt, der hundert Pamphlete gegen die Lügnerin Gesellschaft und gegen den Heuchler Staat überflüssig macht. Ein Mensch, der Polizeispion und Mädchenhändler zugleich ist: »Die Staatsanwaltschaft bezahlt demjenigen, der die Mörderin des Dr. Schön der Polizei in die Hand liefert, 1000 Mark. Ich brauche nur den Polizisten heraufzupfeifen, der unten an der Ecke steht, dann habe ich 1000 Mark verdient. Dagegen bietet das Etablissement Oikonomopulos in Kairo 60 Pfund für Dich. Das sind 1200 Mark, also 200 Mark mehr als der Staatsanwalt bezahlt.« Und, da ihn Lulu mit Aktien abfertigen will: »Ich habe mich nie mit Aktien abgegeben. Der Staatsanwalt bezahlt in deutscher Reichswährung und Oikonomopulos zahlt in englischem Gold.« Die unmittelbarste Exekutive staatlicher Sittlichkeit und die Vertretung des Hauses Oikonomopulos in einer und derselben Hand vereinigt . . . . Ein gespenstisches Huschen und Hasten, ein Grad dramatischer Andeutung, den Offenbach festgehalten hat, da er die Stimmungen E. T. A. Hoffmanns vertonte. Olympia-Akt. Wie Spalanzani, der Adoptivvater eines Automaten, beschwindelt dieser Puntschu mit seinen falschen Papierwerten die Gesellschaft. Seine dämonische Verschmitztheit findet in ein paar Monologsätzen einen philosophischen Ausdruck, der den Unterschied der Geschlechter tiefer erfaßt als alle Wissenschaft der Neurologen. Er kommt aus dem Spielsaal und freut sich diebisch, daß seine Judenmoral um soviel einträglicher ist als die Moral der Huren, die dort um ihn versammelt waren. Sie müssen ihr Geschlecht, ihr »Josaphat«, vermieten – er kann

16

sich mit seinem Verstand helfen. Die armen Frauenzimmer setzen das Kapital ihres Körpers zu; der Verstand des Spitzbuben erhält sich frisch: »braucht er sich nicht zu baden in Eau de Cologne!« So triumphiert die Unmoral des Mannes über die Nichtmoral der Frau. Der dritte Akt. Hier, wo Knüppel, Revolver und Schlächtermesser spielen, aus diesen Abgründen einer rohen Tatsachenwelt klingen die reinsten Töne. Das Unerhörte, das sich hier begibt, mag den abstoßen, der von der Kunst nichts weiter verlangt als Erholung oder daß sie doch nicht die Grenze seiner eigenen Leidensmöglichkeit überschreite. Aber sein Urteil müßte so schwach sein wie seine Nerven, wollte er die Großartigkeit dieser Gestaltung leugnen. Mit realistischen Erwartungen freilich darf man diese Fiebervision in einer Londoner Dachkammer so wenig miterleben wollen, wie die »unwahrscheinliche« Befreiungsgeschichte im ersten Akt und die Beseitigung Rodrigos im zweiten. Und wer in diesem Nacheinander von vier Liebeskunden der als Straßenmädchen verendenden Lulu eine rohe Pikanterie und nicht in diesem Wechsel grotesker und tragischer Eindrücke, in dieser Anhäufung schrecklicher Gesichte den Einfall eines Dichters sieht, darf sich über die niedrige Schätzung seiner eigenen Erlebnisfähigkeit nicht beklagen. Er verdient es, Zeitgenosse jener dramatischen Literatur zu sein, über die Frank Wedekind durch den Mund seines Alwa so bitter abspricht. Aber man kann im Ernst nicht glauben, daß einer so kurzsichtig sein könnte, über der »Peinlichkeit« des Stoffes die Größe seiner Behandlung und die innere Notwendigkeit seiner Wahl zu verkennen. Vor Knüppel, Revolver und Messer zu übersehen, daß sich dieser Lustmord wie ein aus den tiefsten Tiefen der Frauennatur geholtes Verhängnis vollzieht; über der lesbischen Verfassung dieser Gräfin Geschwitz zu vergessen, daß sie Größe hat und kein pathologisches Dutzendgeschöpf vorstellt, sondern wie ein Dämon der Unfreude durch die Tragödie schreitet. Zwar, die unendlichen Feinheiten dieser groben Dichtung erschließen sich dem Leser erst bei genauerer Bekanntschaft: Lulus Vorahnung ihres

Endes, das schon auf den ersten Akt seine Schatten wirft, dieses Dahinschweben unter einem Bann und dieses Vorübergleiten an den Schicksalen der Männer, die ihr verfallen sind: auf die Nachricht vom Tode des kleinen Hugenberg im Gefängnis fragt sie, ob denn »der auch im Gefängnis ist«, und Alwas Leichnam macht ihr die Stube bloß unbehaglicher. Dann die blitzartige Erkenntnis des extremsten Mannes, Jacks, der dem unweiblichsten Weibe »wie einem Hunde den Kopf streichelt« und sofort die Beziehung dieser Geschwitz zu Lulu und damit ihre Nichteignung für sein fürchterliches Bedürfnis mitleidig wahrnimmt. »Dies Ungeheuer ist ganz sicher vor mir«, sagt er, nachdem er sie niedergestochen hat. Sie hat er nicht zur Lust gemordet, bloß als Hindernis beseitigt. Zu seiner Befriedigung könnte er ihr höchstens das Gehirn herausschneiden. –

Nicht eindringlich genug kann davor gewarnt werden, das Wesen der Dichtung in ihrer stofflichen Sonderbarkeit zu suchen. Eine Kritik, deren hausbackene Gesundheit sich über Dinge der Liebe den Kopf nicht zerbricht, hat schon im »Erdgeist« nichts weiter als ein Boulevard-Drama sehen wollen, in dem der Autor »Krasses mit Zotigem gemengt« habe. Ein führender Berliner Geist hat die Ahnungslosigkeit, mit der er der Welt des Doppeldramas gegenübersteht, durch den Rat bewiesen, der begabte Autor möge nur schnell ein anderes Stoffgebiet wählen. Als ob der Dichter »Stoffe wählen« könnte, wie der Tailleur oder der Wochenjournalist, der auch fremden Meinungen sein stilistisches Kleid borgt. Von der Urkraft, die hier Stoff und Form zugleich gebar, hat heute die deutsche Kritik noch keine Ahnung. Daß die offizielle Theaterwelt ihr Modernitätsideal im jährlichen Pensum ihrer geschickten Ziseleure erfüllt wähnt, daß der Tantièmensegen immerzu die Mittelmäßigkeit befruchtet und die Persönlichkeit die einzige Auszeichnung genießt, keinen Schiller-, Grillparzer- oder Bauernfeldpreis (oder wie die Belohnung für Fleiß, gute Sitten und Talentlosigkeit sonst heißen mag) zu bekommen – man ist gewohnt, es als etwas Selbstverständliches hinzunehmen. Aber nachgerade muß es erbittern, einen Dramatiker, der keine Zeile geschrieben hat, die nicht Weltanschauung und Theateranschauung zu absoluter Kongruenz brächte, und dessen perspektivische Gedankenreihen endlich über das armselige Milieugeschäft emporweisen, von der offiziellen Kunstwelt als ein Kuriosum behandelt zu sehen. Er ist »grotesk«. Und damit glauben die Gerechten, die in der Literatur immer zwei Fliegen mit einem Schlagwort treffen, ihn abgestempelt zu haben. Als ob das Groteske immer Selbstzweck einer Artistenlaune wäre! Sie verwechseln die Maske mit dem Gesicht und keiner ahnt, daß der groteske Vorwand hier nichts geringeres bedeuten könnte, als das Schamgefühl des Idealisten. Der auch Idealist bleibt, wenn er in einem Gedichte bekennt, daß er lieber eine Hure wäre, »als an Ruhm und Glück der reichste Mann«, und dessen Schamgefühl in viel tiefere Sphären langt, als das Schamgefühl derer, die an Stoffen Anstoß nehmen.

Der Vorwurf, daß man in eine Dichtung etwas »hineingelegt« habe, wäre ihr stärkstes Lob. Denn nur in jene Dramen, deren Boden knapp unter ihrem Deckel liegt, läßt sich beim besten Willen nichts hineinlegen. Aber in das wahre Kunstwerk, in dem ein Dichter seine Welt gestaltet hat, können eben alle alles hineintun. Was in der »Büchse der Pandora« geschieht, kann für die ästhetische wie – hört, hört – für die moralistische Betrachtung der Frau herangezogen werden. Die Frage, ob es dem Dichter mehr um die Freude an ihrem Blühen oder mehr um die Betrachtung ihres ruinösen Waltens zu tun ist, kann jeder wie er will beantworten. So kommt bei diesem Werke schließlich auch der Sittenrichter auf seine Rechnung, der die Schrecknisse der Zuchtlosigkeit mit exemplarischer Deutlichkeit geschildert sieht und der in dem blutdampfenden Messer Jacks mehr die befreiende Tat erkennt als in Lulu das Opfer. So hat sich ein Publikum, dem der Stoff mißfällt, wenigstens nicht über die Gesinnung zu entrüsten. Leider. Denn i ch halte die Gesinnung für arg genug. Ich sehe in der Gestaltung der Frau, die die Männer zu »haben« glauben, während sie von ihr gehabt werden, der Frau, die Jedem eine andere ist, Jedem ein anderes Gesicht zuwendet und darum seltener betrügt und jungfräulicher ist als das Püppchen domestiker Gemütsart, ich sehe darin eine vollendete Ehrenrettung der Unmoral. In der Zeichnung des Vollweibes mit der genialen Fähigkeit, sich nicht erinnern zu können, der Frau, die ohne Hemmung, aber auch ohne die Gefahren fortwährender seelischer Konzeption lebt und jedes Erlebnis im Vergessen wegspült. Begehrende, nicht Gebärende; nicht Genus-Erhalterin, aber Genuß-Spenderin. Nicht das erbrochene Schloß der Weiblichkeit; doch stets geöffnet, stets wieder geschlossen. Dem Gattungswillen entrückt, aber durch jeden Geschlechtsakt selbst neu geboren. Eine Nachtwandlerin der Liebe, die erst »fällt«, wenn sie angerufen wird, ewige Geberin, ewige Verliererin – von der ein philosophischer Strolch im Drama sagt: »Die kann von der Liebe nicht leben, weil ihr Leben die Liebe ist.« Daß der Freudenquell in dieser engen Welt zur Pandorabüchse werden muß: diesem unendlichen Bedauern scheint mir die Dichtung zu entstammen. »Der nächste Freiheitskampf der Menschheit«, sagt Wedekind in seinem programmatischeren Werke »Hidalla«, »wird gegen den Feudalismus der Liebe gerichtet sein! Die Scheu, die der Mensch seinen eigenen Gefühlen gegenüber hegt, gehört in die Zeit der Hexenprozesse und der Alchymie. Ist eine Menschheit nicht lächerlich, die Geheimnisse vor sich selber hat?! Oder glauben Sie vielleicht an den Pöbelwahn, das Liebesleben werde verschleiert, weil es häßlich sei?! Im Gegenteil, der Mensch wagt ihm nicht in die Augen zu sehen, so wie er vor seinem Fürsten, vor seiner Gottheit den Blick nicht zu heben wagt! Wünschen Sie einen Beweis? Was bei der Gottheit der Fluch, das ist bei der Liebe die Zote! Jahrtausende alter Aberglaube aus den Zeiten tiefster Barbarei hält die Vernunft im Bann. Auf diesem Aberglauben aber beruhen die drei barbarischen Lebensformen, von denen ich sprach: Die wie ein wildes Tier aus der menschlichen Gemeinschaft hinausgehetzte Dirne; das zu körperlicher und geistiger Krüppelhaftigkeit verurteilte, um

sein ganzes Liebesleben betrogene alte Mädchen; und die
zum Zweck möglichst günstiger Verheiratung bewahrte Un-
berührtheit des jungen Weibes. Durch dieses Axiom hoffte
ich den Stolz des Weibes zu entflammen und zum Kampf-
genossen zu gewinnen. Denn von Frauen solcher Erkenntnis
erhoffte ich, da mit Wohlleben und Sorglosigkeit einmal abgerechnet war, eine frenetische Begeisterung für mein Reich
der Schönheit.«
Nichts ist billiger als sittliche Entrüstung. Ein kultiviertes
Publikum – nicht nur die Vorsicht der Polizeibehörde, auch
der Geschmack der Veranstalter sorgte für seine Zusam-
mensetzung – verschmäht billige Mittel der Abwehr. Es
verzichtet auf die Gelegenheit, seiner eigenen Wohlanstän-
digkeit applaudieren zu können. Das Gefühl dieser Wohl-
anständigkeit, das Gefühl, den auf der Bühne versammelten
Spitzbuben und Sirenen moralisch überlegen zu sein, ist ein
gefesteter Besitz, den nur der Protz betonen zu müssen
glaubt. Bloß er möchte auch dem Dichter seine Überlegenheit zeigen. Dies aber könnte uns nie abhalten, auf die fast
übermenschliche Mühe stolz zu sein, die wir daran wandten,
dem starken und kühnen Dramatiker unsere Achtung zu beweisen. Denn keinem haben sich wie ihm die Striemen, die
seelisches Erleben schlug, zu Ackerfurchen dichterischer Saat
gewandelt.

NOTIZEN

Juni 1906

Zwischen Ibsen-Essays von Karl Hauer und Frank Wedekind

Dieser Entlarvung eines berühmten Spiritisten stimme ich durchaus zu. Nur daß ich ausdrücklicher meine tiefste Verehrung bekunden möchte für den Dichter, der »Kaiser und Galiläer« und »Die Kronprätendenten«, »Brand« und »Peer Gynt«, »Frau Inger« und »Die nordische Heerfahrt« geschaffen hat – und dann hinging, um ein Rationalist des Wunderbaren zu werden, doch aus der nüchternsten Sache von der Welt, der Gesellschaftskritik, ein dramatisches Abracadabra zu machen. In jenen Zustand von Nichtberauschtheit zu verfallen, in dem man bereits weiße Pferde sieht, und als genialer Proktophantasmist ein Zeitalter zu schrekken. In faustischen Nebel, den eine seltene Wortkunst erzeugte, vermag die Phantasie des Betrachters ihre Gestalten zu stellen. Der Nebel eines modernen Ibsen-Dialogs ist uneinnehmbar, einer kahlen Gedankenprosa antwortet kein Echo jener Fjordwand, die einst des großen Dramatikers Ibsen große Kulisse war. »Und dann ist sie (die Wildente) auf dem Meeresgrund gewesen.« »Warum sagen Sie Meeresgrund?« »Was sollt' ich sonst sagen?« »Sie könnten sagen: Boden des Meeres – oder Meeresboden.« »Kann ich nicht ebenso gut Meeresgrund sagen?« »Ja, aber für mich klingt es immer so seltsam, wenn andere Leute Meeresgrund sagen.« Goethe: »Die Mütter sind es!« »Mütter!« »Schaudert's dich?« »Die Mütter! Mütter! – 's klingt so wunderlich!« Und doch wie anders!... Aber ist's nicht auch wunderlich, zu sehen, wie sich das Vernunftgesindel der Tageskritik, wie sich alte Literaturprofessoren, deren psychologisches Verständnis gestern noch bis zur Enträtselung von Raupach und deren Modernität bis zur Genehmigung von Richard Voss reichte, plötzlich verständnisvoll um Ibsen bemühen? Da dürfen wir Jüngeren ehrlicher bekennen, daß wir vom

22

Ibsen des bürgerlichen Dramas nicht viel mehr begreifen, als daß er der Apostel der Lehramtskandidatinnen geworden ist. Ein lebertraniger Moralist hat, soweit wir Zauberformeln verstehen, den Fortschritt der Menschheit in der geistig-sittlichen Belastung des Weibes erblickt und dem gedrückten »Weibchen« (Elvsted, Maja), in dem der echte Naturwille seine Erfüllung findet, jene Homuncula, die nur mehr der Trieb zu übersinnlichen Freuden gefährdet, gegenübergestellt; hat den Zwang, Puppe zu sein, als ein Problem der Frau erfaßt und nicht das Recht, Puppe zu sein. Er steht am Ende einer langen Reihe von Dramatikern, für die »Mann und Weib eins« sind und die, wenn sich ein Konflikt ergibt, den dramatischen Knoten aus dem verlorenen Jungfernhäutchen knüpfen. Er ist einer, der den Unterschied der Geschlechter so begreift, daß er die männlichen Eigenschaften auf die Frau überträgt. »Worauf es ankommt, das ist die Revolutionierung des Menschengeistes.« Aus dem Germanisch-Christlichen etwa ins Christlich-Germanische. Mit Wahrheit, Freiheit und Lebertran! Es gilt »Adelsmenschen« zu erschaffen. Hoffentlich werden sie auf das Ordensband des Herzogs von Meiningen nicht wenig stolz sein.

Juni 1907

Herr Harden, der Zitatenreiche, druckt unter einem Essay von Hedwig Dohm über Frauenlyrik einige Sätze von Luther, Rousseau, Goethe und Jean Paul ab, die das Lob weiblicher Handarbeit in der Dichtkunst in nicht unpassender Weise entwerten. Luthers starkes Wort: »Wenn Weiber wohlberedt sind, das ist an ihnen nicht zu loben; es steht ihnen an, daß sie stammeln und nicht wohlreden können. Das zieret sie viel besser«, macht eigentlich auch alle Beredsamkeit der Männer über das Weib überflüssig. In unklar zusammengestellten Zitaten aus Eckermanns Gesprächen mit Goethe verblüfft eine Bemerkung, die Goethes Arzt, Hofrat Rehbein, fallen läßt und die wie eine Ahnung modernster Erkenntnisse vom Uterus anmutet. Herr Harden zitiert sie unvollständig, weil er die Bedeutung solcher Erkenntnisse geringer einschätzt als die Bedeutung der Marokko-Konferenz. Die Stelle lautet vollständig: »Das Gespräch kam nun auf die Dichterinnen im allgemeinen, und der Hofrat Rehbein bemerkte, daß das poetische Talent der Frauenzimmer ihm oft als eine Art von geistigem Geschlechtstrieb vorkomme. ›Da hören Sie nur‹, sagte Goethe lachend, indem er mich ansah, ›geistigen Geschlechtstrieb! – wie der Arzt das zurechtlegt!‹ – ›Ich weiß nicht, ob ich mich recht ausdrücke‹, fuhr dieser fort, ›aber es ist so etwas. Gewöhnlich haben diese Wesen das Glück der Liebe nicht genossen, und sie suchen nun in geistigen Richtungen Ersatz. Wären sie zu rechter Zeit verheiratet und hätten sie Kinder geboren, sie würden an poetische Produktionen nicht gedacht haben!‹« Goethe sagt dann: »Ich will nicht untersuchen, inwiefern Sie in diesem Fall (Therese von Jakob, Übersetzerin serbischer Volkslieder) recht haben; aber bei Frauenzimmertalenten anderer Art habe ich immer gefunden, daß sie mit der Ehe aufhörten. Ich habe Mädchen gekannt, die vortrefflich zeichneten, aber sobald sie Frauen und Mütter wurden, war es aus; sie hatten mit den Kindern zu tun und nahmen keinen Griffel mehr in die Hand.« Freilich, nie sollte man ein der Frauenrechtlerei feindliches Bekenntnis durch Goethes prächtige Absage an die Männer auszugleichen versäumen: »Man hatte die gelehrten Weiber lächerlich gemacht und wollte auch die unterrichteten nicht leiden, wahrscheinlich, weil man es für unhöflich hielt, so viele unwissende Männer beschämen zu lassen.« Und – in der Ausführung des Rehbein'schen Gesprächs –: »Doch unsere Dichterinnen mögen immer dichten und schreiben so viel sie wollen, wenn nur unsere Männer nicht wie die Weiber schrieben! Das ist es, was mir nicht gefällt. Man sehe doch nur unsere Zeitschriften, wie das alles so schwach ist und immer schwächer wird!« Zum Beispiel die ›Zukunft‹. Dilettanten nämlich und Frauen, sagt Goethe, haben »von der Poesie sehr schwache Begriffe. Sie glauben gewöhnlich, wenn sie nur das Technische los hätten, so hätten sie das Wesen und wären gemachte Leute; allein sie sind sehr in der Irre.« Sie haben »von der Wichtigkeit der Motive in einem Gedicht keine Ahnung«. Und machen Gedichte, die »bloß durch Empfindungen und klingende Verse eine Art von Existenz vorspiegeln«. Der lyrische Hausarzt der ›Zukunft‹ ist Herr Dr. Salus, und die Rechtsanwälte des Herrn Harden, Suse und Sello, dichten bekanntlich gleichfalls. Und in derselben Nummer der ›Zukunft‹, in der Goethes Verurteilung der Frauenlyrik zitiert wird, ist eine Probe männlicher Verskunst enthalten: nicht weniger als vier Seiten Verse eines der beiden dichtenden Rechtsanwälte, und siehe, im Inventar dieser Poesie finden wir: Lothos, Narzissen, Jasmin und Orchideen, Elfenhände und Engelsschwingen, glühende Pokale und Weihrauchkessel, Altar und Orgel, einen Silberflor und ein blütenweiches Kissen und – beinahe hätte ich ihn vergessen – einen Sarkophag. Harden, der Unerschrockene, hat wohl nicht gefürchtet, daß seine Leser ihm die Absicht zutrauen könnten, Goethes Wort von den Männern, die wie die Weiber schreiben, in derselben Nummer zu erweisen.

DIE MAISONNE EINES SEPTEMBERLEBENS

Oktober 1906

I

Es ist bekanntlich eine Todsünde, an Ibsens Unsterblichkeit
zu rühren, und wehe dem, der in annähernd so respektlosem
Ton von ihm zu reden wagte, wie etwa Heine von Goethe:
»Goethes Abneigung, sich dem Enthusiasmus hinzugeben,
ist ebenso widerwärtig wie kindisch.« (Nebenbei: Wehe dem
vor allem, der so respektlos von Heine spräche.) Aber gegen
den geräuschvollen Versuch, den Lebensabend Ibsens durch
eine Ulrike Löwyzow verklären zu lassen, muß doch Ein-
spruch erhoben werden. Die Briefe, die das Fräulein Emilie
Bardach an Ibsen geschrieben hat, werden hoffentlich nie
zum Vorschein kommen; die Briefe, die er ihr geschrieben
und die die Kommissionsfirma für Nachruhm Georg Cohen
Brandeis in Kopenhagen in der Sterbestunde Ibsens an ihre
journalistischen Geschäftsfreunde geliefert hat, sind so
nichtssagend, daß ihnen das Interesse künftiger Literarhistoriker gesichert ist. Man müßte also für alle Fälle warten und den Zeitgenossen des Fräuleins Bardach die Ver-
koppelung der Ibsenwelt mit dem Geiste der Wiener Jours
ersparen können. Nach hundert Jahren werden nämlich auch
die Gebräuche jener Gesellschaftskreise, in denen man auf
die Frage: »Kennen Sie Ibsen?« bis vor kurzem noch antwortete: »Wie macht man das?« ehrwürdig sein, während
die allzuplötzliche Einführung des Fräuleins Bardach in die
Nachwelt nur unseren Respekt vor dem tiefsten Frauenver-
kenner zu mindern vermöchte. Der ganze Rummel macht
den Eindruck, daß eine Wiener Familie, die in Gossensaß
den Sommer verbrachte, ins Unglück gestürzt wurde, weil
die Tochter, »eine gute Partie, wenn auch etwas überspannt«,
dem jungen, gesunden Konzipienten mit reellen Absichten
einen symbolistischen Dichtergreis vorgezogen hat. Aber
Dichtergreise annoncieren nicht in der Neuen Freien Presse:
»Lebensabend zu verklären gesucht«, und so dürfte die

hastige Publikation der Briefe darauf schließen lassen, daß das Fräulein Bardach schon bei der Annäherung an Ibsen, von dem Wunsche, sich literarhistorisch zu versorgen, beseelt gewesen ist. Wenn Ibsen seine Hilde Wangel wirklich »aus dem Leben« geholt hat – ein Rückschluß auf die Fülle dieses Lebens wäre für Fräulein Bardach nicht eben schmeichelhaft. Wie wir sie heute sehen und die Rapidität bewundern, mit der sie ihre Beziehungen zu den Johannistrieben einer Berühmtheit nachweist, sich als »Maisonne eines Septemberlebens« legitimiert, scheint sie uns mehr ein Strindberg-, als ein Ibsenstoff zu sein. Daß der Norweger den Schweden für »verrückt« gehalten hat, wird uns von den Anekdotenerzählern jetzt bis zum Überdruß versichert. Wenn wir Toten erwachen und sehen könnten, wie es sich weist, daß eines Weibes Stärke unsere Schwäche ist, wir hielten den Strindberg nicht mehr für ganz so verrückt und anerkennten das Gebot der Klugheit, rechtzeitig die Frauen nicht zu überschätzen.

Selten noch hat das Wort »Nachlaß« so sehr nach einem Ausverkauf gerochen wie diesmal. Und der fixe Kommis in der Neuen Freien Presse arrangierte Ibsens Liebesbriefe in der Auslage eines zwölfspaltigen Feuilletons. Herr Sil Vara ist unter den jungen Kräften des Wiener Journalismus, die erborgte Sentiments in eigenes Deutsch kleiden, der bedenklichsten eine. An derselben Stelle, an der einst Ludwig Speidel eine Mesalliance zwischen der deutschen Sprache und der Neuen Freien Presse glücklich zustande gebracht hat, schnäbelt die alte Schneppe mit frisierten Judenknaben, die sich auf Psychologie verstehen. Hier wurde am 3. August die Geburt einer »Zwillingsschwester der Ulrike von Levetzow« angezeigt. Herr Sil Vara beschrieb sie nach dem Bilde, das Herr Brandes seiner Publikation vorangestellt hat. »Mit diesen Augen hat sie ihn angesehen, als er im großen Saal des Wieland-Hofes speiste.« Die Frage, die der Schottenring stets frei hat an das Schicksal: »Was hat sie angehabt?« beantwortet Herr Sil Vara in einer Weise, die allerdings Ibsens Interesse für die Dame zu erklären vermöchte: »Wie eine Schlange ringelt eine überlange Federboa sich über eine Schulter und d u r c h einen Arm h i n d u r c h.« Herr Sil Vara meint, daß »nur Jahre vergehen müssen«, und der rätselhafte Blick des Fräuleins Bardach könne »dem Lächeln der Mona Lisa ebenbürtig werden«. Wir können warten. Fräulein Bardach konnte es nicht. Herr Sil Vara selbst gibt zu, daß die Annäherung der Dame an Ibsen eine vorbereitete Sache war, findet aber gerade diesen Zug aus dem Leben des Fräuleins Bardach gewinnend. Er malt sich das ungeheure Erstaunen des mürrischen Dichters aus, der das Mädchen gefragt haben muß, »ob sie nicht gefürchtet hätte, auf ihre Anfrage barsch zurückgewiesen zu werden«. Sie aber, mit dem Stil und der Dialektik seiner weiblichen Gestalten wohl vertraut, dürfte schwärmerisch geantwortet haben: »O nein, ich habe es ja in Schönheit getan.« Auf diese ungeheure Schmockerei hin kann sich Ibsen nicht mehr zurückhalten und muß im Deutsch und in der Gesinnung des Herrn Sil Vara reagieren. Unter anderem also denkt er: »Sie hat recht, d a r a n hatte ich schon lange vergessen; u n d ü b r i g e n s s c h e i n t s i e a l l e m e i n e W e r k e g e l e s e n z u h a b e n.« Was Ibsen mit dem Fräulein Bardach gesprochen hat, weiß niemand. Nur Herr Sil Vara vermutet, daß es ein Dialog aus »Baumeister Solneß« war und schreibt ihn darum ab. Mit kleinen, neckischen Abweichungen. Ibsen im Bann einer höheren Tochter, Solneß auf der Spitze jenes Kirchturms, der gegenüber dem Institut Jeiteles steht. So für das Publikum einer Volkstheaterpremière appretiert, wird sich der »Magus« auch bei uns durchsetzen, und wenn er einmal nach Wien kommt, geben sich Bardachs gewiß die Ehre. Vorläufig geht die Familie von Gossensaß nach Ischl, wo auch der Konzipient sein wird . . . Ibsen ist bei der Kommentierung der Stelle von den Teufelchen angelangt. »Dann schwieg er wieder«, erzählt Herr Sil Vara, »vergaß a n seine Nachbarin und versank in Grübeleien.« Und bei der Erinnerung an die Wikinger, die ein robustes Gewissen hatten und Weiber annektieren konnten, seien sie einig geworden. Aber Fräulein Bardach habe dennoch vergebens »auf das

Wunderbare gewartet«... Dieser Ibsen hat nämlich immer
entsagt. Schon in seiner Jugend, als ihn auf einem Balle
»ein paar schöne Augen« – wie viel, gibt Herr Sil Vara
nicht an, nur, daß sie einem Mädchen gehörten – gefesselt
hatten. Ibsen entsagte auch diesmal. Und Herr Sil Vara
fürchtet, die »Maisonne eines Septemberlebens« könnte »in
dunklen Wolken des Lebens untergegangen« sein. Immerhin nahm sie noch rasch Gelegenheit, in Buchform mit Porträt
und Vorwort zu erscheinen.

Alles in allem: wir verdanken Herrn Brandes eine seltsame
Schaustellung. Der Eisbär trägt ein blaues Mascherl, und
durch die Nase wurde ihm der Schottenring gezogen. Ibsen-
fanatiker, die selbst auf der Kirchturmspitze des »Baumeister Solneß« kein symbolistischer Schwindel erfaßt, mögen
es als schmerzliche Enttäuschung empfinden, daß seine Maisonne Bardach geheißen hat. Andere werden den Dichter,
der dadurch endlich auch dem Verständnis weiterer Kreise
nähergerückt ist, gegen die Vertraulichkeiten des Wiener
Feuilletongeistes schützen wollen, der dem Alten heute mit
der Anrede »Septemberleben« auf die Schulter klopft.

Dezember 1906

II

Über die Maisonne eines Septemberlebens haben sich schwere
biographische Wolken gelagert. Die Dezember-Nummer der
›Neuen Rundschau‹ zeigt an, daß sich die Beziehung Ibsen-
Bardach im Aprilwetter des Nachruhms nicht als standhaft
bewährt hat. Schon aus dem fälschenden Auszug der Neuen
Freien Presse war dies zu entnehmen. Wer aber erst den
ganzen Bericht liest, den der Ibsen-Herausgeber Elias über
seine Unterredung mit der Witwe des Dichters veröffentlicht hat, der wird finden, daß ich den Nagel auf den Kopf
des Herrn Brandes getroffen habe, als ich schrieb, die hastige
Publikation der Briefe Ibsens lasse darauf schließen, daß
das Fräulein Bardach schon bei der Annäherung an Ibsen

von dem Wunsche, sich literarhistorisch zu versorgen, beseelt gewesen sei. Viele Originale des Dichters, meint Elias, »bewahren über ihre Bekanntschaft mit Henrik Ibsen vorderhand noch die Zurückhaltung, die gewissen anderen fehlt« .. »Betrachtungen solcher Art wurden zwischen Frau Ibsen und mir angeregt durch das Thema des kleinen Solneß-Fräuleins, das gerade nur den Tod Ibsens abgewartet hat, um ihre Harmlosigkeiten unter elektrische Beleuchtung zu stellen, damit sie den Schein biographischer Wichtigkeit empfingen. Dieses Hilde-Muster war für den Dichter nur ein ›Fall‹ wie andere mehr. Frau Ibsen sprach davon ohne Pathos, mit humoristischer Gleichgültigkeit (die Neue Freie Presse nennt es »Unbefangenheit«) – sie hatte alle die Briefe zu lesen bekommen, auf deren Antwort die Schreiberin oft so lange hatte warten müssen, hatte alle die Photographien gesammelt und noch das letzte Bild, worauf die Dame sich als ›Prinzessin von Apfelsinia‹ selbst glorifiziert, auf Ibsens Geheiß in den Papierkorb werfen müssen: so sehr war die Begegnung dem Dichter gleichgültig geworden, nachdem er ›ein Kunstwerk daraus gemacht hatte‹. Die Frau stand ebenso über diesen Dingen, wie der Mann über ihnen gestanden hatte. Nicht ins Kapitel der ›Dichterliebesleben‹ gehören sie ––« Glaubt Herr Sil Vara noch immer, daß nur Jahre vergehen müssen, damit der rätselhafte Blick des Fräuleins Bardach dem Lächeln der Mona Lisa ebenbürtig werde? Er dürfte ein alter Mitarbeiter der Neuen Freien Presse werden, ehe er das erlebt. Die Sippschaft hat sich ein Reklamestückchen geleistet, das nun in seiner ganzen Dreistigkeit von zuständiger Seite enthüllt wird. Sogar der junge, gesunde Konzipient mit reellen Absichten, den ich in die Farce einführte und dem nach meiner Erfindung das Fräulein Bardach den symbolistischen Dichtergreis vorgezogen hat, scheint zu stimmen. Man könnte die Äußerungen der Gattin mit einigem Mißtrauen aufnehmen, wenn nicht Elias sich einer Unterredung entsänne, die er mit Ibsen selbst über die Wienerin von Gossensaß geführt hat. »Die habe ihm gleich Bekenntnisse gemacht. Die Hauptsache: sie lege gar keinen Wert darauf, einmal einen wohlerzogenen jungen Mann zu heiraten, – sie werde gewiß gar nicht heiraten.« Ibsen erzählt, er habe die Dame studiert. »Aber sonst habe sie nicht viel Glück mit ihm gehabt.« Als ihren Ehrgeiz habe sie es bezeichnet, anderen Frauen Männer wegzunehmen. »Sie nahm mich nicht, aber ich nahm sie für eine Dichtung. Sie hat (hier kicherte er wieder) sich dann wohl mit einem andern getröstet«. »Frau Susanna«, erzählt Elias, »gerät bei diesem Kapitel in die Stimmung von Heiterkeit: ›Ibsen, habe ich manchmal zu ihm gesagt, Ibsen, halte dir die vielen überspannten Frauenzimmer vom Leibe‹«. Das hat er nun davon, daß er den Rat nicht befolgt hat! Schon Nestroy sagt: »Wie ich damals von einer Liebe, die ich nicht ausmärzen konnte, im April mich losgerissen, war meines Lebens Mai vorbei; aber nie hätt' ich mir gedacht, daß ich nach acht Jahren im Juni meine Juli u. s. w.«

April 1907

IHRE FREUNDSCHAFT MIT IBSEN

Im geistigen Ghetto, das auf die umliegende Welt strenge
Sperre gelegt hat, gab's neulich großen Lärm. Fräulein
Emilie Bardach, die Maisonne, suchte noch einmal im Wege
der Zeitung Anschluß an ein Septemberleben. Ohne Erfolg.
So zuversichtlich der Titel »Meine Freundschaft mit Ibsen«
klang, der Artikel, den die Neue Freie Presse gedruckt hat,
dürfte vergebens geschrieben sein. Die Dame bleibt dabei,
den Lebensabend Ibsens verschönert zu haben. Aber wenn
nicht die grammatikalische Verwahrlosung, die ihr Artikel
zeigt, für einen Rest von Weiblichkeit spräche, man würde
ihr die Leistung, die sie vollbracht haben will, nicht glauben.
Eine Maisonne, die auf ihrem Schein besteht: gegen solche
Beharrlichkeit schirmt kein Unglaube. Es ist fatal, daß die
Nachwelt Ibsens zugleich die Mitwelt des Fräuleins Bardach
ist. Aber schließlich ist sie jene Welt, die für die falsche Erziehung ihrer jungen Mädchen selbst verantwortlich ist, und
so muß sie auch für den literarhysterischen Ruhm sorgen, nach
dem es die Frauen gelüstet, die mit ihren Trieben auf natür-
lichere Art nicht fertig werden durften. Da pocht eines Tages
die Hilde Wangel an die Tür und präsentiert ihre Forderung. Scheußlich. Und man möchte brutal werden, wenn man
sich nicht immer wieder sagte, daß man es mit einer Patien-
tin zu tun hat. Nur die liberale Intelligenz spürt nicht, wie
ärgerlich es ist, wenn die Muse krampfhaft darauf besteht,
den Dichter angeregt zu haben; wenn sie ihre Dokumente
ausbreitet, um nachzuweisen, daß sie Ibsen in Stimmung gebracht hat, – um also einen Vorwurf gegen einen Menschen
zu erheben, der sich nicht mehr verteidigen kann. »Es konnte
niemandem entgehen, daß er mich mit besonderem Interesse
beobachtete.« Das ist eine jener tatsächlichen Feststellungen,
durch die sich heutzutage eine höhere Tochter selbst für eine
verminderte Heiratsfähigkeit schadlos hält. Aber wie wurde
dieses Interesse geweckt? Fräulein Bardach entwickelt ihr
Programm. »Ich lernte ihn am Schluß einer Ibsen-Feier kennen – ich glaube, sein Monument wurde eingeweiht. Dann

32

war Konzert – dann drängte sich alles an ihn heran. Ich stand nicht weit . . .« Und so hat es die Dame erreicht, daß sie heute auch bei der Enthüllung ihres eigenen Denkmals zugegen ist, und noch dazu eines Denkmals, das sie selbst geschaffen hat und dessen Hülle sie selbst fallen läßt. Sie darf sich darum nicht beklagen, daß man ihrer Offenheit mit Aufrichtigkeit begegnet und ein Privatleben, das in die Literatur eingegriffen hat, wieder auf sich selbst zurückführt. Von den Gesprächen mit Ibsen hat sie sich bloß das eine gemerkt, das er mit ihr über die »Eröffnung des Suez-Kanals« führte. Wäre dieses Gespräch ein Traum, wahrlich, der Professor Freud, der die Wünschelrute des Geschlechts an die verschütteten Quellen der Hysterie führt, wüßte ihn zu deuten. Und bei der bekannten Neigung des Traumes, schlechte Wortwitze zu machen, würde der Neurologe die Wiederholung eines bestimmten Wortes in den Bekenntnissen des Fräuleins Bardach: »ganz Anfang Mai« habe sie Herr Brandes besucht, im Sommer sei sie »in einem Schloß ganz im schottischen Hochland« gewesen, die sensationelle Wirkung der Publikation sei »ganz gegen ihr Gefühl« gegangen und Frau Ibsen sei ihr »mit ganz besonderer Liebenswürdigkeit entgegengekommen«, verdächtig finden. Und er käme vielleicht sogar hinter die wahre Stimmung Ibsens, der die Bekanntschaft mit dem Fräulein Bardach jenem Konzert verdankte, nach dem sich alles an ihn herangedrängt hat; er brauchte nur auch das schlechte Deutsch der Dame als eine jener versunkenen Glocken zu deuten, die aus dem Unterbewußtsein herauftönen, und auf den Satz zu verweisen: »Auf einem unserer Spaziergänge bückte er (Ibsen) sich plötzlich in seiner ganzen Schwerfälligkeit, und als ich ihn nach der Ursache fragte – meinte er – er hätte nur einen Stein vom Boden entfernt, denn er könnte mich verletzen«. Er, nämlich der Stein, nicht Ibsen.
Fräulein Bardach gibt aber auch mit vollem Bewußtsein zu, daß Ibsen sie später aus dem Auge verloren hat. Freilich war sie selbst daran schuld. »Er hatte keine Adresse und wußte nicht, was aus mir geworden.« Sie schrieb ihm nicht, um einem Mißbrauch ihrer Briefe vorzubeugen. Ibsen hätte

sich vielleicht mit Herrn Brandes in Verbindung gesetzt, um vor der literarischen Welt mit dem Abenteuer von Gossensaß zu renommieren und am Ende gar seinen Anteil an der Gestalt der Hilde Wangel zu behaupten. Aber es wäre interessant, zu erfahren, ob Ibsen die Trostlosigkeit jenes Zustandes, in dem sich nach Nestroy ein »Liebhaber ohne Adress'« befindet, auch voll empfunden hat. Von der belebenden Wirkung, die die Briefe des Fräuleins Bardach auf ihn übten, können wir uns eine Vorstellung machen. Ein einziges Mal noch hatte sie ihm geschrieben. Und was war die Folge? Ein neues Drama. Es war das letzte, denn ihr Brief war der letzte Brief. Hören wir Fräulein Bardach: »Wie Baumeister Solneß manche zusammen verbrachte Stunden berührt – so blieb wohl auch mein Gratulationsbrief zu seinem siebzigsten Geburtstag nach so langer Trennung nicht ohne Einfluß auf ›Wenn wir Toten erwachen‹«. Wenngleich Fräulein Bardach in übertriebener Bescheidenheit hinzufügt: »Es war nicht meine Persönlichkeit, die es vollbracht – es war der Blick und Geist, mit denen Ibsen diese Persönlichkeit erfaßt«, so wissen wir, was wir davon zu halten haben. Es war doch ihre Persönlichkeit! Denn einer Persönlichkeit, die es vermocht hat, den Zweifeln an ihrer Mitwirkung beim Schaffen des »Baumeister Solneß« mit der Erklärung zu begegnen, sie habe auch »Wenn wir Toten erwachen« angeregt, ist alles mögliche zuzutrauen.

Der Einfluß des Fräuleins Bardach auf Ibsen bleibt unbestreitbar. Was will es dagegen besagen, daß am andern Tag Herr von Hornstein die Dame, die sich auf seinen Rat in der Sache der Brief-Publikation beruft, Lügen straft und sich mit aller Entschiedenheit gegen den Verdacht wehrt, als ob er ihr je einen andern Rat erteilt hätte, als den, die Briefe Ibsens nicht zu publizieren! Kommt es denn überhaupt noch auf die Briefe Ibsens an? Längst überwiegt das Interesse an den Briefen des Fräuleins Bardach. Wir wollen sie kennen lernen. Wenn Ibsens Witwe vor der Literaturgeschichte die Quellen des dramatischen Schaffens ihres Gatten nicht verbergen will, winke sie eiligst den Brandes herbei!

Juli 1907

Der Bulldogg

›Simplicissimus‹ heißt der artige Schoßhund, der noch immer die Träume des deutschen Philisters in der roten Maske des gefährlichen Bullenbeißers schreckt. Im Leben ist er für jeden Bissen dankbar, den ihm die Firma Albert Langen zuwirft; er ist nicht weniger harmlos, aber weniger ehrlich, als der Dackel, dem die Verleger der ›Fliegenden Blätter‹ zurufen: Waldl, gehst her oder net! – denn er geht immer her. Es ist hier schon öfter das Thema der Scheinheiligkeit dieser Teufelei berührt worden, mit der der ›Simplicissimus‹ das Geistesleben des deutschen Bürgertums zu gefährden vorgibt. All dies Getue einer literarischen Modernität, das die zeichnerischen Gaben einiger außerordentlicher Könner begleitet, ist die purste Mischung aus Impotenz und Heuchelei. Es kommt im Lauf eines Jahres nicht selten vor, daß sich junge deutsche Autoren an mich mit Beiträgen wenden, die ihnen die freiesten Diener des deutschen Philisteriums, der Herausgeber der ›Zukunft‹ und der Redakteur des ›Simplicissimus‹, unter ausdrücklicher Anerkennung des künstlerischen Niveaus, aber mit dem Bedauern, daß es Rücksichten auf die Sittlichkeit gebe, abgelehnt haben. Ein in jeder Beziehung vortrefflicher Kenner der Langen'schen Verlegerseele, Frank Wedekind, hat mir einmal gesagt, der ›Simplicissimus‹ habe es bloß deshalb auf die Klerikalen so scharf, weil er die Institution der Pfarrersköchinnen für unmoralisch halte; und ich erinnere mich noch des schönen Tages, da Liliencron mir sein Gedicht »Die alte Hure im Heimatdorf« rezitierte und dessen Erscheinen im ›Simplicissimus‹ in Aussicht stellte, und des andern schönen Tags, da es unter dem Titel »Im Heimatdorf« im ›Simplicissimus‹ erschien. Daß ein herzhafter Griff in Webers Demokritos oder in einen alten Band der ›Fliegenden Blätter‹ ein Witzblatt frischer erhält, als der Abdruck der gesammelten Anekdoten des Herrn Roda Roda, hat die Redaktion des ›Simplicissimus‹ endlich eingesehen und zu ihren sonstigen Tugenden auch die der literarischen Bescheidenheit gesellt. Noch scheint sie vor dem endgültigen Verzicht auf das Raffinement einiger Mitarbeiter, die es durchaus mit der Psychologie und mit der Stimmungskunst halten wollen, zu zaudern; noch ist sie zum Rückzug in die Heimat der Schwipse und Pumpversuche, die ein deutscher Humorist nie ungestraft verläßt, nicht endgültig entschlossen. Aber die Zeit ist nicht mehr fern, wo man die »Bilder aus dem deutschen Familienleben« nur mehr unter den Titeln suchen wird, die dem Weinreisenden so angenehm im Ohre klingen: »Abgeblitzt«, »Ein Schwerenöter«, »Gut gegeben«, »Übertrumpft«, »Schlechte Ausrede«, »Immer derselbe«, »Schlagfertig«, »So, so!«, »Ein Praktikus«, »Durch die Blume« u. s. w.

Die Revolution war lange genug ein gutes Geschäft des Herrn Langen. Aber in der Geschichte des Zeitschriftenwesens ist noch jede Revolution einer zielbewußten Administration gewichen. Die Auswahl der menschlichen Schwächen, die die Satiriker geißeln, besorgen die Verleger, und kein gesellschaftlicher Übelstand könnte heute Ungnade vor den Augen des ›Simplicissimus‹ finden, den Herr Albert Langen pardonniert hätte. Wenn der ›Simplicissimus‹ eine »Automobil-Nummer« vorbereitet, so wird zuerst gebremst und dann gefahren. Wenn Herr Albert Langen seine Mitarbeiter zu einer Herkomerkonkurrenz des Witzes vereinigt, so heißt das: er hat mit einer bestimmten Automobilfirma ein Abkommen getroffen, wonach er den ganzen zeichnerischen und textlichen Witz einer Nummer des ›Simplicissimus‹ in den Dienst dieser Firma stellt. Nun verschlägt es gewiß nichts, daß selbst Künstler, wie Heine und Gulbransson, einem Industriellen Plakate oder auch illustrierte Annoncen in dem Blatte liefern, in dem sie sonst als freie Satiriker wirksam sind. Aber böse ist es, wenn diese Annoncen zugleich den Zweck illustrieren, dem der redaktionelle Inhalt des Blattes dient. Wer beim Anblick der Zeichnungen und bei der Lektüre der Novellen den Kopf schüttelt und dennoch zweifelt, ist plötzlich eingeweiht, wenn er die an sich durchaus erlaubten Annoncen mit den redaktionellen Beiträgen vergleicht.

Von hier und dort springt ihm der Name »Züst« in die
Augen. Der Name einer neuen Automobilfirma, der Herr
Albert Langen die Marke seines Hundes, der das Bellen wie
das Beißen verlernen soll, für ein Weilchen geliehen hat.
Ein Inserat Th. Th. Heines, das die Erzeugnisse der Firma
Züst verherrlicht, wäre an und für sich nur nach seinem
künstlerischen Wert zu beurteilen. Daß die Front eines Züst'-
schen Kraftwagens der bekannte rote Bullenkopf bildet und
daß ein Heine'scher Teufel den Chauffeur macht, ist schon
eine traurige Symbolik. Vielleicht eine absichtliche: Wir sind
ausgeliehen! scheint die Satire des Th. Th. Heine, die sich
gegen den Herrn kehrt, der sie abrichten will, zu sagen.
Aber siehe da, aus einer süßen Zeichnung des Herrn Reznicek, die das Hauptblatt schmückt, winkt dir der Name der
einen und einzigen Automobilfirma entgegen: Hochzeits-
reisende fahren nur mit Züst! Und selbst Herr Meyrink hat
nicht umhin können, in eine seiner novellistischen Skizzen,
in denen entweder die Wissenschaft mit der Phantasie oder
der Buddhismus mit der Infanterie im Streite liegt, die neue
Automobilmarke einzuführen. In der folgenden Nummer
wird nur noch im Inseratenteil gefahren. Herr Gulbransson
ist ein tüchtiger Chauffeur. Aber der Charakter jener Einge-
bungen künstlerischer Schöpferlaune, die den redaktionellen
Inhalt der Automobil-Nummer gebildet haben, wird nachträglich durch ihre wortlose Übernahme in den Annoncenteil unterstrichen. Das Hochzeitsreisendenpaar des Herrn
Reznicek sieht jetzt bloß auf die Strecke. Ehedem hat der
Gatte ihr den Vorwurf machen müssen, daß sie immer mit
ihren Füßen zu ihm herüberkomme, so daß er Gefahr laufe,
die Bremse zu verlieren. Im Annoncenteil geht's wie geschmiert . . . Nun, wer die Entwicklung des Herrn Albert
Langen kennt, wird es begreiflich finden, daß gerade er mit
einem Sport sympathisiert, der ein rasches Verschwinden
mit Zurücklassung von Gestank ermöglicht. Aber sonst bellen die Bulldogge nur, wenn ein Automobil vorüberfährt.
Dieser springt auf.

März 1909

LITERATUR

In einer Zeitungsspalte fällt mein Blick auf die Bemerkung, daß die »zwei ersten« Akte gefallen haben, so daß ich glauben muß, der Rezensent sei gleichzeitig in zwei Theatern gewesen und er stelle nun fest, daß hier und dort der erste Akt gefallen hat. Das ist journalistischer Sprachgebrauch, aber da eine Zeitung auch das Richtige treffen kann, so finde ich schon in der benachbarten Spalte eine Nachricht über die »nächsten zwei« Veranstaltungen eines Vereines. Und hier wieder zeigt sich, wie nichtig alle Form ist, wenn der Inhalt von übel. Denn mein splitterrichterisches Wohlgefallen wurde sogleich erledigt durch die Enthüllung, daß die erste der nächsten zwei Veranstaltungen ein »Servaes-Abend« sei. Um Himmelswillen, was ist das? fragte ich. Was haben die Leute mit uns vor? Servaes-Abend – es kann nicht sein! Gibts denn so etwas? Kann es so etwas geben?

Aber es stand schwarz auf weiß, ein Verein, der den guten Geschmack hat, sich einen Verein für Kultur zu nennen, versprach uns einen Servaes-Abend. Wenn man mir die Frage vorlegte, was denn überhaupt ein Verein sei, so würde ich antworten, ein Verein sei ein Verein gegen die Kultur. Dieser hier aber möchte mich durch die Angabe irreführen, er sei ein Verein für die Kultur. Das gelingt ihm nicht, denn die Rechnung geht schließlich doch glatt auf, indem ein Verein gegen die Kultur für die Kultur sich folgerichtig als ein Verein herausstellt. Da ich nun dem Vereinsleben durchaus fern stehe, da die bloße Vorstellung, daß es einen Männergesang-Verein gibt, mir den Schlaf raubt und noch kein Turnverein zur Erhöhung meines Lebensmutes beigetragen hat, so kann ich darüber nicht urteilen, ob der Verein, um den es sich hier handelt, seinen statutenmäßigen Verpflichtungen betreffs der Kultur gerecht wird. Aber ein boshaftes Luder, wie ich bin, habe ich natürlich keine Anerkennung dafür, daß sich in dieser Wüste allgemeiner Kulturlosigkeit eine Oase des Snobtums gebildet hat, daß sich endlich wenigstens ein paar opfermutige Männer zusammengefunden haben, um die Kultur für eröffnet zu erklären, – vielmehr nähre ich meine teuflische Lust an dem Gedanken, daß alles verruinieret sein müsse. Es ist in der Tat schon nicht mehr mit mir auszuhalten. Jetzt hasse ich die Oasen in der Wüste, weil sie mir meine fata morgana verstellen! Publikum in jeder Form macht mir Verdruß, ich meide die Konzertsäle, und wenn sich in einem solchen wirklich einmal Leute drängen, denen man an der schwergebeugten Nase ansieht, daß sie den Hingang der Kultur betrauern, Männer, deren Bart noch die Linse von vorgestern trägt, deren Gilet aber aus Sammet und Sehnsuchten komponiert ist, Weiber, denen man das Haupt des Jochanaan unter der Bedingung geben möchte, daß sie nicht tanzen, – dann bin ichs auch nicht zufrieden! Ja, ich hasse die Häßlichkeit einer genießenden Menge, die nach dem stickigen Geschäftstag die verschlossenen Jalousien des Gemütes öffnet, um Kunstluft hereinzulassen. Aber der ästhetische Mißwachs, der sich an den Pforten der Kultur drängt, treibt mich in die Flucht. Wird mir schon totenübel, wenn ich um elf Uhr abends durch die Augustinerstraße gehe und die Nachklänge einer Wagneroper aus dem Wigelaweia des Ganges und der Hände einer zum Fraß strömenden Begeisterung heraushöre, was steht mir erst bevor, wenn dereinst Herr Richard Strauß seine Versteher findet? Man glaubt gar nicht, wie viele Häßlichkeit die angestrengte Beschäftigung mit der Schönheit erzeugt! Und ihre Art ist in allen Städten dieselbe. Überall, wo nur ein findiger Impresario einen Tempel der Schönheit errichtet, tauchen jetzt rudelweise diese undefinierbaren Gestalten auf, die man in früheren Zeiten dann und wann im Fiebertraum sah, aber nunmehr bei Reinhardt, in den Münchener Künstlerkneipen und in Wiener Kabaretts. Plötzlich steht ein Kerl neben dir, dem Kravatte und Barttracht zu einem seltsamen Ornament verwoben sind, das Motive aus Altwien und Ninive vereinigt, eine Kreuzung aus Biedermeier und dem echten Kambyses. Er sieht Klänge, weil er sie nicht hören kann, er hört Farben, weil er sie nicht sehen kann, er spricht durch die

Nase und riecht aus dem Mund, seine Seele ist ein Kammerspiel und man hat nur den Wunsch, daß ihn so bald als möglich ein Bierbrauer totschlage. Denn vor diesem kann sich die Kunst retten, vor jenem nicht! Das Aufgebot verquollener Scheußlichkeit, das seit Jahren hinter den programmatischen Mißverständnissen her ist, macht ein Entrinnen unmöglich. Was sich da im Berliner Westen unter allen möglichen Marken als neue Gemeinschaft von Assyriern, Griechen, guten Europäern und Schmarotzern schlechtweg zusammengetan hat, dieses Gewimmel von einsamen Gemeinsamen, die Theaterreporter von Beruf und Baalspriester aus Neigung sind, bildet ein so unflätiges Hindernis im Kampf gegen den Philister, daß man das Ende aller Kunst und ein Verbot aller Freiheit ersehnt, um nur reines Terrain zu schaffen. Lieber allgemeine Blindheit als die Herrschaft eines Gesindels, das mit den Ohren blinzeln kann! Ein Wiener Greisler für zehn Berliner Satanisten! Das Udelquartett gegen einen Verein für Kultur! Selbst wenn er uns einen Servaes-Abend bringt.

Denn wir wissen ja nicht einmal, was das für ein Abend ist. Wir in Wien schätzen die Institution der Hopfnertage und der Riedlnächte, aber wir glauben nicht, daß sich die Servaes-Abende einbürgern werden. Was bedeutet das ungebräuchliche Wort Servaes? Ich erinnere mich dunkel, daß es einst ein Merkwort war, wenn man an das drollige Quiproquo eines Kunstkritikers der Neuen Freien Presse erinnern wollte. Da hatte einer in der Beschreibung des Guttenberg-Denkmals eine Buchdruckerpresse mit einem Fauteuil verwechselt oder umgekehrt, – das weiß ich nicht genau, da ich das Denkmal aus Antipathie gegen den dargestellten Mann und weil es eine Prostituiertengasse verschandelt, nie angesehen habe. Aber ich weiß genau, daß der Kunstkritiker, der zur aufmerksamen Betrachtung verpflichtet war, irgend etwas verwechselt hat. Ein anderesmal hat er in der Beschreibung eines ausgestellten Bildes Wüstensand mit Schnee verwechselt, was doch so bald keinem Kamel passieren dürfte. Infolgedessen wurde der Mann nur noch dazu verwendet,

Berichte über Wohnungseinrichtungen zu stilisieren, die die Firmen der Administration bezahlten und in denen die Fauteuils genau bezeichnet waren. Da aber, wie erzählt wird, eine Verwechslung zwischen Portois und Fix vorkam, so sei nichts übrig geblieben, als dem Mann die Literaturkritik zu überantworten.

Denn hier kann einer machen, was er will, niemand wird daran Anstoß nehmen. Hier, in der Literatur, ist jede Verwechslung von Wüstensand und Schnee, von Fauteuil und Presse, von Portois und Fix erlaubt. Hier kann ein Mensch, der keine blasse Ahnung von Stil hat, über Werke der Sprache in einem impertinenten Ton aburteilen, für den man ihm in jeder besseren Gesellschaft auf den Mund schlüge. Hier dünkt sich ein Reporter, dem man keinen Gerichtssaalbericht anvertraute, einen Gott. Es soll vorkommen, daß solche Leute an auswärtige Revuen Beiträge schicken und wenn sie ihnen abgelehnt werden, mit den Waffen ihrer kritischen Hausmacht zu spielen beginnen. Daß sie dann in ihrem Gehege sich für alle Zurücksetzungen, die ihrer Talentlosigkeit widerfahren, für alle Enttäuschungen ihres Ehrgeizes, für alle Verbitterung schadlos halten, ist nur zu begreiflich. »Servaes«, das ist die Chiffre, die man überall dort findet, wo sich Mangel an Temperament austoben und Ledernheit sprudeln möchte. Da erscheint zum Beispiel ein Roman, zu dessen Empfehlung ich nicht mehr sagen kann, als daß ich ihn ausgelesen habe: »Sonjas letzter Name«, eine Schelmengeschichte von Otto Stoessl. Aber die besten kritischen Köpfe Deutschlands haben ihn nicht nur gelesen, sondern auch erhoben. Stünde ich der epischen Kunstform nicht wie einem mir Unfaßbaren gegenüber, ich fühlte mich wohl versucht, über die vielerlei seltenen Schönheiten in Sprache und Gestaltung, die ich mir dort angemerkt habe, zu sprechen; über einen ideenvollen Humor, der sich meinem Gefühl nur in den reflektierenden Pausen entrückt, in denen er sich nach sich selbst umsieht; und über jene herzhafte Entdeckung romantischer Gegenden in konventioneller Welt, von der dem kritischen Flegel nur die »Unwahrscheinlichkeit« in Händen bleibt. Darüber würde ich etwas sagen, und nicht verschweigen, daß es ein Mitarbeiter der Fackel ist, dem ich solche Freude verdanke. So aber obliegt mir bloß die traurige Pflicht, zu sagen, daß die Mitarbeit an der Fackel einem Künstler bei der Borniertheit geschadet hat. Es wäre ein beruhigender Gedanke, daß kritischer Unverstand keine Ranküne braucht, um sich lästig zu machen. Einem Autor, der in Deutschland geachtet wird, kann es ohnedies leicht zustoßen, daß ihm in Wien ein Ziegelstein auf den Kopf fällt; denn in Wien ärgern sich die Ziegelsteine darüber, daß die Passanten ihren Weg gehen. Ich bin der einzige, dem es nicht geschehen kann, weil bekanntlich der Dachdecker den Auftrag gegeben hat, mich mit stiller Verachtung zu strafen. Aber es könnte immerhin möglich sein, daß es die Dummheit auf jene abgesehen hat, die mit mir gehen. Und damit der nächste auch nicht stolpere, muß man solch einen Ziegelstein mit einem Fußtritt aus dem Wege räumen. Und wieder habe ich an ihm das Zeichen »Servaes« gefunden. Was soll das bedeuten? Ich komme schließlich dahinter, daß es die Signatur einer Geistlosigkeit ist, die stets verneint. Dafür kann sie im allgemeinen nichts. Daß sie aber im besondern Falle die Schöpfung eines Autors als »Anregung« für die Sudler feilbietet, daß sie einem Schriftsteller, der jenseits der feuilletonistischen Gangbarkeit produziert, seine Werte entwinden möchte und die »leichte Hand« der Literaturdiebe herbeiwinkt, auf daß eine vorrätige Idee nach dem Geschmack des Gesindels zubereitet werde, ist beinahe dolos. Als ob man heutzutage die Diebe rufen müßte! Freilich, um diesem Verleiter zu folgen, dazu werden sie sich zu vornehm dünken. Kein Nachahmer hat es nötig, sich von solchem Geist beraten zu lassen, und ich wette hundert Schelmenromane gegen einen, daß jeder Rudolph Lothar, der auf sich hält, es verschmähen wird, eine Quelle zu benützen, die ihm schon im Voraus nachgewiesen wurde. Immerhin ist diese Art öffentlicher Hehlerei ein Novum in der Literaturkritik, diese Manier, am lichten Sonntag, wo sich die jungen Literaten auf dem Marktplatz drängen, den Ruf auszustoßen: Haltet den Bestohlenen! Solche Gesinnung ist schlimmer als Unverstand, der nur die äußere Stofflichkeit benagt. Diesem kann man das Recht, lästig zu sein, so wenig absprechen wie jedem andern Zufall. Mein Gott, es gibt eben Literaturkritiker, die den Wert eines Kunstwerkes deshalb mit Vorliebe vom stofflichen Gesichtspunkt beurteilen, weil sie nach den harten Zeiten der Tapezierer-Reklame endlich einmal freie Hand haben, die Echtheit von Stoffen anzuzweifeln. Ihre kunstkritische Herkunft verleugnen sie auch in der Literaturkritik nicht: sie prüfen die Leinwand, wenn sie über ein Gemälde urteilen sollen. Aber sie sind nicht einmal in diesem Punkte sachverständig.

Glaubt man nach all dem, daß unsere Kritik im Argen liegt? Dafür gedeiht unsere Produktion. Denn unter dem Namen Servaes wird nicht nur gerichtet, sondern auch bewiesen, daß man es selber besser machen kann. Nur so ist die Gründung von Vereinen für Kultur und die Institution der Servaes-Abende zu erklären, an denen ja nicht Inserate, sondern Dichtungen vorgelesen werden. Wir haben einen Peter Altenberg, der fünfzig Jahre alt wird, die deutsche Literaturkritik leistet allerorten den Salut, doch unser Intelligenzblatt bringt Feuilletons und Romane eines schlechtgefärbten Blaustrumpfs und unser Kulturverein veranstaltet einen Servaes-Abend. Nein, es will mir nicht stimmen, daß dieses wundervolle Wort »Abend«, welches Zeitenende und Sonnenuntergang, Fest und Weihe bedeutet und in dem ein Hauch aller Dichtung atmet, jene sonderbare Verbindung eingehen konnte. Ein schlechtes Beispiel mag einmal die guten Sitten des Wortes verdorben haben. Denn:

> Eines Abends noch sehr spöte
> Gingen Wassermaus und Kröte
> Einen steilen Berg hinan.

Oktober 1909

Aus dem Papierkorb

Und wenn der geistige Unflat des neuen Deutschland eimer-
weise auf den Markt geschüttet wird, man befaßt sich doch
immer wieder gern mit jenen seltenen Büchern, die nicht erscheinen. Wie steht's, so fragt man, mit den gesammelten
Schriften Ludwig Speidels? Es ist, als ob der Journalismus
die wertvollste Beute, die er je errafft hat, nie mehr heraus-
geben wollte. Grauenhaft, zu denken, daß es für einen Künstler, den der Tag als Geisel der Unsterblichkeit gefangen
hielt, auch nach dem Tod keine Befreiung geben soll. Er
starb, aber aus dem Sarg der Zeitlichkeit, in dem er gelebt
hatte, durfte er nicht auferstehen. Und kein deutscher Verleger findet sich, der den Journalisten den Schatz entrisse,
den sie so sorglich hüten, weil er ihre angestammte Armut
verraten könnte. Nie zuvor und nie seither hat die Sprach-
kunst eine ähnliche Gastrolle auf den Schmieren des Geistes
gespielt. Das Leben Speidels mag die Presse als einen Zwi-
schenfall empfinden, der störend in das von Heine begonnene
Spiel trat. Er schien es mit dem leibhaftigen Sprachgeist zu
halten; er lud ihn an Feiertagen auf die Stätte der schmutzigsten Unterhaltung, damit er sehe, wie sie's treiben. Nie
war ein Kollege bedenklicher als dieser. Wohl konnte man
mit ihm Parade machen; aber sein Lebenswerk, führte man
es heute vor, es brächte jene Demütigung, die man damals
eßlöffelweise als Stolz einnahm. Man hat ihm die Unsterblichkeit des Tages, wie er sein Feuilleton nannte, gegönnt;
aber eine Sammlung seiner Feuilletons könnte den Tag der
Unsterblichkeit einläuten. Und die Journalisten handeln
pietätvoll, berufen sich auf seine Bescheidenheit, die ihm
eine Buchausgabe versagte, und gehen hin und schenken uns
ihre eigenen Bücher.

*

Denn es ist das böse Zeichen dieser Krise: der Journalismus,
der die Geister in seinen Stall getrieben hat, erobert ihre

Weide. Markierte Personen, die jahrelang unter dem Strich gelebt haben, drängen sich in die gute Gesellschaft. Tagschreiber möchten Autoren sein. Es erscheinen Feuilletonsammlungen, an denen man nichts so sehr bestaunt, als daß dem Buchbinder die Arbeit nicht in der Hand zerfallen ist. Brot wird aus Brosamen gebacken. Was ist es, das ihnen Hoffnung auf die Fortdauer macht? Das fortdauernde Interesse an dem Stoff, den sie sich »wählen«. Wenn einer über die Ewigkeit schwätzt, sollte er da nicht gehört werden, solange die Ewigkeit dauert? Von diesem Trugschluß lebt der Journalismus. Er hat immer die größten Themen und unter seinen Händen kann die Ewigkeit aktuell werden; aber sie wird ihm auch ebenso leicht wieder inaktuell. Der Künstler aber gestaltet den Tag, die Stunde, die Minute. Sein Anlaß kann zeitlich und lokal noch so begrenzt und bedingt sein, sein Werk wächst um so grenzenloser und freier, je weiter es dem Anlaß entrückt ist. Es veralte im Augenblick: es verjüngt sich in Jahrzehnten. Was vom Stoff lebt, stirbt vor dem Stoff. Was in der Sprache lebt, lebt mit der Sprache. Wie leicht lasen wir jenes Geplauder am Sonntag, und nun, da wirs aus der Leihbibliothek beziehen können, vermögen wir uns kaum durchzuwinden. Wie schwer lasen wir die Sätze der ›Fackel‹, selbst wenn uns das Ereignis half, an das sie anknüpften. Nein, weil es uns half! Je weiter wir davon entfernt sind, desto verständlicher wird uns, was darüber gesagt war. Wie geschah dies? Der Fall war nah und die Perspektive war weit. Es war alles vorausgeschrieben. Es war verschleiert, damit ihm der neugierige Tag nichts anhabe. Nun heben sich die Schleier.

*

Dawider vermag die wertverschiebende Tendenz des Journalismus nichts auszurichten. Er kann den Uhren, die er aufzieht, Garantiescheine für ein Säkulum mitgeben: sie stehen schon, wenn der Käufer den Laden verlassen hat. Der Uhrmacher sagt, die Zeit sei schuld, nicht die Uhr, und möchte jene zum Stehen bringen, um den Ruf der Uhr zu retten. Er macht die Stunde schlecht oder schweigt sie tot. Aber ihr Genius zieht weiter und macht hell und dunkel, obschon das Zifferblatt es anders will. Wenn es zehn schlägt und elf zeigt, können wir im Mittag halten, und die Sonne lacht über die gekränkten Uhrmacher.

*

Daß doch alle Überhebung der Mechanik, die sich mit dem Ruhm sozialer Nützlichkeit nicht bescheiden will, die Naturnotwendigkeiten nicht zu »richten« vermag! Die Journalisten versichern einander, ihre Werke seien unsterblich, aber nicht einmal die Versicherung bleibt erhalten, wiewohl sie wahrlich Anspruch darauf hätte. Daneben hat ein Geheimnis die Kraft, sich selbst in aller Mund zu bringen. Österreich ist das Land, wo am lautesten gesprochen wird und wo die Geheimnisse am strengsten gewahrt werden. Es ist das Land, in dem Festzüge veranstaltet und Tropfsteinhöhlen entdeckt werden. »Dabei stellte es sich heraus, daß man es nicht mit einer der vielen unbedeutenden Höhlen, wie sie im Kalkgebirge häufig vorkommen, sondern mit gewaltigen unterirdischen Räumen, die sich stundenweit ins Innere des Berges erstrecken, zu tun habe. Die Höhle führt zunächst so regelmäßig wie ein Eisenbahntunnel durch festes Gestein horizontal in den Berg und kann bis zur Tiefe von dreihundert Meter ohne jede Gefahr von jedermann begangen werden. Auch weiterhin sind die Schwierigkeiten des Eindringens nicht erheblich und stehen gar nicht im Verhältnis zu dem wunderbaren Anblick, der sich dem Beschauer bietet. Ein Spitzbogengewölbe von unabsehbarer Höhe umschließt herrliche Tropfsteinbildungen. Auf dem Boden liegen ganz absonderlich geformte Gebilde aus Kalzit und noch nicht erstarrter Bergmilch. An den Seitenwänden finden sich zarte Figuren von weißer und blauer Struktur, Bergkristall und Eisenblüte. Die Forscher drangen stundenweit gegen die Mitte des Berges vor und konnten in den Gängen und Stollen kein Ende finden . . .« Ist dies die Sprache der Höhlenkunde oder der Literaturforschung? Wir sind andere

Sehenswürdigkeiten gewohnt: Festzüge, die das Auge der Zeitgenossen blenden wie ein Gebilde aus Wunder und Krida.

*

Kein Zweifel, Herr Felix Salten besitzt das riesigste Sortiment der Monarchie. Er ist wohl schon Kommerzialrat. Bedeutet das nicht die Unsterblichkeit in diesen Kreisen? Oder bedeutet die Unsterblichkeit in diesen Kreisen etwas anderes? In einer Berliner Revue, der ›Schaubühne‹, war davon zu lesen. Ich habe mir's gemerkt, denn es ist mein Fluch, mich mit den Kleinigkeiten abzugeben, die diese Zeit zu Größen macht. Herr Salten hat eine Feuilletonsammlung erscheinen lassen und der Kritiker erweist Ludwig Speidel die Ehre, seiner bei diesem Anlaß zu gedenken. Man kann sagen, daß Speidel gut bei dem Vergleich wegkommt, denn es wird ihm eine Ähnlichkeit mit einem Teil Saltenscher Wesensfülle zugeschrieben, die auch noch den ganzen Sarcey nebst den Herren Bahr und Muther in sich schließe und durch welche die Formel der Madame de Staël: c'est un esprit neuf et hardi . . ., für »einen andern Dichter-Kritiker«, nämlich Lessing, erdacht, erst »lebendige Wahrheit geworden« sei. Ich sehe die ›Schaubühne‹ gern. Nicht nur, weil mir – die Ausschließlichkeit des Theaterinteresses und die Verwissenschaftlichung des Tinterltums vorausgesetzt – mancher Beitrag Freude gemacht hat, sondern auch weil ihr Notizenteil eine gute Handhabe bietet, sich jeweils über den Stand des psychologischen Schmocktums in Deutschland zu informieren. Dabei lassen sich namentlich die Fortschritte überblicken, welche die subtilen Persönlichkeiten, die in den Wiener Redaktionen nicht recht reüssieren konnten, auf Berliner Boden machen. Der Journalismus in Wien bringt's über den Geschichtenträger und Gebärdenspäher nicht hinaus. Er ist Amüseur oder Beobachter. In Berlin darf er's mit der Psychologie halten. Nun ist es das Verhängnis allen Geistes aus zweiter Hand, daß sein Unwert dort leichter in die Augen springt, wo er sich der schwereren Leistung vermessen möchte.

Der Plauderer ist gewiß eine der schalsten Kreaturen, die in unserem geistigen Klima fortkommen. Aber er hängt immer noch eher mit dem schöpferischen Wesen zusammen als der Beobachter und vollends der Psychologe, die bloß den Hausrat der Chuzpe benützen müssen, den die technische Entwicklung des Geisteslebens ihnen in die Hand gespielt hat. Der Amüseur sticht durch eine wertlose Begabung von der Geschicklichkeit des Beobachters ab, so wie sich dieser wieder von der wertlosen Bildung des Psychologen vorteilhaft abhebt. Das sind so die Grundtypen des geistigen Elends, zwischen denen natürlich ebensoviele Varietäten Platz haben, als die organische Welt des Geistes Gelegenheiten zum Abklatsch bietet. Nah dem Beobachter steht der Ästhet, der durch Liebe zur Farbe und Sinn für die Nuance ausgezeichnet ist und an den Dingen der Erscheinungswelt so viel noch wahrnimmt, als Schwarz unter den Fingernagel geht. Er kann aber auch mit dem Psychologen zu einer besonderen Art von feierlichem Reportertum verschmelzen, zu jenem zwischen Wien und Berlin, also etwa in Prag beliebten Typus, der aus Zusammenhängen und Möglichkeiten zu neuen Sehnsuchten gelangt und der in schwelgerischen Adjektiven einbringt, was ihm die Natur an Hauptworten versagt hat. Bei dem jähen Übergang, den gerade dieser Typus von der kaufmännischen Karriere in die Literatur durchmacht, wäre ein Dialog wie der folgende nicht bloß kein Zufall, sondern geradezu die Formel für die Komplikationen eines fein differenzierten Seelenlebens: »Hat Pollak aus Gaya bezahlt?« »Das nicht, aber er hat hieratische Gesten.«

*

Oder zum Beispiel: »Es gibt Tagesschriftsteller, deren expansiver Wille die aktuelle Einfallslinie in die Sphäre des Unendlichen und Ewigen schwingt«. Und diesen scheint, wenn ich den Text richtig verstehe, Herr Salten zuzugehören. Soweit es in solchen Dingen auf den expansiven Willen ankommt, dürfte der Mann in der ›Schaubühne‹ recht haben. Der expansive Wille, der die Persönlichkeit von Westungarn nach Wien oder direkt nach Berlin schleudert, vermag manches. In Wien sichert er einem ungemein anstelligen Beobachter, der vor ein paar Jahren noch von der »Erfindung des Dampfes und der Elektrizität« gesprochen hat und heute bereits für die Luftschiffahrt schwärmt, sein »unsterblich Teil«, macht ihn zum Rekommandeur der modernen Kultur, läßt seine Seele, ja wahrhaftig seine Seele, »scharf gespannt unter den leisesten Vibrationen der Strömungen unsrer Gegenwart erbeben« und macht sie zur »willigen Resonanz für alles Große und Schöne der neuzeitlichen Promethiden«. In Berlin selbst macht er – der expansive Wille – einen schlauen Theaterkassier zu »einem unserer feinsten Kulturmenschen«. Es ist gar kein übler Zufall, daß die zweispaltige ›Schaubühne‹ just neben der Entdeckung des Herrn Salten auch für die Offenbarung der Wesensechtheit des Herrn Reinhardt Platz hat. Nein, es genügt eben nicht, den Dampf und die Elektrizität zu erfinden, man muß sie auch entdecken, wenn anders die Menschheit den Glauben an sie nicht verlieren soll. Herr Reinhardt ist kein Literat, sondern ein Theaterdirektor. Aber der expansive Wille hätte ihn ebenso zum Literaten machen können, und er hätte auch als solcher seinen Mann gestellt und sich auch in dieser Karriere einen Koch für sechstausend »Em« halten können. Dies lediglich als Beispiel für eine gelungene Willensexpansion; aber durch solches Gastmahl des Trimalchio hat sich jetzt die Berliner Dramaturgie durchzufressen. Ganz Deutschland macht lange Zähne, und ich muß warten, bis die ›Fackel‹ in ganz Deutschland gelesen wird, um zu sagen, was nur jene angeht, die es heute nicht hören würden.

*

In diesen Tagen, da Herr Bahr nicht nur Dalmatien erobert, sondern auch die Erneuerung Österreichs durchgesetzt hat, da gegenüber den Forderungen des Verlags S. Fischer (Willensexpansion Budapest–Berlin) Nachgiebigkeit ein Gebot der Klugheit war und am Wiener Hofe die Friedenspartei siegte, in diesen Tagen ist es von nicht zu unterschätzender Wichtigkeit, der vermittelnden Mission des Herrn Salten zu gedenken. Ist er doch wie kein zweiter Feuilletonist in Österreich mit der habsburgischen Tradition verwachsen. Die Intimität, die ihn an allen Geschicken des Erzhauses teilnehmen läßt, so daß die ›Zeit‹ als das erste Blatt in der Lage war, Leopold Wölflings Vorgeschichten zu publizieren und seine Photographie im Depeschensaal auszustellen, diese hohe Kennerschaft hat ihn auch dazu befähigt, über die Rangserhöhung der Fürstin Hohenberg ein kompetentes Wort zu sagen. Erstaunlich war da vor allem die Vorurteilslosigkeit, die einen in der höfischen Sphäre heimischen Feuilletonisten sein bedingungsloses Ja zu der Eheschließung des Thronfolgers sprechen ließ: »Wir unterscheiden nicht so genau, rechnen nicht nach, daß die Choteks kaum zweihundert Jahre lang die Grafenkrone tragen, wägen die Vorrechte der Ebenbürtigkeit nicht allzu sorgfältig ab«. Bereit, das Familieninteresse den staatlichen Rücksichten unterzuordnen, erkennt er, daß »diese Ehe andauernd ein Ereignis bleibt« und daß sie »wichtig bleibt für uns in Österreich, für unsere Gegenwart wie für unsere Zukunft«. Freilich mußte er erkennen, daß eine Komtesse Chotek nicht Erzherzogin von Österreich werden kann und warum sie es nicht werden kann. Aber mit ehrlicher Teilnahme hat er »den Weg gemessen, den sie seit ihrem Hochzeitstag zurückgelegt hat: Fürstliche Gnaden . . . Durchlaucht . . . Herzogin . . . Hoheit . . .«, und kann heute, zurückblickend, von den Schwierigkeiten sprechen, von dem »unendlichen Aufwand an Takt und Taktik, an Energie und Widerstandskraft«, den es gekostet haben mag. »Wir haben's nicht gewußt; aber jetzt erkennen wir's«, sagt er schlicht, mit verhaltener Empfindung, um sich dann erst in erschöpfender Aufzählung das Herz einer Herzogin zu erleichtern. Wir haben's nicht gewußt. »Merken jetzt erst, daß es keineswegs etwas Selbstverständliches war, wenn usw.« »Erinnern uns jetzt erst, was es zu bedeuten hatte, daß der Erzherzog mit seiner Frau jahrelang im Burgtheater nur eine gewöhnliche Loge einnahm, und was es bedeutet, daß er jetzt mit ihr in der Hofloge Platz nimmt.« Rose Bernd durfte bekanntlich überhaupt nicht mehr ins Burgtheater, aber der Seufzer »Was muß die gelitten haben!« liegt uns auch im vorliegenden Fall nahe. »Es hat neun Jahre gedauert«, sagt Salten nicht ohne Bitterkeit; »es mag schon nicht leicht gewesen sein.« Nu juju, – nu neenee . . . Und dabei weiß man nicht einmal, »wie das Wesen dieser Frau ist«, kann »nur vermuten, daß sie ungewöhnliche Eigenschaften besitzt, eine starke und eigenartige Persönlichkeit ist.« Und in den Grenzen der Vermutung kann man wieder nur raten. »Hinter all dem mag eine große Kraft des Wollens sein, eine eiserne Festigkeit des Charakters, oder eine unwiderstehliche Güte, oder eine tausendfältige Weisheit des Lebens, oder eine geniale Feinheit der Instinkte, oder auch Urwüchsigkeit, oder selbst völlige Passivität, Zielbewußtsein oder gelassenes Vertrauen auf das Glück. Wir wissen es nicht.« Der suchende Geist resigniert vor den letzten Dingen. Wer löst das Problem der Herzogin von Hohenberg? »Das berechtigte Interesse ist dieser Frau stürmisch zugewendet«: wird sie hervortreten, wird sie nicht hervortreten? Wir wissen es nicht. »Vielleicht ist jetzt der Kampf vorüber. Wir vermögen ja auch das nicht zu beurteilen; wissen nicht, was noch geschehen muß, damit die Frau des Thronfolgers auch äußerlich all die Rechte üben darf, die sie, menschlich genommen usw.« Mit einem Wort, wir sehen, daß wir nichts wissen können. Also hoffen wir! »Sie wird und sie muß den größten Einfluß und die erste Stimme haben, dereinst beim Kaiser.« Und wenn sie auch nicht seinen Titel teilen wird, »die Kinder, die zu unserem künftigen Monarchen Vater sagen, nennen sie: Mutter«. So entläßt uns der pessimistische Denker doch mit einem tröstlichen Hinweis auf die Entwicklung. Freilich nicht ohne mit einer aus seiner Weltanschauung geholten Maxime zu schließen: »Der Herzogin von Hohenberg gehört die Zukunft Österreichs an. Aber kein Mensch weiß, was die Zukunft bringt.« . . . Dieses ist Herr Felix Salten. Man sagt, seine Seele sei eine willige Resonanz für alles Große und Schöne der neuzeitlichen Promethiden.

*

Aber tun wir einem tüchtigen Menschen nicht Unrecht. Ziehen wir ihn aus der Unsterblichkeit zurück und lassen wir ihn hienieden sich nützlich machen. Scheiden wir endlich die soziale Funktion des Journalismus von den Müßigkeiten der Literatur. Kein besseres Beispiel kann uns solche Einsicht empfehlen. Der beste Journalist Wiens weiß über die Karriere einer Gräfin wie über den Aufstieg eines Luftballons, über eine Parlamentssitzung wie über einen Hofball zu jeder Stunde das Wissenswerte auszusagen. In Westungarn kann man nachts Wetten abschließen, daß der Zigeunerprimas binnen einer halben Stunde mit seinem ganzen Orchester zur Stelle sein wird; man läßt ihn wecken, er tastet nach der Fiedel, weckt den Cymbalschläger, alles springt aus den Betten, in den Wagen, und in einer halben Stunde geht's hoch her, fidel, melancholisch, ausgelassen, dämonisch und was es sonst noch gibt. Das sind unerhörte praktische Vorteile, die nur der zu unterschätzen vermag, der die Bedürfnisse der Welt nicht kennt oder nicht teilt. In Bereitschaft sein ist alles. Wenn nur die Welt selbst nicht ungerecht wäre! Sie sagt, einer sei der beste Journalist am Platz, und er ist es zweifellos. Sie sagt aber nie, einer sei der bedeutendste Bankdisponent. Und doch dient er ihr so gut wie jener, und steht den Müßigkeiten der Literatur genau so fern.

*

Mit den perfekten Feuilletonisten ließe sich leben, wenn sie es nicht auf die Unsterblichkeit abgesehen hätten. Sie wissen fremde Werte zu plazieren, haben alles bei der Hand, was sie nicht im Kopf haben, und sind häufig geschmackvoll. Wenn man ein Schaufenster dekoriert haben will, ruft man nicht den Lyriker. Er könnte es vielleicht auch, aber er tut's nicht. Der Auslagenarrangeur tut's. Das schafft ihm seine soziale Position, um die ihn der Lyriker mit Recht beneidet. Auch ein Auslagenarrangeur kann auf die Nachwelt kommen. Freilich nur, wenn der Lyriker ein Gedicht auf ihn macht.

*

Die Grenzen der Persönlichkeit scheint indes auch der Berliner Psychologe zu spüren. Salten führe »nie über das Sicht- und Hörbare hinaus in das Reich der Mütter«. Ein Mangel, den man zum Beispiel Willi Handl nicht nachsagen könne. Ein andermal weiß man aber in Berlin auch wieder die Spannweite der Persönlichkeit zu erfassen. Jede künstlerische Äußerung trage von selbst – wie wahr! – das Zeichen der innern Eigenart, »durch das der Kunstsinnige trotz mancher Gemeinschaft einen vollgültigen Teniers von einem anerkannten Breughel und einen guten Salten von einem echten Polgar unterscheidet«. Ins Reich der Mütter aber führen Handl und etwa noch Willi Shakespeare. Jenem bin ich bereits in einer Würdigung begegnet, die unser Psycholog dem Lebenswerk des Feuilletonisten Hevesi angedeihen ließ. Damals hob Ferdinand Kürnberger viel Ehre auf, denn es hieß, zwischen Kürnberger und Handl könne man noch »Stammbäume legen«. Um ihn aber, Hevesi, »ist die große Stille; er trägt seinen Anfang und Ausgang in sich«. Dies nun möchte ich nicht so ganz unterschreiben. Herr Hevesi ist ein älterer Herr, der vom jüngeren Nachwuchs abstammt und sich immer weiter entwickelt. Er hat mehr Einfälle, als seinen Jahren ziemt, was entschieden ein Vorzug wäre, wenn er nicht auch mehr Eindrücke hätte, als er verarbeiten kann. So muß er manchmal einen Kalauer unterdrücken, sehr zum Schaden der augenblicklichen Wirkung des Feuilletons und ohne durch solche Abgeklärtheit seinen Büchern zu nützen. Denn sein Stil ist zwar prickelnd, aber obschon Sodawasser bekanntlich den Vorteil bietet, daß man es auch stehen lassen kann, so schmeckt es darum doch nicht, wenn man es nach Jahren wieder trinkt. Ein Flaneur älteren Stils, den die Muse über und über mit Konfetti beworfen hat und der sich nun schüttelt und mit kurzem Atem die Freude hervorpustet, daß er bei solchen Unterhaltungen noch mittun darf, wobei er der Losen eine ganze Menge von Fremdwörtern, griechischen Zitaten und Fachausdrücken nachwirft. Denn er ist kein Spielverderber, wohl aber ein Polyhistor. Sein Humor ist von einer Frische der Senilität, die wieder auf den Nachwuchs ansteckend wirkt, und seine Weisheit ist eine fröhliche Wissenschaft, die schon hüpft. Wenn wir aber dem Berliner Psychologen glauben wollen, so liegt der Kernpunkt seines Wesens in dem »Vagieren zwischen den Zwielichtgierden des Bluts und den Zwitterstimmungen der Seele«. »Sein Assozion« – ein Fremdwort, das selbst Herrn Hevesi unbekannt sein dürfte – werfe seltsame Schnörkel. »Sonnensystem und Bazillus« seien in seinem Hirn »bloß zwei Gedanken verschiedener Stärke, aber nicht verschiedener Art. Auf überirdischer Höhe schwinden die Unterschiede zwischen Welt und Spinne, Stern und Sternchen auf einem Stern, und beide werden nur Spielball einer göttlichen Phantasie. Er hat das große Gelächter über Leben und Tod, Jehovah und Menschlein . . .« So sah ich unsern Hevesi nie. Nicht einmal damals, als er einer verstorbenen Ballberichterstatterin die Charakteristik nachrief: »Dämonische Automatik des modernen Reportertums, in einer das Aparte streifenden, oft im Exklusiven sich bewegenden Sondersphäre« . . .

*

Der ihn hauptsächlich auf dem Gewissen hat, ist der Hermann Bahr, der hierzulande noch die Jugend jeden Alters verdorben hat. Die »dampfenden Jünglinge« aber, die er seinerzeit entdeckte, sind längst Journalisten geworden, die überall Kritiken über Bahrs Bücher unterbringen können, und das neue Österreich ist fertig. »So viele Stimmen im Staate sein mögen, aus allen dringt nur ein Ruf: der Jugend werde Kraft, Mut, Freiheit! Nur ein Gefühl pulst in unserem Österreich: eine freie, starke, ehrliche Jugend erstehe unserer Zukunft!« Der Starke, der es zur Einführung des Bahrschen »Buchs der Jugend« sagt, ist jener Zeuge, der bei meiner Verurteilung im Prozeß Bahr-Bukovics ohnmächtig wurde. Zuerst verließ ihn die Erinnerung, später auch die Besinnung. Ich hatte mich, ohne ihn zu kennen, seiner angenommen und sein Autorenerlebnis als typischen Fall besprochen. Ich hatte behauptet, ihm sei vom Theaterdirektor ein Ehrenwort nicht gehalten worden. Drei Zeugen, die es aus

seinem Mund gehört haben wollten, stützten die Behauptung. Er sagte, er könne sich nicht erinnern. (Noch im Gerichtssaal wurde vom beeideten Kläger die Aufführung des
Stückes versprochen. Es ist bis heute nicht aufgeführt worden. Fast zehn Jahre sind es her. Er wird sich nicht erinnern
können.) Aber er will ein neues Österreich und eine Jugend,
die Kraft und Mut hat. Das sind berechtigte Ansprüche. Wie
sich Herr Bahr ihre Erfüllung denkt, zeigt er in dem Buch,
das eben jenen typischen Vertreter des neuen Österreich begeistert hat. Es enthält eine Vorrede, die an ein zweiundein-
halbjähriges Kind gerichtet ist und ihm bestätigt, daß es sich
von den österreichischen Mächten noch nicht habe kirre machen lassen. Der kleine Karli hätte nämlich vor Herrn Bahr,
als er auf Besuch kam, einen »schönen Diener« machen sollen. Er aber wollte nicht (aha!) und seine »Nänä« war bös
darüber. Bahr war begeistert. »Mach keinen Diener! Nie
sollst du und niemandem den Diener machen!« Natürlich,
meint Bahr, sind darüber die Nänäs alle sehr bös, denn die
Nänäs glauben ja noch, die Macht in Österreich zu haben.
»Aber die Nänäs werden vertrieben werden, und keiner
wird einen schönen Diener machen, dann werden aus euch
Menschen werden. Auf diese warte ich. Und mein ganzes
Sein und Tun ist immer nur ein solches Warten auf die
menschlichen Menschen in Österreich. Beeilt euch doch ein
bißchen, beeilt euch heranzuwachsen! Ich möchte so gern erleben, daß eine Jugend kommt, die mich erkennt und spricht:
Seht, das ist der, der auf Österreich gewartet hat! Denn,
wenn dir die Nänäs sagen, daß ich ein schlechter Österreicher sei, ist das eine Lüge«. Nachdem er nun noch dem kleinen Karli – dem Sohn des Gründers der »Wiener Werk-
stätte« – erzählt hat, daß Österreich in den Künsten stark
genug sei, es mit allen Völkern aufzunehmen, schließt er:
»Habt den Mut zu Österreich! Seit Jahren rufe ich hinaus:
Habt den Mut zu Österreich!« So steigt diese Anrede von
einer herzigen Symbolik zu den erschütternden Tönen eines
ganz alten Attinghausen empor. Was werden aber die Nänäs
dazu sagen, daß man die zweieinhalbjährigen Kinder auf-

fordert, sich ans Vaterland, ans teure anzuschließen? Man mag begierig sein, wie sie sich daraufhin entwickeln. Oh, ich sehe es kommen. Mit drei Jahren fangen sie an, Feuilletons zu schmieren. Mit vier bringen sie ihre ersten Stücke an. Zehn Jahre warten sie auf die Aufführung. Mit zwanzig fallen sie im Gerichtssaal um. Dann aber gehen sie hin und haben den Mut – zu Österreich. Karli! Karli! Ich kenne dich nicht mehr.

April 1908

DER ALTE TEPP

Der Abgeordnete Bielohlawek hat Tolstoi einen »alten Teppen« genannt. Das ist nicht zu entschuldigen. Denn der Abgeordnete Bielohlawek hat von Tolstoi keine Ahnung, zu solchem Urteil aber könnte einer nur auf Grund genauer Kenntnis des Tolstoischen Wirkens gelangen. Und auch dann wäre der Ausdruck unziemlich. Es geht nicht an, und widerspricht auch durchaus den parlamentarischen Sitten, dem Altersschwachsinn einer Persönlichkeit von europäischem Ruf so respektlos zu begegnen und eine die Kultur umfassende dementia mit einem so rüden Wort abzutun. Herr Bielohlawek kennt von Tolstoi wahrscheinlich nicht mehr als den einen Ausspruch, den Herr Pernerstorfer zitiert hat. Und gerade dieser Ausspruch ist bei weitem nicht das Unsinnigste, was Tolstoi in den letzten Jahrzehnten verkündet hat. Auch in der allgemeinen Fassung, und nicht bloß auf Rußland bezogen, hat die Sentenz, daß die Wohnung der anständigen Menschen das Gefängnis sei, eine gewisse Berechtigung. Man muß nur von der härenen Kittel-Ergebenheit, die im Besitz von Millionen nach einem Martyrium lechzt, ein wenig absehen, dann könnte Tolstois Wort immerhin die Wahrheit erschließen, daß weniger unanständige Menschen im Gefängnis sind, als auf freiem Fuß. Es war also mindestens leichtfertig, auf diesen einen Ausspruch ein Urteil zu gründen, zu dem gewiß nur ein gewiegter Kenner dessen, was uns der russische Heiland etwa seit der Kreutzersonate offenbart hat, berufen wäre. Herr Bielohlawek, der es sich sonst trotz allen liberalen Dünkelmännern zum Vorzug anrechnen darf, vom Mutterwitz statt von der Bildung seine Urteile zu beziehen, hat sich ausnahmsweise auf ein Gebiet begeben, auf dem nur den Eingeweihten eine Meinung zusteht. Die Schützer der Bildung durfte es empören, daß über einen Weltweisen, an dem man mit dem Hut in der Hand eine respektable Abschwächung der Gehirntätigkeit feststellen muß, ein vulgäres Kraftwort gebraucht wurde.

57

Als vor ein paar Jahren Tolstoi seine Enthüllungen über Shakespeare erscheinen ließ, durch die es auch dem letzten Zweifler offenbar wurde, daß Shakespeare ein alter Tepp sei, hätte kein gebildeter Europäer es gewagt, die Ehrfurcht vor Tolstoi durch ein rohes Wort zu verletzen. Keiner hätte sich dazu hergegeben, einem schon an der Schwelle der Unsterblichkeit stehenden Alten, der der Welt noch das Evangelium von der Nichtigkeit Shakespeares und anderer irdischen Genies brachte, auf den Mund zu schlagen. Ich selbst habe damals den Verdacht unterdrückt, daß ein alter Tepp das Wort ergriffen habe, den das Urchristentum allem Erfassen fremder künstlerischer Welten wie auch längst der eigenen Künstlerschaft entrückt hat. Ich war so zurückhaltend, ihn bloß einen alten Schwätzer zu nennen. Aber ich bin mir jetzt dessen bewußt, wie frivol auch diese Wertung eines urchristlichen Schänders meines Shakespeare-Heiligtums war, und aus Furcht, eine Ungerechtigkeit zu begehen, würde ich mir's heute dreimal überlegen, ehe ich ein Bekenntnis des Grafen Tolstoi ausschließlich von der pathologischen Seite nähme. Die Behauptung, daß er ein alter Tepp sei, ist nicht nur eine herzlose Ungebühr gegenüber einem Alten, nicht nur eine Dreistigkeit gegenüber einem Weltweisen, sie könnte auch eine Unbilligkeit gegenüber einem alten Weltweisen sein, von dem man ja doch nicht wissen kann und den noch keiner darauf untersucht hat, ob er nicht am Ende ein alter Mogler ist. Einer, der sich zu gern den »tribus magnis impostoribus« gesellen möchte, ohne an ihre Suggestivkraft heranzureichen. Man könnte schließlich auch aus der geistigen Verfassung derer, die eine Heilsbotschaft empfangen, auf den Ernst des Evangelisten schließen. Eine Welt, die zu nichts besserem geboren scheint als zum Betrogenwerden, harrt des Erlösers; und wer in den Ideenmischmasch dieser Zeit nur mit der Anweisung hineinfährt, Gras zu fressen und Shakespeare für einen Kretin zu halten, müßte wirklich schon ein ausgesuchtes Pech haben, um nicht als Heiliger verehrt zu werden. Wer aber der Armee seines Landes keine schöneren Siege wünscht als die Niederlagen, da dem Mu-

tigen zwar die Welt, aber dem Feigen das Himmelreich gehört*, und wer sich dazu im Büßergewand unter tennis-
spielenden Enkeln photographieren läßt, der müßte schon
ein abgefeimter Schwindler sein, wenn er nicht eine göttliche
Mission zu vollenden hätte. Aber der Heiligenschein trügt
nicht, ein mit allen Salben Geweihter stößt auf ein günstiges
Vorurteil, und es ist ein wahres Glück, daß die Betriebsmittel
dieser eitlen Zivilisation jede Bitte um ein Martyrium in
ein paar Stunden um die Welt verbreiten können, so daß,
wenn es einst vollbracht sein sollte, ein Golgatha von Tele-
graphenstangen dafür zeugen wird.
Jetzt frage ich aber: Ist die Möglichkeit, daß der alte Tolstoi
in vollster geistiger Frische ein bißchen mogelt, ausreichend,
ihm die Sympathien einer organisierten Betrügerbande, wie
sie der Intellektualismus darstellt, zu gewinnen? Genügt es
ihr wirklich schon, daß einer nicht glaubt, was er sagt?
Kommt es denn nicht darauf an, was er sagt? Ist jede Tendenz, auch die feindlichste, dem Liberalismus wohlgefällig,
wenn nur Aussicht besteht, daß sie unecht ist? Wenn Tolstoi
insgeheim wirklich der unwiderruflich letzte Christ wäre,
und er predigte das Zinsennehmen, man könnte die fana-
tische Parteinahme des Herrn Benedikt für ihn begreifen.
Ob aber sein Urchristentum eine fixe Idee oder eine Pose
ist, an welchen Punkten, frage ich, berührt es die Kreise der
Neuen Freien Presse? Warum ereifern sich die Händler und
Wechsler für Christi Sendung? Wenn Herr Benedikt an
Tolstoi glaubt, so müßte er sich ausnahmsweise dreimal be-
kreuzigen, sobald nur der Name in seiner Gegenwart ausgesprochen wird. Revolutionär sind die Ideenrichtungen beider.
Aber was hat das Zerknirschungsideal des russischen Knechts,
der das Väterchen im Himmel anwinselt, mit der Herrsch-
sucht des liberalen Geistes zu tun, der der Menschheit den
Zinsfuß auf den Nacken setzt? Die Sympathie wäre noch

---

* Der Verfasser bekennt hier unumwunden, daß er der alten Auffassung von kriegerischer Tapferkeit, der diese Wendung entstammte, in
dem Augenblick entsagt hat, als die blutige Wirklichkeit des Maschi-
nenmordes ihr zu widersprechen anhub, also am 1. August 1914, bis zu
welchem Zeitpunkt selbst der pazifistische Gedanke nicht voll geahnt
hat, wie berechtigt er war.

verständlich, wenn unter den Entsagungsvorschriften Tolstois auch die strikte Anweisung zu finden wäre: Wenn Dir die rechte Tasche ausgeraubt wurde, so halte auch die linke hin! So geistlos kann die Bildung doch nicht sein, daß sie sich wirklich verpflichtet fühlte, in allen Fällen bloß die Retourkutsche der Unbildung abzugeben. Denn schließlich steht diese den Verkündungen des Grafen Tolstoi näher als jene, steht Bielohlawek dem Urchristentum näher als Benedikt. Den Anfeindungen, die die Wissenschaft im niederösterreichischen Landtag erfährt, klatscht Tolstoi Beifall. Daß man Bazillen zu Versuchszwecken züchtet, erscheint ihm ebenso unbegreiflich wie irgendeinem christlich-sozialen Agitator, den die Neue Freie Presse darob verhöhnt. Er hält's mit den Dürrkräutlerinnen und verwirft die Wissenschaft, weil sie noch nie an nützliche Dinge gedacht hat, zum Beispiel, »wie Beil und Besenstiel am besten anzufertigen sind, wie eine gute Säge beschaffen sein muß, wie man gutes Brot backen kann, welche Mehlgattung sich dazu am besten eignet usw.« Ungefähr sagt das der Bielohlawek auch, nur mit ein bißchen andern Worten, und er tut beinahe so unrecht, Tolstoi einen alten Teppen zu nennen, wie der Benedikt, ihn in Schutz zu nehmen. Ich habe die unbestimmte Empfindung, daß Tolstoi in allen entscheidenden Fragen die Neue Freie Presse im Stich ließe; er hätte ihr höchstens als Nichtraucher sekundiert, aber sie schon als Impfgegner enttäuscht, denn es ist klar, daß das erste, was man bei einer ausbrechenden Epidemie zu veranlassen hat, die strenge Beachtung der Vorschrift ist, dem Übel nicht zu wehren. Wie kommt Sau bengel* unter die Propheten? Der Liberalismus ist weitherzig, er tanzt um das goldene Kalb und pflügt mit dem fremden.

Wenn man – nach der Methode, die Herr Benedikt einmal empfahl – »einen Querschnitt durch Tolstoi machen könnte«, so würde man vielleicht weniger Christentum finden, als man erwarten durfte, aber doch noch immer genug, um die Sympathiekundgebungen des Liberalismus für einen faux

---

* »Saubengels«: damals vielzitierter Ausdruck eines deutschen Politikers für die Preßleute.

pas zu halten. So selig die Armen im Geiste sein mögen, sie müßten die Lächerlichkeit dieses Bündnisses erkennen. Was in aller Welt – in jener, von der auch Tolstois Reich ist – hat der Fortschritt, der des Schwindelgeistes und der der Kultur, mit dem Urchristentum, dem gefühlten oder dem gepredigten, zu schaffen? Ein Ragout aus Mystik und Mystifikation könnte ja auch einem raffinierten Geschmack behagen, und es mag den Psychologen fesseln, daß einer zugleich ein Besitzender und ein Besessener sein kann. Alle Hochachtung vor einem tanzenden Derwisch, ha welche Lust Fakir zu sein, und selbst das Amok-Laufen ist eine schöne Beschäftigung. Aber unter allen die Zurechnungsfähigkeit ausschließenden Betätigungen scheint mir doch die Propaganda des Urchristentums – ein Amok-Laufen gegen den Sinn des Lebens – die allerbedenklichste, und so wahr es ist, daß die Kultur unseres Geistes von der Maschine verdrängt wird, so wahr ist es, daß der letzte Handlanger der sogenannten Zivilisation der Allgottheit näher steht als die Sorte von Fanatikern, die zuerst eine Panik der Geister erzeugen und dann als Notausgang die »Rückkehr zur Natur« offen lassen. Die Fegefeuerassekuranten, die die Kirche entsendet und die ohnehin oft zudringlicher sind, als es sich ziemt, erleichtern einem wenigstens die Lasten des Diesseits, indem sie sie in eine Versicherungsgebühr umwandeln. Aber die Tolstoische Lehre erhöht diese nicht nur, sondern läßt sie zugleich die Prämie bedeuten. Sie schlägt einem die Himmelstür vor der Nase zu, wer sein eigenes Weib ansieht, ihrer zu begehren, hat schon mit ihr die Ehe gebrochen, und es ist wahrhaft trostlos, daß man sich bereits bei Lebzeiten in den Höllenrachen stürzen soll, um der ewigen Seligkeit zu entgehen. Und welche Tantalusqualen, durch einen Altvaterbart, der uns das Dasein mit der Erinnerung an eine Likörmarke verschönert, zur Enthaltsamkeit gemahnt zu werden! Man hat ohnehin sein liebes Kreuz mit den Gottsuchern sowohl, wie mit jenen, die ihn schon gefunden haben; aber mit den Gottsuchern, die ihn leugnen, auszukommen ist verdammt schwer. Am besten, man sagt sich, daß sie achtzig Jahre alt sind, und daß wir, um mit Shakespeare, der ein alter Tepp war, zu sprechen, von ihren Jahren »nicht nur die Unvollkommenheiten längst eingewurzelter Gewohnheiten erwarten müssen, sondern außerdem noch den störrischen Eigensinn, den gebrechliches und reizbares Alter mit sich bringt«. Und daß sie »nicht hätten alt werden sollen, ehe sie klug geworden sind.«

Nur der Liberalismus ist anderer Meinung. Ihm scheint nichts natürlicher, als daß sich die Todeszuckungen der europäischen Kultur unter dem harmonischen Gliederzucken eines alten Quäkers vollziehen. Aber diese Anpassung an die Tolstoische Gedankenwelt ist mehr, als man dem Fortschritt zugetraut hätte. Nicht die Parteinahme, nur die urchristliche Opferfähigkeit, die sich in ihr ausdrückt, müßte den Großgrundbesitzer von Jasnaja Poljana zu Tränen rühren. Das hat er nicht erwartet. Zwar hätte er seit der Exkommunizierung, die immer eine Aufnahme in den Schoß der allein seligmachenden Presse bedeutet, darauf gefaßt sein können, und wenngleich er in Bann getan wurde, weil ihm die Kirche zu wenig christlich war, so wirkte das Ereignis doch so animierend, daß damals der liberale Kursbericht mit dem Ausruf begann: »Tolstoi hat sich angeklagt!« Aber jetzt hat es nur des Zufalls bedurft, daß ein Sozialdemokrat ein Tolstoisches Wort zitierte und ein Christlichsozialer infolgedessen von Tolstoi abfiel, um Herrn Moriz Benedikt zu einem unumwundenen Bekenntnis seiner nazarenischen Weltanschauung zu bestimmen. Der Sektierergeist der österreichischen Politik tut seine Wunder. Längst wird kein Soldat mehr im Kaukasus oder in Przemysl den Fahneneid verweigern, so wird man noch die sinnverwirrenden Folgen der urchristlichen Propaganda im Leitartikel der Neuen Freien Presse zu spüren bekommen. Wenn sich die Gracchen über Aufruhr beklagen, so ist das nicht grotesker, als wenn die Aufklärung die Tolstoische Weltanschauung lobt. Im österreichischen Parlament wird jetzt – dank dem Herrn Hlibowitzki, dessen Namen man sich zu merken versuchen wird – zwischen Zola unterschieden, der bloß der gesamten Kulturwelt bekannt sei, und Tolstoi, »dessen Werke nicht bloß von den auf der höchsten Kulturstufe Stehenden hoch gepriesen werden, sondern selbst in die Hütten jener Volksstämme Afrikas und Amerikas ihren Eingang bereits gefunden haben, denen erst seit Kurzem das Licht der Zivilisation zu erblicken beschieden wurde«. Was blieb demnach dem Präsidenten anderes übrig, als sein Bedauern über den Zwischenruf des Herrn Bielohlawek auszusprechen? Er hätte höchstens noch hinzufügen können, daß in den Hütten jener Volksstämme Afrikas und Amerikas die Tolstoische Weltansicht eines wahren Verständnisses noch sicherer sei als bei den auf der höchsten Kulturstufe Stehenden, und zwar trotz der Zivilisation, deren Licht sie übrigens erst vor Kurzem erblickt haben. Aber der Vergleich Tolstois mit Zola entbehrt nicht eines gewissen Hintergrunds. Zola hat sich in den Augen der liberalen Welt von dem Makel seines künstlerischen Wertes durch sein Eintreten für Dreyfus gereinigt, und die Bedeutung Tolstois als Romanschriftsteller müßte keine unbestrittene sein, der Schimpf, den ihm Herr Bielohlawek angetan hat, erhöbe ihn hoch über Dostojewski, dem so etwas noch nicht passiert ist. Zola galt der liberalen Kritik als Schweinkerl, aber wer »j'accuse« sagt, s'excuse. Und wer galt Herrn Max Nordau nicht als Schweinkerl? Nicht als Entarteter? Als Idiot, als Halbnarr, Faselhans oder alter Tepp? Welcher Große blieb vor Verkleinerung bewahrt, welcher Alte vor Ehrfurchtsverletzung, welcher Tote vor Grabschändung? Wo lebte oder starb ein Nietzsche, ein Flaubert, ein Ibsen, ein Baudelaire, ein Puvis de Chavannes, ein Rodin, ein Oscar Wilde, der es nicht zu spüren bekam, daß selbst die Distanz, die ihn von einem Nordau trennt, überspuckt werden kann? Tolstoi einen alten Teppen zu nennen ist ein Unterfangen, das den Freisinn zur Abwehr herausfordert. Er hat vor der Zeiten Ungunst längst die Retirade bezogen; aber wenn er hört, daß die Bildung in Gefahr ist, gerät er aus dem Häuschen, in dem er sonst das Ende seiner Tage abgewartet hätte – der alte Tepp! Hält noch den Schlüssel zur wahren Erkenntnis in der Hand und das Zeitungspapier, dessen er sich bedient, und läuft auf die Gasse. Mit Prügeln wollen wir ihn zurückjagen. Denn wir brauchen seine Aufklärung nicht. Wir wissen schon, daß Herr Bielohlawek nicht berechtigt war, Tolstoi mit einem Wort abzutun. Herr Nordau hat das ausführlicher besorgt. Tolstoi ist kein alter Tepp, sondern: »Tolstois Weltanschauung, die Frucht der verzweiflungsvollen Denkarbeit seines ganzen Lebens, ist nichts als Nebel, Unverständnis seiner eigenen Fragen und Antworten und hohler Wortschwall« (»Entartung« Bd. I, S. 275). Tolstoi ein alter Tepp? Nein, er läßt bloß durch eine seiner Figuren eine »delirierende Theorie vom Lebensgesetz« entwickeln (S. 286). Diese ist dem gesunden Menschenverstand des Herrn Nordau »sofort als das erkennbar, was sie ist: als Wahnsinn« (S. 287). »Kindisch sind seine Beschwerden und Spöttereien. Er spricht von der Wissenschaft wie der Blinde von den Farben ... Er gleicht Bouvard und Pécuchet, den beiden Idioten Flauberts, die gänzlich unwissend, ohne Lehrer und Führer, wahllos eine Anzahl Bücher durchblättern, selbstverständlich eine haarsträubende Dummheit nach der andern begehen und sich dann berechtigt glauben, auf die Wissenschaft zu schimpfen... Der Entartete Flaubert und der Entartete Tolstoi begegnen sich hier in demselben Delirium« (S. 288). Ein alter Tepp? Nein, sage ich! Denn als Philosophie gibt der Tolstoismus »über Welt und Leben mit einigen sinnlosen oder widerspruchsvollen Umschreibungen absichtlich mißverstandener Bibelverse Aufschluß« (S. 291). Ein alter Tepp? Mehr Respekt, wenn ich bitten darf! Tolstois Mystizismus ist »eine von Emotivität begleitete krankhafte Dunkelheit und Zusammenhanglosigkeit des Denkens« (S. 293). Wie, ein alter Tepp? Er, der »der bloße Abklatsch einer Menschengattung ist, die in jedem Zeitalter Vertreter gehabt hat« und als deren Beispiel »Lombroso einen Verrückten anführt, der um 1680 in Schleswig lebte und behauptete, daß es weder Gott noch Hölle gebe, daß Priester und Richter unnütz und schädlich seien und die Ehe eine Unsittlichkeit u. s. w.« (S. 294). Ein alter Tepp? Hol' die Pest alle Grobiane! Aber »der geistesklare, gesunde Turgeniew hat, ohne die Erfahrungen der Irrenärzte zu kennen, aus seiner natürlichen Empfindung heraus die innige Liebe Tolstois zu dem bedrückten Volke eine hysterische genannt ... Im Gegensatze zum selbstsüchtigen Geistesschwachen, lehrt Legrain, haben wir den Geistesschwachen, der menschenliebend ist, der tausend absurde Systeme aufbaut, um das Glück der Menschheit herbeizuführen« (S. 297). Und Legrain und Turgeniew haben Recht und weiß Gott, selbst Herr Nordau hat ausnahmsweise Recht! Und nur Herr Bielohlawek hat Unrecht. Er wird es sich künftig überlegen, mit solchen Worten herumzuwerfen. Nicht vergebens soll die Neue Freie Presse für die geistige Unversehrtheit Tolstois zweimal täglich jene Lanze gebrochen haben, die Gottfried von Bouillon, der bekanntlich gesagt hat, daß der Zinsfuß mit uns ist, in ihrem Lager zurückgelassen hat. Denn zwischen Bielohlawek und Nordau ist doch ein gewaltiger Unterschied: der eine spricht im Dialekt, der andere im Jargon. Wenn nun aber jemand einwenden sollte, daß die Ehrfurchtsbezeigungen des Herrn Nordau für Tolstoi bloß in einem Buch stehen und daß die Neue Freie Presse noch nicht dafür gesorgt hat, in ihren eigenen Spalten das Opfer des Herrn Bielohlawek dem Schutz des Herrn Nordau zu überantworten, so ist er ein unaufmerksamer Leser der Neuen Freien Presse. Denn wahrlich, ich sage euch, Herr Nordau hat auch hier schon das Seine getan, und Herr Bielohlawek hätte sich ein Beispiel daran nehmen können, wie respektvoll der gesunde Menschenverstand der ehrwürdigen Erscheinung eines großen Denkers gegenübersteht, von dem der Journalismus erwartet, daß er demnächst in vollster geistiger und körperlicher Frische seinen achtzigsten Geburtstag feiern wird. Denn es geschah im Jahre 1901 im zwölften Monat, am 28. des Monates, da redete Nordau zu den über die ganze Welt zerstreuten Lesern der Neuen Freien Presse und sprach: daß Tolstoi für »Millionen hochgebildeter Russen« nichts ist als ein »absurder Konfusionsrat, der nur lächerlich wäre, wenn sein mystisch-anarchistisches Geschwätz Schwachköpfen nicht gefährlich werden könnte«.

Mai 1908

GIRARDI UND KAINZ

Herr Kainz hat den schlechten Geschmack, in der Stadt, in
der Girardi den Valentin gespielt hat, in den Tagen, da
Girardi in Wien wieder auftritt, den Valentin zu spielen. Daß Herr Kainz es jetzt wieder wagen konnte, mit
seinen Kopftönen in dies friedlichste Heiligtum gemütvoller
Darstellung einzudringen, daß er dazu eine Bühne, eine
Galerie und eine Presse fand, zeigt, auf welchem Punkt die
Echtheit im Kunstempfinden dieser Stadt angelangt ist. Ein
Kritiker benützt die Gelegenheit, zu versichern, der Mann
sei zwar »immer schlicht und gemütstief«, aber speziell »bei
der Entfaltung von Valentins Dienertreue« finde er »Töne,
die tief ins Herz dringen«. Was muß das für ein Herz sein!
Ein anderer will gar eine »bezwingende und berückende
Fülle« von Gemüt und Seele entdeckt haben. Das hat Herrn
Kainz bis heute noch niemand nachgesagt. Aber Kunstverstand besitzt er hinreichend, um sich für den Rezensenten zu
schämen, der von ihm gesagt hat, er habe in manchen Szenen
Girardi »überragt«. Solche Bereitwilligkeit, mit dem Mangel
zu völlern und vor der Fülle zu hungern, ist auf dem weiten
Erdenrund nur in dieser Stadt anzutreffen. Ich wünsche es
ihr von Herzen, daß sie den reichsten theatralischen Schöpfer
ihrer verwahrlosten Gemütszone an ein kälteres Klima verliert. Er hat es nicht notwendig, sich von Reportern den
Mangel literarischen Ehrgeizes vorwerfen zu lassen. Er darf
sich auch vor Ungezogenheiten schützen, die im Dienste der
journalistischen Kulissenpolitik begangen werden. In Berlin,
der Zentrale des literarischen Snobismus, hat man vielleicht
Verständnis für die Eigenberechtigung eines schöpferischen
Schauspielers. Mit dem Trottelgerede von dem niedrigen
literarischen Niveau, auf dem Girardi siegt, verschont man
ihn dort, weil man weiß, wie spärlich die geeigneten dramatischen Gelegenheiten sind, die auf der Höhe der Kunst
dieses Darstellers stünden. Wenn er sich von einem Buchbinder den Pappendeckel liefern läßt, so bleibt er ungebun-

den; nie vermöchte ein großer Künstler sich selbst aus-
zuschöpfen, wenn er zugleich der anderen künstlerischen
Persönlichkeit diente. Soll die Literatur auf die Bühne gehören, dann dient ihr im besten Fall der Regisseur, der ein
mittelmäßiges Ensemble in der Hand hält, aber nie die dar-
stellerische Individualität. Neunzehntel Shakespeare wird
an dem größten Schauspieler zuschanden. Das hat Goethe
erkannt, aber ein Wiener Reporter würde es nicht zugeben.
Herr Reinhardt, heißt es, habe eigens für Girardi einen
Nestroy-Zyklus arrangieren wollen, und Girardi zog einen
Buchbinder-Zyklus vor. Wer die Anklage liest, muß davon
überzeugt sein, daß Girardis literarisches Urteil die Wahl
getroffen hat. Daß er Herrn Buchbinder für eine bedeuten-
dere Erscheinung hält als Nestroy, wird über allen Zweifel
gestellt. Ich halte nun jenen für einen szenischen Handlungs-
gehilfen und diesen für den tiefsten satirischen Denker, den
die Deutschen nach Lichtenberg gehabt haben und in dessen
Nähe den Namen Heine zu nennen, ich als Blasphemie empfinde. Wie hat dieser außerordentliche Geist auf der Bühne
geschaltet? Er stellte sich an die Rampe einer gleichgültigen
französischen Possenszene und ließ an ihr seine Lichter auf-
flammen. Trotzdem blieb es noch dunkel. Denn seine Blitze
zwingen den Leser zur Bewunderung, im Theater wird –
durch die Nestroy ähnlichste Darstellung – kaum mehr als
das Ergötzen an der lustigen Situation lebendig. Philosophischer Witz, aphoristisch erhöhter Humor – ich kann mir
nicht denken, daß selbst das aufnahmsfähigere Publikum
des Schauspielers Nestroy auf der Höhe gestanden hat, die
für ein Erfassen solcher Geistigkeit vorausgesetzt wird. Wie
gestaltet Girardi? Er ist Schauspieler. Er nimmt eine gleich-
gültige Possenhandlung und zeigt an ihr seine Wunder. Sie
sind anderer Art als die Nestroys, unvergleichlich bühnen-
hafter. Er spielt an einem Schund sich selbst. Es ist die törich-
teste Meinung, daß er mehr böte, wenn er Nestroy spielte,
weil er dann weder Nestroy spielte noch sich selbst. Girardi
ist ein wienerischer Typus für sich, der vielleicht von der
Raimundseite kommt und sich kaum an einem Punkt mit der

Welt Nestroys berührt. Daß er die Aphorismenkette des komischen Raisonneurs, der aus dem ureigenen Nestroy'schen Geist redet, nicht abhaspeln könnte, versteht sich; aber er wurzelt auch außerhalb der breiten Komik der zweiten Figur der Nestroy-Welt, des Scholzischen Typus. Er ist eben Girardi selbst, der am Anfang einer Reihe von Komikern steht. Da er nicht Possen schreibt, muß er sie sich liefern lassen. Notwendig hätte er es nicht; er schafft ja doch aus dem Stegreif. Aber es gehört der ganze literarische Snobismus der Reinhardt-Gesellschaft und ihr ganzes Nichtverständnis für theatralische Individualitäten dazu, Girardi einen Nestroy-Zyklus zuzumuten. Ein vollkommener Routinier wie Herr Thaller, der die überkommene Form des dünnen Sprechkomikers beherrscht, ist als Weinberl oder Kampl durchaus glaubhaft. Was sollte einer, der ein Eigener ist und ein Anderer als Nestroy, mit diesen Gestalten anfangen? Die Theaterfremdheit hätte Recht, wenn Sie Herrn Thaller in solchen Rollen über Girardi stellte, ganz so wie sie einst Schweighofer gegen ihn ausgespielt hat, der auch nicht mehr war als der gewandte Faiseur einer gegebenen Tradition. Girardis Popularität ist auf den ersten Blick unbegreiflich. Die Eigenen sind sonst immer im Nachteil; besonders in der Literatur, wo sie sich selbst statt der »Sache« dienen. Daß Girardi trotz seiner unerreichten Feinheit und Selbstherrlichkeit beliebt werden konnte, beweist, daß zu den Dingen der Theaterkunst das Publikum immerhin noch jene Beziehung hat, die ihm zu den anderen Künsten fehlt. Die Journalisten haben zu nichts Künstlerischem eine Beziehung. Darum ist es möglich, daß sie Girardi zu einem Nestroy-Zyklus zureden, und Herrn Kainz in einer Raimund-Rolle protegieren. Einen Valentin Girardis, in dem ausnahmsweise die schauspielerische und die dichterische Persönlichkeit zusammenfließen, können wir leider nicht an jedem Tag sehen. Hat er ihn aber einmal gespielt, so bleiben uns die Tränen für ein Jahr in den Augen, und unvergeßlich hallt die Aufforderung des Todes in uns weiter. Springt Herr Kainz ein, dann leg' ich meinen Hobel hin und sag' der Welt ade!

Dezember 1911

AUS DER BRANCHE

Herr v. Hofmannsthal

der vom Rausch bei goldenen Bechern, in denen kein Wein
ist, längst ernüchtert dahinlebt, macht sich nichts mehr daraus, daß man ihm daraufgekommen ist, wie er hinter dem
Rücken der Unsterblichkeit mit dem Tag und dem Theater
gepackelt hat. Nur die Schwäche ist ihm geblieben, feierlich
zu begründen, was klug ersonnen war. Wenn man ein ganzes Goetheleben – Italienreise, Verpflegung mit inbegriffen –
in relativ kurzer Zeit durchgemacht hat, so ist es nicht unbegreiflich, daß etwas im Ton zurückbleibt, was der Verteidigung nüchterner Theaterpläne zugutekommt. Man denkt
dann nicht geradezu ans Repertoire und an Herrn Reinhardt, sondern spricht vom »Repertorium der deutschen
Bühne«, das auch andere, etwa Tieck und Immermann, »in
einem weltbürgerlichen Sinne ausbauten«. Sie seien sich bewußt gewesen, für das Theater und nicht für die Literaturgeschichte zu arbeiten. Der sich aber auf jene beruft, arbeitet
selbst bei dieser Gelegenheit für die Literaturgeschichte. Er
glaubt, ihr näher zu sein, wenn er so gestikuliert wie die, die
zu ihr gehören. »Indem ich das Spiel von ›Jedermann‹ auf
die Bühne brachte, meine ich dem deutschen Repertorium
nicht so sehr etwas gegeben als ihm etwas zurückgegeben zu
haben . . .« »Denn die englische Form des Gedichtes ist die
lyrische Urform und weist auf einen späteren Bearbeiter hin,
der mit so herrlichen Gaben Hans Sachs sehr wohl hätte sein
mögen, aber dennoch nicht geworden ist.« »Gibt man sich
mit dem Theater ab, es bleibt immer ein Politikum.« »Nicht
das Gedicht, sondern der Raum, den wir wählten, die Menge,
vor die wir es brachten, war hier der Gegenstand einiger
Kritik.« »Man sprach vereinzelt von einem gelehrten Experiment. . .« »Ich habe Herrn Reinhardt nie schematisch
handeln sehen, und ich glaube nicht, daß er etwas Geringes
gegen das Gefühl des Dichters, für den er arbeitet, unter-

69

nehmen würde, geschweige denn etwas so Großes.« »Ich nehme also mit besonderem Vergnügen die Verantwortung dafür auf mich, daß wir dieses Gedicht vor eine große, sehr große Menge brachten...« Wäre es itzt nicht an der Zeit, daß der ehrwürdige Rodauner sich einmal in seiner Loge erhöbe und den Lachern ein »Man lache nicht!« zuriefe? Die große Menge hatte doch schon bei der Geburt des Herrn von Hofmannsthal gehofft, daß er einmal in den Schlafrock des alten Goethe hineinwachsen werde. Jetzt sollte er einmal ernstlich dazu schauen. Die Allüren sind da, die Beschäftigung mit dem Theater gleichfalls, gelegentliche Feuilletons zum Lobe schmieriger Kompilatoren können als Gelegenheitsdichtungen aufgefaßt werden – kurz, es ist alles da: nur der dritte Teil des Faust bleibt unvollendet.

Mein Gutachten

Ein Gedicht ist aufgefunden worden, man schreibt darüber, man glaubt, es sei von Heine, aber man traut sich nicht recht, es könnte auch von einem Nachahmer sein, man zweifelt, und so. Es enthält die folgenden Strophen:

> Eine Jungfrau war einst die Erde,
> Eine holde, brünette Maid;
> Der hatte ein blonder Jüngling,
> Der Mond, seine Liebe geweiht.
>
> Sie liebten sich beide herzinnig
> Und hätten so gern sich vereint;
> Der Vater aber, der strenge,
> War ihrer Liebe gar feind,
> — — — — — — — —
> Drum drehet sich um die Erde
> Der Mond als ihr treuer Trabant;
> In stiller Trauer die Blicke
> Zur fernen Geliebten gewandt.
>
> Er umschwebt sie auf all' ihren Pfaden,
> Wohin sie auch wandeln mag,
> Und schaut in schmerzlicher Sehnsucht
> Mit bleichem Antlitz ihr nach.
> — — — — — — — —

Er sendet Liebesboten
Allnächtlich zu ihr hin;
Das sind die Strahlen, die heimlich
Durchs Dunkel der Bäume ziehn.

Die nächtlich duftenden Blumen
Betrauern der Herrin Geschick,
Und senden dem Freund ihre Antwort
In süßen Düften zurück.

Auf ihrem Wellenbusen,
Zum Zeichen ihrer Treu,
An einer Sternenkette,
Trägt sie sein Konterfey.

— — — — — — — — — —

Ich als Sachverständiger erkläre mit aller Bestimmtheit, daß gar kein Zweifel bestehen kann, sondern daß dieses Gedicht entweder von Heine oder von einem Nachahmer ist. Also jedenfalls von Heine, indem es wahrscheinlich von diesem und sicher von einem Nachahmer ist. Auf unklare Annahmen wie: Dieses Gedicht ist von Heine, oder: Dieses Gedicht kann nur von einem Nachahmer sein, lasse ich mich nicht ein. Es ist von Heine.

Eine Rundfrage

In Berlin wurde rundgefragt, welche Arbeiten wir im kommenden Jahre von unseren Lieblingen zu erwarten haben. Die Lieblinge zögerten nicht, dem Publikum Einblick in den Zeugungsakt zu gewähren, und plauderten »aus der Werkstatt«. Einer bedankte sich noch für die Aufmerksamkeit und teilte mit:

. . . daß ich an einer großen modernen Komödie arbeite und an einem umfangreichen Roman, welcher in der Fischer-von-Erlach-Zeit zu Wien und Florenz spielt; ferner arbeite ich an drei modernen Einaktern und an einer großen modernen Pantomime.

Der Mann nennt sich natürlich Salten. Wenn's über ihn kommt, wird es schwer sein. Man denke, die vielen modernen

71

Stoffe, und dann erst noch das à la Fischer von Erlach. Rothschild mit den vielen Hemden – zieht an zieht aus, zieht an zieht aus – hat's leichter gehabt. Es gehört schon eine gehörige Umsicht und Versiertheit in der Kunst dazu, die Zeugungsakte nicht zu verwechseln.

NOTIZEN

Dezember 1911

Kokoschka und der andere

Der deutsche Kunstverstand wird jetzt, wie sichs gebührt, von einem hineingelegt, der das Talent hat, sich mit dem Blute eines Genies die Finger zu bemalen. Das ist immer so. Hier hockt eine Persönlichkeit, und draußen bildet sich sofort die Konjunktur, die der andere ausnützt, der laufen kann: die Cassirer der Kunst können es nicht erwarten, dem unrechten Mann die Quittung auszustellen. Das Talent weiß, daß es durch eben das anzieht, wodurch das Genie abstößt. Dieses ist der Schwindler, jenem glaubt man's. Und es versteht sich fast von selbst, daß über einen, der nicht Hand und Fuß hat, aber gestikulieren und laufen kann, eine Monographie geschrieben wird, in der der Satz steht: »Die farbige Ausdeutung der Erscheinung ist von erlauchter Nachdenklichkeit«. Das war immer so. Den Künstler beirrt es nicht und darf es nicht kränken, daß von eben dem Haß und dem Unverstand, der seines Wertes Spur verrät, der Nachmacher sich bezahlt macht. Aber freuen darf es ihn, daß Else Lasker-Schüler – der man auch noch lange die vielen vorziehen wird, die's von ihr haben werden – den folgenden Brief, an den andern, veröffentlicht hat:

»Ihre ostentative Kleidung hat mir Freude gemacht dem eingefleischten Publikum gegenüber. Es lag nicht nur Mut, auch Geschmack darin. Ich ging doppelt gerne mit Ihnen nach München in Ihre Bilderausstellung, aber es hingen nicht Ihre Bilder an den Wänden, sondern lauter Oskar Kokoschkas. Und da mußten Sie gerade mich mitnehmen, die Ihr Original kennt. Hielten Sie mich für so kritiklos – oder gehören Sie zu den Menschen, die Worte, Gebärden des Zweiten anzunehmen pflegen, darin sie verliebt sind? Sie sind, nehme ich an, in Kokoschka verliebt und Ihre Bilder sind abgepflückte Werke, darum fehlt ihnen die Wurzel. Das Bild Heinrich Manns hat mir ausnehmend gefallen wie eine glänzende Kopie und ich sah in seinen Farben und Rhythmen außer dem Schriftsteller auch den Maler Oskar Kokoschka, nicht Sie . . . . Man kopiert doch ehrlich in den Museen die alten Meister und setzt nicht seinen Namen darunter. Kokoschka ist ein alter Meister, später geboren, ein furchtbares Wunder. Und ich kenne keine Rücksicht in Ewigkeitsdingen. Sie sollten auch pietätvoller der Zeit gegenüber sein . . .«

Das sehe ich nicht ein. Die Zeit, die die Originale verschmäht, hat es nicht besser verdient, als von den Kopisten beschlafen zu werden. Ich verstehe wahrscheinlich von Malerei weniger als jeder einzelne von jenen, die das Zeug haben, sich von berufswegen täuschen zu lassen; aber von der Kunst sicher mehr als sie alle zusammen. Hier fühle ich, sehe, was geboren ist, und kenne meine Oppenheimer.

Zwei Bücher

Wer der Fackel glaubt, möge Karl H a u e r nicht vergessen, dem der Vorsprung der beweglichen Unfähigkeit noch immer den Platz weggenommen hat, auf den ihn die Lebenssorge anwies. Da im weiten Gebiet literarischer Existenzen alles besetzt und bestellt war und zwischen Redakteuren, Dramaturgen und Lektoren nicht mehr ein Fingerbreit Aussicht, blieb jenem nur noch übrig, in schwere Krankheit zu verfallen. Mit der Sicherheit aber, die die Not verschafft, soll sich das Gewissen dieser stellenvermittelnden Zeit nicht abfinden. Das wollen wir ihr versalzen. Mindestens hat sie die Pflicht, die Gelegenheit zu benützen, die es erlaubt, einem Schriftsteller auf die würdigste Art zu helfen: die Gelegenheit, sein Buch zu kaufen. Karl Hauers Essays » V o n d e n f r ö h l i c h e n u n d u n f r ö h l i c h e n M e n s c h e n « * sind erschienen, sie wiederholen und vermehren im Buche den Genuß, den die durchklärende Kraft und Meisterschaft dem Leser gewährt hat. Sie machen nicht zuletzt deutlich, worin sich dieser Denker von jenen, die am meisten über die Habilitation des Menschen nachgedacht haben, unterscheidet: er ist tiefer in dem, was er erkennt, als in dem, was er vertritt; er sucht nur, was er gefunden hat, und darum ist er auch dort tief, wo andere nicht einmal wahr sind. Sollte diese unerbittliche Güte, die kein Wort verschwendet, noch auf ein

---

* Verlag Jahoda & Siegel, Wien und Leipzig.

formwürdiges Leben treffen, so beweise es sich durch die
Bereitschaft, einen Außerordentlichen zu hören, zu entschädigen und die Forderung der Fröhlichkeit, die es ihm nur zu
stellen gewährte, ihn auch erfüllen zu lassen.

*

Albert Ehrenstein, dessen »Tubutsch«*, mit zwölf
Zeichnungen von Oskar Kokoschka, außer dem neuen Haupt-
stück die in der Fackel veröffentlichten Arbeiten »Ritter Johann des Todes« und »Wanderers Lied« enthält, stellt den
merkwürdigen Fall vor, daß in Wien eine dichterische Kraft
auflebt, die mit dem ersten Wort sich einer Region entrückt,
in welcher die Kunst eben noch zum beliebten Nebenbei einer
wertlosen Hauptsache, Leben genannt, sich eignet. Hier aber
ist ein Unteilbares; und wie einer sich das Leben schafft, der
es ablehnt und dem es gut genug ist, als sein Stiefelknecht
zu ihm zu sprechen, und wie einer sich von der Unschein-
barkeit die Visionen brockt, als stünde er vor des Lebens
goldnem Baum: das ist zumal in dieser Gegend, in der die
Plauderer und Psychologen das fertige Material bearbeiten,
neu und ergreifend. Die reale Linzerstraße hat für diesen
Karl Tubutsch mehr Himmel und Erde als ein weites Land,
das jenen vorschwebt, die das Können können. Ihm sterben
bloß zwei Fliegen, und er glaubt, daß sie Pollak heißen. Ich
kann ihm darin nur recht geben. Nicht worauf so ein Kurio-
ser kommt, sondern wovon er ausgeht, bestimmt das Maß
seiner Phantasie. Er ist von jenen, die ein zu trauriges Gesicht haben, um das Leben nicht mit lachendem Rücken anzu-
schauen. Er hat viel gegen die Welt, die nicht viel für ihn
hat; aber wie er sie hinter sich sieht und schafft, ist reicher
Ersatz für beide. Er kommt auf langem Weg in die Literatur
daher, fast von Laurence Sterne, seine Reise ist gefühlloser
und doch an Enttäuschungen reicher. Wenn er geht, läßt er
einen wohltuenden Schwefelgestank zurück. Zuweilen tritt

---

* Verlag Jahoda & Siegel, Wien und Leipzig.

sich sein Humor selbst auf die Füße: so sieht er noch immer
durch ein Hühnerauge eine ganze Welt. Manchmal spricht
ihm der Intellekt in Witz und Vision hinein, manchmal kommen alle drei ins Wortgemenge. Aber sein Geist ist ohnedies
anders erschaffen, als es gewohnt, erlaubt und den andern
gesund ist. Als er zur Welt kam, mochte er gerade Wichtige-
res zu tun haben, und hätte jenes unterlassen, wenn er sich
nicht in die Nabelschnur einen Knopf gemacht hätte; er hätte
sich sonst an ihr erhängt. Nun, da er hier ist, gefällt es ihm
nicht. Wenn's brennt, hat er noch die Geistesgegenwart, das
Sprungtuch in die Flamme zu werfen. Er ist einer von dem
viel bemerkenswertern Stamme jener Asra, welche sterben,
wenn sie leben.

Juni 1912

Erklärung

Absichtlichkeit und Zudringlichkeit von Mißverständnissen,
die sich um das Eindringen der Fackel in Berliner literarische Interessen gebildet haben, legen mir die Pflicht auf,
das Folgende zu erklären: Das Eindringen der Fackel in
Berliner literarische Interessen ist mir peinlich. Jeder Anhänger, den ich in Berlin verliere, ein Gewinn. Ich habe nie
von irgend jemand Förderung, Verbreitung, Eintreten,
Wohlwollen oder Begeisterung erwartet, verlangt oder auch
nur – wie nachgewiesen werden kann – stillschweigend geduldet. Wer in Kneipen oder Kneipzeitungen das Gegenteil
behauptet, ist ein Schmierfink, auch wenn er nicht zufällig
die »fünf Frankfurter« verfaßt hat. Ich habe mit Berliner
literaturpolitischen Bestrebungen, mit Futuristen, Neopa-
thetikern, Neoklassizisten und sonstigen Inhabern von
Titeln ebensowenig zu schaffen wie mit Wiener Kommerzial-
oder Sangräten. Ich hasse das Publikum; und ich zähle die
Schmarotzer an seinen Mißverständnissen zum Publikum.
Ich stehe nicht auf dem Standpunkt, daß jeder Gymna-
siast, dem die in unserer Zeit vorhandenen Süchte und

76

Dränge und sonstigen ekelhaften Plurale zu einem »Niveau« verholfen haben, mehr taugt als Mörike und Eichendorff. Ich bin nicht der Meinung, daß die Meinung in der Kunst genügt, glaube, daß das bloße Rechthaben gegen den Journalismus mit ihm identisch ist, und sage, daß jeder, der ernsthaft behauptet, daß Rudolph Lothar ein Übel sei, sich einer Verdoppelung des Rudolph Lothar schuldig macht. Ich sage, daß Polemik vor jeder anderen Art von schriftlicher Äußerung durch Humor legitimiert sein muß, damit nicht die Null zum Übel werde, sondern das Übel nullifiziert sei. Polemik ist eine unbefugte Handlung, die ausnahmsweise durch Persönlichkeit zum Gebot wird. Lyrik ohne Berechtigung greift nur den Täter an; der schlechte Angriff auch alle Unbeteiligten. Ich halte Polemik, die nicht Kunst ist, für eine Angelegenheit des schlechten gesellschaftlichen Tons, die dem schlechten Objekt Sympathien wirbt. Ich halte das Manifest der Futuristen für den Protest einer rabiaten Geistesarmut, die tief unter dem Philister steht, der die Kunst mit dem Verstand beschmutzt. Ich halte das Manifest der futuristischen Frau, der ich jede perfekte Köchin vorziehe, für eine Handlung, der ein paar lustlose Rutenhiebe zu gönnen wären. Ich halte Else Lasker-Schüler für eine große Dichterin. Ich halte alles, was um sie herum neugetönt wird, für eine Frechheit. Ich achte und beklage einen Fanatismus, der nicht sieht, daß unter den Opfern, die er der Kunst bringt, diese selbst ist. Ich verfluche eine Zeit, die den Künstler nicht hört; aber sie zwingt ihn nicht, ihr das zuzuschreien, was er ihr nicht zu sagen hat. Ich weiß, daß die schonungsloseste Wahrheit über diesen Punkt noch immer so viel Ehre übrig läßt, daß das Gesindel ringsherum keinen Anlaß zur Freude haben kann. Überhaupt möchte ich jedem einzelnen in dieser Hunnenhorde, aus der kein Attila ersteht, jedem einzelnen dieser Literaturhamster, die kein Fell geben, den Rat erteilen, nichts von meiner Mißbilligung polemischer Minderwertigkeit oder lyrischen Dilettantismus auf den andern zu beziehen, sondern alles auf alle. Auch möchte ich bitten, den Verkehr mit mir in jeder Form abzubrechen und im Pendel zwischen Verehrung und Büberei es definitiv bei dieser zu belassen, aber so, daß kein Aufsehen entsteht. Man soll mir keine Drucksorten und keine Briefe schicken. Ich weiß Bescheid. Es wäre mir peinlich, wenn ich genötigt wäre, Berlins kulturelle Mission als einer straßenreinen Stadt gegen den Schönheitsdreck zu verteidigen und nachzuweisen, daß der übelste Abhub der Wiener Geistigkeit sich jetzt dort vor den Betrieb stellt. Ich bin für Asphalt und gegen Gallert. Ich bin für Berlin: nämlich für die Chauffeure und gegen die Neutöner, für das Reviersystem und gegen die Weltanschauung, für die Kellner und gegen die Gäste.

Übersetzung aus Harden

April 1908

Seit Jahren gehen die deutschen Leser der ›Zukunft‹ des eigentlichen Genusses verlustig. Sie haben das Gefühl, daß hier die wertvollsten Gedanken in einer fremden Sprache vorgetragen werden, von der sie nur ahnen können, daß sie viel schöner ist als die ihnen geläufige. Wiederholt ist deshalb die dringende Bitte an mich ergangen, ein Lexikon anzulegen, welches, wenngleich mit Preisgabe des dichterischen Moments, das gerade für den politischen Leitartikel unentbehrlich ist, über den Sinn der einzelnen Sätze trockenen Aufschluß gibt. Ich habe dem allgemeinen Drängen nachgegeben und will die Arbeit durchführen, soweit es mir bei dem Stand meiner Bildung möglich ist und soweit neugriechische und hyperboräische Sprachelemente, die den deutschen Satzbau erst zu seiner ornamentalen Geltung bringen, mir nicht unüberwindliche Hindernisse in den Weg legen. Ich muß mindestens für den ersten Versuch um Nachsicht bitten. Mancher Stelle konnte ich nur mit einiger Freiheit der Auffassung beikommen; manche blieb unübersetzbar. Anderseits glaube ich nicht fehl zu gehen, wenn ich gewisse Bezeichnungen, die der Autor anzuwenden liebt, wie z. B. »Fritzenstaat« oder »Reussenkaiser« als Telegrammadressen auffasse und in solchen Fällen die Klarheit der Kürze vorziehe. Durchwegs aber möchte ich die Verantwortung ablehnen, wenn etwa mit der Fremdartigkeit auch der aparte Reiz einer Wendung verloren ginge.

Der vom württembergischen Wahlkreis Biberach Abgeordnete	Der Abgeordnete von Biberach
Der meininger Müller	Der Abgeordnete Müller-Meiningen
Der Heilbronner	Der Abgeordnete von Heilbronn
Freisinnshäuflein	Die Freisinnigen
Genossenfraktion	Die Sozialdemokraten

Wallotbräu	Deutscher Reichstag
Herr Gröber runzelt über dem Bartdickicht die Stirn	Herr Gröber, der einen dichten Bart hat, runzelt die Stirn
Wahrscheinlich, daß nur jähe Wut den schwäbischen Tort gebar	Wahrscheinlich, daß der schwäbische Abgeordnete nur im Zorn Unrecht tat
Wie Herr Landgerichtsrat Gröber, wenn er in Kätchens Heimat auf der Sella säße, darüber urteilen würde	Wie Herr Gröber als Richter in Heilbronn darüber urteilen würde
Die denunciatio des Herrn Müller	Die Denunziation des Herrn Müller
Korypho	Korfu
Die Stadt Konstantins	Konstantinopel
Den Sitz Konstantins erklettern	Den byzantinischen Thron besteigen
Die Beute des geflügelten Markuslöwen werden	Von Venedig besiegt werden
Johannes Zimiskes, der im cubiculum die brünstige Theophano umarmt, wehrt dem Romäerreich die Slavengefahr ab	?
Unter den Kalimafkon, dem prächtig wallenden Trauerschleier, verwest der Leib des von großen Kriegern und Organisatoren geschaffenen Staates	? ?
Von dem Basileus erbt der Zar der Moskowiter, der die Palaeologentochter freit, den Stirnreif des Konstantinos Monomachos	? ? ?
Der Kongreß der von Bonapartes Tatze zerstückten Europa	Der Wiener Kongreß

Ein vom deutschen Volk Abgeordneter	Ein deutscher Abgeordneter
Der vom Sultan Gesandte	Der türkische Gesandte
Das Tier mit den zwei Pigmentschichten unter der Chagrinhaut	Das Chamäleon
Die für den Kaiser gedeckte Tafel wird mit allen Wundern südlichen Lenzes geschmückt	An der Hoftafel wird junges Gemüse serviert

*   Anfang Mai 1908

Unterm Wonnemond ein borussisches Sodom bezetern	Im Mai über preußische Sittenverderbtheit klagen
Onans Schatten schleicht durch Schulen und Internate	In Schulen und Internaten gehts zu
Schnellschreiber	Reporter
Der oft gebüttelte Milchmann Riedel	Der Milchhändler Riedel, der oft mit der Polizei zu tun hatte
Schritt vor Schritt	Schritt für Schritt
Die Kränkelnden	Die Päderasten
Der Skalde, Fasanenjäger und Krückensimulant wird mit seinem Girren dem Reich nicht mehr schaden	Fürst Eulenburg wird mit seinem süßlichen Wesen keinen Schaden mehr stiften
Vier Häupter sanken bleichend vom Rumpf	Vier Personen sind unmöglich gemacht
Unterm Sonnensegel den Lehren alter Geschichte nachträumen	Vor einem Zettelkasten seekrank werden

*   Ende Mai 1908

Auf dem Gerichtstisch der Kruzifixus	Auf dem Gerichtstisch das Kruzifix

Ein Wort den Hirnzentren einprägen	Ein Wort sich merken
Hundertmal ist aus keuchender Brust auf Eissprossen die Furcht in den Kopf geklettert, nicht zu dauern, bis all dies Grausig-Skurrile den Mitlebenden erzählt ist	?
In dem rotwangigen Weißkopf zitterts vor verhaltener Erregung	Bernstein ist aufgeregt
Der Antaios, der wieder auf heimischen Boden ringt	Bernstein plaidiert wieder in München
Ein gutmütiger Oberbayer, der Zunge und Faust nicht gern feiern läßt, wenn ihm ein Läuslein über die Leber gelaufen ist	Der resolute Milchhändler Riedel, der die Wahrheit sagen muß, wenn ihm Herr Harden über eine tiefer unten liegende Partie gelaufen ist
Ein Vergnügen, dem Mann zu lauschen. Hold wuchs ihm der Schnabel nicht; aber er ziert sich auch nicht und jedes Wort hat den Schmack des Erlebten	Er ist ein Grobian; aber wenn er erzählt, was er vor fünfundzwanzig Jahren erlebt hat, so lauscht jeder Schmock mit Vergnügen
Unser Richter sucht bei der Übertragung ins Hochdeutsche dem Wort seinen Wesensruch zu wahren	Mayer sucht bei der Übertragung ins Hochdeutsche dem Wort seinen wesentlichen Gestank zu wahren, was schwerer ist als bei der Übertragung ins Desperanto
Ungefähr dreißigmal haben Polizei und Gerichte ihn gepönt	Der Riedel ist leider vorbestraft
Nicht für schlimm makelnde Tat	Nicht für entehrende Handlungen (z. B. sexuelle)
Des Sexualtriebes Befriedigung hat die junge Seele schon gekitzelt	Der Riedel war keine Unschuld mehr

Er ging ins Zivile	Er quittierte
Der Zeigfinger	Der Zeigefinger
Der Feldafinger	Der Riedel
Seit diesen Vorgängen ist viel Wasser durchs Würmbett gelaufen	Lang, lang ist's her
Der in der Thurmstraße Gebietende	Isenbiel
»Was gings Dich an, Tropf, damischer?« fragt Frau Riedel	(Überaus seltene Dialektwendung der Grunewaldbauern, ähnlich nur noch bei den Kuhmägden von Mürzzuschlag, die bekanntlich seinerzeit über den Bezirkshauptmann Hervay sagten: »Der kann in der Brautnacht ein Mensch nicht von einer Jungfer unterscheiden und will im Mürzbezirk hier der Höchste sein!«)
Die Augen mühen sich, dem Ausfrager zu sagen: »Redst damisch daher, Tropf Du, eiskalter«	(Siehe oben)
Das Gehirn assoziiert im Gangliondunkel die Möglichkeiten	Der Fischerjackl hofft doch noch, daß nichts herauskommen wird
Wer scharf hinschaut, ahnt in dem ganglion ciliare die Furcht, hinter dem pupillarischen Spottversuch die bange Frage, was die nächste Minute wohl bringen könne	Dem Fischerjackl wird entrisch zu Mut
Die Herren, die vom Mann heischen, was dem Normalen das Weib gewährt	Die Homosexuellen
Vor Gericht die Spinatgartenschande ausspreiten	Als päderastischer Zeuge von Herrn Harden geführt werden

Das Ohr läßt von außen her keine Schallwelle durch das ovale Fenster ins knöcherne Labyrinth	Man hört nichts
Die Magennerven langen nach Futter	Man ist hungrig
Das Gefäß, dem ein Kindlein entbunden werden kann, mag Eifersucht bewachen	Auf eine Frau kann man eifersüchtig sein
Die im Pflichtbett lieblos gezeugte Brut	Die Kinder verheirateter Homosexueller
Die Gefühlsdominante bergen	Seine Anlage verheimlichen
Die weit von der Norm abbiegende Wesenskurve verhüllen	Den homosexuellen Trieb verbergen
Küsse, die von Gethsemane her unter Männern in Verruf sind	Judasküsse nach § 175
Im Hagestolzenheim, das dem Tarifeden einer Luxusdirne ähnelt, neben dem breiten Himmelbett das neuste Buch des just in die Mode gelotsten Sexualmystagogen haben	In seiner eleganten Junggesellenwohnung sich auch geistig beschäftigten (Tarifeden lies Tarif-Eden)
Soll der Schoß deutscher Frauen aus edel gezüchtetem, unerschöpftem Stamm verdorren, weil dem Herrn Gemahl Ephebenfleisch besser schmeckt?	Sollen die deutschen Hausfrauen unbefriedigt ausgehen, weil sie einem kultivierten Geschmack zu langweilig sind?
Der Ruch der Männerminne	Der Verdacht der Homosexualität
Der Justizrat fältelt die Wange	Bernstein wird nachdenklich
Britenfräuleinromane	Gouvernantenromane
Zwei Interviews aus der ersten Maidekade	Zwei Interviews vom Anfang Mai

Der Schänder ehrlich reifender Mannheit	Eulenburg
Die zurückgestaute Wahrheit stürzt über die Beinpfosten der Mundschleuße	Einer beeilt sich, auszusprechen was ist

Dezember 1908

DER PATRIOT*

Dies ist ein Bursch,
Der, einst gelobt um Gradheit, sich befleißt
Jetzt plumper Unverschämtheit und sein Wesen
Zu fremdem Schein zwängt: der kann nicht schmeicheln, der! –
Ein ehrlich, grad Gemüt – spricht nur die Wahrheit! –
Will man es sich gefallen lassen, gut; –
Wo nicht, so ist er grade. – Diese Art
Von Schelmen kenn' ich, die in solcher Gradheit
Mehr Arglist hüllen und verschmitzte Zwecke,
Als zwanzig fügsam untertän'ge Schranzen,
Die schmeichelnd ihre Pflicht noch überbieten.

Shakespeare.

In den bangen Tagen, die jüngst das deutsche Vaterland durchlebt hat, weil die Lust zum Fabulieren die Fähigkeit zum Regieren ernstlich in Frage zu stellen schien, ist es doch einer Beruhigung froh geworden: Fest steht und treu Herr Maximilian Harden. Denn wenn auch Deutschlands Gewissen nicht mehr zwischen den Wipfeln des Sachsenwaldes

---

* Herr Maximilian Harden hatte nach der Affäre des englischen Interviews in Berlin einen Vortrag gehalten, in welchem er nebenbei auch gegen den ›Simplicissimus‹ auftrat und die Tendenzlüge von dessen »französischer Ausgabe« weitergab. Ludwig Thoma antwortete im ›Berliner Tageblatt‹ und erbot sich, als Herr Harden dabei blieb, zu einem dokumentarischen Gegenbeweis. Die Berliner ›Zeit am Montag‹ (23. November) schrieb: »In seinem Antwortartikel gegen Ludwig Thoma versichert Harden treuherzig, daß er ›das Blatt nicht mehr ganz so gern wie früher sehe‹. Woran mag das liegen? Man revidiert ein wenig den Zettelkasten des Gedächtnisses und entsinnt sich des Umstandes, daß der ›Simplicissimus‹ seit geraumer Zeit einen Mann zum Mitarbeiter hat, den Max partout nicht leiden mag. Es ist dies der Österreicher Karl Kraus, der in Wien die ›Fackel‹ herausgibt und in diesem Organ sowohl wie in einigen Sonderschriften die publizistische Persönlichkeit Herrn Hardens, den er sehr genau kennt, mit den Röntgenstrahlen eines scharfen Kritikergeistes nach jeder Richtung hin durchleuchtete. So kam es, daß Herr Harden vor weiteren Kreisen in erbarmungswürdiger Blöße erschien. Als nun Karl Kraus diese Kreise noch weiter zu ziehen begann, und Ludwig Thoma ihm den ›Simplicissimus‹ und auch den ›März‹ erschloß, da begann sich in Herrn Harden jener geheimnisvolle Prozeß vorzubereiten, den er in seiner Erwiderung an Thoma mit den treuherzigen Worten kennzeichnet, daß er das Blatt ›nicht mehr ganz so gern sehe, wie früher‹. Man kanns begreifen!« Diese Deutung eines patriotischen Grolls ließ mich das Vergnügen eines Eintretens in die Sache zugleich als Pflicht empfinden.

86

webt, so macht es dafür den Grunewald zur Sehenswürdig-
keit, und wenn Deutschlands politische Weisheit nicht mehr
einer Schöpferkraft entstammt, so ist sie doch eine jener An-
lagen, die dem Schutze des Publikums empfohlen sind. Uns
lebt ein eiserner Journalist. Das ist einer, der wie Lassalle
ausspricht, was ist, und wie Bismarck, was sein soll. Der Ein-
fachheit halber aber läßt er gleich Bismarck selbst sprechen,
und weil es keine Möglichkeit einer politischen Situation
gibt, über welche sich dieser mit ihm nicht beraten hätte, so
gewöhnen sich die Deutschen an einen Zustand, wo sie den
Hingang des eisernen Kanzlers überhaupt nicht mehr spüren.
Ob freilich Bismarck, als er die Flasche Steinberger Kabinet
mit Herrn Harden teilte, mehr den Gast ehren oder den
Spender kränken wollte, ist bis heute nicht festgestellt, und
es ist nur sicher, daß er mit der Verabreichung der Tasse
»Vanilleneis« eine demonstrative Auszeichnung der publizistischen Eigenart des Herrn Harden im Sinne hatte. Diese
Gelegenheiten böten aber für die Fülle politischer Vertraulichkeit, die der Hausherr dem schüchternen Gast aufgenötigt
hat, keinen Raum, und so bleibt nichts übrig als die Vermutung, daß Fürst Bismarck nach dem Hausverbot, welches
aus dem Sachsenwald an Herrn Harden ergangen war, ihn
im Grunewald aufgesucht und ihm jene Bismarck-Worte
zugetragen hat, deren Echtheit uns im Zeitalter der Surrogate
immer von neuem frappiert. Da aber Bismarck viel mehr gesprochen haben muß, als Herr Harden verrät, und die letzten
Lebensjahre des Fürsten kaum ausgereicht hätten, auch nur so
viel zu sagen, als Herr Harden gehört haben will, so muß man
zu der Erklärung greifen, daß selbst der Tod den Kanzler
nicht davon abgehalten hat, mit dem Altreichsjournalisten
jene trauliche Zwiesprach zu pflegen, die ihm nun einmal
zur Gepflogenheit geworden war. Und so erleben wir Deutschen, die Gott, aber sonst nichts in der Welt fürchten, das
grausige Schauspiel, wie ein Toter die Ruhe eines Lebendigen stört, glauben zuweilen, daß der Tote im Grunewald
sitzt und der Lebende im Sachsenwald liegt, und aus der
Verwirrung der Sinne hilft uns nur die Anwendung eines

87

weisen Spruches: Wenn ein Sarg und ein Zettelkasten zusammenstoßen, und es klingt hohl, so muß nicht immer der Sarg daran schuld sein.

Trotz alledem wird es dem Andenken Bismarcks, der bloß ein Mißvergnügter war, nicht gelingen, die Taten des Herrn Harden, der ein Patriot ist, zu kompromittieren. Denn es gibt gottseidank noch einen Fürsten, der der Lebensanschauung des Herausgebers der ›Zukunft‹ näher steht als Bismarck, und das ist der Fürst Eulenburg. Man kann es ja heute sagen, daß die Kränklichkeit dieses Staatsmannes der Individualität des Herrn Maximilian Harden einen weit größeren Dienst erwiesen hat als der Tod Bismarcks. Nur ein Jahr lang stand Herr Harden im Banne der Normwidrigkeit jenes Mannes, dem er bis dahin nichts weiter vorzuwerfen hatte, als daß er in den Zeiten politischer Not beinahe so schlechte Gedichte gemacht hat wie die lyrischen Mitarbeiter der ›Zukunft‹. Aber wir wissen, was dann weiter geschah, wie die Wahrheit nach fünfundzwanzig Jahren an den Tag kam, und wie die deutsche Nation sich freute, weil sie zwei solche Kerle wie den Riedel und den Fischerjackl hatte. Durch alle diese Aktionen, zu deren geistiger Deckung die Inspiration eines Bismarck nicht ausgereicht hätte und darum ein Detektivbureau herangezogen werden mußte, zieht sich wie ein schwarz-weiß-roter Faden der Patriotismus des Herrn Maximilian Harden. Nicht um ein erotisches Privatvergnügen oder gar die Sensationslust unbeteiligter Abonnenten zu befriedigen, nein, für das Vaterland hat er sich unter den Betten der Adlervillen und der Starnberger Hotels gewälzt. Ein Commis Voyeur ist durch Deutschland gezogen, aber er hat das Erlebte, Erlauschte, Erlogene mit staatsretterischer Gebärde offeriert. Wer sollte glauben, daß es ihm darauf ankam, dem Skandal zu opfern, ihm, der den Skandal nicht scheute, um dem Vaterland zu opfern, und der um der Ehre willen sogar einen Mehrgewinn seines Blattes nicht gescheut hat? Daß ihm der Skandal nicht Selbstzweck war, sondern bloß die Mittel zum Zweck hereinbrachte, beweist er gerade jetzt, da er der Politik der offenen Hosentür endlich entsagt hat und den Fürsten Eulenburg einen lahmen Mann sein läßt. Und in der Tat, seit dem Augenblick, da dieser den Diener Dandl – Herr Harden verzichtet heute auf solche Alliterationen – ans Bein faßte, hat kein politisches Ereignis so sehr die Wachsamkeit des Vaterlandsfreundes herausgefordert und so dringend an die Pflicht, auszusprechen, was ist, gemahnt als das kaiserliche Interview. Wenn man den Opfermut, mit dem er sich auf ein steuerloses Schiff stellt, unbefangen betrachtet, muß man sogar zu der Meinung neigen, daß für Herrn Harden heute die Frage, ob der Wille eines Monarchen auf die bekannten ministeriellen Bekleidungsstücke verzichten darf, eine wichtigere Sorge bedeutet als selbst die Frage, ob Graf Moltke mit Unterhosen sich ins Ehebett gelegt hat. Ja, hol mich der Teufel, Herr Harden scheint überzeugt zu sein, daß ein Eigenwille dem Reiche größeren Schaden zufügt als eine Willfährigkeit, die den Einfluß einer normwidrigen Hofgesellschaft duldet. Das ist nur konsequent. Herr Harden hat den Kaiser von seinem Umgang befreit, jetzt ist es an ihm, den Kaiser vor den Gefahren des Alleinseins zu warnen. Was immer er aber für das Wohl des Landes unternehmen mag, er ist mit der gleichen Ehrlichkeit eines Kent bei der Sache. Der kann nicht schmeicheln, der! Ob er nach Schranzen sticht oder königlichem Zorn die Brust darbietet, ob er Männerstolz vor Königsthronen offeriert oder Königsstolz vor Männerliebe behütet, er handelt stets in Wahrnehmung berechtigter Interessen. Und nicht etwa solcher, wie sie das Reichsgericht in wiederholten Entscheidungen anerkannt hat, indem es sagte, die einzig berechtigten Interessen eines Publizisten seien die seines geschäftlichen Vorteils.

Was aber ist ein Patriot? Wir wollen eine Entscheidung der allerhöchsten Instanz provozieren: des kulturellen Schamgefühls. Diese Instanz hatte mit Herrn Harden noch nichts zu schaffen, sie ist unbefangen. Sie sagt: So wie das religiöse Gefühl der meisten Frommen sich erst bekundet, wenn es verletzt wird, so liegt auch der Patriotismus der meisten Patrioten auf der Lauer der Gelegenheit, gekränkt zu sein. Der

Sprachgebrauch, der davon spricht, daß einer, der leicht zu beleidigen ist, »gern« beleidigt ist, hat Recht. Das religiöse und das patriotische Gefühl lieben nichts so sehr wie ihre Kränkung. Will nun Herr Maximilian Harden als ein echter Patriot dastehen, von dem die schwarz-weiß-rote Farbe auch dann nicht heruntergeht, wenn man ihn in seine eigene schmutzige Wäsche nimmt, so muß er vor allem die Gelegenheit suchen, die Verletzung seines patriotischen Gefühls durch andere zu beklagen. Der wahre Patriot liebt zwar das Vaterland, aber er würde selbst das Vaterland opfern, um jene hassen zu dürfen, die das Vaterland nicht lieben oder nicht auf dieselbe Art lieben wie er. Der wahre Patriot ist immer ein Denunziant der Vaterlandslosen, wie der wahre Christ ein Denunziant der Gottlosen ist. Den Hut vor der Monstranz zu ziehen, ist bei weitem kein so schönes Verdienst wie ihn jenen vom Kopfe zu schlagen, die kurzsichtig oder andersgläubig sind. Zwischen Monstranz und Monstration liegt ein Spielraum für populäre Möglichkeiten, den kein Demagoge des Glaubens und kein Pfaffe der Politik je ungenützt ließ. Herr Harden hat das wirksamste Mittel gefunden, um seinen Patriotismus vor allen gläubigen Gemütern zu legitimieren. Denn es waren Zweifel aufgetaucht. Die Normwidrigkeit deutscher Höflinge in Ehren, aber man hatte sich öfter gefragt, ob ein Patriotismus sich in der Wahl seiner Mittel nicht doch vergriffen habe, der dem Blick der schadenfrohen Nachbarn eine so abscheuliche Perspektive durch das Loch der Vogesen eröffnet hat. Da besteigt Herr Harden mit einem unwiderleglichen Argument zum Beweise seiner vaterlandsfreundlichen Gesinnung die Tribüne: Der ›Simplicissimus‹, ruft er, hat eine französische Ausgabe! Und durch sie könnte der Erbfeind ein ungünstiges Bild von dem Geistesleben deutscher Offiziere bekommen. Das sei der bare Landesverrat. Denn so notwendig es war, Europa über die Geschlechtssitten der deutschen Armee reinen Wein einzuschenken, so indiskret ist es, über das Bildungsniveau des Reserveleutnants Mitteilungen ins Ausland gelangen zu lassen.

Als ich dieses Argument für die Echtheit eines Patriotismus, dem auch ich bis dahin mißtraut hatte, vernahm, war meine Freude groß. Schon deshalb, weil Herr Maximilian Harden, der der Rede mächtiger ist als der Schrift, es vorgezogen hatte, den Beweis seiner patriotischen Leistungsfähigkeit einem Auditorium statt einer Leserschar zuzumuten. Denn wäre dieser Beweis in der ›Zukunft‹ geführt worden, so hätte ich die Mühe der Übersetzung in eine Herrn Harden fremde Sprache gehabt, und von dieser Aufgabe könnte ich nur sagen, daß ich es mir immerhin leichter und dankbarer vorstelle, den Text des ›Simplicissimus‹ ins Französische zu übersetzen. Geschähe es doch! Ich bin ein schlechter Verteidiger gegen den Vorwurf, daß einer Landesverrat begehe, wenn er Humor verbreitet oder wenn er eine künstlerische Sprachleistung Lesern zugänglich macht, deren Sprache für künstlerische Leistungen eigens erschaffen ist. Ich kann das Pathos nicht aufbringen, Herrn Harden einer Verleumdung zu beschuldigen, wenn er fälschlich behauptet hat, der ›Simplicissimus‹ veranstalte eine französische Ausgabe. Ich habe weder für die Ausfuhrverbote des Geistes noch für die Zollschranken der Kultur jenes Verständnis, das notwendig wäre, um die Behauptungen des Herrn Harden als ehrverletzend zu empfinden. Ich müßte seine Entrüstung teilen, um ihre Ursache mit Vehemenz zu bestreiten, und ich müßte einen vaterländischen Stolz begreifen, der seinen Manschettenknöpfen einen Siegeslauf um die Welt ersehnt, aber seinen Satiren das »made in Germany« verübelt. Sie sollen im Lande bleiben, wenn sie sich redlich von den Übelständen der Heimat nähren. Aber das ist schließlich der Mahnruf aller kritischen Nachtwächter, die es noch nie verstanden haben, daß man von der Kunst auch etwas anderes beziehen könne als Tendenzen und stoffliche Reize. Und ich sehe nicht ein, warum ich einem eine Unwahrheit nachweisen soll, wenn ich ihn einer Unwahrhaftigkeit beschuldigen kann. Ich würde Herrn Maximilian Harden die kitschige Gemeinheit seines Arguments mit demselben Hochmut vor die Füße werfen, wenn die französische Ausgabe des ›Simplicissimus‹

bestünde, wenn sie sich nicht auf die Übersetzung der paar Illustrationswitze reduzierte, mit der deutsche Satiriker ihren französischen Kunstgenossen gefällig sein wollten und die auf 650 Exemplaren einer angeklebten Schleife das deutsche Ansehen im Ausland gefährdet. Gäb's eine richtige französische Ausgabe, ich würde trotzdem die äußerste Geringschätzung für einen Agitator übrig haben, der den Blick der Weinreisenden von seiner eigenen politischen Schande abzulenken sucht, indem er vor ihnen die künstlerische Ehre des Andern in eine politische Schande verwandelt. In den Kehricht des deutschen Geistes mit ihm! Und daß er nie wieder mit vorgeschützten Kulturinteressen uns belästige, uns, denen vor Europa eine Produzierung zeichnerischer Kunstwerke wahrlich besser anstünde als die literarischen Offenbarungen sexueller Spionage. Hätten wir die Wahl, einer kultivierten Welt die Satiren der Heine und Gulbransson oder den speckigen Ernst eines Leitartikels zu unterbreiten, die Lumpenhülle der Kunst eines Rudolf Wilke oder den stilistischen Prunk, in dem die schäbigsten Wahrheiten einer deutschen Publizistik einherstolzieren, einen Thönyschen Leutnant oder einen Harden'schen Flügeladjutanten –: ich wüßte bei solcher Wahl, welches Erzeugnis deutschen Geistes ich getrost ins Ausland schicken wollte, um dessen Achtung zu gewinnen, und ich wüßte, in welchem Falle ich ein Patriot wäre!

Beklagen wir es, daß solche Entscheidung nie ermöglicht wurde. Der ›Simplicissimus‹ hat, wie wir durch die Aufklärung Ludwig Thomas gehört haben, die geschäftlich verlockendsten Anerbietungen abgelehnt, und so erfahren die Franzosen, die uns ihre Witzblätter in hunderttausenden Exemplaren herüberschicken, aus unserem Geistesleben leider nur dann etwas, wenn Herr Harden in einem seiner Sexualprozesse beweisen will, was er nicht behauptet hat, oder behauptet, was er nicht beweisen kann. So bleibt es ausschließlich Herrn Harden vergönnt, zu tun, was er dem ›Simplicissimus‹ nachsagt: die Scham seines Volkes zu entblößen, um seine Einnahmsmöglichkeit zu vergrößern. So bleibt es Herrn Harden vorbehalten, seine Angriffe auf die hintere Linie der deutschen Schlachtordnung im Angesicht des Auslandes zu verüben und den Interviewern des ›Matin‹ in spaltenlanger Rede zu versichern, daß er Material gehabt habe, Material habe und Material noch haben werde, bis der Termin des jüngsten Gerichtes anbricht. Er mag sich für einen deutschen Patrioten halten, weil die Franzosen bloß seine Reden und nicht auch seine Schriften zu übersetzen vermocht haben, und wir wiederum wüßten nichts von der unpatriotischen Gesinnung des ›Simplicissimus‹, wenn Herr Harden es vorgezogen hätte, darüber zu schreiben, statt darüber zu sprechen. Aber er wollte verstanden werden, er wollte jene Instinkte gewinnen, zu denen man auf stilistischen Stelzen nicht gelangen kann. Unpopulär zu sein, dieses Schicksal teilt der Umworter aller Worte mit jenen, die die Menge mit Gedanken in Versuchung führen. Will Herr Harden lügen, wie ihm der Schnabel gewachsen ist, dann steigt er auf das Podium und heimst für den Verzicht auf die höhere Bildung und auf das Recht, den November Nebelmond und den König von England King zu nennen, jene Lorbeern ein, die er seit den Tagen von Moabit so schwer entbehrt hat. Hätte er in seiner ›Zukunft‹ etwa beteuert, daß der ›Simplicissimus‹ Mariannens lüsternem Blick die Scham germanischen Wesens, des vom Dünkel der Gewaffneten mählich nur in die Zucht des Fritzenstaates gekirrten, mit flinkem Finger entblößt habe . . . ach, ich hätte mich erbarmen und wieder einmal aussprechen müssen, was ist. Ich freue mich also, daß Herr Harden es uns diesmal so leicht gemacht hat, die Schwäche seiner moralischen Hemmungen zu empfinden. Wenn er erweislich Wahres sagt, kommen wir ihm nur schwer darauf; wenn er lügt, verstehen wir ihn sofort. Aber wer einmal lügt, glaubt einem andern nicht, und wenn der auch die Wahrheit spricht. Was Herr Harden vorgebracht hatte, wurde von Thoma glatt in Abrede gestellt, er hätte also etwa zugeben müssen, daß »der Stank schnell verflog«. Aber man müßte »seines Wesens Ruch« nicht kennen, wenn man es verwunderlich fände, daß er nun erst mit der Festigkeit eines Galilei an seiner Entdeckung festzuhalten begann. Und es gibt doch eine französische Ausgabe! Er hat eine gesehen! Waren nicht hundert Lügen gegen eine Wahrheit zu wetten, daß Herr Harden sich auf die Friedensnummer, die unter dem Titel »Paix à la France« im Jahre 1905 erschien, berufen würde? Thoma war abgeführt; denn: »die Behauptung, es habe nie eine französische Ausgabe des ›Simplicissimus‹ gegeben, ist also unrichtig«. Ist sie's?, muß man sofort im feinpolemischen Fragestil des Herrn Harden hinzusetzen. Die Entblößung der deutschen Armee vor dem Ausland beweist er folgerichtig durch jene Publikation des ›Simplicissimus‹, die eine Propaganda der Abrüstung bezweckt hat. Einer behauptet, daß ich meine Hausfrau verraten habe, weil ich meiner Nachbarin erzählte, daß sie Wanzen beherberge, und meint, es gehe nicht an, die eigene Hausfrau in den Augen der Nachbarin herabzusetzen. Ich antworte, daß ich dergleichen nie getan habe. So?, sagt er, zufällig kann ich beweisen, daß du einmal bei der Nachbarin warst und mit ihr über deine Teppiche gesprochen hast. Und das stimmt wirklich, denn das war damals, als ich sie für eine gemeinsame Aktion zur Teppichreinigung gewinnen wollte . . . Herr Harden ist ein Ehrenmann mit logischen Unterbrechungen. Und er wird so lange bei seinem Argument bleiben, als dessen Billigkeit ihn mit dessen Nichtigkeit versöhnt und in den Augen deutscher Spießer zum ehrlichen Manne macht. Denn es muß ein verflucht angenehmes Gefühl sein, das Odium eines Polizeihundes, der auf homosexuelle Tiergartenabenteuer geht, mit dem Ruf eines Wächters am Rhein vertauschen zu dürfen, der anschlägt, wenn ein Satiriker vorbei will.

Zum heuchlerischen Alarm ist da und dort Gelegenheit; aber so sehr es der Bürger liebt, wenn ihm die Moral gerettet wird, noch mehr staunt er die Bravour des Tapferen an, der ihm das Vaterland rettet. Und das zweite Problem ist umso interessanter, als es neben der politischen Spannung auch wieder Gelegenheit für eine moralische Kunstfertigkeit bietet. Die ahnungslosen Deutschen sitzen in einem Biergarten, da steigt Herr Harden auf einen Sessel und wird seine Leistungsfähigkeit zeigen; vorerst aber bittet er die Herrschaften »um ein kleines Trinkgeld oder Douceur«; – die französische Übersetzung ist bei der Ansprache der Trapezkünstler üblich und wird ihnen nicht als unpatriotisch ausgelegt. Und Herr Harden versichert den angenehm überraschten Biertrinkern, daß ihn die »Tat« des ›Simplicissimus‹, der den 650 Exemplaren eine Schleife mit fünf französischen Zeilen beigeheftet hat, »unverzeihlich dünkt, so unverzeihlich wie das Handeln eines, der eine schmähliche oder lächerliche Familiengeschichte in die Zeitung bringt . . . Süd oder Nord: die Deutschen sollen sich als einer Familie angehörig fühlen und die Darstellung der traurigen oder lächerlichen Mißstände, die im Familienhaus leider noch fühlbar sind, nicht selbst den Fremden zum Kauf anbieten«. Die Besucher sind entzückt, geben ein Trinkgeld und kein Douceur, und alle stehen im Bann einer erstklassigen akrobatischen Leistung, die den patriotischen Bauchaufschwung mit dem großen salto morale vereinigt. Nur einer im Hintergrund ruft: Eulenburg! . . Er will damit sagen, daß er den Artisten schon von früher her kennt und daß ihm die Methode, mit der Moral Politik zu machen, schon damals Übelkeit erregt hat, als die Moral noch kein Gleichnis, sondern die Sphäre selbst bedeutet hat. Herr Harden, der sonst Familiengeschichten um ihrer selbst willen preisgibt, macht diesmal mit der Politik Moral. Der Besucher mit Gedächtnis will sein Mißbehagen ausdrükken, daß Herr Harden die Erinnerung an eine Produktion heraufbeschwöre, die ihm beinahe den Hals gekostet hätte. Denn daß einer ein Jahr lang nichts anderes tat, als die Geheimnisse fremder Betten zu lüften und den Familienfrieden derer von Sokrates bis Lynar zu zerstören, war eine stärkere Gesinnungsprobe, als ein durchschnittlicher Moralheuchler eigentlich nötig hat. Aber daß er es dann als eine unverzeihliche Handlung brandmarkt, schmähliche oder lächerliche Familiengeschichten in die Zeitung zu bringen, ist bereits eine Fleißaufgabe der Scheinheiligkeit. Freilich verwahrt er sich dagegen, daß man die sittlichen Wirkungen seiner Aktion mit der Erschütterung des deutschen Ansehens durch die Übersetzung der Simplicissimus-Witze vergleiche. Hat denn Herr Harden »sein Beweismaterial in einer Weltverkehrssprache veröffentlicht«? Das hat er, wenn man von den Interviews in der französischen Presse absieht, weiß Gott nicht getan, er hat es nur auf Desperanto getan, und trotzdem ist »durch sein Reinigungswerk das deutsche Ansehen wesentlich gebessert« worden. Die Welt hat also davon erfahren, es hat ihr imponiert, und es kommt offenbar auf den Kredit dessen an, der ein Reinigungswerk vornimmt. Der ›Simplicissimus‹ kann sich gewiß nicht auf die Anerkennung des deutschen Botschafters in den Vereinigten Staaten, des Barons Speck v. Sternburg berufen, gleich Herrn Harden, dem dieser bestätigt hat, daß alle führenden Männer in Amerika des Lobes voll waren. Er ist tot, er starb, nachdem er Herrn Harden seine Anerkennung ausgesprochen hatte. Er teilte das Schicksal aller bedeutenden Männer, die sich auf ihre Vertraulichkeit mit Herrn Harden etwas zugute taten. Qui mange du pape, en meurt. Aber essen die Leser von diesem Speck? Möglich, daß der tote Botschafter Herrn Harden anerkannt hat, aber es fehlt uns eben der Glaube. Denn es kommt auch beim Ansehen des Herrn Harden im Ausland, wie in allen Lebensproblemen, weniger auf das erweislich Wahre, als auf die innere Wahrscheinlichkeit an.

Wie umständlich muß heute ein deutscher Patriot seine Ehrlichkeit beweisen, damit sie die Welt nicht glaubt! Man verdächtigt die Motive des Herrn Harden, die ihre Ursprünglichkeit an der Stirn tragen. Man ist nicht einmal vorweg davon überzeugt, daß er in die Volksversammlung kam, um den künstlerischen Wert des ›Simplicissimus‹ zu loben, und daß ihm »erst während er sprach, einfiel, daß dieses Lob als ein auch der Geschäftspolitik des Blattes geltendes gedeutet werden könnte«. Weil ihm dies erst während er sprach, zufällig einfiel, deshalb, nur deshalb sagte er, »daß er das Blatt nicht mehr ganz so gern wie früher sehe«, und brachte auch die französische Ausgabe zur Sprache. Anstatt daß man nun der spontanen Natur des Herrn Harden, deren Unberechenbarkeit heute nur noch im Wesen einer einzigen Persönlichkeit in Deutschland ihresgleichen hat, Gerechtigkeit widerfahren läßt, anstatt daß man zugleich eine Besonnenheit anerkennt, durch die sich wieder ein Temperament im letzten Augenblick Zügel anzulegen vermag, behaupten die Feinde, der Tadel des ›Simplicissimus‹ sei nicht von der Gerechtigkeit der Liebe, sondern das Lob sei von der Taktik des Hasses diktiert worden, und der Wandel in der Ansicht des Herrn Harden sei nicht dem verletzten patriotischen Gefühl zuzuschreiben, sondern der verletzten Eitelkeit. Daß die Welt das Strahlende zu schwärzen liebt, ist bekannt, aber es ist besonders undankbar von der Welt, wenn sie diese Praxis gegenüber einem Manne betätigt, der sich so gern an die Welt wendet. Müssen solche Erlebnisse nicht schließlich zur Vereinsamung der Demagogen führen? Mit ungerechter Rauheit sehen wir da ein Berliner Blatt in ein naives Seelenleben greifen, wenn es dreist behauptet, der Wandel in der Ansicht des Herrn Harden über den ›Simplicissimus‹ sei auf meine Mitarbeit am ›Simplicissimus‹ zurückzuführen. Wärs möglich? Wäre ich wirklich schuld? Aber da es behauptet wird, so fühlt mein Magen auch noch eine moralische Verpflichtung, sich bei der patriotischen Zubereitung einer aufgewärmten Ranküne mit allen anderen deutschen Magen umzudrehen.

Wenn ich schuld bin, muß ichs auf mich nehmen, und tue es vor der ganzen Öffentlichkeit mit jener freudigen Bereitschaft, die Herr Harden an mir schon gewohnt ist. Daß ich bloß als Mitarbeiter des von ihm beschimpften ›Simplicissimus‹ das Wort führe, mag er behaupten, wenn er sich seinerseits darauf verlegen will, die Motive einer Aussprache zu verdächtigen. Ich würde mich zu meiner Konsequenz so gut bekennen, wie zu jenem Widerspruch, dessen die aufrechten Männer mich damals beschuldigt haben, als ich nach einer Polemik gegen den ›Simplicissimus‹ mich durch Mitarbeit zu ihm bekannte. Was ich einmal – mit höherer Achtung vor dessen künstlerischem Wert als Herr Harden – gegen den ›Simplicissimus‹ einzuwenden hatte, das hat meine Subjektivität eingewendet, die von Zugeständnissen an den Geschmack des Publikums nichts wissen will und deren luxuriöses Recht ich nur mir selbst zugestehen darf. Keinen besseren Beweis seines Verständnisses für solch unerbittliche Kunstauffassung konnte der ›Simplicissimus‹ erbringen, als durch Einladung eines Autors, dessen Beiträge sicherlich kein Zugeständnis an den Geschmack des Publikums bedeuten; und in keinem ehrlicheren Krieg der Meinungen ist je ein ehrlicherer Friede geschlossen worden. Wenn er aber den unehrlichen Krieg des Herrn Maximilian Harden gegen den ›Simplicissimus‹ eröffnet hat, so lasse ich es mir gefallen, daß man meinen Angriff auf den Angreifer als die Erfüllung einer Bündnispflicht deutet. Ich habe oft genug bewiesen, daß ich keines anderen Winks bedarf, um gegen diese publizistische Macht mobil zu sein, als eines Blickes in die ›Zukunft‹, und wer mich kennt, wird mir glauben, daß ein patriotisches Bekenntnis des Herrn Maximilian Harden durchaus genügt hat, um mich in den alten Zustand der Feindseligkeit zu versetzen. Vollends im Angesicht des Versuchs, die Tribüne zu erobern und zum Paradeplatz für eine Gesinnung zu machen, deren populäres Verständnis die Sprache des Literaten so lange gehemmt hat. Daß Herr Harden die Zeit für solche Veränderung seiner Operationsbasis gekommen sieht und daß er so verpönte Hilfsmittel nicht verschmäht, ist ein Beweis, wie hoch er den Verlust an publizistischer Ehre einschätzt, den er erlitten, und wie sehr die Eulenburg-Kampagne sein Ansehen im Inland herabgesetzt hat. Wahrlich, groß ist der Schaden, der sich auf allen Seiten ergibt. Und wenn wir an Frankreich fünf Milliarden Simplicissimus-Witze bezahlten, die Niederlage könnte nicht größer sein. Deutschland steht vor der Welt als ein Staat da, dessen Mannschaft durch Selbstmord dezimiert und infolge gewisser Schwierigkeiten der Fortpflanzung nicht ergänzt wird. Dem Riedel, dem »aufrechten Milchmann«, haben die besseren Leute die Milch abbestellt. Und einem aufrechten Publizisten bleibt nichts übrig, als Patriot zu werden.

Oktober 1908

HARDEN-LEXIKON

In der Reihe der Übersetzungen, durch die man die Meister-
werke der fremdsprachigen Literatur dem deutschen Leser-
publikum zugänglich zu machen sucht, hat bis heute eine
verständnisvolle Bearbeitung der Prosa Maximilian Hardens gefehlt. Immer war es nur ein kleiner Kreis von Lieb-
habern, der die Arbeiten dieses interessanten Schriftstellers,
der wie kein zweiter den Ziergarten einer tropischen Kultur
von Stilblüten und Lesefrüchten gepflegt hat, durchaus zu
genießen imstande war. Die Schwierigkeiten des sprachlichen Erfassens mußten sich hier um so schmerzlicher fühlbar machen, je populärer die Gegenstände wurden, die unserem Autor am Herzen liegen, und je weiter sich das Gebiet
eines vielseitigen Wissens auszudehnen begann, dem heute,
wie man ohne Übertreibung behaupten kann, zwischen der
Homosexualität und der Luftschiffahrt nichts Menschliches
fremd ist. Die Erkenntnis, daß heutigen Tages jeder, der nur
deutsch schreiben kann, seinen Zulauf findet, während hier
eine wahre Fülle geistiger Schätze ungehoben liegen muß,
brachte mich zu dem Entschlusse, ein Lexikon anzulegen, das
deutschen Lesern als ein Führer auf den verschlungenen
Pfaden einer Prosa dienen soll, deren Schönheiten sie bis
heute gewiß öfter geahnt als genossen haben. Es ist hohe
Zeit, daß solche, die von der geistigen und kulturellen Potenz des Autors bisher nur überzeugt waren, sich von ihr
auch angeheimelt fühlen. Gerne wird man mir eine Nachsicht gewähren, die einem Versuche auf unerforschtem Gebiet unter allen Umständen zugute kommen muß. In der
Übersetzungsprobe, die ich gebe, dürfen selbst Lücken nicht
allzu rigoros beurteilt werden. Mancher Stelle konnte ich
nur mit einiger Freiheit der Auffassung beikommen; manche blieb unübersetzbar. Vorweg aber möchte ich die Verantwortung für die Möglichkeit ablehnen, daß hier und dort
mit der Fremdartigkeit einer Wendung auch deren künstlerische Schönheit genommen wäre. Eine Übersetzung aus
dieser Sprache wird wohl ihren Zweck erfüllt haben, wenn

99

es ihr, selbst unter Preisgabe des dichterischen Momentes, gelungen ist, den Sinn der Darstellung für das Verständnis zu retten. Daß meine Übersetzung die in Deutschland einzig autorisierte ist, brauche ich wohl nicht erst hervorzuheben.

Der Fahrenheidzögling	Eulenburg
Der Adlerritter	Eulenburg
Der von den alten Feinden aus der Holzpapierwelt plötzlich Gehätschelte	Eulenburg, für den sich plötzlich lich die Presse wieder einsetzt
Die Legende der Grotta Azzurra	Die Gerüchte über Krupp
Ein Thronender	Ein Monarch
Iphigeniens Schöpfer, der in langem Erleben nicht oft einen Freund gefunden hat	Goethe, der in einem langen Leben nicht viel Freunde gehabt hat
Der brave Bill	Shakespeare
Der wilde Georg	Riedel
Er hat auf einem Bau gefront	Er war Bauarbeiter
Der Stank verfliegt schnell	Das Gerücht erweist sich als haltlos
Wer dem verführten Mädchen aus voller Kasse des Lebens Notdurft bezahlt	Der Aushälter
Noch wissen zwei zum Wahrspruch berufene Männer nicht, was in der Isarau geschehen ist	Zwei Geschworenen scheint die Starnberger Geschichte noch immer nicht glaubhaft
Eine, die sich dem Herd verlobt hat	Eine Hausfrau
Sie küßt ihn, dem Angstschweiß die Haarwurzeln feuchtet, mit heißer Lippe rasch, wie einst, aufs Ohr, während der Eheherr Zigarren aus dem Rauchzimmer holt	Charakterbild einer Buhlerin

Der Klavierträger Schömmer, den ein Herrn Phili eng befreundeter Graf in einem starnberger Hotel zu Homosexualbefriedigung verführt hat und der durchs Guckloch einer verschlossenen Tür die beiden Grafen dann gepaart sah	Ein Kampfgenosse des Herrn Harden
Als er den Diener Dandl ans Bein faßte	Datum in der preußischen Geschichte
Der verirrte Geschlechtstrieb scheut so ängstlich das Licht, daß selbst in die Polizeiakten meist nur Gerüchte sickern	Alles menschliche Wissen ist begrenzt
Der schwache Widerhall seines Leugnens kann die dröhnende Stimme der Wahrheit nicht übertönen	Er hat den Diener Dandl doch ans Bein gefaßt!
Niemand hat den Fischermeister bedrängt; der Richter ihm väterlich zugesprochen und Zeit zur Sammlung angeboten; der Anwalt nicht eindringlicher gemahnt, als jeden Tag hundert Ankläger und Verteidiger tun; einmal nur, mit leiser Stimme, ihn aufgefordert, nicht durch Verschweigen des Wesentlichsten sich selbst ins Zuchthaus zu bringen (Seite 169) Doch Philipp kennt seinen Jakob. Den kranken, schwerhörigen, scheuen Menschen, dem die Zeugenpflicht ein Martyrium ist, der immer noch der so lange angestaunten Macht des Herrn zu erliegen fürchtet und keine Silbe, keine Vorgangs-	Der Fischerjackl hat unter Daumschrauben freiwillig die Wahrheit gesagt

schilderung herausbringt, die nicht mit den Zangen der Inquisition aus seinem dunklen Hirn geholt ward (Seite 170)	
Unter dem Heumond	Im Juli
Der Phrasenspuk, der so lange schon das Ohr täubt	Das Gerede, das so lange schon das Ohr betäubt
Als Bismarck ins Sachsenwald-haus geschickt war	Als Bismarck demissioniert hatte
Den Überbleibseln des Mema-lik-i Osmanije eine Verfassung gewähren	?
Padischahim tschock jascha	Vergleiche Polyglott-Kuntze, Türkisch
Der King	Eduard VII.
Der liebste Kömmling	Der willkommenste Besuch
Er wird in Ischl den Geschäfts-führer der austro-ungarischen Monarchie sehen	Er wird in Ischl den Kaiser Franz Joseph sehen
Den Makedonenknäuel ent-wirren	Die macedonischen Wirren be-enden
Die Scherifenenttäuschung	Die Enttäuschung der Türkei
Der Greis, der im Glanz hockt	Der Sultan
Menschen, deren Lebensflamme gestern ein Wink seiner mü-den Hände erlöschen ließ	Menschen, die er gestern noch töten lassen konnte
Musulmanen	Muselmanen
Abd ul Aziz	Abdul Aziz
Abd ul Hamid	Abdul Hamid
Abd ul Kerim	Abdul Kerim
Der schwache Prasser	Der genußsüchtige Schwächling

Die Stadt Konstantins	Konstantinopel
Die Osmanenflanke zerstücken	Albanien teilen
Der Mähre	Philipp Langmann
Der wiener Ungar	Schlechtes Kompliment für Herrn Felix Salten, der sich als Zionist lieber einen Pester Juden genannt hörte
Über der Löwenbucht verglüht der fünfte Augusttag	Marseille, 5. August
Auf dem Cornicheweg ists leerer als sonst beim Dämmern eines Sommerabends	Ich bin zum erstenmal in Marseille, aber so leer war's noch nie
Das immer hastige Leben der Phokäerstadt scheint in die Herzkammer zurückgedrängt	Marseille ist wie ausgestorben
Zwischen der Rue Honorat und der Cannebière regt sich	Meine Lokalkenntnis ist verblüffend
Der Fremde merkt bald, daß im Sinus Gallicus das Blut heute besonders schnell kreist	(Unverständliche Stelle, aus der nicht hervorgeht, ob das Blut im Meerbusen oder das Wasser im Busen der Marseiller aufgeregt war)
Die mit Bouillabaisse und Südwein Genährten	Die Bewohner von Marseille
Der konstanzer Graf Graf Ferdinand Der alte Reitersmann Ikaros, den eines Gottes Eifersucht empfinden lehrt, daß nur Wachs, in der Sonnennähe zertropfendes, ihm die Flügel an den Rumpf geklebt hat Der Krieger und Wolkenthronwerber Der Luftbeherrscher Der deutsche Graf	Verschiedene Bezeichnungen für den Grafen Zeppelin

103

Die Patres Lana und Guzman . . . Die Brüder Montgolfier, Etienne und Michel . . . Mémoires sur la machine aérostatique . . . Pilâtre de Rozier . . . Nach den Erfahrungen der Charlière ergänzt . . . Charles aus Beaugency, Pilâtre aus Metz, Blanchard aus dem Departement Eure . . . Biot, Gay-Lussac, Sivel, Tissandier, Hermite, Renard, Giffard; bis zu Santos-Dumont und Lebaudy . . . Der Fallschirm . . . Zigarrenformat . . . Starres System . . . Halbstarr oder unstarr . . . De la Vaulx, Berson und Elias . . . Giffard ersann, um die Widerstandsfläche zu verkleinern, das längliche Format und führte den Dampfmotor ein; Dupuy de Lôme das Ballonett; Wölfert den Daimler-Motor; Schwarz die Aluminiumhülle; Renard und Krebs . . . Parseval und Groß . . . Von André, dem Nordpolsucher, kam uns nie eine Kunde; die Patrie ließ in Irland eine Riesenschraube mit Zubehör fallen; der britische Nulli secundus zerbröckelte über der Paulskathedrale	Ich kenn mich in der Luftschiffahrt aus
Unter den Lebenden haben Edison, Koch, Van't Hoff, Behring, Röntgen und mancher Andere der Menschheit Nützlicheres geleistet. Für die moderne Kriegführung waren die Erfindungen und Kombinationen der Nordenfelt,	Ich kenne mich auch sonst aus

Zédé, Romazotti, Laubeuf vielleicht wichtiger als eine Erleichterung der Aeronautik	
Zeppelins haben unter Fritz, unter Melas bei Marengo und im deutschen Befreiungskrieg mitgefochten	Ich weiß überhaupt alles
Man wird im Ballon, statt auf stählernem Gleis über Zossen und Elsterwerda, ins Paradies der Weihnachtstollen reisen	Ein Bild der »Zukunft«
Das stürmende Temperament der großen Persönlichkeit sacht ins Schreibstubentempo zügeln	Dem Grafen Zeppelin eine Kommission beistellen
Die Summen, die ihm die Flut jetzt ins Schwabenheim geschwemmt hat	Die Summen, die dem Grafen Zeppelin jetzt zugeflossen sind
Der Paktolos strömt in den Bodensee	Graf Zeppelin bekommt viel Geld
Erwins Kirche	Der Straßburger Dom
Wie ein Golfstrom braust es erwärmend durch Aller Herzen, schmilzt die Eisrinde und schält ehrfürchtige Liebe aus dem Kalten Wall	(Wahrscheinlich ist hier gemeint, daß man sich irgendwo für die Sache Zeppelins erwärmt hat)
Aus dem Glutstrom, der den Kalten Wall überströmte, ist auch anderer Gehalt zu schöpfen als das Tränensalz, das feuchten Augen die Freude an schönem Tiefblau gewährte	(Weiß Gott)
Millionen in den Bodensee werfen, um mit dem Opfer des Hortes, wie der Tyrann von Samos mit seines R i n g e s , feindliche Gewalten zu schwichtigen	Riskieren, daß ein Karpfen im Bodensee mit der Verdauung des Ringes, wie der Leser mit des Genitivs, Schwierigkeiten hat und daß selbst den Rheintöchtern übel wird

Anm. d. Übers.: In den dieser Übersetzung zugrunde lie-
genden Kapiteln hat der sonst so gewissenhafte Autor leider
einige Druckfehler übersehen. Statt »Entwicklungsgang«
und »Befreiungskrieg« muß es natürlich heißen: Entwick-
lunggang und Befreiungkrieg. Erwähnt sei noch, daß den
Publikationen des Autors im Original unmittelbar ein Annoncenteil folgt, zu dessen Verständnis das Lexikon nicht
herangezogen werden muß, und in welchem zumal jene An-
nonce einer populären Wirkung sicher ist, die mit den Worten beginnt: Allen, die sich matt und elend fühlen...

SEINE ANTWORT

Juni 1908

Herr K. hat mich, seit ich ihn als einen Mitarbeiter der ›Wage‹ kennen lernte, mit überschwänglicher Liebe, Bewunderung, Anbetung verfolgt, das hat mich gerührt und ich habe den talentvollen jungen Menschen, weil ich ihn für sauber hielt, leider nicht weggestoßen. Wenn ich nach Wien kam, holte er mich vom Bahnhof ab, und ließ mich nicht los, bis ich wieder im Zuge saß. Da er von fast allen, die mir in Wien bekannt und interessant sind, verachtet wurde und wird, verzichtete ich, aus Mitleid mit dem armen Teufel, auf das Vergnügen, diese Menschen zu sehen. Wenn er nach Berlin kam, war er bei mir wie Kind im Hause, saß, ohne Rücksicht auf meine knappe Zeit, stundenlang, halbe Tage lang bei mir. Ungefähr jede Gefälligkeit, die man erweisen kann, habe ich ihm erwiesen. So habe ich ihm fürs erste oder fürs zweite Heft seiner ›Fackel‹ (deren ganzen Plan, innere und äußere Gestaltung ich auf sein Bitten mit ihm durchsprach) einen Artikel geschrieben, nicht nur umsonst, sondern auch in dem sicheren Vorgefühl, welchen Haß ich mir dadurch in Wien zuziehen würde. Das geschah auch noch, ich war verfemt und die ›N.F.P.‹ lehnte einen Aufsatz Björnsons über mich ab. Für seinen Prozeß mit Bahr habe ich, trotzdem ich Bahr sehr schätze und immer für einen unbestechlichen Menschen hielt, ihm ein Gutachten geschrieben. U. s. w. Seine Bilder,

Ich bin ein alter Leser der ›Zukunft‹. Ein alter und treuloser Leser. Mein Vorurteil gegen Herrn Maximilian Harden ist gewiß unter allen Antipathien, die er sich seit der Gründung seiner Zeitschrift erworben hat, die beachtenswerteste, weil er mir persönlich so gar keinen Grund zu ihr gegeben hat. Das belastet in Wien, der Stadt der Verbindungen und Beziehungen, die sich die Niederlassung des Herrn Harden redlich verdient hätte, mein Schuldkonto. In der Reihe verlorener Freundschaften, die dem Lebensweg des Herrn Maximilian Harden unberechtigter Weise das ehrenvolle Dunkel der Einsamkeit verliehen haben, bedeutet mein schroffer Abfall die bitterste Enttäuschung. Bei allen anderen Verlusten konnte er die literarische Verfeindung auf die persönliche reduzieren. Meine Untreue nahm den anderen Weg. Ich habe Herrn Maximilian Harden aus blauem Himmel angegriffen. Welch' tief unbegründete Abkehr! Wie bereute ich es, daß sie notwendig war, wie schämte sich mein Verrat des früheren Glaubens! Ich erkannte damals, daß der Altersunterschied zwischen uns sich umsomehr verengte, als ich mir erlaubte, die Kriegsjahre des Herrn Harden nur einfach zu zählen. Der Fünfundzwanzigjährige hatte neben dem Fünfunddreißigjährigen den Nachteil, aber zehn Jahre später den Vorteil der Jugend. Zuerst konnte er nicht sehen, und dann sah er

Briefe, Karten strotzen von »Bewunderung« und Liebe. Er nennt mich nach einem Wiener Aufenthalt den Unvergeßlichen usw. Daß mir seine Tätigkeit mehr und mehr mißfiel, mußte er merken. Seine ewige Bitte: Ihn und seine ›Fackel‹ in der ›Zukunft‹ zu erwähnen, konnte ich nicht erfüllen, zweimal mußte ich ihm Artikel ablehnen. Daß ich sein Vorgehen gegen Bahr, seine Campagne für die ...... widrig fand, verhehlte ich nicht. Zu einer Kritik erdreistete er sich zum ersten Male, als ich über die ...., die das Berliner Bühnenleben mit ihrer Geldmacht vergiftet hatte, einige unfreundliche Worte schrieb. (Er hatte gemeinen Privatklatsch über die......breitgetreten, war seit seinem grotesken Roman mit der ...... aber empfindlich in diesem Punkt geworden.) Ich antwortete schroff und ließ ihn bei seiner nächsten Anwesenheit nicht mehr zu mir kommen. Seitdem schimpft er ... Ich bin der Selbe geblieben, der ich in der Zeit seiner Verhimmelung war, habe nur gearbeitet. Sein Blatt habe ich seit zwei Jahren nicht mehr geöffnet, er schickt es mir und es bleibt in dem Umschlag liegen. Ekelhaft war mir's längst, bevor er mich angriff. Jetzt steht er mit ›N. F. P.‹ und ›N. W. T.‹ in Reihe und Glied gegen mich. Habeat.

Maximilian Harden
(7. Juni 1908)

einen Blinden. Die Jugend sollte sich nur von abschreckenden Beispielen erziehen lassen und sich die Vorbilder für die Zeit der Reife aufheben. Was ihr im weiten Umkreis deutscher Kultur sich bietet, ist ein so sicherer und tief fundierter Schwindel, daß selbst die Originale Surrogate sind. Nur die Phantasie wird mit ihnen fertig, zieht sie dem Leben vor. Wie sah der große Einzelkämpfer aus, dessen Meinung gegen jenen Strom schwamm, zu dem sich alle journalistischen Schlammgewässer vereinigen? Er sah aus, wie ich mir ihn schuf, und Herr Maximilian Harden lieferte für meine Erfindung die Gebärde. Ich sah seine Blitze zucken, und hörte seine Donner krachen; denn in mir war Elektrizität. Ich war ein Theatermeister, den das Gewitter, das er erzeugt, erzittern macht. Welchen Respekt hatte ich vor Herrn Maximilian Harden, weil seine Leere meinem Ergänzungstrieb entgegenkam. Solches Entgegenkommen wird zum Erlebnis, bleibt aber nur so lange das Verdienst des Andern, als man für die Werte, die man zu vergeben hat, nicht in sich selbst einen besseren Platz findet. Dann wohnt in den öden Fensterhöhlen das Grauen.

Karl Kraus
(31. Oktober 1907)

Seit längerer Zeit werden in den Kreisen, die sich für literarische Personalien interessieren, Wetten abgeschlossen: Wird er antworten oder wird er nicht? Ich entmutigte die Hoffenden. Er wird nicht, sagte ich allen, die mich fragten und die mit Recht annahmen, daß ich über die Hemmungen des Herrn Maximilian Harden besser informiert bin als er über die Triebe des Grafen Moltke. Er wird nicht. Denn er ist vornehm. Er hält's auch hierin mit der Religion der ›Neuen Freien Presse‹, welche die Abtrünnigen mit dem dumpf grollenden Fluch dreimal spaltet: Nicht genannt soll er sein! Und er ist noch viel vornehmer. Denn wer die Betten der Fürstlichkeiten zu lüften gewohnt ist und grundsätzlich nur die Kübel der feinsten Herrschaften hinausträgt, wird nicht zu Leuten hinabsteigen, die weder für die literarischen Aufgaben eines Domestiken Verständnis noch Achtung vor dem Journalisten haben, der seinen Beruf so wenig verfehlt hat. Jeden Morgen beim Aufräumen des Schlafzimmers der Frau Gräfin den Lassalle zitieren, aussprechen, »was ist«, und der Nachbarschaft erzählen, daß der Herr Graf sich wieder einmal gänzlich abgeneigt gezeigt hat, mein Gott im Himmel, wer eine solche Leistung gering schätzt, versteht wirklich nichts von den Angelegenheiten der großen Welt. Wer es ferner nicht begreift, daß ein Nachkomme der Jesaias und Hutten das Recht haben muß, dem Richter, der ihm pariert, »eines Holbein Haltung und Haupt« nachzurühmen, und dem Richter, der ihn verurteilt, die Zuckerkrankheit vorzuwerfen, dem ist nicht zu helfen. Ich, in meiner publizistischen Weltabgeschiedenheit, sage: In die Lücke des deutschen Gesetzes, das dem privatesten Leben des Staatsbürgers den Schutz versagt hat, trete man ihn, daß er darin ersticke, den Kerl, der uns jetzt, nach monatelanger Qual, noch von der »schlimmen Krankheit« erzählt, die jener Graf »in die Ehe mitbrachte«. Indem ich aber so spreche, beweise ich nur, daß ich ein armer Teufel bin, dessen enger Horizont die großen Aufgaben der Politik nicht zu fassen vermag. Es wäre müßig, sich mit mir in eine Polemik einzulassen. Ich spüre ja doch nur den Gestank, den einer über das Vaterland verbreitet, und merke nicht, daß er fürs Vaterland stinkt. Ich entsetze mich über die kulturelle Scheußlichkeit, nein, über die geistige Minderwertigkeit einer Wahrheitsforschung, die mit Enthüllergebärden die deutsche Moraljustiz antreibt, in zwei

Wochen nachzuholen, was sie in fünfundzwanzig Jahren versäumt hat, und die es endlich dahin bringt, daß ein Henkerparagraph verschärft und ein friedlicher Gebirgssee von Untersuchungsrichtern ausgemessen wird. Ich gedenke eines der markantesten Worte Maximilian Hardens: Lieber ein Schweinehund sein als ein Dummkopf! und beklage es tief, daß ihm die Entwicklung der politischen Dinge die Wahl schwerer gemacht hat, als er sich ursprünglich vorgestellt hatte. Denn wer der Freiheit des Geschlechtslebens eine Schlinge legt und sich in ihr verfängt, der ist wahrlich zu bedauern, er überschlägt sich, weiß nicht mehr aus noch ein, und schreibt schließlich Artikel, die zwar von weitem nach erpresserischer Gesinnung riechen, aber in der Nähe sich bloß als die Hilferufe eines ungeschickten Angebers erweisen, den die Konsequenz einer einmal begangenen Lumperei um den Verstand gebracht hat. Er glaubt noch ein Denunziant zu sein, und er ist schon längst der geistige Bundesgenosse des Milchmeiers Riedel, und mitleidig wiederholt der Leser die bekannte Frage: »Was ging's dich an, Tropf, damischer?« Er sehnt sich nach den alten Zeiten, da ihm eine anonyme Schmähkarte an die Redaktion des ›Vorwärts‹ nachgewiesen wurde, durch die er Otto Erich Hartleben aus seinem Kritikeramte drängen wollte, und da er durch das Wort vom Schweinehund die peinliche Situation zur allgemeinen Zufriedenheit klärte. Jetzt zieht er aus Verzweiflung gegen die Schweinehunde vom Leder, weist ihnen täglich irgend eine erotische Beziehung zu den Fischerknechten nach, doch, ach, längst ist ihm selbst die geistige Mutualität mit dieser Sorte nachgewiesen. Er muß so tun, als ob er eine innere Befriedigung spürte, so oft ein bayrischer Hiesl unter dem auf ihn einstürmenden Bernstein endlich zugibt, der Fürst habe ihn »die Gaudi, die Lumperei« gelehrt. Und will es das Unglück, daß der Abreißkalender gerade Huttens Geburtstag anzeigt, so ersteht dem deutschen Volk aus diesem Chaos von Wahrhaftigkeit und Ekelhaftigkeit der Anblick einer Bruderschaft, bei der man nicht mehr weiß, ob Bismarck oder dem Riedel die Einigung Deutschlands zu danken und ob unter dem »aufrechten Milchmann« nicht vielleicht doch Lassalle zu verstehen ist.

Er kann nicht mehr zurück. Sein Tagwerk beginnt mit einer gefährlichen Drohung und endet mit einer Enthüllung. Kein deutscher Mann, der sich heute als Ehegatte schlafen legt, kann wissen, ob er nicht morgen als »Kinäde« aufsteht, bei der Nacht kommt alles an den Tag, und auf die Gefahr hin, offene Hosentüren einzurennen, verkündet der Retter des Vaterlands: »Pardon, ihr Tüchtigen, wird nicht mehr gegeben!« Mindestens soll mit allen abgerechnet werden, die sich der Wahrheit auf ihrem Marsche aus München nach Berlin entgegengestellt haben. Ob unter den Bedrohten auch ich gemeint sei – denn auch »die im schwarzen Schreiberrock« sind in Aussicht genommen –, darum geht seit langem in literarischen Kreisen die Wette. Er wird nicht! sagte ich. Zwar habe ich Schlimmeres getan als die Mitglieder jenes »Grüppchens« von Berliner »Preßpäderasten«, auf das der Normenwächter nicht ohne tiefere Absicht hinweist. Sie begnügten sich, zu sagen, daß es verfehlt sei, die vermeintliche Gefahr eines politischen Einflusses durch Anspielungen auf die genitalen Irrtümer einiger alten Herren bannen zu wollen. Ich habe diese Taktik als eine politische Tat gelten lassen, und dann erst gezeigt, wie sie der Menschheit ins Gesicht schlägt. Ich sagte: Der Kerl ist vielleicht ein Patriot, ein Kulturmensch ist er gewiß nicht. Und ich habe noch Schlimmeres gewagt. An einem Stil, der hier wirklich den Mann bedeutet, die große Unbedeutung dieses literarischen Charakters nachgewiesen. Das war eine Enthüllung, die sich vor die Enthüllungen des Herrn Maximilian Harden stellt; von der er spürt, daß sie ihm die gedankenlose Anerkennung seiner Zeitgenossen gestört hat, und von der ich weiß, daß sie ihn unsterblich machen wird. Anstatt mir nun dankbar zu sein, weil seine literarische Eigenart wenigstens in meiner Kommentierung auf die Nachwelt kommt, hegt er unauslöschlichen Groll gegen mich und sagt jedem, der es hören will, ich sei treulosen Gemütes, rachsüchtig und handle bloß aus verletzter Eitelkeit. Seitdem ich mit besorgter Miene die

Schrecken der Elephantiasis an seinen Satzgliedern nachgewiesen habe, hat sich sein Leiden nicht gebessert. Wie sollte man glauben, daß er in diesem Zustand sich erheben und mir antworten könnte, er leide nicht? Ich habe in meiner Sünden Maienblüte bei ihm zu Mittag gegessen, ich war »wie Kind im Hause«, und jetzt greife ich ihn an. Beides ist sozusagen erweislich wahr, die Tat wie die Reue. Aber was sind alle Leiden der »kranken Physis« gegen den Alpdruck einer hochgestiegenen literarischen Jugend, die man einst bewirtet hat und die einem jetzt in die Suppe spuckt? In solchem Zustand rafft man sich zu keiner Polemik auf. Er wird nicht! Mit jedem Satz, den er gegen mich schriebe, würde er meine Feindseligkeit gegen seinen Stil rechtfertigen. Er, der immer gelitten hat, keinen seiner Briefe je ohne das Postskriptum ließ, daß er unsäglich leide, die Fatierung eines Einkommens von 52.000 Mark nie ohne vollständige Gebrochenheit vollzogen hat, in der Festung Weichselmünde mehr als Dreyfus litt und in Danzig sogar Champagner trinken mußte, um die Leiden der Festung ertragen zu können, er leidet jetzt mehr denn je. Seinen Körper hat Herr Schweninger behandelt, sein Geist leidet unter meiner Massage. Wie sollte sich der Unglückliche zu einer Abwehr aufraffen, der kürzlich einen Leitartikel mit diesem Satz begann: »Vor hundertzwanzig Jahren, als der dicke, pomphaft thronende, aus unkriegerischem Festlärm gern in seichte Salonmystik schweifende Sohn August Wilhelms just seine Eitelkeit mit dem nährkraftlosen Erfolg im holländischen Wilhelminenhandel gefüttert hatte, wurde eine Druckschrift bekannt, die, unter dem Titel ›Considérations sur l'état présent du corps politique de l' Europe‹, schon fünfzig Jahre vorher entstanden war«. Wer so schreibt, sollte mir anworten können? Er wird nicht! Er weiß, daß ich ihn für ein literarisches Deutschland, das die Größe des Sprechers nicht nach der Länge seiner Stelzen beurteilt, erledigt habe. Er hat meinen Nachruf gehört und er ahnt, er könnte, wenn er nur im geringsten Miene macht, sich für scheintot auszugeben, eine Schändung seines literarischen Grabes erleben, die das Maß meiner gewohnten Pietätlosigkeit weit übersteigt. Er wird sanft ruhen und sich nicht mit mir in einen Wortwechsel einlassen. Tut er aber doch so, als ob er lebte, so reicht in der Besinnungslosigkeit des Schlachtens, das er sich in Deutschland erlauben darf, seine Klugheit auch heute noch so weit, die Grenzen seiner polemischen Möglichkeit richtig abzuschätzen. Nach siechen Fürsten, die ihre Feder höchstens in einem gefühlvollen Briefwechsel versucht haben und heute in der Charité liegen, langt sein publizistischer Mut. Mich kennt er. Er hat noch vor einem Jahre vor Frank Wedekind, der sich später nach Kräften um eine Versöhnung unvereinbarer Gegensätze bemühte, seine höchste Achtung meines literarischen Wesens bekundet. Die Versöhnung mußte leider an der Ungleichheit der gegenseitigen Schätzung scheitern. Wer aber fühlte so tief wie er die Lächerlichkeit des Versuchs, mich zu einer persönlichen Polemik herauszufordern? Nein, aus dem erhofften Hahnenkampf kann infolge Unpäßlichkeit des Gegners nichts werden. Er wird krähen, wenn er auf den Mist seiner Affären steigt. Er wird möglicherweise auch vom »feindlichen Federvölkchen« sprechen und selig im Stolz einer Unfähigkeit sein, die zu Diminutiven ihre Zuflucht nimmt. Er wird von einem Bürschchen sprechen, das einst aus seinem Schüsselchen gegessen hat. Vielleicht in einem Wiener Montagsblättchen, wenn zufällig ein Revolvermännchen auf die gute Idee kommt, ihn zu fragen, was er gern sagt. Beileibe nicht in der ›Zukunft‹. Das könnte die Aufmerksamkeit erregen und Moritz und Rina zur Bestellung der ›Fackel‹ verleiten.

Und so geschah es. Immerhin ist es die Antwort des Herrn Harden auf meine Angriffe, wenn sie auch bloß die Antwort auf die Frage eines Montagsjournalisten ist. Er macht seinen Feinden mit Vorliebe außerhalb Preußens den Prozeß. Nur unterscheidet sich mein Fall von dem des Fürsten Eulenburg dadurch, daß ich der Gerichtsverhandlung beiwohnen und dem Zeugen Harden sofort auf die Schwurfinger schlagen kann. Für einen Augenblick wird das Niveau meines Hasses gedrückt. Mein Kampf gegen die Verpestung Deutschlands, meine Enthüllung des Mißverhältnisses zwischen einer literarischen Winzigkeit und ihrem Geräusch, mein ganzes öffentliches Bemühen soll zu einer Privataffäre erniedrigt werden, zu einem Wettkampf mit Herrn Harden, den jeder unbefangene Zuschauer für einen Akt der Feigheit halten könnte. Ich muß aus Humanität darauf verzichten, einen mit hundert Kilo Bildung beladenen, auf Stelzen daherkommenden Ritter mit dem Rapier anzugehen. Um es ihm leichter zu machen, soll ich ihm auf das mir fremde Gebiet privater Tatsächlichkeit folgen. Ich bin dazu zu haben, aber man wird mir den Widerwillen glauben müssen, erweisliche Unwahrheiten, die ich längst verdaut habe, zu korrigieren. Immerhin mußte ich darauf gefaßt sein, daß er mir ein paar Zitate an den Kopf wirft, wenn nicht aus den Korintherbriefen, so doch wenigstens aus meinen eigenen. Er kann nachweisen, daß ich ihn einst bewundert habe. Es nützt nichts, daß ich es nicht leugne, nie geleugnet habe und ihm feierlich verspreche, daß ich es nie leugnen werde. Für alle Fälle ist es gut, daß ich die Beweise der gegenseitigen Zuneigung nicht vernichtet habe, und daß auch ich die Ausdauer besitze, aus dem Chaos meines Archivs zu holen, was ich brauche. Ich gebe zu, daß ich im Kampf der Dokumente den kürzern ziehen muß und daß meine Zuneigung zu Herrn Harden kompromittierender ist als die seine zu mir. Aber anderseits muß ich doch wieder betonen, daß sein Urteil, das er als reifer Mann über mich gefällt hat, rechtsverbindlicher ist als das Vorurteil eines schwärmerischen Neulings, und es besteht für Herrn Harden immerhin die Gefahr, daß die literarische Forschung von ihm das Lob meines Schaffens beziehen könnte, während sie sicherlich meine Begeisterung für seine Werke als die Meinung eines unreifen Jungen verwerfen wird. Der künstlerische Vorzug, den er vor mir voraus hat: daß er seine Briefschaften besser ordnet und registriert und jedem Gegner durch einen Handgriff beweisen kann, daß man ihm vor zehn Jahren mit vorzüglicher Hochachtung geschrieben hat, wird ihm dabei nicht das geringste nützen. Ich möchte ihm nicht nur den Handgriff ersparen, sondern sogar versichern, daß die Hochachtung meiner Briefe mehr als eine Formalität war. Aber ich leide unter der Zudringlichkeit eines Menschen, der nach Jahren auf der alten Bewunderung besteht, die ich ihm nach reiflicher Überlegung entzogen habe. Nicht genug, daß Herr Harden in Bekanntenkreisen über die Veränderung, die mit mir vorgegangen ist (daß sie in mir vorgegangen ist, hält seinesgleichen für ausgeschlossen), sich bitter beklagt oder wie er sagen würde, »stöhnt«; daß er seinen Besuchern die »persönlichen Motive« auftischt, die er meinen Angriffen zugrundelügt – jetzt flüchtet er mit seinen Beschwerden noch in die Öffentlichkeit. Ich will ihm entgegenkommen und die Publizität seiner Anklage vergrößern. Schon um die Erfahrung zu verdichten, daß ein Denunziant und Moralphilister sich in keiner Lebenslage verleugnet. Die Antwort des Herrn Harden, im schmutzigsten Winkel des Wiener Preßpfuhls deponiert, liegt vor, und siehe, sie ist ganz im Geschmack der Aktionen, denen meine Angriffe gegolten haben. Er hat »nur gearbeitet«; aber während ich am Schreibtisch saß, ist er unter mein Bett gekrochen. Ich will ihn von der Stelle jagen! Wenn er unfähig ist, meinem öffentlichen Wirken Wunden zu schlagen, so wird er sichs künftig überlegen, Wunden meines privaten Fühlens aufzureißen. Doch wahrlich, man braucht nicht bis zu der Stelle zu gelangen, wo ich sterblich bin und er niedrig wird, um eine Nase voll von diesem Charakter mitzunehmen und von diesem Geiste.

Zunächst möchte ich auf den Dummkopf größeren Wert legen als auf den Schweinehund. Jener hilft sich, so gut er kann. Er sagt, daß ich, Karl Kraus, einen Brudermord begangen habe. An einem Bruder, den ich einst liebte. Da ich nun weder die Liebe noch den Mord leugne und jene sogar bereue, so sagt er, der Mord habe ein »persönliches Motiv«: Mein Bruder hat mir einmal einen Apfel, den ich haben wollte, nicht geschenkt. Ich habe also aus Rachsucht gehandelt. Ich empfinde es nun als eine Zumutung von unbeschreiblicher Ledernheit, die Legende, die der ermordete Bruder in die Welt setzt, zu entkräften und dokumentarisch

zu beweisen, daß ich den Apfel bekommen habe. Ich könnte
getrost zugeben, daß ich ihn nicht bekommen habe, und die
Geistesschwäche dieses Motivs für einen Brudermord zur
Diskussion stellen. Aber nicht einmal solcher Mühe müßte
ich mich unterziehen. Denn der Gegner selbst scheint den
Apfel für faul zu halten und läßt durchblicken, daß viel
mehr noch als meine Rachsucht meine Undankbarkeit zu beklagen sei. Ich habe also den Apfel eigentlich doch bekommen. Da er mir verweigert wurde, beging ich den Mord aus
Rache, und wiewohl er mir gegeben wurde, aus Undank.
Nun scheint es freilich notwendig, sich endlich einmal für das
eine oder für das andere Motiv zu entscheiden. Beide zusammen, so sollte man meinen, sind nicht gut verwendbar.
Beide Argumentationen, jede für sich und ihre Verbindung,
sind leichtfertiger auf die Dummheit des Lesers basiert, als
es erlaubt sein sollte. Aber es glückt trotzdem. Denn wenn
ich einen des Taschendiebstahls beschuldigen will und vor
versammeltem Volke den Verdacht damit begründe, daß
der Mann schielt, so wird vielen die Erweislichkeit des Kör-
perfehlers so sehr imponieren, daß sie auch den Diebstahl
glauben werden. Ich habe nach einem Apfel vergebens ge-
hascht, das ist meinetwegen erweislich wahr, und jeder ruft:
Aha! Jetzt verstehen wir! Aber es gehört schon eine Vereinigung besonderer Charakterschäbigkeit und raffinierten
Schwachsinns dazu, das Bild der Situation so darzustellen:
Ich, H., habe dem K. Unfreundlichkeiten erwiesen, darum
greift er mich an, also aus rein persönlichen Gründen; und
dies, wiewohl ich ihm Freundlichkeiten erwiesen habe: ich
hätte erwarten können, daß er mich aus persönlichen Gründen schonen würde . . . Ich könnte mich nun damit begnügen,
zu sagen: Aus Dankbarkeit zum Lügner werden, hielte ich
für tadelnswerter, als aus Rachsucht die Wahrheit zu sagen.
Aber ich werde mich zum Beweise herablassen, daß ich sie
aus Undankbarkeit gesagt habe. »Hätt' Wahrheit ich geschwiegen« oder gesprochen, in jedem Fall geschah es aus
rein persönlichen Gründen. Anders verstehts der gesunde
Menschenverstand nicht und sein publizistischer Diener mu-

tet ihm nichts zu, was er nicht versteht. Daß es anders gewesen sein könnte, ist unmöglich. Ich gebe die Liebe zu und den Mord. Ich gebe auch zu, daß Herr Maximilian Harden »der Selbe geblieben ist« – meinetwegen sogar in dieser Schreibart –, derselbe, der er in der Zeit meiner Verhimmelung war. Daß ich ein anderer geworden sein könnte, daß ich das Recht hatte, zwischen zwanzig und dreißig ein anderer zu werden, das wird im Reiche der erweislichen Wahrheit nicht anerkannt. Sie muß sich, um zu ihrem Ziel zu kommen, mit erweislichen Lügen behelfen. Meine Entwicklung, die heute – wenn's niemand hört und sieht – meinen Todfeinden Achtung abnötigt, wird nach wie vor offiziell auf die Verweigerung des Apfels zurückgeführt. Er wurde mir zuerst bekanntlich von der Neuen Freien Presse verweigert und dann von Herrn Harden. Seitdem schimpfe ich . . . Aus Juvenal zitieren sie nicht: »Facit indignatio versum« oder »Difficile est satiram non scribere«, um mein Verhältnis zu ihnen dem Publikum klarzumachen, sondern immer nur: »Hinc illae lacrimae!« Habeant. Aber ich muß leider darauf eingehen. Ich muß die Legende der Rachsucht zerstören, damit die Undankbarkeit übrig bleibe. Ich muß immer wieder mit den Engagementsanträgen, die mir die Neue Freie Presse gemacht, und den Gefälligkeiten, die mir Herr Harden erwiesen hat, renommieren, damit auf die dümmste Erklärung für meinen Haß, die der Intelligenz verständlichste, endlich verzichtet werde. Herrn Harden beruhige ich mit der Versicherung, daß ich jetzt auch beim Anblick jener publizistischen Leistungen, durch die er damals mein Entzücken erregt hat, annähernd denselben Brechreiz verspüre, den mir seine heutigen Artikel verursachen. Ich hatte viel nachzuholen. Aber es ging, und für alle Lektüre, die ich damals beschwerdelos vertrug, habe ich nachträglich das Gefühl, als ob mir eine Stelze dieses kühnen Turners in den Rachen gesteckt würde. Wenn ich den Artikel, mit dem er die ›Zukunft‹ eröffnet hat: »Vom Bel zu Babel« mit meinem Eröffnungsartikel »Die Vertreibung aus dem Paradies« – den ich heute Satz für Satz umbauen müßte –, vergleiche, so

117

verstehe ich nicht, wie ich je an Herrn Maximilian Harden
etwas anderes als die Fähigkeit bewundern konnte, Tem-
peramentsmangel zu dekorieren, oder höchstens die, beim
Schwingen von Riesengewichten aus Papiermaché wirklich
zu schwitzen. Herr Harden ist der Selbe geblieben. Ich Gottseidank nicht. Aber auch ich »habe gearbeitet«, und mehr als
Herr Harden. Besser als Herr Harden. Und ich reinige jetzt
meine Arbeit vom Schutt des Tages, und entdecke, daß der
Schutt mehr Gehalt hat als seine Edelsteine. Ich fühle meinen Verrat vor dem Forum der Erkenntnis gerechtfertigt als
eine tiefere Treue gegen mich selbst, und die Literaturgeschichte wird sagen, er sei eine Rehabilitierung für meine
Liebe. Nicht nach »persönlichen« Motiven werden meine
Richter forschen; nichts anderes werden sie sich zu fragen
haben, als die Frage, ob die »Persönlichkeit« weit genug
war, um sich, wenn auch im Alter der geistigen Entwicklung,
so ausgreifende Schwankungen des Urteils zu erlauben. Der
Tatbestand reicht über Herrn Harden hinaus. Ich denun-
ziere mich. Zwei Dritteile des literarischen Werts meiner
Arbeit werfe ich freiwillig hin, ein Dritteil der Meinung.
Damit mir meine Gegner nicht immer nur Widersprüche,
sondern einmal auch eine Entwicklung nachweisen. Ich darf
mich verleugnen, und mit mir selbst vieles, was andere zur
›Fackel‹ beigetragen haben, die heute in meine Lebensanschauung passen wie der Wagner in Fausts Entzückung. Den
»ganzen Plan der ›Fackel‹, innere und äußere Gestaltung«,
hat Herr Harden mit mir durchgesprochen; trotzdem wurde
ich ihm untreu. Aber bin ich dem Plan der ›Fackel‹, ihrer
innern und äußern Gestaltung, treu geblieben? Ich bereue
keine meiner Taten; ich verlange nur, daß sie im Zusammenhang mit mir selbst beurteilt werden. Ich bereue sogar
meine Sympathie für Herrn Maximilian Harden nicht. Aber
ich mache ihm den Vorwurf der Undankbarkeit. Denn er
hat mich schmählich getäuscht. Er hat untreu an mir gehandelt; denn er hat mir eine Begeisterung zerstört. Ich mußte
damals, als sich mein Temperament nur in den schmalen
Grenzen sozialer Ethik echauffieren konnte und im Kampf

gegen die Korruption die Lebensanschauung eines idealen Staatsbürgertums bejahte, in dem Manne, der um etliche Jahre früher in der Presse ein Übel erkannt hatte, die Ausnahmserscheinung sehen. Die Vorgängerschaft mußte auch dem imponieren, der schon damals die Intensität des Kampfes voraus hatte, wie er jene Erkenntnis der intellektuellen Korruption voraus hatte, die im Journalismus – jenseits volkswirtschaftlicher und politischer Gefährlichkeit – den Todfeind der Kultur sieht. Die glückliche Zufallsstellung, in die Herr Harden gegen die öffentliche Meinung Deutschlands geraten war, mußte an eine junge Phantasie das Bild eines Kämpfers heranbringen und sie etwa auch zum Widerstand gegen eine Raison reizen, die ihr damals gesagt hätte, daß jener Herkules sichs am Scheideweg lange überlegt hat und jener Luther auch anders gekonnt hätte. Die Zeit zur Enttäuschung war noch nicht gekommen; ich wäre jedem an die Gurgel gefahren, der mir damals über meinen Harden ausgesprochen hätte, »was ist«. Daß er ein Philister ist, der es glaubt, oder ein Kujon, der es den Leuten einredet: daß einer um einen Apfel bereit sei, eine Liebe zu verraten; oder ein Antikorruptionist, der es in Ordnung findet: daß einer für ein Mittagessen in der Villa Harden eine eroberte Erkenntnis preisgibt. Was will denn das Pack von mir? Glaubt es wirklich, daß die Gluten meines Hasses aus »Motiven« stammen? Dann wäre meine Entzündbarkeit ein Wert für sich oder meine Tätigkeit ein mechanisches Kuriosum. Wie, dieser ausgepichte Meinungswechsler, der im Alter von vierzig je nach Bedarf die Homosexualität entschuldigt oder bekämpft, den Meineid rechtfertigt oder verfolgt, Kolonialminister in den Himmel hebt und sie beschimpft, wenn sie öffentlich von ihm abrücken – der, gerade der wagt es, mir eine Entwicklung, die sich aus Gefühltem zu Gedachtem hindurchgeschmerzt hat und die in ein inneres Leben führt, von dem sich freilich die Zettelkastenweisheit nichts träumen läßt, als die Rache eines refusierten Besuches auszulegen? Welch ein großzügiger Dummkopf!

Aber, indem er meine Rachsucht zu stark betont, unterschätzt er wahrlich meine Undankbarkeit. Ja, er hat mir für das zweite Heft der ›Fackel‹ einen Artikel geschrieben, und nicht nur »umsonst«, sondern auch vergebens. Umsonst: wie hätte ich ihm ein Honorar anzubieten gewagt, da er eine lobende Einführung der ›Fackel‹ geschrieben hatte? Ich wußte nicht, daß er auf Bezahlung hoffte, als er meinen Witz und meine Kraft pries, und ich stelle das Honorar nachträglich – mit den in neun Jahren aufgelaufenen Zinsen – zu seiner Verfügung. Vergebens: Er hat sich in diesem offenen Briefe der Wiener Journalistik in einer Art angebiedert, die schielend zwischen mir und jener zu vermitteln hoffte. Genützt hat's ihm nichts, denn die Verbindung mit mir hat zu der von ihm tief beklagten Verstimmung der Neuen Freien Presse geführt. (Ich müßte ihm also gar noch Schadenersatz leisten.) Aber auch bei mir hat es ihm nichts genützt; denn ich bin ihm schon damals – in jenem zweiten Heft – verehrungsvoll über den Mund gefahren. Er lügt aber, wenn er behauptet, daß ich ihm dauernd bei der Neuen Freien Presse geschadet habe. Er lügt, wenn er behauptet, daß ich ihn in Wien durch meine Gesellschaft dermaßen fesselte, daß er zu den interessanten Leuten nicht gelangen konnte. Er hatte immer noch Gelegenheit, sich heimlich zur Neuen Freien Presse zu schleichen, wenngleich ich nicht in Abrede stellen kann, daß er erst nach unserem Bruch zum Sacher ging, um sich an der redaktionellen Tafel zwischen den Herren Bacher und Benedikt fetieren zu lassen. Er spricht die Wahrheit, wenn er sagt, daß ich fast von allen Wiener Leuten, mit denen er gern verkehrt hätte, verachtet wurde und werde. Verachtet werde ich von den Bankräubern, den Gesellschaftsparasiten, den talentlosen Literaten, den Revolverjournalisten, denen Herr Harden jetzt Briefe schreibt, und überhaupt von all den ihm bekannten und interessanten Leuten, von deren Verkehr ich ihn eine Zeitlang abgehalten habe. Nicht immer wäre mirs gelungen und nicht immer tat ich es. Bei seinem ersten Wiener Aufenthalt, vor mehr als zehn Jahren, damals, als er mir fast den ganzen Tag widmete, war ich in der schlechten Gesellschaft noch nicht verachtet, damals war die

›Fackel‹ noch nicht gegründet und Herr Harden hat sich, ohne beiderseits Anstoß zu erregen, getrost zwischen mir und Herrn Benedikt geteilt. Meine Undankbarkeit ist grenzenlos. Denn obschon ich ihn bewundert habe, so kann ich doch nicht leugnen, daß auch er mir volle Anerkennung widerfahren ließ und bei jeder Gelegenheit meiner rühmend gedachte. Und ein ganz so armer Teufel war ich damals nicht mehr. Die »Demolierte Literatur« war erschienen, hatte ziemlich starkes Aufsehen gemacht und mir außer unerbetenen Rezensionen von Fritz Mauthner, Friedrich Uhl, Conrad und anderen die besondere Anerkennung des Herrn Harden eingetragen. Auch in jenem unbezahlten Artikel im zweiten Heft der ›Fackel‹ nannte er sie eine »allerliebste Satire«, sprach darin von meinem »starken Talent und der neidenswerten Frische meines Witzes«, freute sich »meines Mutes und meiner jungen, frischen Kraft, die sich im ersten Heft der ›Fackel‹ so pantherhaft heftig in Zorn und Spott austobt«. Freilich wäre dieses hohe Lob wertlos, wenn es nur in der Erwartung eines Honorars geschrieben war und die wahre Meinung des Herrn Harden über den armen Teufel, der damals nichts gezahlt hat, erst jetzt an den Tag kommt. Ich lebte in dem Glauben an eine gegenseitige Anerkennung, wenn auch die meine, die des um zehn Jahre jüngeren und um hundert heftigeren Naturells, füglich den ungestümeren Ausdruck fand. Wenn er nach Wien kam, verständigte er mich rechtzeitig von seiner Ankunft und ließ mich nicht los, »bis er wieder im Zuge saß«. Seine Bilder, Briefe, Karten strotzen von wärmster Anerkennung und Liebe. Seine Bücherwidmungen lassen mir alle Ehre widerfahren und in seinen Conférencen war die Auskunft über mich und meine literarische Rolle nicht wenig schmeichelhaft. Ich kann mir's nicht denken, daß das herzlichste Mitleid mit einem armen Teufel eine jahrelange Korrespondenz und den Verzicht auf die schöne Beziehung zur Neuen Freien Presse gelohnt hat. Es ist mir peinvoll, mich auf das Niveau eines Tatsachenkampfes herunterzulassen und im Wust meiner Papiere nach Beweisen dafür zu suchen, daß ich

Herrn Harden meine Bewunderung nicht wie ein Bettel-
junge seine Schuhriemen aufdrängte, und daß er mir nicht
Mitleid, sondern Freundschaft und hohe Anerkennung ge-
zollt hat. Aber da man solche Wahrheitsucher nur mit Tatsachen abspeisen kann, so ist es geboten, jede einzelne seiner
Behauptungen als Lüge zu erweisen. Es wäre mir nicht im
Schlafe bei der Lektüre seines Sardanapal-Artikels einge-
fallen, ihm seine einstige Hochschätzung meines Könnens
zum Vorwurf zu machen. Aber weil er mit meinen Jugendsünden großtut und die Mutualität ableugnet, muß ich zu
den Dokumenten greifen. Hat er also aus Mitleid sich von
einem armen Teufel seine kostbare Zeit stehlen lassen, oder
hat er vielleicht gefunden, daß meine Gesellschaft ihn für
den Umgang mit den interessanten Leuten entschädige? Von
einem gemeinsamen Bekannten, der mich damals noch nicht
verachtet hat, heißt es:

30. Nov. 1900
. . . schrieb mir einen bösen Brief . . . . Ich hätte mich nur um Sie geküm-
mert . . . . Ihnen danke ich noch herzlich für all Ihre liebenswürdige Teilnahme. Ich hoffe, die zwei Tage waren Ihnen nicht unangenehm . . . .
Noch lieblicher als die N. F. Pr. war die Arbeiterztg. . . . . Ach, wie ekelhaft ist das alles. Und wie sehr wünsche ich Ihnen Frohsinn und Kraft!
In Prag wird die Fackel viel gelesen. Und ich sagte, wie gern ich Sie
habe . . . . Bitte, grüßen Sie Adler (Anm.: Prof. Dr. Karl Adler), Altenberg, Loos und sagen Sie allen Dreien, daß ich mich freuen würde, wenn
sie mir Beiträge schickten.

26. August 1903
. . . Schade, wir hätten auf Helgoland 3–4 schöne Tage verlebt . . . Vor
15. September braucht die ›Fackel‹ nicht zu leuchten. Dann umso
heller . . .

30. August 1903
. . . Vielleicht geht's, daß wir später mal auf ein zehntägiges Billet zusammen Paris sehen? Das wäre herrlich . . .

Nun ja, aus Mitleid mit einem armen Teufel nimmt man
ihn schon gelegentlich nach Helgoland oder Paris mit. Aber
in Berlin, wo man zu tun hat, wird man doch nur belästigt.
Stundenlang, halbe Tage lang saß ich ihm, ohne Rücksicht
auf seine knappe Zeit, im Hause. Zwar, eine Depesche nach

Wien lud mich, wenn ich die Absicht kundgegeben hatte, nach Berlin zu kommen, »für ein Uhr zum Mittagbrot«. Aber dann war ich nicht fortzubringen:

7. März 1900

... Ich freue mich sehr, wenn Sie kommen, sehr sogar. Wie wäre es, wenn wir hier (1. April) den Geburtstag der ›Fackel‹ feierten? Dann kämen Sie am 28. März. Los von Wien!

Herzliche Grüße von Emil, Helene, Max

Hotel Kaiserhof, 17. April 1903

Journée des dupes. Der Mann unten sagt auf wiederholte Frage: Herr K. ist zu Haus. Als ich keuchend vor Nr. 223 stehe, ist die Tür verschlossen. Schade ...

17. April 1903

Ich ließ 9 Uhr früh bei Ihnen antelephonieren und sagen, daß ich Sie um 12 erwarte, zu Mittag zu bleiben bitte, da ich nachmittags in die Stadt müsse. Es wurde, mit m. Namen und Telephonnr., aufgeschrieben und teleph. wiederholt. von 12–12¾ wartete ich, dann ging ich Ihnen entgegen bis ½22. Schade. Wir wären von 12–4 zusammengewesen. Nun ist alles umgeworfen und ich komme um das Vergnügen, Sie noch einmal zu sehen. Sie hätten hier Schweninger für Ihren Finger konsultieren können ....

Eben. Während er noch suchte, war Kind schon im Hause und nicht fortzubringen.

15. Oktober 1903

... Die Aussicht, Sie bald einmal hier zu sehen, freut mich sehr. Und nicht minder die Damen. Alles Gute! Ihr alter H.

29. Oktober 1903

... ich habe sehr bedauert, daß ich Sie (Anm.: im Hotel) verfehlte und nachher nicht mehr erreichen konnte. Sonst hätte ich den Tag frei gehabt.

Wer hat die Freundschaft verraten? Der sie ablegte, da er sich ihr entwachsen fühlte, aber zugibt, daß er sie einst trug? Oder der später höhnt, sie sei ein Narrenkleid gewesen? Er beschimpft die Freundschaft; ich bereue sie nicht einmal. Ich sage, daß ich mit Herrn Harden befreundet war, bis ichs nicht mehr sein konnte. Er sagt, daß er aus Mitleid mich ertrug, bis er Undank erlebte. Aber der arme Teufel, der sich ihm aufdrängte, hat außer den gedruckten Versicherungen höchster Bewunderung wiederholt briefliche Beweise der Achtung und Anerkennung empfangen. Ich finde nur ein paar, vielleicht nicht einmal die stärksten.

30. März 1899

Liebster Kraus, . . . eben, 2 Uhr, kommt die ›Fackel‹. Tausend gute Wünsche! Ich lese sie sofort und schreibe Ihnen.

1. April 1899

. . . Meinen und Bertholds Glückwunsch zum trefflichen ersten Heft. Excelsior! . . . Ich mache Notiz über Sie, sobald Notizbuch erscheint. Herzlichen Ostergruß.

9. April 1899

. . . Sie haben Recht, ich auch – und so soll's in guten Dramen sein. Herzlichen Dank für Ihren Brief und besten Glückwunsch zum großen Erfolg. Qu. felix faustumque sit.

5. Mai 1900

Die Speidel-Feier war toll . . . . Sehr freute ich mich über Ihre Enthüllung der Münchener Sonnenthalaffäre. Eine niedliche Bande. Daß sich das Publikum das gefallen läßt, ist das einzig Traurige . . . Schade, daß Sie nicht hier jetzt Ihre Schmöcke an der Arbeit sehen können. Daß Franz Joseph ein »großer und weiser Kaiser« ist (W. II. Trinkspruch), wird Sie interessiert haben. Schonen Sie Ihre Kraft!

12. Mai 1900

(Verteidigt sich gegen die Beschuldigung der ›Zeit‹, er unterhalte »gute Beziehungen zur ›Neuen Freien Presse‹«) . . . Das ist Alles. Oder noch die Visitenkarte an Speidel: »sendet dem starken deutschen Stilmeister herzl. Glückwünsche«. Und das tat ich, weil Sie gesagt hatten, er spreche gut über Sie. Daß mein Ehrgeiz dahin geht, ihr Korrespondent zu werden, ist herrlich . . . . Herzlich grüßt Sie, lieber Karl, Ihr H.

13. Mai 1900

. . . Ihre Abwehr kontra ›Arbeiterzeitung‹ scheint mir recht wirksam. Und sehr gut sind die Theatersachen . . .

2. Juni 1900

. . . »Wien bleibt Wien«. Das mit dem »Privatbrief« habe ich gar nicht verstanden. Ich habe das ja nie getan. Denn bei Mamroth handelt es sich um Provokation u. nicht um e. Sache, die »privat« war. Aber das Alles ist so ekelhaft. ›Arbeiterzeitung‹ gegen Sie bübisch gemein. . . . Freue mich, daß wir über »Pauline« einig sind.

6. Juni 1900

Herzlichen Dank, l i e b e r   D o n   K a r l, für den Ruf vom Semmering. Daß Sie nach der Büberei gleich den Beitrag von Liebknecht hatten, war ein famoser Trumpf, den ich gern in Ihrer Hand sah. Ich bin neugierig, zu hören, was Sie über die Wahlen sagen werden . . .

24. Dezember 1900

Herzlich danke ich Ihnen für das liebenswürdige Weihnachttelegramm, das eben kam, als ich Ihnen einen Gruß senden wollte. Wie mag es Ihnen gehen? Ist die Depression gewichen? Ich glaube es, denn Ihr »Goethe« ist frisch und allerliebst. Von Herzen wünsche ich, das neue Jahr möge Ihnen Befreiung von Sorgen und frohe Arbeitskraft bringen. Sie sind jung, h a b e n   i n   g a n z   k u r z e r   Z e i t   A u ß e r o r d e n t l i c h e s   e r - r e i c h t – und werden nicht eingesperrt . . . . Es würde mich, uns sehr freuen, wenn Sie vor meiner Abschiebung nochmal herkämen. Herzlichen Händedruck und: Prosit Neujahr! Grüßen Sie Peter den Größeren. Ihr alter H.

9. Jänner 1901

. . . Ich freue mich auf die wiener Wahl-Fackel . . .

28. November 1902

. . . Altersunterschied, mein Herr. J'ai passé par là; deshalb dünkt der leise Groll, den ich in Ihren Worten spüre, mich nicht gerecht. . . . Also ich hoffe, Sie bald hier zu sehen. Und zu hören, daß Sie nicht ganz so wütend auf mich sind, wie mirs scheint. Glauben Sie mirs: ich bin arg zerbrochen und wünsche Ihnen vom Herzen, diese Erlebnisse möchten Ihnen erspart bleiben.

Bismarcktag 1903

Herzlichen Dank für Ihren liebenswürdigen Zuruf. Rara avis. Ich glaubte schon an völlige Ungnade. Sprach neulich mit Berger, der 5½ Stunden bei mir war, viel über Sie . . .

Ostern 1903

. . . und freuen uns darauf, Sie bald wieder einmal im Grunewaldhäuschen zu sehen. Lassen Sie sichs in der Festzeit gut gehen. Maxa war ganz stolz und gerührt; drei Karten: Schweninger, Kraus, Mauthner. Für vier Lebensjahre Alles Mögliche.

1. Mai 1903

. . . Siegfried J. (Jacobsohn), der sehr entzückt über Ihr Beisammensein schrieb, war bis 1. 5. bei der ›Zeit‹ . . . Ich denke ernstlich an die ›Fackel‹ (Anm.: wegen eines versprochenen Beitrags) . . . Bald mehr. Wir 3 grüßen Sie herzlich. Guten Mai!

8. Mai 1903

... Dank auch für boy-goi .... Ich habe eine üble Nervenerkrankung. Aber
Sie haben mir ja oft hier gesagt, ich »jammerte immer«. Wenn ich im
Narrenhaus sitze, wirds Ihnen leid tun. Behandelt haben Sie mich ja
neulich ganz human, wofür ich dankbar bin. Übrigens war dieser Absatz
der F. besonders gut geschrieben. Aufrichtig wünsche ich Ihnen gute
Tage; und Nächte.

10. Dezember 1903

... Die Waiß-Sache (?) freilich stark; aber soll man Sachen nach
28 Jahren ausgraben? ... Die ›Fackel‹ zeigt, daß Sie frisch und
munter sind. Das freut mich aufrichtig. Herzlich Ihr Moriturus.

19. Dezember 1903

Lieber Herr K., Ihre Notiz über Weinberger ist das Allerliebsteste,
was ich lange von Ihnen las. Ganz reizend. Neulich war Berger bei mir.
Wir sprachen von Ihnen ... Eine Aufforderung Concordia, zur Damen-
spende beizusteuern. Das ist Unsterblichkeit .... Ihr alter H.

Daß ihm meine Tätigkeit mehr und mehr mißfiel, mußte
ich demnach merken. Nicht minder, daß er sich durch die
Verbindung mit mir bei der Concordia unmöglich gemacht
hatte. Meine ewige Bitte, mich und die ›Fackel‹ in der ›Zukunft‹ zu erwähnen, konnte er nicht erfüllen .... Ich weiß
nicht mehr, ob ich ihn darum gebeten habe. Er sehe in meinen
Briefen nach. Die seinen ignorieren meine Zudringlichkeit
ganz und gar. Möglich ist es, daß ich ihn an eine Zusage, es
zu tun, erinnert habe. Diese Zusage war freiwillig gemacht.
Das scheint wohl aus dem Briefe, den er am Tage der ersten
Ausgabe der ›Fackel‹ schrieb – 1. April 1899 –, hervorzugehen: »Ich mache Notiz, sobald u. s. w.« Doch warum sollte
es mir damals nicht erwünscht gewesen sein? Wenn er es
nicht tat, so muß er gefürchtet haben, was ich hoffen mochte:
daß der ›Fackel‹ Eingang in Deutschland verschafft werde.
Und wenn er es im Jahre 1899 nicht tat – warum sollte ich
ihn erst 1904 dafür angegriffen haben? Ich glaube nicht, daß
ich je später auf sein Versprechen oder auf meinen Wunsch
zurückkam. Tat ich's, welchem Esel würde die Versagung
einer Notiz bei fortgesetzter persönlicher Beziehung meine
späteren Angriffe plausibel machen? Höchstens, daß das
Motiv der Versagung – um auf ein »starkes Talent« das

deutsche Publikum nicht aufmerksam zu machen – zu meiner Erkenntnis von dem Wesen des Mannes beigetragen hätte. Aber auch hier läßt sich eine Gegenseitigkeit nicht in Abrede stellen. Ich weiß nicht, ob ich Herrn Harden mit der Bitte, die ›Fackel‹ zu nennen, zudringlich wurde. Vielleicht hatte ich einmal wirklich Anspruch darauf: eine wichtige Äußerung Liebknechts in der ›Fackel‹ hatte er ohne Quellenangabe zitiert. Aber ich bin in der angenehmen Lage, zu zeigen, wie schwer es Herr Harden trug, in einer ihm wichtigen Sache – gleichfalls Liebknecht betreffend – in der ›Fackel‹ nicht genannt zu werden.

31. Dezember 1899

Lieber Herr Kraus, ich wünsche Ihnen ein gutes Jahr. Und, daß Keiner komme und sage: Siehe, in Sachen Liebknecht, den er allwöchentlich als Finder neuer Weisheit preist, hat auch er, der stets über »Totschweigen« redet, totgeschwiegen. Bleiben Sie gesund und freuen Sie sich Ihres Lebens. Einen Gruß von H.

Ich ahnte, daß er sein Monopol als Antidreyfusard durch Liebknechts ›Fackel‹-Publikation gefährdet sah. Aber Liebknecht braucht nicht gegen den in einem bittern Brief erhobenen Vorwurf geschützt zu werden:

5. Jänner 1900

Lieber Herr Kraus, mir ist's nur spaßhaft. Seit Jahren führe ich diesen Kampf, habe dabei Abonnenten (und Freunde, wie Björnson) verloren und Beschimpfungen gewonnen. Da gibt mein früherer Freund Dr. Berthold dem alten Liebknecht meine Artikel (Zolas Fall u. s. w.). Il s'emballe, wiederholt alle meine Argumente, fügt einiges hinzu, was mir töricht scheint, und wird nun in der ›Fackel‹ stets als Einer hingestellt, der den Mut gehabt habe, der Katze die Schelle umzuhängen, und der deshalb »totgeschwiegen« werde. Im Grunde ist's gleich. Aber durfte ich es Ihnen gegenüber nicht scherzend erwähnen? Hier hat man viel darüber gelacht, meinen Todfeind L. in meiner Garderobe zu sehen. . . .

In der ›Fackel‹ war bloß von der Verlegenheit der sozialdemokratischen Presse die Rede gewesen, die Liebknechts Artikel totschwieg. Natürlich hat dieser nie die Informationen des Herrn Harden gebraucht, ihm war es eine Angelegenheit des Temperaments. Die Garderobe des Herrn Harden hätte ihn gewiß lächerlich gemacht – ungefähr: Ein

Ritter im Ballerinenkleid. Aber Herr Harden legte auf die Anführung seines Verdienstes in der ›Fackel‹ großen Wert. Aus einer Unterlassung solcher Art leitet er Todfeindschaften ab. Darum mag er glauben, daß ich die angebliche Ablehnung zweier Beiträge aus meiner Feder nicht verschmerzen konnte. Ich erinnere mich nur an einen, gebe aber grundsätzlich zwanzig zu. Die Verteidigung wäre hier abgeschmackter als der Vorwurf. Wenn Herr Harden mir Manuskripte ablehnte, so konnte mir dies höchstens wieder seinen inneren Widerstand gegen die Förderung eines von ihm anerkannten »starken Talents« deutlich machen, also einen beruflichen Zug von Mißgunst, den man kaum an irgend einem deutschen Publizisten vermissen, ihm kaum übelnehmen wird. Aber soll es eine Abkehr so vehementer Art wie die meine begründen? Meinen Ehrgeiz, an der ›Zukunft‹ mitzuarbeiten, hatte er durch wiederholte Aufforderung zu befriedigen gesucht, aber jener scheint nicht so brennend gewesen zu sein, da ich dieser nie entsprochen habe. Ich weiß nur, daß ich ein einzigesmal ihm einige Aphorismen sandte, um die er mich bestimmt nicht gebeten hatte und von denen ich voraus wußte, daß sie für seine Leserschaft zu starke Kost bedeuten würden. Es machte mir damals schon Spaß, Herrn Harden mit ein paar Unmöglichkeiten erotischer Psychologie zu versuchen. Aber ich wollte auch seinen wiederholt geäußerten Wunsch erfüllen und schrieb etwa, wenn er sie nicht mehr in die nächste Nummer nehmen könne, erbäte ich sofortige Rücksendung. Er antwortete – gewiß war's nur höfliche Ausflucht –, es sei zu spät gewesen. Wir blieben trotzdem in freundschaftlichem Verkehr. Aber es nagte, wie ich jetzt erfahre, an meinem Herzen. Wenn's mir um die Mitarbeit an der ›Zukunft‹ gegangen wäre, hätte ich in fünfjähriger Beziehung wohl öfter die mir dargebotene Gelegenheit ergriffen, dort anzukommen. Herr Harden »mußte« mir etwas ablehnen. Einen Schriftsteller, dem er Geist, Humor, Kraft, Grazie mündlich, brieflich und auf Druckpapier nachrühmte, soll er für unwürdig gehalten haben, neben den Beiträgen seiner lyrischen Advokaten Platz zu finden! Das

128

glaubt er selbst nicht. Ich habe seit zwölf Jahren keiner deutschen Zeitschrift unaufgefordert einen Beitrag geschickt. Wenn ich je für ein anderes Blatt neben der ›Fackel‹ schrieb, so geschah es auf Grund ehrenden Anerbietens. Ich glaube nicht, daß selbst noch im Jahre 1903 meine Zumutung, mitzuarbeiten, irgend ein deutsches Blatt unglücklich gemacht hätte. Und kein Vollsinniger wird glauben, daß die Ablehnung eines Beitrags den Brudermord verursacht hat. Herr Harden überschätzt durchaus meine Rachsucht auf Kosten meiner Undankbarkeit. Er hielt schon fünf Jahre vor diesem Ereignis so außerordentlich viel von mir, daß er spontan an Herrn Benedikt eine Visitkarte schrieb, auf der er mich als den einzig Berufenen empfahl, das Erbe des Satirikers Daniel Spitzer in der Neuen Freien Presse anzutreten. Herr Benedikt machte mir bald darauf den Antrag. Ich gründete die ›Fackel‹, habe also auch gegen ihn undankbar gehandelt. So treulos war ich gegen Herrn Harden, der mich empfahl, und gegen die Neue Freie Presse, die mich wollte, daß ich es vorzog, mir über beide klar zu werden. Als mir die Tätigkeit des Herrn Harden mehr und mehr zu mißfallen anfing, sprach ich es aus. Er seinerseits, der mit mir in derselben Lage gewesen sein will, sprach es nicht aus. Aber er meint, ich müsse es doch gemerkt haben. So hat er zum Beispiel mein Vorgehen gegen Bahr »widrig« gefunden. Er lieferte mir zwar ein Gutachten gegen ihn, aber er gab mir doch deutlich zu verstehen, daß er mein Vorgehen widrig finde. Zum Beispiel:

14. Februar 1901

L. K. . . . Gern, offen gestanden, mische ich mich nicht hinein. Und anders könnte ichs nicht. Will Ihr Anwalt den Brief so, wie er ist, in toto benützen, dann ists mir recht . . . Aber Sie brauchen m e h r Gutachten. Lammasch! U. s. w. Die M a u s e f a l l e n in m. B r i e f w e r d e n S i e n i c h t ü b e r s e h e n. Kann Hofmannsthal nicht auch seine Ansicht sagen? Müller-G.! Der wird auch was von Laube wissen. Ihr Anwalt wird doch versuchen, B u k o v i c s u n t e r d e n Z e u g e n e i d z u k r i e g e n. D a w ä r e ü b e r d i e » Z u m u t u n g e n « (Anm.: Zumutungen des Kritikers an den Theaterdirektor) w o h l m a n c h e s h e r a u s z u p r e s s e n. Nachdem ich mit Bahr eben freundschaftl. Briefe gewechselt, m u ß ich mich anständiger Weise persönlich zurückhalten. Das kann auch Ihrer Sache nur nützen . . . Ein »H.Y.-St.« heute im ›Tag‹ gegen Sie, ohne Namen, perfid, à la Ganz. . . . »Pattai als Zeuge«: ich meine: es wäre gut, wenn unter irgend e. geschickten Vorwande solche, angesehene, den Geschwornen sympathische Leute als Zeugen über diese Art von Preßherrschaft vernommen werden könnten, Geht's nicht – schade. Steht in Bahrs alten Büchern nichts gegen ähnliche Korruption? Über Speidel u. Kainz steht was drin. Vielleicht auch in d. Artikel über mich (»Antisemitismus«) Lob meiner Preßkämpfe? Von Brahm weiß ich nichts. Blumenthal polemisiert ja immer gegen B. Am Ende? Schreiben Sie doch an ihn (Tiergartenstraße), er habe doch Kritikeramt, trotz Erfolgen, aufgegeben, ob er nicht Inkompatibilität finde. Weidmannsheil, nochmals!

Herr Harden hat also meine Kampagne gegen die Vereinigung des Kritiker- und Autorenberufs widrig gefunden. Er lügt. In Wahrheit nahm er Herrn Bahr bloß gegen den Vorwurf in Schutz, daß er nicht immer Originales drucken lasse. (Ein oben ausgelassener Satz lautet: »Bahr ist doch viel begabter als Bracco. Wie sollte er den plagiieren!«) Daß Herr Harden die Aktion selbst gut, heilsam und notwendig fand, ist wohl erwiesen. Aber ich mußte »merken«, daß er sie mißbillige; und darum griff ich ihn vier Jahre später an. Er wiederum merkt, daß ich ihm mein Blatt noch heute schicke. Er lügt natürlich. Meinen ersten Angriffen hat er mit einer Einstellung des Tauschexemplars der ›Zukunft‹ geantwortet. Ich habe die Komik dieses Schrittes damals festgestellt. Darum mußte ich es verschmähen, meiner Expedition den Auftrag zu gleicher Kinderei zu erteilen. Als ich im folgenden Jahre einmal die Liste der Personen durchsah, die die ›Fackel‹ kostenlos bekommen, ließ ich natürlich die Karte, auf der sein Name stand, ablegen. Er bekommt die ›Fackel‹ seit Jahren nicht. Wenn er sie trotzdem im Umschlag liegen läßt, kann ich nichts dafür. Wenn er sie aber lesen sollte, so möchte ich ihn für die Widrigkeiten, die ihm jetzt aufstoßen, nicht um Entschuldigung bitten. Und die früheren habe ich nicht gemerkt. Doch, eine: er fand meine Kampagne für die . . . . . . widrig. Gemeint ist der Fall Hervay. Nach meinem ersten Artikel schrieb er mir mit einem Kompliment seine Ansicht, daß die Dame, die er kannte, anders sei, als ich sie darstelle, gar nicht fein und mondain, sondern so, daß sie die unflätigsten Beschimpfungen auf offener Karte verdient hatte. Ich antwortete, daß dies nichts an meiner Auffassung des Falles ändern könne. Es komme darauf an, wie die Frau auf den österreichischen Bezirkshauptmann gewirkt habe, der sie sein »Märchen« nannte. Je unbegründeter eine solche Bezeichnung sei, um so mehr sei meine Auffassung am Platz. Nicht über die Frau, sondern zur Psychologie des Mannes hätte ich geschrieben und über die Wirkung, der die Welt Mürzzuschlags erlag. »Und schließlich – vielleicht hatte sie doch bessere Unterwäsche als die Mürzzuschlagerinnen.« Das war meine letzte Korrespondenz mit Herrn Harden, Sommer 1904. Mir ging's um eine Erkenntnis, ihm um eine Information. Es war die erste publizistische Äußerung, die mir auch die Gegner gewann. Jede Post brachte Anerkennungen. »Ein Leser, der nicht sehr oft Ihr Anhänger sein kann, beglückwünscht Sie zu der Einsicht, zu dem Mute und zur Fähigkeit, im Kleinen das Große zu erkennen, die Ihr Artikel über Hervay kundgibt«, schrieb mir Professor Freud, den ich nicht kannte. Eine tatsächliche Richtigstellung schrieb mir Herr Harden, den ich erkannte. Sein eigener Artikel über die Sache, den ich heftig angriff, war damals noch nicht erschienen. Jener freundschaftlichen Auseinandersetzung folgte nur noch – nach Karlsbad – eine Karte mit dem Bilde seines Töchterchens:

20. Juli 1904

Guten Tag wiener Onkel! Es grüßt Deine Grunewaldnichte Maximiliane Harden.

Das war – abgesehen vom väterlichen Stileinfluß – ein durchaus erfreulicher Gruß. Seitdem habe ich nichts gehört. Herr Harden spricht von einer »schroffen Antwort«, die sein letztes Zeichen gewesen sei. Jene Karte kann er nicht meinen, wiewohl sie sein letztes Zeichen war. Er meint also ein anderes, das ich nicht empfangen habe. »Zu einer Kritik erdreistete er sich zum ersten Male, als ich über die . . . . einige unfreundliche Worte schrieb«. Gemeint ist mein Ausfall gegen ihn wegen seines Artikels über die eben verstorbene Schauspielerin Jenny Groß. Diese Kritik, die zugleich seine Haltung im Fall Coburg betraf, erschien Anfang Oktober 1904. Herr Harden »antwortete schroff und ließ mich bei meiner nächsten Anwesenheit nicht mehr zu sich kommen«. Seitdem schimpfe ich. Herr Harden lügt. Es ist die letzte in der Reihe der erweislichen Unwahrheiten, durch die er meine Abkehr praktisch zu motivieren sucht. Eine einfache, glatte Lüge. Der schroffe Brief ist verloren gegangen. Wenn Herr Harden eine Abschrift haben sollte, möge er sie vorweisen. Aber der Brief ging mit Recht verloren. Welchen Sinn hätte er gehabt? Hätte ich ihn erhalten, wie sollte er meinen späteren Angriff begründen, da er doch die Folge eines früheren Angriffs sein soll? Ich schimpfte, er antwortete schroff, seitdem schimpfe ich. Das ist dümmer, als nötig wäre. Wie kann schroffe Ablehnung meines Verkehrs die Ursache meiner Angriffe sein, wenn sie die Antwort auf meine dreiste Kritik bedeutet? Meine Dreistigkeit hatte zugegebenermaßen einen Vorsprung. Und wer wird mir zutrauen, daß ich nach einem heftigen Ausfall gegen Herrn Harden und nach einer schroffen Antwort von seiner Seite noch den Versuch gemacht habe, in den Grunewald einzudringen und Herrn Harden die Nachmittage wegzunehmen? Er »ließ mich nicht mehr zu sich kommen«. Eine Lüge, wenn es besagen soll, daß ich kommen wollte, aber eine Wahrheit insofern, als er mich ja auch jetzt nicht »zu sich kommen läßt« – jedenfalls eine Zweideutigkeit. Ich soll nach meiner publizistischen Abweisung seines Verhaltens im Fall der toten Jenny Groß noch auf den Verkehr in seinem Hause aspiriert haben? Ich hatte ihm ungefähr vorgeworfen, daß er vom Leichnam einer Frau Profit ziehe, indem er sie der Verwertung ihres Leibes bezichtige! Ich habe seit dem Sommer, der meinem Angriff vorherging, weder von ihm, noch hat er von mir eine Zeile, ein Lebenszeichen erhalten, weder aus Wien noch während einer späteren Anwesenheit in Berlin. Ich erdreistete mich der Kritik in den Fällen Groß und Coburg, ich erdreistete mich anderer Kritik in spontaner Undankbarkeit. Wer mich für irrsinnig hält, wird glauben, daß ich dazwischen den Versuch machte, zu Herrn Harden zu gelangen. Auf diesen Versuch wäre eine schroffe Antwort glaubhaft. Besitzt Herr Harden ein Dokument von meiner Hand, das ihm nach meinem Eintreten in der Sache Groß meinen Wunsch, ihn zu besuchen, kundgab, durch das ich ihm etwa meine Anwesenheit in Berlin anzeigte? Dann möge er es produzieren. Tut er's, so beeide ich, daß es gefälscht ist. Sieht man nicht die klägliche Motivenkleisterung für den unerklärlichen Sprung der Freundschaft? Der Gedankengang ist: ich habe geschimpft, folglich läßt er mich nicht zu sich kommen, folglich schimpfe ich. Aber so einfach ist die Sache nicht und mein Rückzug aus dem Grunewald hat nicht die geringste Ähnlichkeit mit einem Hinauswurf aus dem Sachsenwald. Ich habe dort zwar manchmal »Vanilleneis« bekommen, mir aber nie durch einen Vertrauensmißbrauch den Zorn des Hausherrn zugezogen, und kein Graf Finckenstein, Mitglied des preußischen Herrenhauses, lebt, der behaupten könnte, daß mir infolge einer nicht genehmigten publizistischen Aktion das Haus verboten worden sei. Ich will Herrn Harden verraten, was mir schon vor meinem öffentlichen Auftreten gegen die Sexualschnüffelei, die mir inzwischen »ekelhaft« geworden war, den Entschluß nahegelegt hat, den Grunewald nicht mehr aufzusuchen. Es hängt wohl mit einem Vertrauensmißbrauch zusammen, aber mit einem, den der Hausherr auf dem Gewissen hatte. Als ich das letzte Mal über seine dringende Bitte ohne Rücksicht auf seine knappe Zeit bei ihm weilte, sprach ich mit ihm über den dürftigen belletristischen Teil der ›Zukunft‹ und fragte, warum seiner angesehenen Revue nicht bessere Beiträge zukämen. In der letzten Nummer war nämlich eine besonders schwache Skizze eines Wiener Autors und liebenswürdigen Menschen (der inzwischen gestorben ist) erschienen. Herr Harden erwiderte: »Sehen Sie, und der Mann beklagt sich noch, daß ich ihm zu wenig Honorar geschickt habe!« Fragte mich, indem er mir einen grausam niedrigen Betrag nannte, ob das nach meiner

Ansicht denn nicht genug sei. Vor der peinlichen Alternative, meinem Gastgeber den notorischen Geiz des reichen Besitzers der ›Zukunft‹ zu bestätigen, oder über das wirtschaftliche Interesse eines Bekannten zu entscheiden, sagte ich: Den Beitrag halte ich für wertlos, nimmt man aber auf den Namen des Autors Rücksicht, so scheint mir die Rekrimination berechtigt. Als ich einige Tage später in Wien den Bekannten traf, grüßte er unfreundlich. Auf meine dringende Frage nach der Ursache seiner Veränderung wies er mir eine lange Abhandlung des Herrn Harden vor, in der dieser mit einer Emsigkeit, als ob es die Anlegung einer homosexuellen Zeugenliste gälte, seinen Honorarsatz verteidigte und sich auf mich als Sachverständigen berief, der gleichfalls gemeint habe, der Betrag sei entsprechend. Ich weiß heute nicht mehr, ob ich Herrn Harden einen Vorwurf daraus gemacht habe, glaube es aber. Vielleicht schrieb i c h jene »schroffe Antwort«, auf die kein Besuch mehr gefolgt ist. Jedenfalls begann sich damals meine Gesinnung mit meinem Magen umzudrehen. Sie zögerte noch mit dem Ausbruch, und im Sommer wurden ein paar Grüße gewechselt. Im Oktober erfolgte mein erster Angriff. Inzwischen hatte sich die Kluft zwischen seinem mehr auf nationalökonomische Fragen und meinem mehr auf Dinge des inneren Lebens gerichteten Interesse geöffnet. Der Anstoß, auszusprechen, was ist, waren die Fälle Coburg und Groß. Ich hab's gewagt; wiewohl ich selbst ein unreines Gewissen »in diesem Punkt« hatte. Ich habe nämlich »gemeinen Privatklatsch über die . . . . . . breitgetreten«. Was soll das heißen? Wen meint der Herr? Wann habe ich dergleichen getan? Ich zerbreche mir den Kopf und erinnere mich, daß ich einmal ein Feuilleton, das Frau Odilon geschrieben oder einem Berliner Journalisten in die Feder diktiert hatte, in der ›Fackel‹ berührt habe. Natürlich so, daß ich das Privatleben der Schauspielerin aus der publizistischen Sphäre hinausstieß, nicht selbst der Sensation preisgab. Damals hatte ich nur den Standpunkt gegenüber der journalistischen Gefahr bezogen, mich noch nicht zur Bejahung eines solchen Privatlebens an und für sich durchgerungen.

Später habe ich das Dasein von Freudenspenderinnen, auch von solchen, die nicht aus der Fülle einer Natur schöpfen, auch von jener Toten, gegen die sich Herr Harden verging, für wertvoller gehalten, als die Tätigkeit eines Leitartikelschreibers. Verunglimpft hätte ich eine solche Frau nie, auch im Leben nicht. Was Herr Harden breitgetretenen Privatklatsch nennt, kann sich nur auf die gegen das Schmocktum gerichtete Zitierung einiger Sätze aus dem Feuilleton der Frau Odilon beziehen. Und wem – rate man – verdankte ich die Kenntnis des Feuilletons? Herrn Harden, der es mir, dicht besät mit hämisch kommentierenden Bleistiftnotizen zugeschickt hatte, mit Beweisen einer Orientiertheit über die Herkunft und den Wert von Realitäten, die auch in späteren Briefen wiederkehrte und ein Material an mich zu vergeuden schien, für das Herr Lippowitz dankbar gewesen wäre. Von dem Verkehr mit diesem, der gewiß zu den interessanten Wiener Leuten gehört, die mich verachten, habe ich Herrn Harden abgehalten. Ich bedaure es und kann nur zu meiner Entschuldigung sagen, daß ich ihn bald freigegeben habe. Er wurde ein Intimus des Korrespondenten, den Herr Lippowitz in Berlin hat, und geht heute mit ihm und den Polizeihunden Edith und Ruß gemeinsam auf die Jagd nach Sittlichkeitsverbrechern. Ich habe ihm den Schaden, den er durch seine Verbindung mit der ›Fackel‹ erlitten hat, durch meinen Verrat reichlich vergütet. Ich gebe zu, daß ich damals sein Lob meines Witzes nicht honoriert habe, ich bedaure auch, daß ich ihn um ein Lob des nach Dreyfus wieder versöhnten Björnson (welches aber vielleicht sogar der Neuen Freien Presse zu schwachsinnig war), gebracht habe. Gewiß, ich habe seine Beziehungen zu den Wiener Preßleuten eine Zeitlang lahmgelegt. Aber heute ist längst alles wieder gut und die Meinung, Neue Freie Presse und Neues Wiener Tagblatt hielten es mit mir gegen ihn, ist gewiß nur ein Wahn des Verängstigten, der sich noch verfolgt glaubt, da längst schon die schmierigsten Hände hilfreich sich ihm entgegenstrecken und sogar ein Montagsrevolver bereit ist, es mit ihm gegen mich zu halten.

Einer hat eine Wahrheit gesagt; aber das tat er nur, weil man seinen Gruß nicht erwidert hat. Die Enthüllung enthüllt den Enthüller. Wer die Wahrheit erlitten hat, beweise, daß sie unwahr ist oder er schweige, ehe er zu so jammervoller Motivierung ausholt! Und wenn einer von der Hetzjagd auf das Privatleben deutscher Staatsmänner noch so kaput ist, so trostlose Beweise geistiger Ermüdung dürfte er nicht von sich geben. Aber wenn er, um doch in Ehren zu bestehen, sich von der mißglückten Motivensuche in mein Privatleben zurückzieht, weil er glaubt, daß der gewohnte Weg zum Ziel führen könnte, dann, sage ich, hat er mich überhaupt nie gekannt. Ob ich aus dem oder jenem ihm seelisch naheliegenden Motiv so oder so schreibe, das mag er prüfen, und er mag, solange ich mich nicht auf einen lästigen Dokumentenbeweis einlasse, mit meiner Entlarvung dem gesunden Menschenverstand, der sich's längst gedacht hatte, imponieren. Geht er aber weiter, zieht er zur Erklärung meines kritischen Erdreistens auch meinen » g r o t e s k e n R o m a n m i t d e r . . . . . . « heran – seit welchem ich empfindlich in diesem Punkt geworden sei – so hört für mich die Geneigtheit zu einer literarischen Erledigung auf! Denn hier ist der Punkt, wo ich noch heute empfindlich bin. Und ich sage Herrn Harden: Die ganze Lächerlichkeit seiner Erwiderung hat ihren Spaß für mich verloren. Doch um dieses einen Satzes willen lasse ich ihn nicht mehr los. Hier ist er in der Bahn, auf der er heute in Deutschland mit vollem Dampf fährt – aber durch meine Reiche kommt er nicht unbeschädigt. Hier ist die Gemeinheit am Ende. Und sie zeigt noch einmal, was sie kann. Jetzt erst fühle ich ihre Möglichkeiten, jetzt erst begreife ich den Plan, der ihren Vorstößen gegen das privateste Erleben zugrundeliegt: Die Unfähigkeit, vor dem Geist zu bestehen, vergreift sich am Geschlecht. Mein grotesker Roman lag Herrn Harden nicht als Rezensionsexemplar vor, aber er wußte von ihm, weil ich ihn besuchte, wenn ich auf meinen Reisen zu einem Sterbebett in Berlin Station machte. Für die groteske Art dieses Romans leben Zeugen wie Alfred v. Berger, mit dem er so viel über mich gespro-

chen hat, und Detlev v. Liliencron. Deutschlands großer
Dichter weiß, wo der Roman beendet liegt, und hat das
Grab in seinen Schutz genommen. Herr Harden in seinen
Schmutz. Ich aber sage ihm: Ein Roman, den der andere
grotesk findet, kann mehr Macht haben, eine Persönlichkeit
auszubilden, als selbst das Erlebnis, von einem Bismarck geladen, von einem Bismarck hinausgeworfen zu sein. Aus den
Erkenntnissen dieses grotesken Romans erwuchs mir die
Fähigkeit, einen Moralpatron zu verabscheuen, ehe er mir
den grotesken Roman beschmutzte. Was weiß er denn von
diesen Dingen! Von ihm hätte ich nicht gelernt, die unaus-
löschliche Schmach dieses Zeitalters zu fühlen, dessen Männer Iris-Beete verunreinigen. Bei dem Gedanken zu erblei-
chen, welcher Art von Menschheit Frauenschönheit als Freu-
dengabe in den Schoß gefallen ist! Herr Harden ist tot –
der groteske Roman lebt. Er hat die Kraft, immer wieder
aufzuleben, und ich glaube, ich verdanke ihm mein Bestes.
Wenn ich gegen dieses Heroengezücht losziehe, so ist's mir,
als ob mir der Geist noch heute aus leuchtenden Augen zu-
strömte. Ich tauche meine Feder nicht in das Spülwasser ari-
stokratischer Wirtschaften. Wäre ich einer von jenen, die
jetzt in Deutschland unter einem ungerufenen Domestiken
leiden, ich würfe die Feder hin und forderte diesen vor
meine Klinge, aber ohne ihm meine Zeugen zu schicken und
ohne ihm Zeit zu lassen, im Lexikon nachzuschlagen, wie
sich die Duellregeln historisch entwickelt haben. So aber ge-
lobe ich ihm dieses: Für seine Kritik meines grotesken Romans wird er mir Rede stehen. Nicht in seinem Blatte. Denn
dies könnte meine Gegenrede bewirken, und er ist von meiner Unerschöpflichkeit überzeugt. Er wird nicht. Aber jetzt
ist der Augenblick gekommen, wo sich dem Motiv des Un-
danks wirklich das der Rachsucht gesellt. Die vertrete ich
nicht publizistisch. Doch verspreche ich ihm: Wenn er wieder
einmal nach Wien kommen sollte und Frauenvereine durch
das Feuerwerk seiner Belesenheit aufregen wird, wenn er
sich am Schlusse des Vortrags mit Fragezetteln bewerfen und
seine Herzensabwesenheit als Geistesgegenwart bewundern

läßt, dann wird ihm diese Frage gestellt werden: Glauben Sie, daß einer schon darum kein Dummkopf ist, weil er es vorzieht, ein Schweinehund zu sein? Halten Sie nicht den für einen Schuften, der ohne Nötigung an das privateste Fühlen eines Anderen greift, und ohne das Bedenken, selbst ein Grab zu beschmutzen? Und verdient nach Ihrer Ansicht der, der solches tut, nicht rechts und links Ohrfeigen? Sollte Herr Maximilian Harden dann noch gestimmt sein, auszusprechen, was ist, so werden sie ihm bei Gott und in Gegenwart des Frauenvereines appliziert werden. Er ahnt gar nicht, und niemand ahnt es, welcher Gesetzesübertretungen ich fähig bin, wenn es gilt, einen grotesken Roman gegen einen nichtswürdigen Rezensenten zu schützen!

NOTIZEN

Juli 1911

Die Saalverweigerung

Im ›Strom‹, einer neuen sozialdemokratischen Zeitschrift, die von einem Volks- und einem Großmann herausgegeben wird, veröffentlicht Herr Hermann Bahr eines jener überflüssigen Tagebücher, die manche »nachdenkliche« Worte enthalten und manche, die mir nachgedacht sind. Eine Notiz handelt auch von mir:

Sankt Veit, 28. April. Aus einer Gerichtsverhandlung erfährt man: Karl Kraus, ein Schriftsteller, der mich nicht mag (ich ihn auch nicht sehr), hat in Wien vorlesen wollen, aber der Saal ist ihm verweigert worden, angeblich aus Angst, weil Kraus unbeliebt sei. Das ist doch eine solche Niedertracht, daß man darüber alles vergißt, womit er einen zuweilen geärgert haben mag. Saalsperre, einem Redner angedroht, weil man nicht seiner Meinung ist! Immer noch die alte pfäffische Methode: einmauern, wenn einer unbequem wird. Und der alte bureaukratische Kniff der kleinen Perfidien. Aber die Freiheit des Wortes? Ich höre doch, daß dafür alle Schriftsteller mannhaft zusammenstehen.

Herr Bahr hat mir offenbar ein Geburtstagsgeschenk machen wollen. Ich lehne dankend ab. Es wäre unanständig von mir, die Genossenschaft des Herrn Bahr anzunehmen, weil er ihre Konsequenzen nicht bedacht hat. Er läßt sich leicht von seinem Temperament fortreißen, selbst an meine Seite, aber umso nötiger ist es, ihn zurückzuhalten. Ich kann auf seine Hilfe und die Hilfe der Schriftsteller, die er ermuntert, mannhaft für die Freiheit des Wortes zusammenzustehen, verzichten. Ich wäre wohl geliefert, wenn ich mit ihnen vereint gegen Saalbesitzer zu kämpfen hätte, und ich werde mit diesen besser allein fertig. Herr Bahr hat in seinem Eifer für die gute Sache, wie einst die paar Cholerafälle in Venedig, auch die Faktoren übersehen, unter deren Hochdruck die Saalbesitzer sich zur Sperre entschlossen haben. Es sind eben dieselben Kreise, von denen Herr Bahr erwartet, daß sie für mich mannhaft zusammenstehen werden. Denn es ist nicht etwa der Staat, nicht die Regierung, nicht die Polizei, nicht die Gesellschaftsordnung und nicht einmal die Kirche, wovor sich die Herren Saalbesitzer fürchten: es ist die Presse. Das wurde in einem andern Saal, der mir noch nicht gesperrt wurde, im Gerichtssaal festgestellt. Und nun denke der Herr Bahr, der allzuleicht entzündet ist und seit jeher eine gewisse Schwäche für mich hat – öffentlich mag er mich nicht sehr, aber heimlich schwärmt er für mich –, nun denke er einmal die Konsequenzen aus. Er ist Heimarbeiter für die Herren Benedikt und Lippowitz, diese sind es, vor welchen sich die Herren Bösendorfer und Umlauft gefürchtet haben: würde er es ernstlich wagen, sich mit seinen Vorwürfen an die richtige Adresse zu wenden? Würde er in der Tagespresse, die ihm zur Verfügung steht, gegen die »Niedertracht« zu protestieren wagen? Und wenn es mutig wäre – wäre es auch anständig, in der Presse die Feigheit anzuklagen, die der Presse geopfert hat? Er hat sich genug damit geschadet, daß er für mich das Wort nahm. Gegen die zu sprechen, die es angeht, dazu wird er sich nicht hinreißen lassen. Sein Liberalismus hat ihm zum Wort »Saalsperre« sofort die Wendungen »pfäffische Methode«, »bureaukratischer Kniff«, »Freiheit des Wortes«, »mannhaft zusammenstehen« assoziiert. Aber er hat vergessen, daß es sich nicht um Staat und Kirche handelt, sondern um Journalismus und Freimaurerei. Seine Kollegen, seine leiblichen Logenbrüder sind es, die zwei schlichte Geschäftsleute zu dem argen Schritt vermocht haben, und der Papst, der den Segen gab, heißt Benedikt. Nehmen wir an, Herr Bahr hätte Autorität genug, um seine freisinnige Phantasie, die sich vergaloppiert hat, in den richtigen Stall zu führen. Wo käme er da hin? Er hat im Neuen Wiener Journal das Tiefste gesagt, was sich über das Postamt 94, das unzuverlässige, sagen läßt. Würde er der Post einen Brief gegen das Neue Wiener Journal anvertrauen? Er spricht, wie wenn es die Aufhebung der Leibeigenschaft gälte. Aber es gilt die Stigmatisierung der Geisteigenen, wie ich die Kollegen des Herrn Bahr schon einmal genannt habe, ein Wort, das dann auch er in einem seiner nachdenklichen Tagebücher gebraucht hat. Diese

140

Stigmatisierung besorge ich schon allein. Er meint's ja gut und will mir zeigen, daß er's gut meint. Mannhaft zusammenstehen! Wie vor einem verlornen Sohn bei Kotzebue steht man vor ihm und möchte über ihn die Hände ringen. Mannhaft zusammenstehen! Geh' er mir, er ist ein Freigeist; sehe er zu, daß er es nicht gegen die Presse sei.

September 1911

Ein notgedrungenes Kapitel

Genies, so klagt Herr Karl Busse in einem »notgedrungenen Kapitel«, das ihm die Neue Freie Presse abdruckt, Genies »entmutigen, erdrücken und vernichten« jede andere dichterische Individualität, die sich ihnen hingibt. Herr Busse scheint in den letzten zwanzig Jahren einem Genie begegnet zu sein: nur entmutigt ist er noch nicht. Aber man kann wohl sagen, daß kaum ein zweiter deutscher Autor in so kurzer Zeit so unbekannt geworden ist wie Herr Karl Busse. Er hat einst zu der Sorte Literaturstudenten gehört, die einander die Begeisterung wie den Plumpsack zuwarfen, um bald als Literaturphilister zwischen Roman- und Feuilletongeschäft zur Ruhe zu kommen und zwischen Velhagen und Klasing sichs gut sein zu lassen. Keiner hat so vom Jungsein gelebt wie der junge Busse. Und selbst der in Jugendstimmungen völlernde Halbe und selbst O. J. Bierbaum, bei dem sich wie zum erstenmal Seichtheit auf Leichtheit gereimt hat und der doch gewiß das war, was man damals einen »Prachtkerl« nannte, waren nicht so geschwind erledigt, so schnell fertig mit dem Wort, nein mit der Jugend selbst wie der lenzeliche Busse, der aus dem Liliencronwalzer ein paar jugendtolle küssevolle kleine Baronessen in die Gartenlaube verführt hat und, noch immer munter, auf die Musik, die er nicht konnte, zu pfeifen begann. Darum aber, weil er wie kaum ein Zeitgenosse weiß, wie das Jungsein in der Literatur schmeckt, ist er auch wie kein anderer berufen, über Heine, das große Sinnbild aller verrauchten Jugendlieben, schützend ein Feuilleton zu breiten. Die Heine-Gegnerschaft erklärt Herr Busse ebenso tief wie einfach: »Wer Wind gesät hat, muß auf Sturm gefaßt sein, und Heine kann ja am Ende einige Stürme vertragen«. Gewiß, guter Busse: wer Wind gemacht hat, muß auf Sturm gefaßt sein: darin sind wir einig. Aber die Heine-Gegnerschaft ist ihm ein Symptom der »Unwahrhaftigkeit und Verschnörklung des gesamten Lebens«. In dem Punkt bin ich gerade der entgegengesetzten Meinung. Herr Busse sehnt sich nach dem »Sturm« (das ist wieder ein anderer Sturm), »der die Atmosphäre reinigt und die Gespenster vertreibt, nach dem Rebellen, der in den Treibhäusern die Scheiben zerschlägt und in erfrischten Lüften uns allen wieder ein freieres Atmen gestattet. Es ist Zeit, daß wieder Autoritäten gestürzt werden«. Der Rebell wird vermutlich ein Feuilletonredakteur sein. Er wird den Autoritäten mit allen Phrasen, die sie überliefert haben, zu Leibe rücken. Er wird wie Heine sein müssen, der nach Herrn Busse sehr viel auf einmal geleistet hat, zum Beispiel: er hat nicht scheu aus dem Winkel zugesehen, sondern sein Herz, sein rotes Dichterherz ins Getümmel geworfen, er hat in der Zeit gekämpft und geirrt; andere haben nur schöne Gedichte gemacht, aber er war ein Kerl; denn es gibt Epochen, in denen, und es gibt Stunden, wo (der Dichter an die Spitze seines Volkes gehört oder dergleichen). Heine kann nicht nur, sondern hat auch alles. »Er hat das kleine lyrische Lied, das wie ein Hauch vorüberzieht (durch mein Gemüt), und die mächtige Ballade, er hat die Schlichtheit der deutschen Volksweise ebenso wie das feierlich erhabene Pathos der Bibel und den komplizierten Ausdruck des modernen Kunstdichters, er hat das anmutige Idyll und die bitter aufpeitschende Satire, er hat die Stille und den Sturm, die Liebe und den Haß, die zarte Lyrik des Herzens und die grollende soziale Anklagelyrik.« Gewiß, guter Busse, alles das hat er, aber Wertheim hat noch mehr, und wenn Sie erst wüßten, was heute alles Wertheimer hat! Gewiß, die Heine'sche Form ist wie eine Toledoklinge. Und was eine solche alles kann, weiß man: »sie erreicht wie spielend den höchsten Wohlklang und stürzt sich wie mutwillig in die Dissonanz; sie kost und kichert, raunt und flüstert, verführt und schmeichelt, sie tanzt spinnwebfein mit den Elfen im Mondlicht und macht mit Lachen und Weinen, mit süßem Geigenstrich und weichstem Flötenton den Mädchen die Herzen heiß, aber sie trommelt auch Reveille und schreckt die Männer aus dem Schlaf, sie braust mit der wilden Jagd in Hallo und Hussa dahin, sie kann dröhnen wie Marschtritt der Heere, klirren wie Schwerter, pfeifen wie eine Klinge, klatschen wie eine Geißel«. Oder gar wie ein Feuilleton, Donnerwetter noch mal. Kurzum, Heine ist doch ein anderer Kerl als Mörike, für den sich vor zwanzig Jahren auch Herr Busse, wie er gern zugibt, gegen Heine begeistert hat. Nur irrt Herr Busse, wenn er glaubt, es gehe um die Entscheidung zwischen Heine und Mörike. Es geht um die Entscheidung zwischen Heine und der Kunst. Freilich wenn man nicht wüßte, daß Mörike bessere Verse als Heine gedichtet hat, man erführe es aus der Anklage des Herrn Busse: »Er, der lebensschwache Träumer, der nicht umsonst in Cleversulzbach und Mergentheim versteckt blieb, um den sich in seiner Zeit kaum eine Katze kümmerte und der Kinkerlitzchen ins Ausgabenbuch zeichnete, während draußen um die Freiheit gekämpft ward . .!« Soll man gegen den Herrn Busse wirklich ausführlich werden? Mörike gehört nicht der Welt, weil er in seiner Fliederlaube saß und »die Kreuzer für Milch und Wecken in sein Haushaltungsbuch eintrug«! »Nicht umsonst« blieb er in Cleversulzbach, während draußen u. s. w. und während Heine »nicht umsonst nach Paris strebte, in dem das Herz der Welt damals wirklich schlug«. Effektiv schlug. Was Herr Busse alles nicht umsonst tut, das kommt nicht in die Literaturgeschichte. Mörike zeichnete Kinkerlitzchen ins Ausgabenbuch: Heine korrespondierte inzwischen mit seinem Bruder darüber, wie man am wirksamsten einen widerspenstigen Geldmann bedrohen könnte. Um Mörike braucht sich keine Katze zu kümmern, weil dies schon zu seinen Lebzeiten keine getan hat. »Man möchte hohnlachen, wenn man nicht vor Zorn weinen möchte!«, ruft Herr Busse und spricht also eines jener er-

143

lösenden Worte, die in einem Durchfallsstück das geduldige Auditorium endlich losbrechen lassen. Ich werde Herrn Busse, der sich von den Genies gedrückt und vernichtet fühlt, auch noch entmutigen. Er wird es sich künftig vergehen lassen, Wiener Börseanern den Mörike schlecht zu machen. Vor zwanzig Jahren war er auch für ihn, aber seit damals hat sich manches geändert und sind vor allem die lebenden Literaturhoffnungen schäbig geworden. Heine aber ist, je mehr sie sich verschmiert haben, ein umso größerer Könner geworden. Er ist nicht nur ein Dichter, sondern auch ein Kerl, nicht nur ein Singvogel, sondern auch ein Raubvogel, nicht nur eine Hauslampe, sondern auch – man höre – »ein Leucht- und Blinkfeuer, das die auf dem dunklen Meere der Zeit ringenden Schiffer aller Nationen grüßte, das Weg weisende Lichtblitze in die finstere Zukunft warf und dessen Ruhm verbreitet ward bei allen Kulturvölkern«. Herr Busse aber, der scheinbar nur ein Schwätzer ist, muß auch etwas von all den Vorzügen haben. Denn es ist meine tiefste Überzeugung, daß die Phrase und die Sache eins sind. Über wen all das gesagt werden kann, der stinkt von der Phrase. Und wer all das sagen kann, steht an innerem Wert nicht weit hinter ihm zurück. Goethe – das vergißt so ein Schwätzer – war auch kein unberühmtes Leucht- und Blinkfeuer und ist dennoch »nicht umsonst« versteckt geblieben, in Epochen in denen, und in Stunden wo, und während draußen; und hat zugunsten der Nachwelt darauf verzichtet, sein rotes Herz ins Getümmel zu werfen, Reveille zu trommeln und der Kerl mit der kichernden Toledoklinge zu sein. Herr Busse aber ahnt gar nicht, wie bescheiden er ist, wenn er sich nicht selbst alle diese Fähigkeiten zuerkennt. Er scheint wirklich auch schon entmutigt zu sein. Freilich noch nicht genug, um das Geschwätz über Lyrik, mit der er doch wahrlich nichts mehr zu schaffen hat, einzustellen und sich endgültig dem reinen Geschäft zuzuwenden. Nur auf einen Nebenumstand sei er aufmerksam gemacht. Er fühlt sich verpflichtet, Detlev von Liliencron den »fabelhaft ursprünglichen Holsten« zu nennen, »der von Anmut zu Kraft emporsteigt und allen

voranstehen würde, hätten seine sinnlich-poetischen Fähigkeiten sich mit gleich großen geistigen verbunden«. Das soll
Herr Busse nicht mehr tun. Er soll es ja nicht mehr tun!
Denn sonst könnte ihm, von einem, der Bescheid weiß und
dessen Gedächtnis auch gerade zwanzig Literaturjahre zu-
rückreicht – gesagt werden: Detlev von Liliencron war zwar
schon damals anmutig, als Herr Busse noch kraftvoll war;
aber zu den geistigen Fähigkeiten gehört die Urteilskraft,
und wenn es auch wahr ist, daß dieser sein großes Dichterherz scheinbar ins Getümmel der Literaten geworfen und
Anerkennung und Begeisterung nur so verschwendet hat,
so hat er doch auch im rechten Augenblick die Distanz erkannt. Detlev von Liliencron, der sich für die Anfänge des
Herrn Karl Busse mit Recht verantwortlich fühlte, hat bald
gespürt, welches werdende Literaturgeschäft seine Sonne be-
scheinen sollte, und aus seinem Zweifel an der fabelhaften
Ursprünglichkeit des Herrn Busse nicht das geringste Hehl
gemacht. Wenn Herr Busse es künftig nicht lieber vermeiden
möchte, den Namen Liliencron mit herabsetzender Anerkennung zu nennen, dann richte er es so ein, daß mir das
Feuilleton nicht unter die Augen kommt! Ich bin etwas ner-
vös und könnte mich hinreißen lassen, die geistigen Fähigkeiten Liliencrons am Fall Busse nachzuweisen.

September 1911

Die Fackel

Aus einem Aufsatz der ›Neuen Zürcher Zeitung‹ über die
»Chinesische Mauer« seien einige Sätze zitiert, die an das
Problem der Publikumswirkung anknüpfen:

Wenn man in einem Zürcher Café nach Wiener Zeitschriften fragt, so
bringt der Kellner den ›Pschütt‹, die ›Wiener Karikaturen‹, die ›Wiener
Mode‹ und die ›Wiener Rundschau‹ – aber daß in Wien eine Zeitschrift
erscheine, die an persönlichem und kulturellem Wert einzig dasteht, weil
sie seit einem Dezennium als Ausdruck einer Persönlichkeit im Kampf
mit der gesamten Presse liegt und von dieser pflichtschuldigst totgeschwiegen wird, weiß niemand. Ich meine ›Die Fackel‹, und ihr Herausgeber heißt Karl Kraus. . . .

Daß man im Zürcher Kaffeehaus etwas von der Fackel wüßte, wäre der Güter höchstes nicht. Der Übel größtes aber ist, daß man im Wiener Kaffeehaus von ihr weiß. Und schmerzhaft wird das lokale Renommee, wenn man es erlebt, wovon sie zu gleicher Zeit auch wissen, hierzulande, und wovon sie ausschließlich wissen, dort, wo man von der Fackel nichts weiß. Es besteht ja keine rechtliche Möglichkeit, der vom Kellner geistig bedienten Intelligenz zwischen dem Lesen der Witzblätter die Fackel zu entziehen; sonst wäre es längst geschehen. Aber maßlos traurig ist, was sich inzwischen der reichsdeutsche Journalleser, der trotz tausend Rezensionen nichts von ihrem Dasein weiß, unter der Fackel vorzustellen beginnt. In Frankfurt hebt ein journalistischer Skandalprozeß an, der sich um das üble Geschäft eines Wurstblattes dreht, das seit etwa fünf Jahren die Freundlichkeit hat, sich ›Die Fackel‹ zu nennen, nachdem es früher ›Die Sonne‹ geheißen hat. Vermutlich ist die Änderung auf eine Beschwerde der älteren Besitzerin des Titels zurückzuführen, die ihr tägliches Erscheinen in Frankfurt von dem Verschwinden der Schmutzkonkurrentin abhängig machte. Die Fackel aber, die sich in Deutschland auf kein Urheberrecht berufen kann, muß sich das Treiben gefallen lassen. Nun wäre mir ja nichts lieber, als einen Titel zu opfern, der wohl immer in einem billigen Sinn ornamental war und längst nicht den Inhalt dieser Zeitschrift erschöpft, der heute nur noch der dümmste Leser die Ambition, in irgendetwas »hineinzuleuchten«, zutrauen mag. Aber selbst ihre früheste Vergangenheit ist durch das elende Parasitentum, das sich ihr in Wien und andern Städten angeheftet hat, schwer kompromittiert. Und wahrhaft trostlos ist die Selbstverständlichkeit des Odiums, mit dem jetzt – ein ganzes Jahr wird von dem Prozeß widerhallen – die gesamte deutsche Presse den Namen dieser Zeitschrift belehnt, ohne mit einer Silbe zu erwähnen, daß er in der Literatur immerhin noch einen andern Inhalt deckt als die Ausbeutung der Frankfurter Ehebettaffären durch einen gewinnsüchtigen Schmierer. Der »Herausgeber der Fackel« verfaßt Kundgebungen, die er in die

Welt hinaussendet – sogar mich hat er bedacht –, und bittet die Redaktionen, von seiner Rechtfertigung »wenn nicht dem ganzen Wortlaute nach, so doch in extenso« den Lesern Kenntnis zu geben. Es ist nichts unmöglich; es kann wirklich geschehen, daß man irgendwann irgendwo mit so etwas verwechselt wird. Das wäre wenn schon nicht tödlich, so doch letal. Und darum – so peinlich es ist – muß der Fall hier, wenn schon nicht mit deutlichen Worten, so doch expressis verbis, und wenn schon nicht leidenschaftslos, so doch sine ira et studio festgehalten sein. Das Beste freilich wäre, die Wiener Maxime zu befolgen: »Gar nicht ignorieren!« Denn es kann mir, wenn schon nicht gleichgültig, so doch zum mindesten egal sein, daß einer einmal behauptet, der Mann, der das Geschäft in Frankfurt am Main betreibt, sei der Autor der Chinesischen Mauer. Was tue ich aber gegen die Ausschnittbureaus, die mir jetzt sämtliche Artikel zuschicken, in denen erzählt wird, daß die Fackel »ein übelbeleumundetes Wochenblatt in Frankfurt« ist?

September 1911

Nachruf

Den Freunden der Fackel wird gemeldet, daß ihr bester Freund, mein lieber

Ludwig Ritter von Janikowski

Doktor juris und Inspektor im Eisenbahnministerium

geboren am 24. Juli 1868 in Krakau, am 18. Juli 1911 in einem Sanatorium bei Warschau gestorben und am 23. September in Krakau feierlich beerdigt worden ist.

Unsern geistigen Bund, der von 1904 bis zu seiner tödlichen Erkrankung im Jahre 1909 dauerte, überlebt meine Dankbarkeit. Dieser tief geistige und tief gütige Mensch, den keine Lebensplage um den inneren Reichtum betrügen konnte, war nicht Schriftsteller, stand aber künstlerischen Dingen in einem so wahren und erhabenen Sinne nah, daß nur ein schöpferischer Zufall an ihm den Künstler versäumt zu haben schien. Mit seinem Feuer und seiner Liebe umfing er mein Werk, in welchem er als erster die geistige Perspektive jener Geringfügigkeiten erkannte, die die Blindheit für den Inhalt nimmt. Seine Erkenntnis war mir Bestätigung, seine Bestätigung mitschaffende Tat. Er hat, der im deutschen Sprachgeist hundert deutschen Schreibern überlegene Nichtdeutsche, an und mit mir den Geist erlebt und die Sprache, und meine Leistung wuchs an seiner Begeisterung. Er hat um die Kunst gewußt und um die Opfer, die ihre Eitelkeit kostet. Ich habe ihm »Sittlichkeit und Kriminalität« gewidmet, das Buch, an dessen Feilung er beteiligt war wie an der Herausgabe der »Sprüche und Widersprüche«, für deren Mitkorrektur ich ihm hier gedankt habe.

Solange Leben gewährt ist, einen Verlust zu beklagen, so lange wird es ein Jammer sein, daß dieser aus Geist und Güte geschaffene Mensch nicht mehr lebt. Aber sein Verlust ist nicht schmerzlicher als die Erhaltung der Vielen, die niedrig sind und doch einem unerforschlichen Ratschluß zufolge am Leben. Und der bessere Trost: Seine Seele, befreit von der Gemeinschaft des eigenen leidvollen Körpers und erlöst von der Gemeinschaft der überlebenden Leiber, zu nichts nütze als zum Leben – seine große Seele ist zu sich gekommen.

November 1910

Der Freiherr

Nicht von der Parteien Gunst und Haß verwirrt, sondern im
Gegenteil, weil er jeder einzelnen sich anzubiedern sucht,
schwankt sein Charakterbild in der Geschichte. Dieses un-
aufhörliche Schwanken ist die Lage, in der man unter allen
Umständen sicher sein kann, ihn anzutreffen. Es gibt keine
Öffnung österreichischer Gunst, und wäre sie noch so unwegsam oder wäre sie noch so ausgefahren, an der es den Freiherrn von Berger nicht gelockt hätte seine Gewandtheit zu
erproben, und durch die er nicht getrachtet hätte, eine loh-
nende Aussicht zu gewinnen. Bei dem kolossalen Andrang,
der in Österreich an solchen Stellen herrscht, ist es kein Wunder, daß selbst ein so geschickter Mann wie der Freiherr von
Berger oft Pech gehabt oder sich dadurch, daß er die Gelegenheit besetzt hielt, wenn gerade ein anderer hineinwollte,
die erbittertsten Feinde gemacht hat. Ich habe nicht zu ihnen
gehört; denn ich bin ehrgeizlos, der Baron Berger kann mir
zwischen Leo-Gesellschaft und Concordia keine Position
wegnehmen, und von der Zeit, da er, ein Träumer, im Isch-
ler Walde so für sich hinging, um nichts zu suchen und zufällig die Frau Schratt zu treffen, bis zur endlichen Berufung
ins Burgtheater, habe ich ihn um keinen sozialen Vorsprung
beneidet. Man weiß im Gegenteil, daß ich für den Baron
Berger etwas übrig hatte, daß ich viel dazu beigetragen habe,
seinen Erfolgen das Air des geistigen Verdienstes zu schaffen, und daß ich gutwillig den Verdacht übernahm, es sei
diesem flinken Einseifer, dem zum Gurgelabschneider die
Konsequenz fehlt, immerhin gelungen, zugleich der Neuen
Freien Presse und der Fackel um den Bart zu gehen. Und
wiewohl ich jetzt wieder den Verdacht auf mich nehme, daß
irgendetwas vorgefallen sein müsse, weil eben für die Kretins immer etwas vorgefallen sein muß, wenn ein Mann mit
einem Weib fertig wird, so stehe ich nicht an, dem Freiherrn
von Berger öffentlich und auch für den Fall, daß er sich noch
in einer Täuschung darüber befinden sollte, meine Gunst

zu entziehen. Ich kann mich einer Sympathie, zu der er mir einmal Grund bot, nicht schämen, ich muß es ihm überlassen, sich dessen zu schämen, daß er mir heute keinen Grund mehr zu ihr bietet. Ich kann auch nicht leugnen, daß ich ihn für einen vielfältig begabten Mann hielt, dessen Unfähigkeit, seine Gaben zusammenzuhalten, sich mir immer wieder hinter einer reizvollen Plaudergabe verbarg. Ich nahm mir nicht die Mühe, die Taten zu vermissen, die er nicht tun konnte, oder gar jene zu erraten, deren er fähig war. Denn in die Betrachtung seines wogenden Busens versunken, aus dem Epigramme gegen Hochgestellte und Witzworte über Preßbuben hervorkamen, während sein Auge leuchtend auf dem dankbaren Empfänger ruhte, konnte man nur bedauern, daß solchem peripatetischen Plauderer die Gelegenheit gesperrt sei, und mußte wünschen, daß ihm endlich die Burgtheaterdirektion mit dem Recht verliehen werde, im Mittelgang des Parketts herumzugehen und mit seiner Begabung und Statur die Zwischenakte auszufüllen. Ein paar Aufführungen in Hamburg – nicht seine Aufführung, als er von Hamburg ging – schafften mir auch den Eindruck eines ungewöhnlichen Regietalents und ein paar Federzüge in Büchern und Aufsätzen den Glauben an seine novellistische Begabung. Einer größern Schuld habe ich mich nicht zu zeihen, und daß ich einen Mann, der vielleicht sogar aus mehr als zwei halben Männern besteht, nicht überschätzt habe, liegt auf der Hand. Er könnte mit seinen häufigen Talenten wirklich eine Persönlichkeit bedienen, aber der Jammer ist, daß diese Persönlichkeit nicht in ihm ist, so daß er oft den Eindruck eines Menschen macht, der seinen Körper abgelegt hat, ehe er mit den Kleidern ins Wasser ging. Dieser Mangel an Persönlichkeit aber tritt mit den Jahren so sehr in Erscheinung, daß nach dem Chok des Erfolges, einen zwanzigjährigen Traum erfüllt zu sehen, überhaupt nichts anderes übrig bleibt als der Mangel an Persönlichkeit. Der Freiherr v. Berger hat bewiesen, daß er für das Maß an Unehrlichkeit, das er sich aufgebürdet hat, nicht mehr tragfähig ist. Er ist bei weitem nicht konsequent genug, um einem die Untreue zu halten, und den Gesinnungswechsel, den er bei flagranter Gelegenheit ausgestellt hat, zu prolongieren. Der Wind, der von der andern Seite weht, wirft ihn um, wenn er seinen Mantel nach ihm hängt, und nichts bleibt als das weibische Vergnügen, ein kleines System von Rankünen, die einander wie die Wanderer in der hohlen Gasse kreuzen – des Weges Enge wehret den Verfolgern –, als l'art pour l'art auszuüben. Nur eine Geistesgegenwart, die in der Abwesenheit des Charakters begründet ist, konnte ihn auf die Idee bringen, Schiller für den Klerikalismus zu reklamieren, und nur die unerwartete Rückkehr des Charakters im Moment der Geistesabwesenheit konnte ihn veranlassen, am Grabe des Schauspielers Kainz die Dringlichkeit der Leichenverbrennung zu betonen. Dieses perpetuum mobile zwischen schwarz und gelb, das jetzt an einen Prälaten anschlägt und jetzt an einen Reporter, immer der Rückkehr zur andern Hoffnung gewärtig, ist schließlich eine so unwürdige Tatsache unseres öffentlichen Lebens geworden, daß selbst eine Hoftheaterbehörde des Mannes überdrüssig werden könnte, der sich heute vor ihr mit der Verachtung jüdischer Schmöcke brüstet und morgen den jüdischen Schmöcken sie gebunden überliefert. Um es mit einem Wort zu sagen, so scheint mir die Vereinigung der Würde eines Burgtheaterdirektors (wofern man heute noch von einer solchen sprechen kann) mit der Schmach eines fix besoldeten Mitarbeiters der Neuen Freien Presse (von der man heute gewiß sprechen kann) unerträglich, und der Freiherr v. Berger wird sich nicht wundern, daß ich ihn, nach den Jahren, da ich die literarische Leistung des verbannten Österreichers um ihrer selbst willen gewürdigt habe, mit äußerstem Mißtrauen in zwei Stellungen wirken sehe, deren Kuppelung eine absurde Gefahr für das geistige Leben dieser Stadt bedeutet (wofern überhaupt noch ein Hund an das geistige Leben dieser Stadt riecht). Der Freiherr v. Berger ist in mein Ressort gefallen. Nicht als Theaterleiter; denn ich befasse mich nicht berufsmäßig mit dem Niedergang des Burgtheaters. Ich überzeuge mich von ihm höchstens einmal in zwei Jahren, und ich habe mit Wehmut

die welken Blätter betrachtet, die Herr v. Berger zur Toten-
klage der Königinnen in »Richard III.« von den Soffitten
fallen ließ. Dieser Erneuerer, dachte ich, ist ein Restaurateur,
der weniger auf das gute Fleisch sieht, als auf die schlechte
Garnierung, und ich hatte wieder für zwei Jahre genug.
Aber die Art, wie sich der Burgtheaterdirektor in die geistige
Szene setzt und wie er die doppelten Spiele aufführt, das
interessiert mich. Und wenn ihm meine Kritik zum Erfolge
nützen sollte, so wäre das zwar bedauerlich, aber ich kann
mindestens so wenig heucheln wie der Freiherr von Berger
im Falle Harden, und man wird mir nicht zumuten, daß ich,
um ihm zu schaden, sein Lob singe. Wie lange sich ein Übel
erhält, ist gleichgültig; wichtiger ist, davon zu sprechen, weil
man so, im Allgemeinen, über die Übel aufklärend wirkt
und irgendeinmal neue verhindert. Herr v. Berger sehnt sich
darnach, von mir angegriffen zu werden; ich tue es trotzdem.
Es bedarf keiner Provokation; ich seh' schon selbst, was los
ist. Ihm genügt es aber nicht, bei der Neuen Freien Presse
sicher zu sitzen, er hat den Drang, Fleißaufgaben zu leisten,
und wie er nach der Bekehrung Schillers zum Katholizismus
hundert Juden umarmt hat, bis Herr Benedikt ihm auf die
Schulter klopfte und sagte: »Lassen Sie's gut sein, Berger,
es ist genug für heut!«, so will er jetzt den Nachweis erbringen, daß er keine Gemeinschaft mit mir hat. Irgend ein
Schurke muß ihn bei der Neuen Freien Presse angeschwärzt
haben. Denn das Obersthofmeisteramt besteht auf solchem
Schein gewiß nicht. Im Gegenteil, ich kann Herrn v. Berger
sogar eine schlaflose Nacht mit der Mitteilung machen, daß
man in gewissen Kreisen – ich sage nichts Näheres, ich zwin-
kere, ich zucke die Achseln – die Fackel, wenn auch nicht versteht, so doch ernst nimmt. Dort könnte ich bei einigem guten
Willen ihn kompromittieren. Aber ihm bei der Neuen Freien
Presse zu schaden, liegt mir so wenig im Sinn, daß ich sogar
alles tun werde, ihm dort zu nützen und ihm dazu zu verhelfen, auch noch die paar Stunden, die ihm jetzt die Lei-
tung des Burgtheaters wegnimmt, der journalistischen Tätigkeit widmen zu können. Er wird natürlich sagen, ich tue das,

weil ich kein Stück geschrieben habe und dieses vom Burgtheater nicht angenommen wurde. Oder er wird sagen, daß irgend eine Gemeinheit, die das Burgtheater an einem mir persönlich bekannten Autor begeht, mich erbittert hat. Auch damit täte er Unrecht. Die Zeiten, in denen mich das typische Schicksal der der Theaterranküne ausgelieferten Literatur interessiert hat, sind vorbei, und ich würde dem Herrn v. Berger nicht raten, irgend ein verletztes Privatinteresse mit meiner gesunden Abneigung in Konnex zu bringen. Ich würde ihm nicht raten, die Motive meines Angriffs schäbig zu machen – sonst hätte er es mit mir zu tun! Wenn dem Herrn v. Berger etwas an meiner Aversion gelegen ist, so soll er sie auch für ehrlich halten. Und wie ehrlich sie ist, das muß er gespürt haben, als er die Feder ansetzte, um Ludwig Speidel zurück in den Journalismus und Herrn Maximilian Harden in die Ewigkeit zu bugsieren. Wenn er es nicht darauf abgesehen hätte, meinen Zorn zu verdienen, er müßte doch gespürt haben, wie er entstand, wie er wuchs, wie mir die Finger zitterten, wie die Hand sich erhob, um einem unehrlichen Diener am Wort der Majorität, einem zwischen öffentlicher Meinung und heimlicher Streberei Beflissenen, dem Pfau der Presse, der sich vor Hennen spreizt, dem Freiherrn unter Freimädchen, dem endlichen Burgtheaterdirektor endlich auf den Mund zu schlagen. Er trolle sich und verstelle das Gesichtsfeld nicht. Dieser ewige Wirbel im Kinematographen, in den einer da gerät, über Stock und Stein hinter einer Hoffnung her, beim falschen Loch hinein, beim rechten hinaus – der Zustand paßt mir nicht! Dieser Drang, in eine Position zu kommen, und wäre es auch eine schiefe, ist fatal. Ich bin für solche Dinge umso empfindlicher, je länger ich sie nicht gespürt habe, und nehme sie dann als persönliche Beleidigung. In dem Augenblick, da Herr Alfred v. Berger Miene machte, Speidel, dessen Andenken man kaum aus den Klauen der Neuen Freien Presse gerissen hatte – die Herren Wittmann und Benedikt begleiteten ihn in die Unsterblichkeit –, der Kollegenschaft wieder einzuliefern; in dem Augenblick, da er – kurz nachdem ich die

153

Folgekrankheiten des Heineismus beklagt hatte – die Geschmackigkeit des Wiener Feuilletongeistes pries, da mußte er wissen, daß es zwischen uns keine Verbindung mehr gab. »Oberhalb oder im Norden des Striches tobt das kalte sturmgepeitschte Meer der Politik und des wirklichen Lebens, im Süden erstreckt sich die grüne, sonnige Küste des Feuilletons, der Strich selbst wandert auf und ab wie eine Flutmarke; höchst selten, an besonders kritischen Tagen, verschwindet er sogar, wie bei Springflut, unter den hereinbrausenden Wogen des Leitartikels. Ober dem Strich ist Krieg, da liefert der Geist im Dienste politischer, sozialer und wirtschaftlicher Ideen und Leidenschaften seine Schlachten. Unter dem Strich ist Friede, da legen die Gedanken ihre Waffenrüstung ab und entladen ihre nackte Kraft nicht im Zwange drängender Not, sondern in freiem Spiel . . .« Nein, der Urheber dieser schönen Bildlichkeit hat nicht erwartet, von mir noch gegrüßt zu werden, wenn ich ihm zufällig einmal ober, unter oder auf dem Strich begegne. Der Mann, der einem Speidel nichts besseres nachzusagen wußte, als die »feinfühligen journalistischen Instinkte«, hat nicht gehofft, daß er sich bei mir damit eines seiner Bildel einlegt. Nicht, weil er weiß, daß ich weiß, wie er über diese Dinge denkt. Das weiß ich nämlich gar nicht. Ich verlasse mich nicht einmal auf die Verachtung der journalistischen Instinkte, die der Baron Berger mir gegenüber hundertmal betont hat. Die Lust zu fabulieren ist groß und die Neigung, so zu fabulieren, wie es der andere hören will, größer. Aber das Stoffliche der Gesinnung, die sich vor Herrn Benedikt auftut, paßt mir nicht. Ich räuchere nicht durch zwölf Jahre ein Räubernest aus, damit ein Mann, der mir dazu Beifall geklatscht hat, sich's drin wohl sein lasse. Wenn den Mitarbeiter der Neuen Freien Presse der Verkehr mit mir nicht kompromittiert hat, ich mußte ihm die Mitarbeit nicht übelnehmen. Aber die Glorifizierung des Schlimmsten, was mir die Journaille an der Kultur zu verbrechen scheint, des Feuilletongeistes, der die Schurkerei versüßt, nehme ich nicht hin. Der Freiherr v. Berger weiß das und er hat mir mit dankenswertem Entgegenkommen den Verzicht auf meine Achtung erleichtert. Er kann nämlich nicht lügen. Er muß Herrn Maximilian Harden versichern, daß der Wert seiner Artikelsammlung »Köpfe« mit den Jahrzehnten, und wenn sein Gefühl nicht trügt, mit den Jahrhunderten wachsen wird. Sein Gefühl trügt; wie jeder Schein, wie alles, was Herr v. Berger in sich hat, und nur die erweisliche Wahrheit siegt, daß das Buch des Herrn Harden die Leistung des Buchbinders ist, der der Welt beweist, wie wesenlos die Gedanken zerflattern, die ein geschminkter Archivar für die Woche erschwitzt hat. Herr v. Berger kann nicht anders, er muß. Er stand stundenlang auf dem Korridor des Leipziger Reichsgerichts, um nicht für Moltke und nicht gegen Harden zu zeugen, aber um für seine Vermittlerrolle zwischen Aristokratie und Journaille zu zeugen, die er sich in seinem unerforschlichen Drang nach diplomatischer Betätigung zugelegt hatte. Der wartende Zeuge, der vor dem Reichsgericht stand, als ob dieses eine Burgtheaterdirektion zu vergeben hätte, machte nicht den erfreulichsten Eindruck, und Zeugen dieses Wartens wollen beobachtet haben, daß Graf Moltke damals ein Gesicht machte, als empfände er, wie vorsichtig man mit den Freiherren sein muß. Adel, der in der Krachzeit des österreichischen Liberalismus erworben ist und an der Neuen Freien Presse mitarbeitet, läßt Tintenflecke. Der arme Graf Moltke ist wahrscheinlich ein so schlechter Menschenkenner wie ich. Aber ich wenigstens wußte schon damals, das Feuilleton des Aristokraten Berger über den Bürger Harden sei unvermeidlich. Er wird das »wunderbare Phänomen seines schier unerschöpflich scheinenden Wissens, das er immer bei der Hand hat, wenn er es gerade braucht«, uns erklären. Er wird leugnen, daß es Zettelkästen gibt, und man wird darum nicht wissen, woher die Hand das unerschöpflich scheinende Wissen nimmt. Sie nahm es kürzlich aus einer parodistischen Schmähschrift gegen Friedrich den Großen, und Herr Harden behauptete, einen Originalausspruch des »Fritzen« gefunden zu haben. Franz Mehring hat in der ›Neuen Zeit‹ unter dem Titel »Ein Fürst der Gecken« die tödliche Blamage des gebildetsten

Deutschen enthüllt, und alle Zettelkästen zwischen Konstanz und Königsberg barsten vor Scham über das Malheur, das einem ihrer Kollegen passiert war. Ich müßte mich umbringen, wenn ich gewußt hätte, daß ein gewisser Bonneville 1766 ein Pamphlet »Matinées du roi de Prusse« verfaßt hat. Herr Harden bringt sich nicht um, wiewohl sich herausgestellt hat, daß er es nicht weiß. Daß er es nicht nur nicht weiß, sondern eine den Historikern bekannte Persiflage der Hohenzollern ernst genommen und die Worte, die Friedrich der Große zu seinem Neffen spricht (»Unser Haus hat, wie alle andern, seine Achilles, seine Ciceros, seine Nestors, seine Blödsinnigen ...«) als ungedrucktes Bekenntnis eines Vorfahren, der anders als Wilhelm II. vom Gottesgnadentum denke, veröffentlicht hat. Herr Harden war interpelliert worden, woher er das dieswöchentliche Zitat habe, und antwortete in einem zweiten Artikel, er sei, fern von Berlin, nur auf sein Gedächtnis angewiesen, das freilich auch fern von Berlin unglaublich leistungsfähig ist – folgte eine Serie von Namen und Zahlen –, aber er verdanke irgendjemand eine Abschrift dieser bis heute ungedruckten Worte. Herr v. Berger hat nie an den Zettelkasten geglaubt, der ja auch tatsächlich zeitweise in Unordnung zu sein scheint. Ich denke aber, daß dies nicht das Problem ist, welches uns hier zu beschäftigen hätte, sondern vielmehr ein anderes: ob Herr Harden außer dem Zettelkasten, den er nicht hat, noch etwas anderes hat. Herr v. Berger ist ganz entschieden der Ansicht. Der Zettelkasten, der immer zur Erklärung des Harden'schen Wissens herangezogen werde, sagt er, verhält sich zu Harden, wie Lord Bacon zu Shakespeare; die Verlegenheit, das Shakespeare-Wissen zu erklären, habe die Theorie erzeugt, Shakespeare sei im Geheimen Lord Bacon gewesen, »wobei Lord Bacon gewissermaßen die Rolle eines Zwillingsbruders des Harden'schen Zettelkastens spielt«. Das sind komplizierte Familienverhältnisse, aber ich möchte immerhin behaupten, daß Shakespeare außer seinem Wissen noch etwas vorgestellt hat, während bei Herrn Harden das Wissen die störende Hauptsache ist und außer ihr nichts da ist, was unser

156

Herz erfreuen könnte. Auch möchte ich den Zettelkasten des Herrn Harden, wenn sich ihm überhaupt etwas an die Seite stellen läßt, lieber schon mit dem Brustkasten des Freiherrn v. Berger verglichen sehen, aus dem ebenfalls manches hervorkommt, wofür der Besitzer nicht verantwortlich ist. Wenn's freilich auf mich ankommt, würde ich diesen unvergleichlichen Brustkorb wieder nur mit einem redenden Papierkorb vergleichen. Denn was hat da nicht alles Platz! So meint Herr v. Berger zum Beispiel, Harden sei ein Sprachkünstler. Nun, ich kann da nicht mitreden. Ich bin bloß Übersetzer und als solcher etwas voreingenommen. Aber an dem Übelbefinden von Tausenden, denen ich die Sprache des Herrn Harden zugänglich gemacht habe, merke ich, daß da etwas nicht stimmen dürfte. Herr v. Berger hebt ferner auch rühmend hervor, daß Herr Harden, der übrigens einer der fleißigsten Arbeiter sei, sich in die Persönlichkeiten, die er schildert, »hineinbohrt, bis er endlich die Empfindung, wie es schmeckt, dieses Ich zu sein, einen Augenblick auf der eigenen Zunge spürt«. Da kann ich auch nicht mitreden, da ist wieder der Freiherr v. Berger kompetent. Auch er hat es oft gespürt, er konnte es umso leichter als er doppelzüngig ist, er hat Tag und Nacht gearbeitet, wie Herr Harden, er ist manchmal gar nicht aus den Kleidern der Leute herausgekommen. »Wenn ich«, schreibt er, »der Natur, als sie Harden schuf, einen guten Rat hätte geben können, so würde ich ihr gesagt haben: Gib diesem Drang nicht nur die Kraft des denkenden und fühlenden Ergründens und lebendigsten Schilderns, sondern die Allmacht des Gestaltens, oder gieß ihr wenigstens schauspielerisches Vollblut in die Adern!« Man kann von Glück sagen, daß der liebe Freiherr nicht dem lieben Gott geholfen hat; er hätte die Menschen am Ende nach seinem Ebenbilde geschaffen. Schlechte Freiherren gibt es genug. Schlechte Theaterdirektoren auch. Dagegen gibt es nicht viele gute Schauspieler. Die Herren Berger und Harden haben Ansätze. »Der schauspielerische Trieb muß sehr stark gewesen sein in dem jugendlichen Harden«, sagt jener und rühmt ihn als echten Patrioten. Darin, findet er, in der »leiden-

157

schaftlichen Liebe für das Vaterland« gleiche Harden keinem geringern als Dante. Diese »weißglühende Leidenschaft« nötigt Herrn v. Berger – der ja auch sein Vaterland liebt, aber doch nur, wenn es ihn zur Burgtheaterdirektion ruft – geradezu Ehrfurcht ab: »Hardens Patriotismus ist das Gefährliche in ihm, das zu scheuen ratsam ist«. Ich bin ganz derselben Meinung und habe schon in dem Aufsatz »Der Patriot« diesen Patriotismus als einen solchen dargestellt, dem man lieber ausweicht, wenn's finster wird. Harden »nimmt, wie Goethes Alba, keine Raison an«; höchstens die des Herrn v. Holstein, die das Vaterland just dann in einen Krieg treiben will, wenn's just am wenigsten dringend ist. Und wieder kommt, bei aller Echtheit des Patriotismus, »das starke schauspielerische Temperament« des Herrn Harden zu Ehren, das ihn zwingt, »die Rollen an sich zu reißen, die der Moment von ihm heischt, abwechselnd Prophet, Weiser, Narr, Warner, Ankläger, Richter und Nachrichter, denn tausend Seelen wohnen in ihm«. In Herrn v. Berger trotz größerer Brust erweislichermaßen nur zwei. Und die sind zu viel! Und nun möchte ich ihn zu seiner Pflicht rufen. Denn so wahr es ist, daß er eher noch das Burgtheater vor dem Tode seines Weltruhms retten als daß er meinen Harden für Deutschland lebendig machen wird, so dringend nötig ist es, ihn bei der Stange zu halten. Wenn er sich pflichtgemäß für den schauspielerischen Nachwuchs zu interessieren hat, unterlasse er es, auf den literarischen Schmieren Umschau zu halten. Er kümmere sich darum, wo er den Nachfolger für Kainz, wo er den interessanten Schauspieler findet, dem zuliebe ein Mensch in Wien noch ein Burgtheaterbillett kauft, und gebe den Versuch auf, die schauspielerischen Keime bei Herrn Harden, der nun schon einmal den Beruf verfehlt hat, zu entdecken. Wir wollen einen Burgtheaterdirektor und nicht einen Rezensenten, der ehemalige Provinzkomödianten und gegenwärtige politische Gaukler als Stars feiert. Herr v. Berger hat in einer lächerlichen Notiz erklärt, daß das Burgtheater auch nach dem Tode Kainz' noch bestehen werde, wie es nach dem Tode Sonnenthals weitergelebt habe. Das mag wahr sein, die Mauern sind nicht eingestürzt, das Klosett auf der rechten Parkettseite ist noch immer sanitätswidrig und auf der Galerie ruft der Mann, der heute die Burgtheatertradition verkörpert, noch immer: »Frisch Wasser, Frornes, Lemrnad!« Wenn Herrn v. Berger ein Schauspieler stirbt, so sagt er, daß mit Rücksicht auf dessen Unersetzlichkeit kein Nachfolger engagiert werde, und daß das Publikum von den Persönlichkeiten entwöhnt und zur Würdigung des Ensembles erzogen werden müsse. Solcher Aufschrei der geplagten Mittelmäßigkeit, die keinen größeren Ehrgeiz kennt, als den Gymnasiasten die Lektüre der Klassiker zu ersparen, mag rührend sein; aber durch die Entschuldigung, daß er für den Tod nichts könne, wird Herr v. Berger der Verantwortung dafür, daß er das Leben nicht ruft, kaum entgehen. So wird sich die Sache schwerlich halten. Schon gar nicht, wenn sie immer wieder durch Feuilletons unterbrochen wird. Wenn der Freiherr bekennt, er habe Harden »genau studiert«, so ist es nur zu beklagen, daß er seine freie Zeit nicht besser angewandt hat: vielleicht hätten wir jetzt schon bessere Burgtheatervorstellungen. Und wenn er mit einer deprezierenden Gebärde nach meinem Schreibtisch ausruft, »er könne ihn nicht anders malen, als er ihn sieht«, so falle ich vom Sessel vor Entzücken ob solcher Ehrlichkeit. Denn ich kann noch weniger lügen, als der Freiherr v. Berger. Hardens »Sprachgewalt« flößt diesem graden Michel Bewunderung ein. Hardens »Leidenschaft« bittet er nicht mit ihrem »schwächlich, reizbaren Bruder, dem Affekt« zu verwechseln. Er lasse mir die Leidenschaft des Herrn Harden in Ruhe; sonst tut sie der Sprache Gewalt an und behauptet am Ende, der aus der Elbestadt mit Stank Geschiedene habe ihn, den im Machtreich Wohnenden, mit Klugschwatz kirren wollen !.. Kann solch dekrepite Leidenschaft noch einen schwächlich reizbaren Bruder haben, so reize er die Schwäche nicht. Sie könnte dem Freiherrn v. Berger Proben geben, daß er meinen Affekt wirklich nicht mit der Leidenschaft des Herrn Harden verwechseln wird! Ich würde ihm beweisen, wie zutreffend die Beschreibung ist,

159

die er von jenen gibt, welche seinem Urteil über Herrn Harden – er ahnt es – widersprechen werden: psychologische Begabung sei für sie »die Sucht und die Geschicklichkeit, hinter der Fassade, welche eine öffentliche Persönlichkeit dem Publikum zukehrt, allerlei traurige Menschlichkeiten als die angebliche Wahrheit aufzuspüren«. Dieser vielfältige Mann ahnt, daß er durch die Verteidigung der Fassade des Herrn Harden seine eigenen Menschlichkeiten dem Auge des Psychologen entblößt hat. Ich bin aber gar nicht für Psychologie, ich bin bloß für Sauberkeit. Ich haue Fassaden ein und mache tabula rasa mit den traurigen Menschlichkeiten. Ich leiste Verzicht auf die Verehrung, deren man mich immer bis zu dem Moment versichern läßt, in dem man meiner Achtung verlustig gehen will, und ich beklage die Feigheit, die, nicht zufrieden damit, daß sie über mich nicht öffentlich reden darf, noch ein Übriges tut und mir in den Rücken fällt, um in alle Hohlheit, die ich entlarve, hineinzukriechen. Wie eine Konkursmasse der Gesinnung geht dieser stattliche Freiherr durch ein Leben, wo man Händedrücke austeilt, um sich Fußtritte zu ersparen. Er entziehe mir seinen Anblick. Wir sind miteinander quitt. Er hat sich einmal den Jux gemacht, in der Neuen Freien Presse einen »geistvollen Kritiker« zu zitieren, der das Wort »Dilettanten ohne Lampenfieber« geprägt habe. Er hat mir damit ein Opfer gebracht, das ihm die Journaille übelnehmen könnte. Ich habe mich revanchiert, und als ich in der ›Fackel‹ zum erstenmal das Wort »Journaille«, dessen Erfinder ich nicht bin, zitierte, dazu geschrieben: »Ein geistvoller Mann hat mir neulich, da wir über die Verwüstung des Staates durch die Preßmaffia klagten, diese für meine Zwecke wertvolle Bezeichnung empfohlen, die ich hiemit dankbar dem Sprachgebrauch überliefere«. Wir sind quitt.

Juni 1912

SCHNITZLER-FEIER

Als er fünfzig Jahre alt wurde, mußte er dem Ansturm der
Bewunderung entfliehen und den ereignisvollen Tag fern
von Wien, »irgendwo am Meere«, zubringen. Es hat Dichter
gegeben, die älter wurden und unbelästigt von Gratulanten
an ihrem Wohnsitz bleiben konnten. Unsere Explosionen
haben keine Ursache mehr. Die Zeit ist ein Knockabout: eine
Flaumfeder fällt, und die Erde dröhnt. Wie kann ein Zarter
so von Begeisterung umtobt werden? Es ist im Geschlechts-
charakter der Generation begründet. Sie alle sind Söhne des
Hermes und der Aphrodite, und ein Kräftiger könnte ihnen
nur beweisen, daß sie Weiber sind. Die Position Schnitzlers
im Weichbild der Gegenwart soll damit nicht geleugnet,
sondern zugegeben werden. Dem Unbeträchtlichen, das sie
sich zu sagen hat, vorbestimmte Form zu sein, ist auch etwas,
das von der Gnade einer schöpferischen Notwendigkeit
stammt. Auch diese Zeit hat ihre Dichter, die sie sich aus der
Unfähigkeit schafft, Dichter gegen die Zeit zu sein. Ein Zeit-
dichter aber darf auch nicht mit solchen verwechselt werden,
die sich die Zeit hält und die unter dem Diktat des fremden
Bedürfnisses schreiben. Sie sind bloß das Zubehör und nicht
der Ausdruck der Überflüssigkeit, und Arthur Schnitzler, ein
konzentrierter Schwächezustand, soll mit dem Geschmeiß
nicht verglichen werden, das Musik macht, weil sich der Ernst
des Lebens erholen will. Er steht zwischen jenen, die der
Zeit einen Spiegel, und jenen, die ihr einen Paravent vorhalten: irgendwie gehört er in ihr Boudoir. Nicht nur in
seinen Anfängen; viel mehr noch später, als er nachdenklich
wurde und ihr sagte, daß sich über uns ein Himmel wölbt
und daß man nie wissen kann, wie die Sache ausgehe. Schnitzlers Seichtigkeit war das Abziehbild eines Jahrzehnts der
schlechten Gesellschaft und als solches von Wert für ein weiteres Jahrzehnt; Schnitzlers Esprit war die Form der für ein
Zeitalter maßgebenden Männerschwäche. Schnitzlers Tiefe,
mit dem Verlust der Liebenswürdigkeit bezahlt, ist der karge

metaphysische Rest, der sich ergibt, wenn Anatol Kaiserlicher Rat wird oder sagen wir, Conseiller imperial. Da der Autor die Verwandlung dieses Lebenstypus in Treue mitgemacht hat, so kann ihm die Liebe jener nicht fehlen, die, ohne die Nichtigkeit ihres Daseins zu erkennen, von dem Vorhandensein einer Unendlichkeit sich überzeugen lassen und denen nach dem schicksalswidrigen Handel ihres Tages gut und gern die Erkenntnis einleuchtet, daß wir nur Marionetten sind in der Hand einer höheren Macht und was dergleichen Gedanken mehr sind, die, jenseits der Kunst vorgetragen, weniger sind als eine Zibebe, welche ein Dichter anschaut. Schnitzler wird immer etwas bleiben, was als eine Verständigung zwischen Ibsen und Auernheimer, der Gesellschaft die Befassung mit Problemen erleichtert. Aber ich glaube beinahe, daß seine Lebemänner Gestalten sind und seine Ewigkeit ein Feuilleton. Helfen die Anwälte seiner Vertiefung, helfen die Worte, die sie finden, nicht diesem Verdacht? »Hier waltet auch schon das Schicksal, wie Schnitzler es ansieht, jenes Schicksal, das Pointierungen liebt ...« Das Schicksal ist ein besseres Feuilleton als jenes, dem dieser Satz entnommen ist, das Schicksal dürfte fast schon mehr ein Leitartikel sein. Ich glaube, daß nur ein Mangel an Plastik von den Gegenständen zu den »Zusammenhängen« abschweift, und die fertige Vorstellung, daß »der große Puppenspieler uns alle an unsichtbaren Fäden hält«, nur eine Ausrede ist für das schuldbewußte Unvermögen, die Stricke zu sehen, mit denen wir uns strangulieren. Wenn die höhere Macht, deren Hand uns zu fassen kriegt, ein Dichter ist, dann braucht er die Verantwortung nicht auf das Schicksal abzuwälzen, und dann erst hat er das Recht, es zu tun. Nichts ist begrenzter als die Ewigkeitsidee, zu der ein Tändler erwacht, und von dem, was die Liebe mit dem Tod vorhat, davon hat ein Schnitzlerscher Sterbemann noch nicht die leiseste Ahnung; wenn auf solch amouröse Art die Zeit vertrieben ist, folgt nichts nach, und Herzklopfen war nur eine physiologische Störung. Daß Schnitzler Arzt ist, damit mag es zur Not zusammenhängen. Daß Medizin und Dichtung sich in ihm wundersam verknüpfen, ist uns bis zum Unwohlwerden von den Feuilletonisten auseinandergesetzt worden. Das, worauf es ankommt in der Kunst, das Patientenerlebnis, haben sie weder behauptet, noch hätten sie es zu beweisen vermocht. Um Dichter zu sein, muß man nicht eigens Laryngologie studiert haben, ihr etwaiger philosophischer Hintergrund läßt sich mit der Praxis bequem ausschöpfen, und wenn man selbst in der Medizin gedanklich weiter vorgedrungen wäre, als der Beruf erfordert und erlaubt, so würde das noch immer nichts neben der geistigen Eigenmächtigkeit bedeuten, die im künstlerischen Schaffen begründet ist. Nur eine Plattheit, deren Jargon von einem, der sich über den Tod Sorgen macht, behauptet, er mache sich über den Tod Gedanken, scheint es auch für ein geistiges Verdienst zu halten, und wenngleich Schnitzler gewiß besser ist als jene, die ihn so richtig verstehen, so hat sein Werk doch Anteil an der Banalität einer Auffassung, die es mit der zweifelhaften Geistigkeit der Medizin zu verklären sucht. Diese ist ihr »die geheimnisvolle Wissenschaft, die geradenwegs in die Geheimnisse des Menschen und des Lebens hineinführt«. Ein Rachenkatarrh ist die Gelegenheit, um alles zu erfahren, und wenn man den Leuten nur tief genug in den Mund hineinsieht, so weiß man auch, was sich im Herzen tut. Schnitzler ordiniert zwar nicht mehr, aber von der alten Gewohnheit kann er nicht lassen: »er auskultiert noch immer, wenngleich ohne Hörrohr, er klopft die Menschen im Gespräch sorgfältig ab, er fühlt ihnen den Puls und er schaut ihnen in die Augen.« Versteht sich: nur bildlich, und es kommt trotzdem nicht mehr heraus als bei der Ordination. So ist nämlich das Leben, daß es nicht so ist. Es läßt sich nicht in allegorische Artigkeiten »einfangen«, und hat überhaupt etwas gegen diese Beschäftigung, deren Schlagwort die Marke aller um Schnitzler gruppierten Literatur ist. »Der Duft und die Farbe, der Zauber und die musikalische Anmut dieser Stadt«, solches läßt sich zur Not von diesen zarten Schindern »einfangen« – das Leben nicht. Dort helfen hundert Assoziationen, die schon durch hundert Hände ge gangen sind, und ein Hautreiz genügt, um den, der am Grinzinger Bachl spazieren geht, zum Dichter zu machen. Der Dichter vor dem Leben hat leider einen schweren Stand, und ihm ist es geradezu überlassen, alles, was noch nicht ist, zum Dagewesensein zu steigern. Was haben die Laubsägearbeiten dieser Schnitzler und Abschnitzler mit dem Chaos zu schaffen? Was die Sorgfalt der äußern Form mit der ordnenden Gewalt des Sprachgeists? Was geht den guten Geschmack die Kunst an? Der Schöpfer wird keinen Augenblick »nachdenklich«; würde ers, es wäre um die Kreatur geschehen. Dem Denker ziemt es, nicht verstanden zu werden. Aber der Nachdenkliche wird so gut verstanden, daß er für den Denker gehalten wird, versteht sich von jenen, die nicht einmal nachdenklich sind. Es geht ihm so, wie dem Gutgelaunten, den die Humorlosigkeit für einen Humoristen hält. Schnitzlers Melancholien lassen sich bequem von jenen »aufzeigen« – auch eine neue literarische Beschäftigung –, die sich nicht einmal die Gedanken machen können, die ihnen längst vorgemacht sind. Kaum einen Festartikel habe ich gelesen, in dem nicht erkannt war, daß Schnitzler aus den Bezirken der Erotik »ins weite Land gegangen« sei, aus den Problemen des gesellschaftlichen Lebens »den Weg ins Freie gefunden« habe, hierauf »dem Ruf des Lebens gefolgt« sei und »den einsamen Weg beschritten« habe, »um in den ›Marionetten‹ zu den tiefsten Aufschlüssen vom Puppenspiel des Lebens zu gelangen«. Wie es für den Künstler zeugt, daß jeder, der sich mit ihm befaßt, immer wieder mit seinen Worten seine Werte zu fassen bekommt, so ist die stereotype Berufung auf jene allzu schmackhaften Symbole für deren Bereiter charakteristisch. Die Schicksalsküche stellt andere Genüsse her als Bilderrätsel und Buchtitel, die jeden ausgewachsenen Anatol nachdenklich stimmen, und die Hingabe ans Grenzenlose, die das Rathausviertel mitmacht, ist mir verdächtig. Es ist ein Aberglaube, daß der Künstler für das Klischee nicht verantwortlich sei, das mit ihm fertig wird, und so glaube ich, daß ein Buch, durch welches »mit Stundenglas und Hippe Freund Hein schreitet, vom Eingang zum Ausgang«, nicht zu hoch über dem Niveau leben kann, auf dem solche Vorstellung zustandekommt. »Man hört das Schnitzlersche Problem anklingen, die ewige tieftraurige Frage des Dichters überhaupt«; aber solcher Frage ist solches Ohr nicht unerreichbar. Die Zusammenhänge des Schicksals sind dunkel genug, aber bei weitem nicht so verdächtig wie die eines Buches. Das Schnitzlersche Problem, das neue, wächst im Schnitzlerschen Milieu, dem alten, es ist ein Ornament, wie alles Höhere, das für ein Inneres gesetzt wird. Es ist eine fertige Sache wie der liebe Gott, an den sie glauben, weil er einmal da ist, aber mit einem Glauben, der nicht stark genug wäre, Gott zu schaffen, wenn er nicht Gott sei Dank da wäre. Fertig hat Schnitzler das ganze Inventar dieser Unendlichkeit übernommen, die sich über dem irdischen Boudoir so gut wie über der irdischen Handelskammer wölbt. Fertig bis auf die Nomenklatur ist die ganze Vorstellung seiner Romanwelt. Eine »Bertha Garlan« ist nicht in Wien zuständig, sondern aus einem Roman nach Wien gekommen, um in einen Roman wie in eine Pension einzuziehen. Auch das Wienertum von mehr konfessioneller Färbung zieht von der vorrätigen Poesie an, und es entsteht neben einer »Frau Redegonda« ein »Dr. Wehwalt«, der gewiß Wigelaweia getrieben hat, ehe er in unsere Mitte kam. Es ist wohl möglich, daß die Reporter recht haben, wenn sie behaupten, »die Wiener Gesellschaftskreise hätten eine Zeitlang im Tone der Schnitzlerischen Dialoge geplaudert, geflirtet, verliebt, zärtlich und melancholisch getan«, wie nach Wildes Ausspruch die englische Natur die Präraffaeliten nachgeahmt habe. Denn die Natur geht so gern mit der Kunst wie die Unnatur mit der Unkunst. In der empfänglichen Niederung jener Wiener Gesellschaft, die für die lebensbildende Kraft Schnitzlerscher Dialoge in Betracht kommt, dürften sich solche Verwandlungen schon zugetragen haben, und die Bedeutung Schnitzlers als eines Befreiers gebundener Unkraft, Dichters eines bestimmten Lebenscottages, soll keineswegs geleugnet werden. Merkwürdig in die Irre geht diese Intimität nur, wenn sie höhere Anforderungen an ihren Autor stellt, und

165

von ihm mehr will, als ihrer eigenen Gesundheit zuträglich wäre. »Vielleicht gibt er uns das reine Lustspiel, vielleicht auch den großen Roman ...« Nun, hier werden keine Kräfte gereizt, die imstande wären, die Daseinsform jener Kreise unmöglich zu machen, die ihren Geschmack zu solcher Begehrlichkeit steigern. Der tiefen Erkenntnis des Literarhistorikers Weilen stimme ich zu: »Daß Schnitzler bisher das Beste, was in ihm lag, noch nicht gegeben, ist die sicherste Gewähr für seine weitere Entwicklung«; so weit gehe ich noch mit. Aber dann höre ich die nachdenkliche Frage: »Soll sie uns das ersehnte deutsche Lustspiel schenken, das zu schaffen er wie kein anderer berufen scheint? Wir wissen es nicht. Aber eines scheint uns sicher: Wenn er erst klar und deutlich den Ruf des Lebens vernimmt, dann hat er gefunden, was er mit so unermüdlichem Eifer, so strenger Selbstzucht sucht: den Weg ins Freie.« Und indem ich zweifle, ob dieser Weg zum deutschen Lustspiel führt, sucht mich eine Plaudertasche zu überreden: »Wer weiß, vielleicht schenkt er der deutschen Bühne schließlich doch noch das Lustspiel, das viele seiner Freunde und Verehrer von ihm erwarten ... Daß er noch kein größeres geschrieben hat, würde nichts beweisen, denn das Lustspieltalent reift auch bei den Berufenen spät und entwickelt sich langsam.« Sie können es nicht erwarten, die Verantwortlichen der Entwicklung; dieses Trauerspiel sehnt sich nach einem Lustspiel – und es ist schon da, denn die Gesellschaft steht besorgt vor ihrem brütenden Dichter, mästet ihn mit Zureden, und es kommt nichts heraus. Wie sollte es? Das Lustspiel »gibt« man denen nicht, die es wollen, und gibt jener nicht, von dem sie es wollen. Gibt nicht die Liebenswürdigkeit eines Talentes, das sich in üble Laune verzogen hat, weil die gute Laune eben nicht zum Lustspiel langte. Schnitzlers Tendenzen waren so dünn, daß sie wohl oder übel einer Weltanschauung weichen mußten. Es ist das Los der Süßwasserdichter, daß sie die Begrenzung spüren, sich unbehaglich fühlen und dennoch drin bleiben müssen. Am genießbarsten sind sie noch im Abschildern ihres Elements. Aber sie suchen vergebens mit derselben orato-

166

rischen Weitläufigkeit Anschluß an Meerestiefen, wie ehedem an das Festland der sozialen Gesinnungen. »Er ficht«, hieß es damals, »gegen das gesellschaftliche Vorurteil, welches den Gefallenen die einstige Verfehlung nicht vergißt und den Weg zu späterem Glücke versperrt.« Schon faul! Er ficht gegen die Verführung der Theaterdamen durch kleine Gagen. Er ficht gegen das Duell. Das ficht uns nicht an. Die Rebellion eines sozialgemuten Schnitzler konnte die Gesellschaft ertragen. Es ist jene Freiheit, zu der sie fähig ist, und die hundertmal schlimmer ist als die doch irgendwo von einem geistigen Punkt gerichtete Unfreiheit. Selbst Schnitzlers Humor wird keine Verwirrung stiften. Er blickt jetzt empor. Aber hat etwa der Autor des »Reigen« die Hoffnung auf die große Lache geweckt, zu der nur der Blick von oben auf Menschliches fähig wäre? Seine erotische Psychologie geht auf eine Nußschale der Erkenntnis, langt darum nicht zum Aphorismus, nur zur Skizze, die in der Form über dem Wiener Feuilleton, im Einfall unter dem französischen Dialog steht. Dieser Humor geschlechtlicher Dinge lebt von der Terminologie und erst recht von deren Unterlassung: dem Gedankenstrich. Dieser Blick auf Physiologisches kommt nicht von der Höhe, und darum kommt auch die Metaphysik Schnitzlers nicht von den Abgründen. Schnitzlers Separée und Schnitzlers Kosmos sind von einem Wurzellosen angeschaut. Die geistigen Spitzen der Schnitzlerschen Welt stechen in die Augen: jeder weist darauf hin, das Zitat, das in den meisten Festartikeln wiederkehrt, ist wirklich »die Formel Schnitzlers«: diese Predigt der »Unbeirrtheit«. Sie könnte das Erlebnis eines großen Ethikers sein, aber er würde sie schwerlich in solchem Text halten: »Jeder muß selber zusehen, wie er herausfindet aus seinem Ärger, aus seiner Verzweiflung, oder aus seinem Ekel, irgendwohin, wo er wieder frei aufatmen kann. Solche Wanderungen ins Freie lassen sich nicht gemeinsam unternehmen, denn die Straßen laufen ja nicht im Lande draußen, sondern in uns selbst. Es kommt nur für jeden darauf an, seinen inneren Weg zu finden. Dazu ist es notwendig, möglichst klar in sich zu sehen, den Mut seiner eigenen Natur zu haben, sich nicht beirren zu lassen.« Das ist mit Augen zu greifen. Unbestreitbar, daß auf solchem Weg ins Freie nicht gemeinsam zu spazieren ist; das liegt in der Natur dieser Allegorie, die in dem Vergleichsobjekt leider nicht restlos aufgeht. Der »innere Weg« ist ein einsamer Weg, führt aber auch zum Romantitel. Jeder in sich, Gott in uns alle. Aber es ist, weiß Gott, weniger Glaube, weniger Metaphysik als das bekannte Insich-Geschäft der neueren Psychologie. Schnitzler ist ihr dichterischer Ausdruck, wie jene Kulturschwätzerin versichert, die jetzt jeden Abend um sechs nachsieht, ob nicht schon etwas Kunstgewerbliches unter unserm Bette steht. Sie hat noch nie »an« die Pflicht der Kunst, uns die Lebensnotwendigkeit zu schmücken, vergessen, aber sie begreift alles, was Kultur ist, und fragt deshalb an Schnitzlers Geburtstag: »Begegnen wir nicht gleich an der ersten Gabelung seines Entwicklungsganges der unbewußten Anwendung der Mach'schen Ich-Lehre, die in der Zergliederung des Ich-Bewußtseins gipfelt?« Traurig genug, aus dem Mund eines Weibes eine solche Frage zu hören. Aber recht hat sie schon. Schnitzler ist wirklich einer jener psychologischen Bittsteller, denen die eigene Tür vor der eigenen Nase zugeschlagen wird, jener gehemmten Eindringlichen, die vor der Bewußtseinsschwelle umkehren müssen und darüber unglücklich sind: außer sich. Wirklich einer von jenen, die auf der Lauer liegen, wenn sie vorübergehen. Aber hier ächzt nur als schmerzliche Neugierde intellektueller Nerven, was in den großen Versuchern als die tragische Sehnsucht wehrhafter Gehirne brüllt. Es ist – wenngleich in der ehrlichsten und saubersten Art – der Typus, der aus einem fehlenden Ich zwei macht. Das weiß sogar der Hermann Bahr, daß diese Form von Verinnerlichung nur innere Schwäche ist: »Furcht von Menschen, die sich bewahren wollen, weil sie noch nicht wissen, daß dies der Sinn des Lebens ist: sich zu zerstören, damit Höheres lebendig werde«. Immerhin, wenn Schnitzler sich bewahren will, wird doch etwas mehr lebendig als wenn Bahr sich vergeuden will;

aber Höheres kommt dort und da nicht heraus, und es ist peinlich, den Attinghausen von Ober-St. Veit, der seinen Uli vom Griensteidl nicht mehr erkennt, mit dem Aufgebot der letzten Gradheit in einen Lehnstuhl von Olbrich zurücksinkend, verkünden zu hören: »Ich kann Dir heute nichts anderes sagen, nichts besseres wünschen, Du bist mir zu lieb. Du bist mir zu lieb, denn täusche Dich doch nicht: Du bist kein Hofrat unserer Pharaonen, laß Dich nicht dazu machen .... Bescheide Dich nicht, ergib Dich nicht an Wien, erhöre Dich selbst! Vorwärts, aufwärts, werde was Du bist!« (Stirbt.) Wie anders Dörmann. »Wohl dir«, ruft er, »daß du gegangen den selbsterwählten Pfad, daß Sinnen und Verlangen ausreiften dir zur Tat. Es grüßt dein reines Wirken, es drückt dir warm die Hand von anderen Bezirken – ein Freund aus ›Jugendland‹«. Es kann, wiewohl die Sätze hier fortlaufend gedruckt sind, auch dem Laien nicht auf die Dauer verborgen bleiben, daß es sich um Verse, ja sogar um Reime handelt. Sie bringen mit stiller Nachdenklichkeit die Wehmut zum Ausdruck, die sich immer einstellt, wenn ein Dichter erkennt, daß er in ganz andere Bezirke gekommen ist, als in der Jugend geplant war, nämlich auf die Wieden und in die Leopoldstadt. Indem aber ein Libretto auf Empfehlung eines Zigarrenagenten von einem Fürsten Lubomirski zur Komposition angenommen wurde, zeigt sich, daß das Schicksal zwar seine Zusammenhänge, aber auch seine guten Seiten hat, und daß Baudelaire ein Pechvogel war. Von einer ähnlichen unbegründeten Schwermut erfüllt sind schon die Jugendgedichte Arthur Schnitzlers selbst, mit denen der ›Merker‹ seine Festnummer eröffnet hat, offenbar, um mit diesem aus Dämmer und Schimmer gewobenen Kitsch zu beweisen, daß der Jubilar nie ein Lyriker war. Der Merker werde bekanntlich, und wie er selbst wünscht, so bestellt, daß weder Haß noch Lieben das Urteil trüben, das er fällt. Da er keines zu haben scheint, so ist die Forderung leicht erfüllbar. Herr Georg Hirschfeld, dessen schicksalhafte Zusammenhänge mit der deutschen Literatur darin bestehen, daß er zuweilen mit Schnitzler durch die stillen Gassen der

Wiener Vorstadt geht, da er an der Seite Gerhart Hauptmanns schneller überflüssig wurde und weniger profitieren
konnte, dankt jenem nicht nur für das »Durchdringen in der
Kunst, wo er sein ehrlicher Förderer geworden«. »In Mai-
tagen, die Schnitzlers Geburtsfest umschließen«, sei er mit
ihm gewandelt, und »nicht schwach an der Seite dieses Starken« gewesen. »Leise, leise« habe sich eine positive Lust am
Dasein in ihm gemeldet. »Wie oft folgte ich Schnitzlers Blick,
wenn er die schönen Mädchen der Josefstadt betrachtete, die
Christinen (mit einem n) und die Schlagermizzis«. Leise,
ganz leise zieht's durch den Raum ... Aber das ist ja von
Dörmann und aus dem »Walzertraum« – nein, »es zog ein
holdes Grüßen durch die Luft. Ich aber, im Schatten dieses
Dichters, durfte schauen und atmen, wortlos fragen zum
reinen Wiener Himmel empor.« Aber wahre Dich, Wien!
mahnt Hirschfeld, anders als Bahr. Wahre Dich. »Du hast
einen großen Dichter noch, der dein Erbe wahrt, dein un-
ersetzliches Erbe.« Dieser entartete Berliner verdient wirklich nicht, daß es eine Untergrundbahn gibt. Wir wollen ihn
in Wien zuständig machen und ihn mit jenem andern Hirschfeld verwechseln, der plaudern kann. Ein Herr Ernst Lothar,
den man gleichfalls verwechseln möchte, sagt, Schnitzler sei
uns Führer gewesen, »hinaus zu den Grenzen des Letzten
und Geheimnisvollsten«. Es kommt eben darauf an, wie weit
man diese Grenzen steckt, das ist Standpunktsache, für
manche Leute beginnt dort schon die Ewigkeit, wo ich noch
den Zeitvertreib sehe, und manche stehen schon dort vor den
Rätseln, wo andere nur eine Rätselecke finden. Es ist aber
leider nicht zu leugnen, daß zwischen allerlei Feuilletonvolk
auch die Dichter Wedekind, Heinrich und Thomas Mann die
Gelegenheit, die sie anrief, benützt haben, um die Bedeutung des Schnitzlerschen Schaffens weit über alles in der
heutigen Literatur vorrätige Maß anzuerkennen. Wenn
man selbst die Liebenswürdigkeit, die der Anlaß zur Pflicht
macht, abzieht, bleibt noch so viel übrig, daß für die kritische
Potenz der Gratulanten nicht viel übrig bleibt. Sie sind wohl

auch zur Kritik nicht verpflichtet. Wenn aber Frank Wedekind behauptet, daß Schnitzler ein Klassiker und der einzige Dramenschöpfer sei, der nach zwanzig Jahren deutscher Produktion lebe, so ist weder die Selbstlosigkeit solchen Lobes noch die Verkennung Hauptmanns begreiflich und die Frage gestattet, ob Wedekind wirklich die theatralische Haltbarkeit des »Weiten Landes« oder die journalistische Haltbarkeit des »Freiwilds« neben »Erdgeist« und »Pippa« für diskutabel hält. Solche Äußerungen eines von seiner Produktion auf gewerbliche Probleme abirrenden Genies sind unerquicklich und sollten von einer innern Zensur unterdrückt werden, solange es Redaktionen gibt, die ihnen Vorschub leisten. Ich glaube, daß Wedekinds Bedeutung für das deutsche Drama länger vorhalten wird als seine kritische Autorität, deren Äußerungen zugleich mit jenen Geistern veralten werden, denen sie gelten. Arthur Schnitzler »Meister« zu nennen, möge Herrn Zweig überlassen bleiben, der es mit Recht tut, nicht ohne die beruhigende Zusicherung zu geben, daß seine Generation, wiewohl sie »anderes wolle«, die frühere nicht entwurzeln werde. Was sie will, die Generation des Herrn Zweig, weiß ich, und Herr Zweig weiß es auch. »In unserer Zeit, da die Kunst sich gern der Popularitätssucht, der Geldverdienerei, der Journalistik und Gesellschaftlichkeit kuppelt«, sei der Anblick Schnitzlers erfreulich. Nichts lenke mehr »von der Vista auf die Werke ab, als jene kleinen Unsauberkeiten des Charakters, die uns die Indiskretion der Nähe leicht preisgibt«. Herr Zweig kennt sich aus und hat ganz recht, wenn er Schnitzler von dem Drang zur Geldverdienerei, zur Journalistik und zur Gesellschaftlichkeit ausnimmt. Es ist nur die Frage, warum die neue Generation, die zu all dem inkliniert, die es weiß, und die ihr Ende bei der Neuen Freien Presse voraussieht, sich nicht lieber umbringt, und was Schnitzler anlangt, so ist gewiß zum Lobe seiner Person zu sagen, daß er sich nie um jene zweifelhaften Subsidien mangelnder Persönlichkeit umgesehen hat, sondern daß sie von selbst zu ihm gekommen sind. Schnitzler ist von ihnen umringt und sitzt in der Fülle aller Leere, ohne daß er das Talent jener Betriebsamkeit aufwenden mußte oder konnte, die heute den Wert ersetzt. Seine Position ist zwischen Bedeutung und Geltung, und eine geheimnisvolle Verwandtschaft mit ihm muß die Welt so hingerissen haben, daß sie ihm gern entgegenkam.

NOTIZEN

Mai 1913

Ein Brief

Die meisten Briefe, die im Verlag der Fackel geschrieben werden, haben durchaus keinen geschäftlichen Inhalt. Es sind Antworten an Einsender, deren Annäherung als schimpflich empfunden wurde, motivierte Entziehungen des Abonnements, wenn der Abonnent mit Berufung auf diese Würde sich zu weit vorgewagt hatte, Kündigungen des Freiexemplars an Redaktionen, die über die Pflicht hinaus, den »Inhalt« abzudrucken, zu einer Kritik übergegriffen hatten, Zurechtweisungen von Behörden, die sich für verpflichtet hielten, den Herausgeber von einem Abonnement auf die Fackel zu unterrichten, Verweigerungen von Nachdrucken mit Grundlegung zu späteren Haßausbrüchen und dergleichen mehr. Man sieht, es gibt auch im Verlag viel zu tun. Einer dieser Briefe lautet:

Wien, 24. April 1913.
An die Schriftleitung der Deutschen Tageszeitung, Berlin.
Ein Berliner Ausschnittbureau übersendet uns den Artikel, den Sie am 14. April über Peter Altenberg gebracht haben und der mit den Worten beginnt:
»Peter Altenberg, so schreibt Adolf Bartels im 18. Bogen seines deutschen Schrifttums, heißt eigentlich Richard Engländer.«
Sonst zitieren Sie keinen weiteren Ausspruch dieser Autorität, sondern gehen zu einem Nachdruck der Altenberg'schen Skizze »So wurde ich« über, in der des Anteils gedacht ist, den der Herausgeber der Fackel an der Publikation des ersten Altenberg'schen Buches hat, und die mit den Worten schließt: »Und was bin ich geworden?! Ein Schnorrer!« Dazu schreiben Sie: »Nun, Peter mag sich trösten, das ist ein guter alter jüdischer Beruf. Uns Deutsche interessiert an der Skizze vor allem, wie die Juden ihrem Rassegenossen helfen. Die sechs älteren »Werke« von Peter Altenberg haben inzwischen die 7., 4., 3., 4., 4., 3. Auflage erlebt, obschon er als Schriftsteller eigentlich »parlamentarisch« kaum zu charakterisieren ist. Man höre noch zwei Aphorismen von Peter Altenberg: . . .«
Daß Sie zwei Aphorismen von Peter Altenberg nicht verstehen und sich überhaupt unfähig fühlen, ihn als Schriftsteller parlamentarisch zu charakterisieren, würde uns natürlich nicht aufregen und gewiß nicht Stoff

173

zu einem Brief an Sie geben. Was uns, den Verlag der Fackel, interessiert, ist nur die Stelle Ihrer Notiz, wo Sie sich erdreisten, das Eintreten des Herausgebers der Fackel für Peter Altenberg als die »Hilfe der Juden für ihren Rassegenossen« darzustellen. Es kann natürlich nicht unsere Sache sein, Ihnen eine bessere Ansicht über diesen Punkt beizubringen oder Ihnen zu versichern, daß jede Zeile, die Sie und jedes deutschantisemitische Blatt je geschrieben haben, jenem jüdischen Drang verwandter war als die Erkenntnis, aus der der Herausgeber der Fackel für Peter Altenberg eintritt, ganz abgesehen davon, daß die Sprache Altenbergs deutscher und sein Inhalt christlicher ist als sämtliche Jahrgänge, die sämtliche deutsch-christlichen Schriftleiter Deutschlands und Österreichs bisher zusammengeschrieben haben. Sie würden's ja doch nicht glauben und beweisen läßt sich nicht so leicht wie die Konfession. Was uns aber interessiert, ist die Tatsache, daß Sie jene Bemerkung über den Herausgeber der Fackel denselben Lesern vorsetzen, denen Sie durch Jahre in eindringlichen Hinweisen und geradezu begeisterten Notizen die Lektüre der Fackel, wohl zur Aufklärung über die Verworfenheit der jüdischen Presse, empfohlen haben. Nun würde uns dieser Wechsel der Gesinnung nicht besonders aufregen, da wir die Verworfenheit der Presse ohne rassenmäßige oder konfessionelle Nuancen ins Auge fassen und nie daran gezweifelt haben, daß sich die antisemitische Presse von der jüdischen zu ihren Gunsten höchstens durch die geringere Geschicklichkeit unterscheidet. Auch ist der Herausgeber der Fackel der Ansicht, daß die deutsche Treue, jedenfalls insofern sie von den deutschen Schriftleitern strapaziert wird, an Wert hinter der ärgsten jüdischen Pofelware nicht zuweit zurücksteht, und er hat auf die Beständigkeit einer nationalen Anhängerschaft noch nie übertriebene Hoffnungen gesetzt. Das alles ist uns also gleichgültig, und Ihr Tadel kann uns so wenig anhaben wie Ihre Komplimente. Was uns ausschließlich angeht, ist das geschäftliche Verhältnis, in dem wir, wie sich zu unserer Beschämung herausstellt, zu Ihnen stehen und das natürlich nicht durch ein Urteil, wohl aber durch eine Unsauberkeit alteriert werden kann. Es besteht darin, daß Sie von uns ein Freiexemplar ständig erhalten, welches Sie seinerzeit erbeten haben und das Ihnen im Sinne einer rein administrativen Übung bewilligt wurde, der die kostenlose Propaganda unserer preßfeindlichen Absichten durch die Presse nicht unerwünscht war. Für das Freiexemplar haben Sie die Verpflichtung übernommen, den »Inhalt« der Fackel abzudrucken. Diese Verpflichtung haben Sie wiederholt durch ungeschickte Nachdrucke von Aufsätzen überboten, deren Erlaubnis Ihnen gegeben oder von Ihnen genommen wurde. Wir erinnern uns, daß Ihnen sogar einmal der honorarfreie Abdruck einer umfangreichen Satire »Der Fortschritt«, ausnahmsweise (unter der Bedingung sorgfältigen Druckvergleichs) gestattet wurde. Dies alles bringen wir aber nicht etwa vor, um Ihnen zu beweisen, daß die Schnorrerei nicht nur ein guter alter jüdischer Beruf ist. Wir wollen Ihnen bloß bekanntgeben, daß wir künftig nicht gesonnen sind, undankbaren Vertretern dieses Berufes entgegenzukommen, und darum das Freiexemplar einstellen. Sie mögen sich dann mit Recht darüber beklagen, daß die Juden den Angehörigen einer fremden Rasse nicht helfen wollen.

Der Verlag der Fackel.

Geteilte Ansichten

Die Ansichten der ›Frankfurter Zeitung‹ über mich sind geteilt. Da läßt sie einen schreiben:

. . . . der ganze Horizont eines Menschen unserer Zeit . . . . ist durch die tausenderlei Anzeigen, Inserate und Plakate mitgebildet. Deshalb durfte auch der Satiriker Karl Kraus einen seiner stärksten und schärfsten Essays »Die Welt der Plakate« nennen. Indem er die mehr oder minder klug, mehr oder minder geschmackvoll, mehr oder minder aufdringlich, mehr oder minder grotesken Reklamemethoden in einer Art von Phantasmagorie als Welt für sich zeigt, übt er so bittere, aber tiefgehende Kritik an der Welt der »Wirklichkeit«.

Tagszuvor aber hat Herr Ganz, der Wiener Korrespondent, geschrieben:

. . . . ein Autor, der Mitarbeiter der ›Neuen Freien Presse‹ ist, hat gegen alle die Feindseligkeiten zu kämpfen, die diesem Blatte im Laufe der Jahre mit Recht oder Unrecht erwachsen sind. Der Wiener B i l d u n g s - m o b teilt sich gegenwärtig in zwei Lager, in solche, die noch auf die ›Neue Freie Presse‹, und solche, die schon ebenso blind auf Karl Kraus schwören, und die Literaten in solche, die sich mehr vor der ›Neuen Freien Presse‹, und solche, die sich mehr vor Kraus fürchten. S o l c h e n L e u t e n i s t e i n A u t o r und sein Werk a u s g e l i e f e r t, namentlich ein neuer Mann, der n o c h k e i n e n A u s l a n d s k r e d i t hat und für den die Aufnahme, die er in Wien findet, fast ein Lebensschicksal bedeuten kann.

Es sollte mir außerordentlich leid tun, wenn der Glaube, den ich bei einem Teil des Wiener Bildungsmobs schon finde, und die Furcht, die ein Teil der Literaten vor mir hat, der Karriere des Herrn Sil Vara geschadet haben. Aber ich kann nur versichern, daß ich nichts dafür kann. Nie habe ich Wert darauf gelegt, den Wiener Bildungsmob den Armen der Neuen Freien Presse zu entreißen, umsoweniger, als er sich von dem, der auf die Frankfurter Zeitung schwört, nicht wesentlich unterscheidet, und mir, der nicht Machtbestände verrücken will, verwachsen Bildungsmob und Presse zu einem einzigen Vollbart, der auch das Antlitz des Wiener Korrespondenten der Frankfurter Zeitung zieren kann. Aber noch die Ansichten dieses Ganz über mich sind geteilt, denn er hat mich ehedem mit Lichtenberg verglichen und nennt mich jetzt eigentlich einen Schmarotzer an Snobismus und Feigheit. Daß die Furcht vor mir noch keinem Literaten bei mir genützt hat, weiß jeder Literat. Furcht ist im Gegenteil eine Fährte, und jeder trachtet nicht so sehr mir aus dem Weg zu gehen, als mich aus seinem Wege zu bringen. Ich lege ja auch in der Tat viel weniger Wert darauf, daß die Herren mich grüßen, als daß sie keine Schweinereien machen. Furcht ist so verfehlt wie Unerschrockenheit, die Wiener Briefe schreibt. Man kann auch furchtlos Dummheiten begehen. Und ich werde es schon noch dahin bringen, daß die Herren, die das Ausland bedienen, so unreinen Mund über mich halten, wie die Landsleute. Das wäre das weitaus Vernünftigste. Ich werde jede Entstellung und Beschmutzung des Bildes der Fackel in jedem einzelnen Falle nachsichtslos verfolgen. Die Behauptung, daß der halbe Bildungsmob auf mich so blind schwört wie der andere auf ein korruptes Tagblatt, wird von fremden Lesern zu der Vorstellung ergänzt, daß mein Werk ebenso ein Opfer an den Bildungsmob ist und hier eine ähnliche Intimität besteht wie im »andern Lager«. Solchen Leuten ist ein Autor ausgeliefert, der noch keinen Auslandskredit hat! Der Journalist schreibt es nieder, der Tölpel glaubt es. Es korrespondiert etwa mit jenem banalen Zweifel, der sich an die Tatsache meiner Vorlesungen heftet und den Kopf darüber schüttelt, wie ich derselben Schichte, deren Wesenheit mir die Erregung eingebe, die Gestaltung vorlesen könne. Ach, diese Esoteriker, die nicht einmal die Qualität haben, Publikum zu sein, mögen mich nur schalten lassen. Ihnen, den Einzelnen, könnte ich's nicht vorlesen, doch mir selbst bringe ich's zu Gehör und der Masse

176

sage ich's ins Gesicht. Diese mag, wenn es vorüber ist, in Einzelne zerfallen, deren Urteil und Tonfall von neuem die Erregung rechtfertigt, aber im Saal schließen sie sich zu jener Hörfähigkeit, die mein Glossentext nicht entbehren kann. Zwischen Text und Vortrag wäre ein künstlerischer Widerspruch, wenn ich das täte, worauf der Dramenschreiber angewiesen ist: mein Werk von einem andern vortragen zu lassen. Oder wenn ich irgendein anderer der heute lebenden Autoren wäre, die ihre Sachen selbst vorlesen. Die, denen es gilt, hören gut zu. Zwar manche, die ein Grauen überkam, sind dann im Zwischenakt intelligent geworden. Das ist mir recht, das Gesetz der Theaterwirkung ist erfüllt, und der Widerspruch ist nicht in mir. Die Frechheit soll sich nur melden. Was unter und trotz ihr mit nach Hause genommen wird, wirkt nach und stört späterhin Schlaf und Verdauung.

September 1913

Ähnlichkeit

Ein analytischer Schmock, einer von jenen, die jetzt aus allen Spalten grinsen, berichtet in der ›Frankfurter Zeitung‹ über eine Plauderei, die der bekannte Erotiker Franz Blei in Berlin abgehalten und bei der er Fragen aus dem Auditorium kulant beantwortet hat.

Wie er in schlichten, nichteifernden Worten sein B e k e n n t n i s gab, konnte man in den ausdrucksvollen Zügen das feine T h e o l o g e n - g e s i c h t entdecken, das Max Oppenheimer malte. Verblüffend ist in solchen Momenten auch eine gewisse Ähnlichkeit Bleis z u d e m i n m a n - c h e r H i n s i c h t g e i s t e s v e r w a n d t e n Karl Kraus; nur daß d e r W i e n e r K a f f e e h a u s t h e o l o g e ein so strenger Stilkünstler ist, daß er nur vorlesen kann und sich zu solchen Stegreifexperimenten nicht hergibt.

Was die Kaffeehaustheologie anlangt, so könnte man mit Recht jeden Pfarrer einen Kaffeehaustheologen nennen, der keine Köchin hat und deshalb im Kaffeehaus den Kaffee nehmen muß. Was die Geistesverwandtschaft mit Herrn

Blei anlangt, so ist sie insofern ersichtlich, als Herr Blei meine Aphorismen mit Interesse gelesen hat. Da ich mich aber für Bilderhandel nicht interessiere, so dürfte die Ähnlichkeit doch wieder nur sehr oberflächlich sein und höchstens eine »zu« mir, aber nicht mit mir. Alles in allem, vermute ich, wird das Gesicht des Herrn Blei meinem Gesicht so verblüffend ähnlich sein, wie ein Porträt des Herrn Oppenheimer einem Porträt von Kokoschka.

Ein Führer

Aus der Fülle der Bewerber, die den Schinder nicht erwarten können, drängt sich einer vor. Er ist auf den ersten Blick der unwahrscheinlichste, wenn nicht die andern, die sich noch gedulden müssen, sich als unwahrscheinlicher herausstellen. Man soll nichts berufen. Max Geißlers »Führer durch die deutsche Dichtung des 20. Jahrhunderts«. Der Verleger, dessen Name preisgegeben werden muß – es ist die Firma Alexander Duncker in Weimar – sagt mit Recht:

Kein Volk darf sich rühmen, ein Werk dieser Art zu besitzen, das an Zuverlässigkeit und Größe der Anlage, oder auch nur der Idee nach, ähnlich wäre Max Geißlers Führer durch die deutsche Dichtung des 20. Jahrhunderts.

Der ›Brenner‹ zitiert unter anderen die folgende Stelle:

Heym, Georg »... Er war das Haupt einer Gruppe junger Berliner Dichter, die sich Neopathiker nennen. Zu ihnen gehören auch Verhaeren, Johannes V. Jensen, Whitman ...«

Ferner ergibt sich diese Perspektive:

Peter Altenberg	Thomas Koschat
»Eine sehr üble Erscheinung auf dem deutschen Parnaß, die ein groteskes Spiel mit sich selbst und etwa dem Caféhauspublikum spielt, oder was	»In Schildereien, Kurzgeschichten und in zahlreichen Liedern aus seiner kärntnerischen Heimat.... hat er ein Denkmal sich errichtet im Herzen seines Volkes, im Herzen der

auf seiner Höhe steht. Der Dichter als Karikatur. Aber allem Anschein nach aus raffinierter Berechnung. Bohémien in seinem Leben und Schaffen – ein Gaukler, der in Peter Hille einen Bruder besaß, zu dessen Karikatur er sich hinabarbeitete. Dabei vergißt er, das Hängekleidchen einer mitunter recht schlecht gespielten Kindhaftigkeit abzutun. Aber – warum denn nicht? . . . So lang es Publikum gibt, das zu so etwas sich bekehrt und Literaturgeschichtenschreiber, die über seine Dirnenfreundschaften und Dirnenseele sich entzücken . . . warum denn nicht? Er steht sich besser bei dieser Sorte Bohème als in anderem Kostüm. Seine Dichtung ist unreif wie die Komödie seines Daseins, ein Mosaik von banalen Gemeinplätzen und Frivolitäten, und möchte Dirnenmoral auf den Thron setzen.«

Menschheit. Am 13. November 1912 trat er als Hofkapellensänger in den Ruhestand, Ehrenmitglied der Wiener Hofoper; 45 Jahre lang hat er als Führer des Opernchores gewirkt und zur Feier des Tages wurde sein Liederspiel ›Am Wörthersee‹ aufgeführt. Sechs Operndirektoren sah Koschat kommen und gehen. Ursprünglich für das Studium der Naturwissenschaft bestimmt; er wurde aber im Angesicht der Kärntenschen Wälder und Seen ein Sänger und Poet. In seinen 110 Werken rauschen vor allem die Quellen des Gefühls und Gemüts; in den meisten Fällen ist er Dichter und Komponist zugleich – ›Verlassen‹ ist die schmerzvollste und populärste Schöpfung K's. Sie findet sich in seinem lustigen Liederspiel ›Am Wörthersee‹, ebenso ›Armes Diandle, tua nit wanen‹ . . . Stürmischer Jubel umbrauste K., als er am Schlusse des Abends in seiner Nationaltracht vor dem Vorhange sich zeigte . . .«

Und mit so was lebt man auf einem Planeten!

Oktober 1913

Eine Einladung

Sehr geehrte Redaktion!

Der unterzeichnete Hellerauer Verlag gibt sich die Ehre, Ihre geschätzte Redaktion zu dem Besuche der deutschen Uraufführung von
Paul Claudels »Verkündigung«
für Sonntag, den 5. Oktober, abends ½6 Uhr
ergebenst einzuladen.
Diese Aufführung steht in keinem Zusammenhang zur Bildungsanstalt Jaques-Dalcroze. Diese hat nur den Saal zur Aufführung hergegeben

und nur d i e s e r Saal in seiner Anordnung von Bühne und Zuschauerraum, seiner Beleuchtungsart und der damit gegebenen Bühnenaufgabe steht zu Claudels Stück in einer wesentlichen Beziehung. D i e s e darstellerisch zum Ausdruck zu bringen, soll eben Aufgabe d i e s e r Aufführung sein. Im übrigen unterrichtet über die künstlerische Absicht d i e s e r Veranstaltung ein Programmbuch, das Ihrer geschätzten Redaktion mit der Übersendung der Eintrittskarten am 1. Oktober zugehen wird. . . . Die Hauptprobe zu d i e s e r Aufführung findet Donnerstag, den 3. Oktober statt und zwar abends ½6 Uhr bis gegen 10 Uhr, falls es gelingt, die mitwirkenden Kräfte für d i e s e n Abend von ihren Verpflichtungen in Leipzig, bezw. Berlin zu befreien, sonst vormittags 11 Uhr. Auch hiezu erlaubt sich . . . . Mit Rücksicht auf die Eigenart der Aufführung . . . . mit großem Danke begrüßen, wenn die Besucher der Premiere durch einen kurzen Bericht über die Hauptprobe etwas vorbereitet würden.

Mit vorzüglicher Hochachtung ergebenst
Hellerauer Verlag.

Was hiermit geschieht. Nicht ohne die Bemerkung, daß dieser Hellerauer Verlag es ist, der nicht nur diese Aufführung, sondern auch die deutsche Übersetzung dieses Werkes von Claudel in diese Hand genommen hat.

Er ist doch ä Jud

Mittwoch, 1. Oktober 1913

Geehrter Herr!

Unter dem Eindruck der gestrigen Vorlesung im Musikvereinssaale, möchte ich mir erlauben, Sie auf Ihren persönlichen Mut zu prüfen.
Bitte – versuchen Sie, in Ihrer Fackel, eine Erklärung dafür zu finden, resp. zu geben, daß Ihr Auditorium, Ihr begeistertes Auditorium, fast durchwegs gerade aus jenen Juden besteht, die Sie so heftig angreifen und kritisieren.
Ich muß gestehen, daß ich sowohl von der Wirkung Ihrer Persönlichkeit als Ihrer lebendigen Vortragsart angenehm überrascht war – trotzdem ich seit Anbeginn der Fackel deren treuer Leser bin; nochmehr überrascht war ich über das Auditorium, welches Ihnen, unter dem Banne Ihrer Vortragskunst, frenetischen Beifall zollt – um schon in der Garderobe auszurufen: »Er ist doch ä Jud'!«
Es würde mich freuen, wenn Sie mir dieses psychologische Rätsel lösen könnten, und wäre Ihnen dankbar, wenn dies unter Wahrung des redaktionellen Geheimnisses geschehen könnte. In Hochachtung – –

Ein treuer Leser der Fackel seit Anbeginn sein und erst im fünfzehnten Jahr neugierig, ob ich Mut habe: das ist kurios. Indes, da ich die Angelegenheit nicht so sehr für ein Problem des Mutes als der ästhetischen Einsicht halte, so kann ich zwar antworten, aber ohne zu wissen, ob nicht in fünfzehn Jahren wieder ein Leser mich fragt, ob ich eigentlich Mut habe. Es ist eine herzige Ansicht, daß ich in der Fackel alles ausdrücken könnte, was mich bewegt, mit Ausnahme jener Realität, der ich es vorlese, oder: daß mich die Erscheinungen in dieser nicht bewegen und daß ich blind sei für ihre erschreckende Ähnlichkeit mit dem Leben, das außerhalb des Vortragssaales von mir gesichtet wird. Man muß nicht seit fünfzehn Jahren, sondern nur seit zwei Jahren die Fackel gelesen haben, um zu wissen, warum ich aus ihr vorlese. Man muß nicht spüren, daß in vielen meiner Arbeiten die Fähigkeit schon enthalten ist, das Geschriebene den Leuten ins Gesicht zu sagen. Aber man muß wissen, daß ich darauf hingewiesen habe; sonst ist man ein so schlechter Leser wie Hörer. Doch selbst einer, der nie eine Zeile gelesen und nur die letzte Vorlesung gehört hat, muß wissen, daß ich mir über die gedankliche Tragweite meines Vortrags keine Illusionen mache und ihr Ende eben dort sehe, wo die Garderobe beginnt. Daß ich unter Hörern wie unter Lesern Hörer und Leser für vorstellbar, möglich und existent halte, die mehr als einen Reiz oder selbst eine Erschütterung durch den Tonfall von etwas, was sie nicht verstehen, mitnehmen, braucht nicht gesagt zu werden. Die Masse kann und soll nicht verstehen. Sie leistet genug, wenn sie sich aus trüben Einzelnen zu jenem Theaterpublikum zusammenschließt, das der unentbehrliche Koeffizient schauspielerischen Wertes ist. Dieses Publikum, wenn es nur richtiges Publikum ist, bewährt sich am wenigsten an solchen geistigen Gestaltungen, deren Stoff ihm geläufig ist, weil es von ihnen kaum mehr als den Humor der stofflichsten Assoziationen, der Nomenklatur (Männergesangverein, Bahr, Concordia, Zifferer, Grubenhund) erfaßt, und bewährt sich am besten dort, wo es von der rhythmischen Wirkung der Pflicht jedes Verständnisses überhoben wird: an den gedanklich schwersten, aber von der dynamischen Welle zu jeder Seele getragenen Stücken, gegen deren Stofflichkeit, deren »Tendenz« die fünfhundert Einzelnen rebellieren müßten. Darum ist es erklärlich, daß die »Chinesische Mauer«, von der kaum ein Wort verstanden wird, den Saal in Aufruhr bringt. Je stärker solche Wirkung auf die empfangende Masse war, desto heftiger ist die Reaktion der sich am Schlusse wiederfindenden Individuen. Es ist vollkommen gleichgültig, ob das Publikum aus Verehrern oder Feinden, Theosophen oder Monisten, Denkern oder Generalkonsuln, Wienern oder Persern, Christen oder Juden besteht. Von welcher Menschenart es ist, zeigt sich erst im Zwischenakt und in der Garderobe. Das psychologische Rätsel besteht in der Anziehung einer Vielheit, der man doch das Gefühl nachrühmen muß, daß sie hier etwas durchzumachen habe, und in der Verwandlung von fünfhundert Männern und Weibern zu der Einheit Weib, die Publikum heißt. Die Reaktion wird je nach dem Grade der Erziehung mehr oder minder geräuschvoll ausfallen. Leute, die durch den Eintritt in die Vorlesungen eine größere Geschmacklosigkeit beweisen als durch die Art ihres Austrittes, werden am heftigsten gegen die ihnen aufgezwungene Pflicht, Teil einer eindrucksgefügen Einheit zu sein, sich auflehnen. Sie sind die lautesten und bringen deshalb das ganze Publikum in Verdacht, das ja wohl auch Personen aufweist, deren Widerstand Anstand bleibt. »Er ist doch ä Jud!« ist das Urteil, das jene schon in die Vorlesung mitbringen, nur widerwillig für 2½ Stunden aufgeben und mit dem Überrock wieder in Empfang nehmen. Man bedenke aber, was es heißt, aus Leuten, die »jeden Früh aufkommen« und dann den ganzen Tag wach und intelligent bleiben, am Abend eine willige Einheit zu machen, als Vorleser, ohne Maske, ohne Orchester. Niemand, zu allerletzt der oben steht, kann es ihnen übelnehmen, daß sie sich hinterdrein salvieren und jene Einwände hervorsprudeln, die ihnen bei der Hand waren, ehe sie sich der Reinigung ihrer Leidenschaften unterwarfen. Wenn sie schon baden gehn müssen, so wollen sie doch nachher wieder schmutzig sein. »Er ist doch ä Jud!« haben sie immer, auch hinter der Erscheinung, deren suggestive Wirkung eine Welt umarmt hat, ausgerufen. Das wäre das geringste. Viel unappetitlicher sind Rufe wie die bereits von mir in satirische Dialoge eingepflanzten: »Was er davon hat, fortwährend mit den Angriffen auf die Presse, möcht ich wissen!« »Alle Welt is für Heine – e r muß gegen Heine sein!« Nach Anhörung eines jener Dialoge soll einer bemerkt haben: »Jüdeln kann er wie unsereins, aber schimpfen tut er doch!« Ein anderer resümierte schlicht: »Er wär doch froh, wenn er in die Presse hineingekommen wär!« »Möcht wissen, was e r sagen möcht, wenn ein a n d e r e r so über i h n vorlesen möcht«, äußerte eine Mädchenblüte. »Die Presse ist doch das bestgeschriebenste Blatt, und wenn er sich auf den Kopf stellt!«, rief eine Matrone. »Ich bitt Sie, Brotneid!«, enthüllt ein Wissender. Man hat auch schon Sätze gehört wie: »Ich hab dir gesagt, ich geh nur zu Salzer!« »Alles niederreißen – treff ich auch.« »Was ist das gegen früher! Er hat sich ausgeschrieben.« »Auernheimer hat er heut in Ruh gelassen.« »Der Gerasch liest im kleinen Finger besser!« »Nichts für junge Mädchen, das nächste Mal bleibst du mir zuhaus.« »Er wird sich noch Feinde machen.« »Schnupfen hat er auch.« »Die was so stark applaudiert haben, das ist die Clique, die Journalisten!« Das letztemal soll bemerkt worden sein: »Sagen Sie mir um Gotteswillen, was will er nur von den Leuten?« »Siehst du, das ist also Karl Kraus der Gemeine, aber – lesen kann er!« »Nicht einmal ein reines Taschentuch hat er!« Und der ärgste und sicher unwahrste von allen Anwürfen: »Ich kenn ihn doch persönlich!« – Glaubt der Einsender, daß ich unter den Leuten, die so wieder zu sich kommen, sitzen könnte? Über ihnen ist's leichter. Vermeinte ich, daß die Wirkung, zu der ich sie zusammenschließe, vorhält, dann müßte ich mich, wie ich's ihnen bei der letzten Vorlesung sagte, wundern, daß nicht entweder die von mir gebrandmarkten Spitzbuben gelyncht werden oder ich. Solche Effekte bleiben aus. Aber daß sich die strafende Wirkung, die auszukosten die einzige Ent-

schädigung für meine Nerven ist, über allen Zerfall und alle
Schäbigkeit doch auf unsichtbare Art fortsetzt, ist der Glaube,
der mir das Recht auf solchen Genuß und solche Erholung
gibt.

Juni 1913

Der Wagner-Brief

Der wehmütigen Deutung des Zitats, das die ›Neue Freie
Presse‹ gebracht hatte:

»Als ich am letzten Abend«, schrieb Wagner an Jauner, »nach Ihrem
üppigen Souper von Ihnen schied, wußte ich, daß ich nie wieder Wien
betreten würde.« Und Richard Wagner ist nach dem Januar 1876 auch
nicht mehr in Wien gewesen.

ist im letzten Heft durch den Abdruck des »ganzen Briefes«
aus dem Glasenapp'schen Werk lebhaft widersprochen worden. Nun stellt sich heraus, daß auch der dort veröffentlichte
Text noch nicht der ganze war, und da fast keine Weglassung bezeichnet ist, so liegt die Vermutung nahe, daß der
Biograph den Wortlaut nicht selbst verstümmelt, sondern
von einer Wiener Seite in verstümmelter Form empfangen
hat. Der übernommene Text ist nur unwesentlich verändert;
aber es fehlen ganze Sätze, die Wagners Sehnsucht nach
Wien, wenn dies nach den bereits bekannten Stellen noch
möglich ist, verdeutlichen. Es liegt zutage, daß die ›Neue
Freie Presse‹, die Wagners Verzicht sentimental nimmt,
selbst dessen infame Ursache war. Es ist aber auch
ersichtlich, daß die Kulturgeschichte um diesen Beweis, um
Wagners Aussage, gebracht werden sollte. Indes hätte man,
ohne dem Andenken Wagners nahezutreten, höchstens ein
Recht gehabt, das Andenken des bedeutenden Schriftstellers,
den er nebst Hanslick angreift, durch eine Punktierung des
Namens zu schonen. Das geschieht auch hier, wo die Entstellung, die schon vor der Fälschung begangen wurde, nachgewiesen wird. Wagner mußte jenem umsoweniger gerecht

werden, als er an ihm nur die Ungerechtigkeit gegen Wagner sah. Dem Milieu der Wiener Presse aber, in das er ihn einbezogen hat, gebührt die ungekürzte Darstellung durch Richard Wagner, also mit den hier in Sperrdruck gesetzten Stellen, die in der Biographie fehlen:

Mein wertester Gönner und Freund!

Sie Unermüdlicher! Muß ich Ihnen immer wieder auf Ihre freundlichen Einladungen ausweichend antworten, da Sie den richtigen Grund meines Davonbleibens wohl verstehen, aber, wie es scheint, nicht zugeben wollen? Sie haben doch selbst Phantasie; können oder wollen Sie sich die Ergebnisse eines neuerlichen Besuches von mir in Wien nicht ausmalen? Ich dächte wir hätten doch genug davon das letzte Mal erfahren! Glauben Sie, daß die 6 Wochen im Winter 1875 als angenehme Erinnerungen in meinem Gedächtnisse leben? Selbst wenn ich mich gar nicht um die Aufführungen bekümmern, keiner Probe beiwohnen und bloß auf gut Glück bei den Vorstellungen Figur machen sollte, würde ich, wenn ich nur über die Straße gehe oder etwa einem Betteljungen ein Wort sage, von Eueren herrlichen Zeitungsschreibern im Koth herumgezogen werden, und – wie die Freunde nun einmal sind – alles von diesen mir wiedererzählen lassen müssen. Nein lieber Freund! Als ich am letzten Abend nach Ihrem üppigen Souper von Ihnen schied, wußte ich, daß ich nie wieder Wien betreten würde. Dort, wo ungestraft jeder Lumpenhund über einen Mann wie mich herfallen und seine Jauche über mich ergießen kann, da habe ich glücklicherweise nicht mehr mich blicken zu lassen. Nie! Nie! Grüßen Sie den Staatsrat Hanslick und . . . . und wie das Gesindel heißen mag. Ihnen, das heißt diesen Herren zürne ich nicht, denn ihr Metier scheint ihnen dennoch in Wien Geld einzubringen? Somit scheint das Publikum doch sie lieber zu haben als mich. Also meinen Segen!

Besten Glückwunsch und herzliche Grüße von Ihrem

stets ergebenen

Bayreuth, 5. September 1879.   Richard Wagner

DER FALL KERR

März 1911

Der kleine Pan ist tot

In Berlin wurde kürzlich das interessante Experiment gemacht, einer uninteressanten Zeitschrift dadurch auf die
Beine zu helfen, daß man versicherte, der Polizeipräsident
habe sich der Frau des Verlegers nähern wollen. Das Experiment mißlang, und der ›Pan‹ ist toter als nach seiner
Geburt. Herr Maximilian Harden hatte schon Abonnenten
verloren, weil er sie durch den Nachweis vermehren wollte,
daß Fürst Eulenburg homosexuell veranlagt sei. Herr Alfred
Kerr, der dieses Wagnis, einen erotischen Hinterhalt für die
Politik und den politischen Vorwand für das Geschäft zu
benützen, tadelte, hat einen schüchternen Versuch gemacht,
es zu kopieren, indem er, gestützt auf die erweisliche Wahrheit, daß Frau Durieux die Gattin des Herrn Cassirer sei,
sich bemüßigt fand, in Bezug auf die Erotik des Herrn
v. Jagow »auszusprechen was ist«. Herr Kerr ist dabei zu Schaden gekommen. Denn eine üble Sache wird dadurch nicht
schmackhafter, daß man sie statt in Perioden in Interjek-
tionen serviert, und der Moral ist nicht besser gedient, wenn
sie von einem Asthmatiker protegiert wird, als von einem
Bauchredner. Das demokratische Temperament mag es ja
als eine geistige Tat ohnegleichen ansehen, daß einer dem
Polizeipräsidenten »hähä« zugerufen hat, und die Verehrer
des Herrn Kerr, dessen Stil die letzten Zuckungen des sterbenden Feuilletonismus mit ungewöhnlicher Plastik darstellt,
mögen diesen Polemiker sogar für den geeigneten Mann
halten, mich für »Heine und die Folgen« zur Rede zu stellen. Ich möchte das Talent des Herrn Kerr so gering nicht
einschätzen wie jene, die ihm zu politischen Aktionen Mut
machen. Im sicheren Foyer theaterkritischer Subtilitäten hat
er es immerhin verstanden, aus dem kurzen Atem eine Tugend zu machen, und man könnte ihm das Verdienst einer
neuen Ein- und Ausdrucksfähigkeit zubilligen, wenn es nicht

eben eine wäre, die wie alle Heine-Verwandtschaft Nachahmung ihrer selbst ist und das Talent, der Nachahmung
Platz zu machen. Das bedingt einen geistigen Habitus, der
auch den leiblichen geflissentlich dazu anhält, sich noch immer als Jourbesucher der Rahel Varnhagen zu fühlen, und
dem das politische Interesse bloß eine Ableitung dessen ist,
wovon man leider stets im Überfluß hat: der Sentimentali-
tät. Sie allein macht es verständlich, daß Ästheten, die aus
Lebensüberdruß Gift nehmen könnten, weil es grün ist, und
die einen Pavian um den roten Hintern beneiden, manchmal
drauf und dran sind, die Farbe, die bisher nur ihr Auge befriedigt hat, auch zu bekennen. Diesen politischen Zwischen-
stufen zuliebe ist der ›Pan‹ gegründet worden, und wenn
man schon glaubte, alle Sozialästheten würden sich wie ein
Heinrich Mann erheben und fortan nach seinen Gedanken
handeln, die an der Oberfläche sind und doch tief unter seiner Form, – so erschien ein offener Brief an Herrn v. Jagow.
Er war die Antwort auf einen geschlossenen. Herr v. Jagow
hatte sich der Frau Durieux »außergesellschaftlich« nähern
wollen. Man denke nur, welchen Eindruck das auf Herrn
Kerr machen mußte, dessen Scherz, Satire, Ironie und tiefere
Bedeutung sich in dem Worte »Ecco« erschöpft, wozu aber,
wenn er gereizt wird, in der Parenthese noch die treffende
Bemerkung »Es ist auffallend« hinzutreten kann. Herr Harden hätte in solchem Falle vom Leder gezogen, das heißt er
hätte den Feind dieses riechen lassen statt des Gewehrs. Herr
Kerr begann fließend zu stottern, teilte den Polizeipräsidenten in sechs Abteilungen und fühlte sich aristophanisch wohl.
Herr Cassirer, der am Skandal und am Geschäft beteiligte
Verleger, duldete still. Und der Fall wurde zum Problem,
wie viel Aufsehen man in Deutschland mit schlechten Manieren machen kann. Gewiß, man muß von modernen Literaten nicht verlangen, daß sie die Qualität einer Schauspielerin eher in der Fähigkeit erkennen, sich eine außergesell-
schaftliche Annäherung gefallen zu lassen, als in dem Ansehen, das sie als Hausfrau eines Kunsthändlers genießt.
Gewiß, man mag es hingehen lassen, daß ein moderner Im-

pressionist über die Psychologie der Schauspielerin so korrekt denkt wie ein Schauspieler, der ja der Erotik zumeist als Mitglied der deutschen Bühnengenossenschaft gegenübersteht. Aber man muß über die Promptheit staunen, mit der hier – jenseits des Problems der Theaterdame – die allerordinärsten Abfälle des Moraldogmas aufgegriffen wurden, die die Hand des Bürgers davon übriggelassen hat. Und daß hier die laute Entrüstung einem Geschäft helfen sollte, da die stille nur der Ehre Vorteil gebracht hätte, macht den solid bürgerlichen Eindruck der Angelegenheit vollkommen. Fast könnte man fragen, ob Herr v. Jagow dem ›Pan‹ durch die Unterlassung der Annäherung an Frau Durieux nicht mehr geschadet hätte, als durch die Konfiskation der Flaubert-Nummer, und der Ausruf auf der Friedrichstraße: »Der Polizeipräsident hat meine Gattin beleidigt. Sensationelle Nummer des ›Pan‹!« legt die Erwägung nahe, ob man in solchen Ehrenhändeln dem Störer des ehelichen Friedens nicht prinzipiell zwei Kolporteure ins Haus zu schicken hat. Herr Cassirer hatte zwar schon durch einen Rittmeister Aufklärungen empfangen und »seinerseits« die Sache für erledigt erklärt; er hatte aber »keinen Einfluß« auf die Entschlüsse der Redaktion. Deutsche Verleger sind gegenüber den Geboten ihrer Redakteure vollkommen machtlos und gegen einen ausbeuterischen Angestellten helfen ihnen bekanntlich weder die Gerichte noch können sie selbst mit dem Komment in der Hand einen Privatwunsch durchsetzen. Die Redakteure des ›Pan‹ waren nicht davon abzuhalten, einen Eingriff in das Familienleben ihres Verlegers zu begehen. Zwar hat Herr Cassirer zugegeben, eine Bemerkung des Herrn v. Jagow – »der ›Pan‹ kann über mich schreiben, was er will« – habe ihn schließlich bestimmt, seine Redaktion gewähren zu lassen. Aber wenn er nach einer solchen ausdrücklichen Erlaubnis des Polizeipräsidenten sich schon nicht bewogen fühlte, Herrn v. Jagow zu schonen, so bleibt es immerhin verwunderlich, daß es dem ›Pan‹ unbenommen blieb, über seinen eigenen Chef zu schreiben, was er wollte. Indes, es war nicht nur Naivität notwendig, um die Publikation zu rechtfertigen, sondern wahrlich auch, um sie zu veranlassen. Der Glaube an die Plumpheit des Herrn v. Jagow war plumper. Denn der Amtsmensch ist zwar ungeschickt genug, um seinen Besuch bei der Schauspielerin mit der Berufung auf sein Zensoramt harmlos zu machen, aber so ungeschickt, um sein Zensoramt als Besucher der Schauspielerin gefährlich zu machen, ist er nicht. So ungeschickt, es zu glauben, sind nur die Polemiker und die Verleger. Herr v. Jagow hat es schriftlich gegeben, um sich zu decken. Hätte er drohen wollen, so hätte er es mündlich gegeben. Ganz so dumm, wie die Journalisten es brauchen, sind die Machthaber nicht in allen Fällen; sie sind nur manchmal dumm genug, dem Verdacht, dem sie ausweichen wollen, entgegenzukommen. Wenn sie das Interesse für Theaterfragen zum Vorwand für erotische Absichten nehmen, so machen sie es anders, und wenn sie sich auf ihr Amt berufen, so wollen sie sich schützen, nicht preisgeben. So flink macht einer einem tüchtigen Verleger nicht den Tartuffe; er müßte denn von einem tüchtigen Verleger dafür bezahlt sein. Daß die Freundlichkeit der Dame, die Herrn v. Jagow auf der Probe kennen gelernt hatte, inszeniert war, muß man trotz der Pünktlichkeit des Aufschreis des gekränkten tüchtigen Verlegers nicht annehmen. Das ist nur in jenen Teilen der Friedrichstraße üblich, wo keine Zeitschriften feilgeboten werden. Aber daß das Maß dieser Freundlichkeit die Annäherung des Dritten nicht absurd erscheinen ließ, ist ebenso wahrscheinlich, wie es für eine Schauspielerin nicht unehrenhaft ist, daß sie zur Ansprache eines Polizeipräsidenten ein freundliches Gesicht macht. Es geht nicht an, die erotische Dignität und den erotischen Geschmack des Paares unter Beweis zu stellen, und darum kann Herrn v. Jagow nichts Schlimmeres vorgeworfen werden als Neugierde, wiewohl ihm auch die erwiesene Absicht auf eine Schauspielerin selbst die Todfeinde seines Regimes nicht ankreiden würden. Nur der Liberale trägt kein Bedenken, gegen den Tyrannen die Argumente des Muckers anzuführen, und was er Satire nennt, ist das mediokre Behagen über einen Zeremonienmeister, der durch eine Orangenschale zu Fall kommt. Und antwortet man ihm, daß man Schutzmannsbrutalitäten verabscheuen und gleichwohl das Gewieher über den ausgerutschten Präsidenten verächtlich finden kann, so wird das Maul, das bisher nur »etsch« sagen konnte, frech über alle Maßen. Herr Kerr nennt jetzt jeden, der »noch behauptet, er habe einen Privatbrief öffentlich behandelt«, und jeden, der »noch behauptet, er habe unbefugt eine völlig beigelegte Sache der Öffentlichkeit übergeben«, »einen Halunken«, und der ›Pan‹ setzt seine Bemühungen, sich interessant zu machen, fort. Herr Cassirer, der nur noch am Geschäft Beteiligte, duldet still. Ich will dem aufgeregten Feuilletonisten, der schon vergebens bemüht war, den Schleier vom Vorleben des Herrn v. Jagow wegzuzupfen, die Freude an keiner seiner neuen »Feststellungen« verderben. Er verspricht zu kontrollieren, welche Blätter sie ihm unterschlagen werden, und es ist zu hoffen, daß alle so klug sein werden, sie ihm nachzudrucken. Denn kein Angriff vermöchte die Miserabilität der Angelegenheit besser zu entblößen, als diese Verteidigung. Ich möchte Herrn Kerr den Rat geben, sein Geschrei zu verstärken und auch noch denjenigen einen Halunken zu nennen, der ihn beschuldigt, Herrn v. Jagow die goldene Uhr gestohlen, oder seine Tante Friederike Kempner geschlachtet zu haben. Je mehr Leute, die grundlose Behauptungen aufstellen, er Halunken nennt, desto besser lenkt er die Aufmerksamkeit von den gegründeten ab und dem ›Pan‹ zu. Denn ob Herr Kerr »befugt« oder nicht befugt war, im ›Pan‹ etwas zu veröffentlichen, hat er mit seinem Verleger auszumachen, und ob er diesem die Erlaubnis abgeschmeichelt oder abgetrotzt hat, ist eine Sache, die die Öffentlichkeit nicht sonderlich interessiert. Ob Herr Kerr eine Affäre, die der Ehegatte beigelegt hatte, ausweiden durfte, hat er mit dem Ehegatten auszumachen. Wesentlich allein ist, daß dieser nichts dagegen einzuwenden hat. Nicht wesentlich zur Beurteilung der Ethik des Herrn Kerr, aber zur Beurteilung des Falles. Nicht ob Herr Kerr tut, was ihm vom Verleger-Gemahl erlaubt oder verboten ist, sondern ob dieser erlaubt oder verbietet, ist relevant. Dieser hat sich, so versichert Herr Kerr, bei der Erledigung der persönlichen Affäre zwischen ihm und dem ehestörenden Herrn v. Jagow »nachdrücklich« die Verwertung des »politischen Charakters der Angelegenheit« durch Herrn Kerr vorbehalten. Das heißt, er »hat sich zwar gegen die Veröffentlichung des Angriffs im ›Pan‹, weil er dessen Verleger ist, gesträubt – keineswegs aber gegen seine Veröffentlichung überhaupt«. Man muß zugeben, daß eine bessere Verteidigung eines Mannes, der beschuldigt wird, die Beleidigung seiner Frau zur Hebung seiner Halbmonatsschrift verwendet zu haben, gar nicht gedacht werden kann. Herr Kerr sagt, daß ihm etwas erlaubt war. Herr Cassirer hat bei den ritterlichen Verhandlungen mit Herrn v. Jagow ausdrücklich das staatsgrundgesetzliche Recht des Herrn Kerr, zu denken und zu schreiben, was er will, gewahrt. Dagegen, daß es im ›Pan‹ geschehe, hat sich Herr Cassirer gesträubt. Aber dann hat er's doch zugelassen. Es ist nun wohl denkbar, daß bei der ritterlichen Austragung Herr v. Jagow die Gedankenfreiheit des Herrn Kerr, gegen die Herr Cassirer nichts ausrichten zu können beteuerte, anerkannt hat. Aber es ist immerhin zu bezweifeln, ob er die Austragung noch als ritterlich akzeptiert hätte, wenn der Gegner sich die Verwertung im eigenen Blatt vorbehalten oder ihm auch nur gesagt hätte: Herr v. Jagow, auf Ehre, Sie sind ein Ehrenmann, ich bin jetzt davon durchdrungen, daß Sie meine Frau nicht beleidigt haben. Aber, auf Ehre, ich hab da eine etwas wilde Redaktion und beim besten Willen kann ich es nicht verhindern, daß zum Quartalswechsel so etwas hineinkommt wie, daß Sie doch meine Frau beleidigt haben . . . Hätte sich Herr Cassirer mit Herrn v. Jagow geschlagen, so böte immerhin die Möglichkeit, daß die Gegner unversöhnt schieden, eine Entschuldigung. Aber er hat sich ausgeglichen, versichert selbst im ›Pan‹, sein persönlicher Zwist zwischen ihm und Herrn v. Jagow sei »völlig beigelegt«, verspricht, auf »den zwischen uns erledigten Fall« nie mehr zurückzukommen – dazu würden ihn auch »keinerlei Angriffe bewegen« –: und läßt Herrn Kerr seine nachträgliche Forderung präsentieren. Denn Herr Kerr »sei befugt, die Angelegenheit öffentlich zu behandeln.« Es ist so albern und klingt so gentlemanlike, daß man sich fragt, ob es nicht doch vielleicht einen Komment gibt, der dem Beleidigten ausdrücklich gestattet, nachdem er volle Genugtuung erhalten hat, den Gegner zwar nicht selbst anzuspucken, aber es durch einen Dritten besorgen zu lassen. Ecco. Herr Kerr nennt das Ganze einen »ethischen Spaß«. Ich nenne es eine völlig humorlose Unsauberkeit. Und für den Fall, daß Herr Kerr mich deshalb einen Halunken nennen sollte, behalte ich mir nachdrücklich das Recht vor, den politisch-persönlichen Charakter seiner Affäre so eingehend zu besprechen, daß ihm einige Parenthesen wackelig werden könnten. Bis dahin hat er die käsigste demokratische Gesinnung auf seiner Seite. Auch die Politiker in Schönheit, die sich der Geste freuen, welche einem Machthaber auf den Hosenlatz weist, mögen die Schlacht für gewonnen halten. Zu bald aber dürfte die Ansicht populär werden, daß es den Ästheten nichts hilft, wenn sie sich durch schlechte Manieren einer guten Sache würdig erweisen wollen. Die Kultur, die auf Old Stratford-Papier arbeitet, versagt bei Gelegenheiten, wo manch ein deutscher Kommis seinen Mann stellt. Nur im Geschäft ist sie ihm über. Pan war der Sohn des Hermes. Dieser aber ist ein Handelsgott und heißt jetzt Cassirer.

April 1911

Der kleine Pan röchelt noch

Man sollte meinen, daß von Kultur erst dort die Rede sein könne, wo die Frage der Zimmerreinheit geklärt ist. Was nützen uns die schönen Künste des Spitzes, wenn die Hose leidet? Ecco. Darüber gibt's keine Debatte, und wenn das demokratische Gefühl in den beteiligten Kreisen hier die Politik ausspielt, so liegt insoferne ein bedauerliches Mißverständnis vor, als durch Politik höchstens die Freiheit vom Maulkorb erstrebt werden kann, nie aber das Recht, zu stinken. Ein anderes Mißverständnis liegt in der Entrüstung darüber, daß man einem Genius wie Herrn Alfred Kerr imputieren wolle, er habe Unsauberkeiten begangen, um das Geschäft einer Halbmonatsschrift zu heben. Da die Halbmonatsschrift nicht Herrn Kerr gehört, so dürfte keiner von den vielen, die sich bei dieser Begebenheit die Nase zuhielten, Herrn Kerr für den Cassirer der Sensation gehalten haben. Der Fall liegt schlimmer. Herr Kerr tat wie Herr Harden, aber aus reinen Motiven. Er hat eine ungeistige Aktion aus Überzeugung vertreten. Er reicht an die Beweggründe des Herrn Harden nicht heran. Um eine schlechte Sache zu führen, muß man ein guter Politiker sein. Herr Kerr ist nur das Opfer seines politischen Ehrgeizes. Herr Harden ist für eine Unanständigkeit verantwortlich; er weiß, daß es im Leben ohne ethische Betriebsunfälle nicht abgeht, und die Kollegen von der Branche können darüber streiten, ob er zu weit gegangen ist. Herr Kerr aber hat einen geistigen Horizont entblößt, der so eng ist, daß ihm nur eine Unanständigkeit zur Erweiterung hilft, und wäre es selbst eine, die er sonst erkennen würde. Er ist der Typus, der seine Gehirnwindungen als Ornament trägt und, da ein Muster der Mode unterworfen ist, keinen Versuch der Renovierung scheut. Die verzweifelte Sehnsucht, von der Nuance zur Tat zu kommen, macht den blasiertesten Artisten wehrlos vor Devisen wie: Alle Menschen müssen gleich sein, Per aspera ad astra oder J'accuse. Die Linie, die durch die feinsten Schwingungen und apartesten Drehungen nicht populär wird, gibt sich einer Perspektive preis, in der sie als Fläche wirkt. Das Problem des Ästheten – Herr Kerr ist einer, und mögen ihn noch linearere Naturen um seine Raumfülle beneiden – ist von Nestroy mit unvergeßlichen Worten umrissen worden. »Glauben Sie mir, junger Mann! Auch der Kommis hat Stunden, wo er sich auf ein Zuckerfaß lahnt und in süße Träumereien versinkt; da fallt es ihm dann wie ein fünfundzwanzig Pfund-Gewicht aufs Herz, daß er von Jugend auf ans G'wölb gefesselt war, wie ein Blassel an die Hütten. Wenn man nur aus unkompletten Makulaturbü-

chern etwas vom Weltleben weiß, wenn man den Sonnen-
aufgang nur vom Bodenfenster, die Abendröte nur aus Erzählungen der Kundschaften kennt, da bleibt eine Leere im
Innern, die alle Ölfässer des Südens, alle Heringfässer des
Nordens nicht ausfüllen, eine Abgeschmacktheit, die alle
Muskatblüt Indiens nicht würzen kann.« Mit einem Wort,
auch der Feuilletonist hat Stunden, wo er sich nach dem
Leitartikel sehnt. »Der Diener ist der Sklav' des Herrn, der
Herr der Sklav' des Geschäfts«, sagt einer, der dem Prinzipal wohl geholfen, aber von dem Handel nichts profitiert
hat. Und: »Wenn ich nur e i n e n vifen Punkt wüßt' in meinem Leben, wenn ich nur von ein paar Tag' sagen könnt':
da bin ich ein verfluchter Kerl gewesen. Aber nein! Ich war
nie ein verfluchter Kerl. Wie schön wär' das, wenn ich einmal als alter Handelsherr mit die andern alten Handels-
herren beim jungen Wein sitz' . . . wenn ich dann beim lebhaften Ausverkauf alter Geschichten sagen könnt': Oh! Ich
war auch einmal ein verfluchter Kerl! Ein Teuxelsmensch! Ich
muß – ich muß um jeden Preis dieses Verfluchtekerlbewußt-
sein mir erringen! . . . Halt! Ich hab's! . . . Ich mach' mir
einen Jux! . . . Für die ganze Zukunft will ich mir die kahlen
Wände meines Herzens mit Bildern der Erinnerung schmük-
ken. Ich mach' mir einen Jux!« Einen Jux will er sich machen, der Weinberl. Einen ethischen Spaß nennt es der Herr
Kerr. Er will einmal beim lebhaften Ausverkauf alter Geschichten sagen können: Oh! Ich war ein verfluchter Kerr! . . .
Er habe ja nicht auf das Pathos des Moralphilisters speku-
liert. Aber der ethische Spaß lebt von der Heuchelei so gut
wie das moralistische Pathos, und es gehört schon ein tüchtiges
geistiges Defizit dazu, zu glauben, es sei kulturvoller, durch
die Enthüllung eines hochgestellten Lasters das Gewieher
des Bürgers herauszufordern, als seine Wut. Als ob in erotischen Situationen eine Heiterkeit möglich wäre, wenn's
kein Ärgernis in der Welt gäbe, als ob Schwankfabrikanten
nicht rückwärts gekehrte Mucker wären und die Zote nicht
das Widerspiel, das widrige, der Zensur. Ein Überzensor,
der Herrn von Jagow kontrolliert hätte, wäre weit sympa-

thischer als dieser Pan, der ein Bocksgelächter anschlug, aber nur gleich dem Sohn des Hermes blinden Lärm erzeugte. Es ist die Sehnsucht nach dem Leitartikel. Denn im Leitartikel wird eine Tat getutet, während im Feuilleton nur eine Tüte gedreht wird. Ob es nun für den ›Tag‹ zizerlweis oder für die ›Königsberger Allgemeine‹ in einem Zug geschieht. Ich halte die Enthüllung, daß die rechte Hand des Herrn Kerr nicht weiß wie die linke schreibt, allerdings für eine Enthüllung des Herrn Kerr, wiewohl ich ihrer nicht bedurft und ganz genau gewußt habe, daß unter den impressionistischen Fetzen ein gesunder Plauderer steckt. Ich halte die Entschuldigung, die die tölpelhaften Helfer des Herrn Kerr vorbringen, der Stil ergebe sich aus dem Gegenstand, der behandelt wird, für ein Malheur. Denn es ist auffallend, würde Herr Kerr in Parenthese sagen, und es ist monströs, würde ich fortsetzen, daß sich die organischen Notwendigkeiten so genau an die redaktionellen Verpflichtungen halten, und daß einer, der in Berlin mit dem Matchiche Furore macht, in Königsberg so gut Polka tanzt. Freilich würde ich hinzufügen, daß ich an den Matchiche nie geglaubt habe, und daß es wirklich gehupft wie gesprungen ist, wie diese Tänzerischen (die ein Echo von Nietzsche in eine Verbalinjurie verwandeln) das Tempo ihres Lebensgefühls nehmen. Takt halten sie in keinem Fall. Was aber ferner auffällt, ist, daß die Arbeitseinteilung des Herrn Kerr seinen Verehrern nicht auffällt, ja, daß sie fortfahren, seine oszillierenden Banalitäten, die vor dem kategorischen Imperativ von Königsberg sofort zur Ruhe kommen und als Zeitungsgedanken agnosziert werden, im Munde zu führen und als »fanalhafte Symptome der aufregenden Herrlichkeit dieses Künstlers« zu empfehlen. Wenn Herr Kerr in Königsberg »die Seligkeit, die Seligkeit, die Seligkeit des Daseins« preisen wollte, würde sie ihm zweimal gestrichen werden, und mit Recht. Denn wenn er es einmal tut, ist es bloß keine Weltanschauung, aber wenn er es dreimal tut, ist es bloß eine schmalzige Stimme. Ich glaube, daß man sich da auf mein Ohr verlassen kann. Auch habe ich wohl ein Gefühl für die Ab-

195

hängigkeiten des Stils, den nicht nur der »Gegenstand« bedingt. Zum Beispiel bin ich selbst schon in der nämlichen Minute von einer Apokalypse zu einem Hausmeistertratsch hinuntergestiegen. Aber ich lasse mich hängen, wenn nicht eine Blutuntersuchung die Identität ergibt. Und wenn sie nicht bei den Kontrasten des Herrn Kerr die Nullität ergibt, jene, die eine Verwandlung auf technischem Wege ermöglicht. Meine Verehrer, die mich nur halb so gut verstanden wie verehrt haben, müßten dies einsehen, und sie dürften mir nicht abtrünnig werden, weil sie es nicht einsehen. Wenn mir aber ein Weichkopf, der Absynth noch immer für einen ganz besondern Saft hält und von der Unentbehrlichkeit des Montmartre überzeugt ist, »Austriazismen« vorwirft, so muß ich mich in die Resignation flüchten. Denn mein Stil wimmelt nicht nur von Austriazismen, sondern sogar von Judaismen, die jenem nur nicht aufgefallen zu sein scheinen, mein Stil kreischt von allen Geräuschen der Welt, er kann für Wien und für den Kosmos geschrieben sein, aber nicht für Berlin und Königsberg. Es schmerzt mich ja, daß ich so vielen Leuten den Glauben an mich nehme, weil ich ihnen den Glauben an andere nehmen muß. Aber war es schon bei Heine unerläßlich, so muß ich auf die Anbetung vollends verzichten, wenn sie von der Duldung einer Kerr-Religion abhängen soll. Selbst die einfältigsten unter meinen ehemaligen Verehrern (jene, die imstande sind, zugleich zu sagen, daß ich ein nationales Ereignis bin und daß ich mich schämen soll; die Herrn Kerr den einzigen ebenbürtigen Kritiker nennen, der es wagen dürfte, mich zu stellen, und dann behaupten, die Nennung meines Namens in seiner Nähe sei mir zu Kopf gestiegen), selbst solche müßten doch vor der Freiwilligkeit meines Angriffs stutzig werden und sich überlegen, ob es nicht endlich an der Zeit wäre, sich statt über mich über Herrn Kerr aufklären zu lassen. Denn meine Beweggründe sind auch nicht zu verdächtigen. Ich bin weder ein »Schlechtweggekommener« noch ein »verhaltener Dyspeptiker«, Herr Kerr hat sich immer sehr freundlich gegen mich benommen und ich habe ihm gegenüber stets einen guten Magen bewährt. Ferner hätte ich allen Grund, das Odium gewisser Bundesgenossenschaften zu fliehen und die Zustimmung von Leuten zu meiden, mit denen man nur dann ein Urteil gemeinsam haben möchte, wenn sie es einem ohne Angabe der Quelle abdrucken, von solchen, die Herrn Kerr Stil-, Moral- und Urteilswechsel nur deshalb vorwerfen, weil sie keinen Stil, keine Moral und kein Urteil zu wechseln haben. Wenn die starke Hemmung, auf einer Schmiere des Geistes auch nur ein Extempore abzugeben, mich nicht halten konnte, dann war die Lust wohl größer. Nicht die, die literarische Persönlichkeit des Herrn Kerr für einen Irrtum büßen zu lassen, sondern den Zusammenhang zwischen Tat und Stil zu beweisen. Nicht ihn wie einen Holzbock aus dem Schlafzimmer zu jagen oder wie einen Harden aus dem Geschäft, sondern die Schnüffelei als Erlebnis zu erklären, den Skandal als den Tatendrang eines von den Ereignissen ausgesperrten Feuilletonisten. Herr Alfred Kerr ist nicht unwürdig, in ein geistiges Problem bezogen zu werden. Die kulturelle Niedrigkeit dieser Sensation ist nicht in dem Mittel, sondern in dem Zweck begründet, den man Herrn Kerr erst einräumen muß, um zur Geringschätzung zu gelangen. Die antikorruptionistische Absicht des Mannes, nicht die Skandalsucht macht ihn primitiv. Denn das ist der Fall Kerr: die geistige Belanglosigkeit des Jagow'schen Vergehens und der Eifer, mit dem sich ein Komplizierter auf der Tatsachenebene zu schaffen macht. Und da ihm Herr O. A. H. Schmitz, ein Mann, der in einem schlechten Feuilleton nie seine gute Erziehung vergißt, also immerhin ein Sachverständiger für die ›Pan‹-Affäre, Vorwürfe zu machen beginnt, antwortet Herr Kerr bitter, daß man schließlich »noch die Kreuzigung eines wirklichen Heilands oder die französische Revolution« pathosfrei und weltmännisch betrachten werde. Er ist ein Fanatiker. Er scheint von seiner Mission, dem Herrn v. Jagow Absichten auf Frau Durieux nachzuweisen, so erfüllt, von dem umwälzenden Erlebnis, eine Unregelmäßigkeit im Polizeipräsidium entdeckt zu haben, so erschüttert zu sein, daß ihm Nuancen nicht mehr auffallen. Der Unterschied zwischen der französischen Revolution und der Verwertung des Briefes des Herrn v. Jagow ist nämlich bloß der, daß man nicht Aristokrat sein muß, um das spätere Ereignis zu mißbilligen. Ekstatiker übersehen dergleichen. Je länger sie beschaulich gelebt haben, um so dringender verlangen sie zu wirken. Sie wollen für ihr Tun auch leiden; sie wollen aber nicht mißverstanden werden. Die Reinheit des Glaubens ist außer Zweifel; mißverstanden wird höchstens das vielfach punktierte und verklammerte Bekenntnis. Dafür war mir die vorhergehende Stelle ganz klar: »Wenn Schmitz auch nicht durch hervorragenden Scharfsinn ausgezeichnet ist, plaudert er doch geschmackvoll, umgänglich und scheut keine Anstrengung, einen leicht abgeklärten Eindruck zu ertrotzen«. Ein Satz, der immerhin auch für das Plaudertalent des Verfassers zeugt und ganz gut in Königsberg gedruckt werden könnte. Ich kenne Herrn Kerr noch aus der Zeit, wo er Wert darauf legte, daß auch in Breslau Subjekt und Prädikat an rechter Stelle standen. Schon damals, wo die Welt der Erscheinungen sich ihm noch nicht nuanciert hatte, gelüstete es ihn nach einer Tat. Er beschuldigte den alten Tappert, den ernstesten Musiklehrer Berlins, den Hunger dazu getrieben hatte, sich als Kritiker bei Herrn Leo Leipziger zu verdingen, dieses »Amt« zur Erteilung von Privatstunden an Sänger mißbraucht zu haben. Der Kritiker hatte schon früher unterrichtet, und berühmte Sänger, die seinen Tadel nicht fürchten mußten, konnten seinen Rat brauchen. Der Greis, den die Rankūne der Fachgenossen in die Klage hineingetrieben hatte, weinte im Gerichtszimmer, und der Antikorruptionist erreichte, daß Herr Leipziger eine Gage ersparen konnte. Tragisch ist, als Einzelfall nicht für den typischen Übelstand, sondern für die Geistlosigkeit des Enthüllers geopfert zu werden. Mir war es Beruf, mich mit Einzelfällen abzugeben, und noch im Mißgriff der Person verfehlte ich die Sache nicht. Den Irrtum berichtigte die Leidenschaft. Herr Kerr, der sich zum Kampf gegen die Korruption von Fall zu Fall entschließen mußte, hat keinen Zusammenhang mit seinen

Wahrheiten. Er ist ein Episodist, während Herr Harden kein Heldenspieler ist. Er will sich nur Bewegung machen, er schwingt Keulen, damit das ästhetische Fett heruntergeht. Theaterkritik ist eine sitzende Beschäftigung. Man sieht im Zwischenakt den Zensor mit der Salondame sprechen und ruft J'accuse. Es entsteht eine kleine Panik und man beruhigt sich wieder. Es jaccuselt im Feuilleton schon die längste Zeit. Und wird einer, der den Mund zu weit aufgemacht hat, niedergezischt, so sind sofort die Claqueure da, die die eigene Sache mit der fremden Sache und die persönliche mit der allgemeinen verbinden, zwischen den Herren Harden und Kerr gegen mich entscheiden und anarchisch die entstehende Verwirrung zu einem Schüttelreim benützen möchten. Als dem beschädigten Herrn Harden Dichter zu Hilfe eilten, als ihr gutes Recht auf Kritiklosigkeit von einer Zeitschrift mißbraucht wurde, nannte Herr Kerr diese ein Schafsblatt. Pan ist der Gott der Herden, und Herr Kerr verzeichnet liebevoll, was jetzt den Leithammeln nachgeblökt wird. Wenn ich besudelt werde und von denen, die mich vergöttert haben, so ersteht mir kein Helfer unter jenen, die es heute noch tun. Das ist nicht unerträglich. Die polemische Unfähigkeit des Herrn Kerr bedarf der Stütze. Daß sie sie eben deshalb nicht verdient, weil sie ihrer bedarf, geht den Helfern nicht ein. Herr Kerr, der jene zu züchtigen versprach, die seine Feststellungen verschweigen wollten, verschweigt meine Widerlegungen. Er begnügt sich mit einem Argument, das ihm ein Geist zur Verfügung gestellt hat, unter dessen Schutz keine Schlacht gegen mich zu gewinnen ist. Aber so leicht will ich ihm das Leben nicht machen. Wenn er schon wie ein Harden reden kann, durch die Fähigkeit, wie ein Harden zu schweigen, wird er seine Anhänger nicht enttäuschen wollen. Es geht denn doch nicht an, daß man auf einem sorgsam vorbereiteten Terrain nicht erscheint, den Gegner, den weder unsaubere Motive noch ein ehrloses Vorleben noch Namenlosigkeit kampfunwürdig machen, glatt im Stiche läßt und die Zuschauer nach Hause schickt. (Es ist auffallend). Herr Kerr zitiert drei Zeilen und Herr

Cassirer stellt Strafantrag gegen den Berliner verantwortlichen Redakteur der ›Fackel‹. Die Arbeitsteilung ist im Stil der Affäre. Herr Kerr hat dem Herrn Cassirer bestätigt, daß er sich gegen die Veröffentlichung gesträubt habe, und Herr Cassirer dem Herrn Kerr, daß er zur Veröffentlichung befugt gewesen sei. Ich bin aber unduldsamer als Herr v. Jagow. Ich bestehe Herrn Kerr gegenüber auf dem Rendezvous, zu dem ich ihn mit Berufung auf mein Zensoramt geladen habe, und was die Ehre des Herrn Cassirer anlangt, so muß ich es freilich ihm als Geschäftsmann überlassen, zu entscheiden, ob durch eine Fortsetzung der Sensation im Gerichtssaal für den ›Pan‹ noch etwas herauszusetzen ist. Nur möchte ich ihn bitten, den Berliner verantwortlichen Redakteur, der den Angriff vielleicht später gelesen hat als er selbst, aus dem Spiele zu lassen und mit mir vorlieb zu nehmen. Ich will auch vor einem Berliner Gericht verantwortlich sein und verspreche, daß ich mich gegebenenfalls auch als österreichischer Staatsbürger den Folgen eines Freispruchs nicht entziehen werde. Was die Helfer betrifft, so gebe ich ihnen eines zu bedenken. Das Café des Westens ist ein geistig schlecht ventiliertes Kaffeehaus. Ich könnte da ein bißchen Luft einlassen und würde dabei auf die Erhitzung der Stammgäste keine Rücksicht nehmen. Sie mögen sich den Schmerz darüber, daß ich ihrem Glauben an Herrn Kerr abtrünnig wurde, nicht zu sehr zu Herzen nehmen, und wenn sie nicht anders können, sich im Ausdruck mäßigen und nicht das Problem der Zimmerreinheit, das durch die Affäre selbst berührt wurde, noch mehr verwirren. Ich verlange nicht Verehrung, aber anständiges Benehmen. Sie mögen bedenken, daß mir meine polemische Laune nicht so leicht zu verderben ist, denn während andere Polemiker sich dadurch beliebt machen, daß ihnen der Atem ausgeht, regt mich das Fortleben meiner Objekte immer von neuem an. Sie mögen bedenken, daß ich die Großen bis zu den Schatten verfolge und auch dort nicht freigebe, aber auch schon manchem kleinen Mann den Nachruhm gesichert habe. Das kommt davon, daß mir die, welche ich treffe, nur Beispiele sind, und die, welche ich gestalte, nur Anlässe. Über den Verlust des Herrn Kerr, dem solche Willkür nicht zur Verfügung steht und dem nicht Phantasie die polemische Potenz erhöht, müssen sie sich trösten. Sie müssen endlich aufhören zu glauben, daß auch nur eine der nachkommenden Generationen, und machte man selbst den Versuch, die Säuglinge der Zukunft mit Absynth aufzuziehen, sich auch nur eine Stunde lang erinnern wird, daß um 1910 in Berlin Leute gelebt haben, die sich für Tänzer hielten, weil sie nicht gehen konnten, in die Aktion flüchteten, weil ihnen die Persönlichkeit ausging, und zwischen Kunst und Leben sich mit Psycholozelach die Zeit vertrieben haben. Wenn diese vorbei ist und sich meine Satire nicht erbarmt, kommt nichts dergleichen auf die Nachwelt! Und was sind denn das für Helden, die mir vor der Nase herumfuchteln, wenn ihr Heiland der Polemik gegen einen Polemiker die gegen einen Polizisten vorzieht? Man ist über ihre Herkunft informiert. Als Gott einen Mann namens Pfemfert erschuf, vergriff er sich und nahm zu viel Lehm. Kopf und Kehle wurden voll davon. Der Mensch hustete: Pf . . . mpf . . t. Und Gott ward unmutig und sprach: Heiße fortan so! . . .* Und das sind meine Gegner! Ich habe zu viel Odem bekommen, ich blase sie weg. Noch ein Wort, und es könnte ein Südwind gehen, daß sie Herrn Alfred Kerr von einem Journalisten, Herrn Cassirer von einem Verleger und den Montmartre vom Kreuzberg nicht unterscheiden!

Mai 1911

Der kleine Pan stinkt schon

So ward die Hyäne zum Aas. Es konnte nicht anders kommen. Der Weg in das Schlafzimmer eines Hochgestellten ist

---

* Zur Ehre des damals an die falsche Seite Verirrten sei festgestellt, daß er inzwischen wiederholt und nachdrücklich den Irrtum bekannt und – in der ›Aktion‹ (XVIII 2/3) – jene »Rettungsaktion für Herrn Kerr« bereut hat, die, »als Karl Kraus ihn beinahe völlig niedergeboxt hatte«, so erfolgreich durchgeführt worden sei, »daß der Fasterledigte sich allmählich wieder an die Öffentlichkeit wagen durfte«. Er wird bald wieder in den Zustand zurückfinden, aus dem er gerettet wurde.

immer die ultima ratio einer verzweifelnden Administration. Ich werde diesen sterbenden Blick nicht vergessen. Aber nur kein Mitleid! Die rechtschaffenen Hyänen gehen auf den toten Krieger. Die literarischen auf das Privatleben eines Polizeidirektors. Aus solchem Leben erhoffte sich ein ästhetischer Schlemihl Bereicherung, das nannte er Tat, das war die politische Gebärde, auf die es jetzt alle abgesehen haben, die bisher ihre Zeit damit verbrachten, für die letzten Dinge einer Tänzerin die Formel zu suchen. Wer aber beschreibt die Wut des Verlegers, der seine ganze Hoffnung auf den Konkurs dieser Weltanschauung gesetzt hat? Zu spät erkennt Herr Cassirer, der sich mit den Nuancierten einließ, daß die Sexualräumerei heute nur von einem handfesten Harden mit vorübergehendem Erfolg zu leisten ist. Der weiß, durch welches Schlüsselloch man zu schauen hat, hinter welcher Gardine man sich versteckt und wie man, wenn die erweisliche Wahrheit sich rentiert hat, mit Anstand verduftet. Herr Kerr verrät sich durch ein vorzeitiges »Hähä«. Er ist zu kindisch. Erwischt man ihn, sagt er, er habe sich einen ethischen Spaß machen wollen. Aber diese Sorte von ethischen Spaßmachern, die zu lachen beginnen, wenn sie bei einer unethischen Handlung betreten werden, ist schon die richtige. Jungen, die in fremdem Garten Kirschen pflücken, haben auch ein Erlebnis, aber behaupten nicht, daß der Geist endlich den Weg zur Tat gefunden habe. »Ecco«: das ist bloß eine lange Nase. Ecco: das ist auch die Rechnung, die man in italienischen Gegenden präsentiert bekommt, wenn man so unvorsichtig war, sich mit einer Donna in ein Gespräch zu begeben. Auf Herrn Kerr paßt es zwar nicht, denn er zieht keinen Vorteil aus dem Handel, und Herr Cassirer sagt wieder nicht ecco. Dagegen sind beide Herren fest entschlossen, aus dem Geschäft, das nach gegenseitiger Bestätigung ihrer Unverantwortlichkeit zustandekam, mit allen bürgerlichen Ehren hervorzugehen. Das wird ihnen nicht gelingen. Auch dann nicht, wenn sie von einem Prozeß gegen mich abstehen. Diesen Prozeß habe ich mir nämlich frei erfunden. Zwar hat mir die Berliner Verlagsstelle der Fackel telegraphisch mitgeteilt, Herr Cassirer habe Strafantrag gegen den verantwortlichen Redakteur der Fackel in Berlin gestellt; zwar war sie zu diesem vermessenen Glauben berechtigt durch das wiederholte Erscheinen eines Kriminalbeamten, der mit dem Heft in der Hand, das die Beleidigung enthielt, technische Aufklärungen verlangte und sich nach dem Wohnort des verantwortlichen Redakteurs erkundigte; zwar wurde die Untersuchung auch bei diesem fortgesetzt und eine Vorladung erlassen; zwar hatte der Anwalt des Herrn Cassirer das Heft bestellt; zwar haben Berliner und Breslauer Tagesblätter detailliert berichtet, daß Herr Cassirer Strafantrag gestellt habe und durch welche Behauptung er sich beleidigt fühle. Trotzdem könnte es möglich sein, daß Herr Cassirer nicht etwa seine Absicht oder seine Anzeige zurückgezogen, nicht etwa die Staatsanwaltschaft ihm den Dienst versagt hat, daß er nicht etwa jetzt den Fehlschlag für Zurückhaltung ausgibt und die Schwierigkeit von Erkundigungen vorschützt, sondern: daß er nie die Absicht gehabt, nie eine Anzeige erstattet hat und daß nur eine Häufung von Zufällen, die zeitliche Nachbarschaft irgendeiner andern Untersuchung, deren Tendenz bisher unbekannt ist, meinen Größenwahn genährt und mich in den Glauben getrieben hat, ich könnte die Kompagnie Cassirer-Kerr beleidigen. Das ist nun offenbar wirklich nicht möglich. Aber nicht, weil durch eine dicke Haut kein Messer geht, sondern weil ich an das Ehrenniveau der Kompagnie Cassirer-Kerr nicht heranreiche. Das ist eine wichtige tatsächliche Information. Es ist gut zu wissen, daß es nach der Jagow-Affäre noch ein Ehrenniveau der Kompagnie Cassirer-Kerr gibt. Man hätte es sonst vielleicht mit unbewaffnetem Auge und mit unbewaffneter Nase nicht wahrnehmen können. Und wenn wir nunmehr vor der Frage stehen, warum gerade ich, der doch noch nie mit einem Polizeipräsidenten etwas ritterlich ausgetragen und etwas über ihn veröffentlicht hat, gerade ich an dieses Ehrenniveau nicht hinanreiche, an das doch bald einer hinanreicht und jeder Herausgeber einer Berliner Großen Glocke hinanreicht, so fin-

203

den wir im ›Pan‹ die Antwort: Hähä! . . . Weil ich bereits brachialen Attacken ausgesetzt war. Dieses Motiv meiner Unfähigkeit, auch nur im Gerichtssaal dem Herrn Cassirer Satisfaktion zu geben, wird nun von diesem oder von Herrn Kerr oder von dem Schreiberlehrling, der dort gehalten wird, in einer anonymen Notiz und in einer Art variiert, daß es gar nicht mehr der Jagow-Affäre bedarf, um Herrn Cassirer, Herrn Kerr oder den Schreiberlehrling, der dort gehalten wird, für ehrlos zu erklären. Die Berufung auf die Tat eines besoffenen Cabarettiers, den eine erste Instanz zu einem Monat Arrest und eine zweite nur unter Anerkennung der geminderten Verantwortlichkeit zu einer hohen Geldstrafe verurteilt hat; auf eine Schandtat, der Frank Wedekind, Hauptmitarbeiter des Herrn Cassirer, in einem offenen Brief an mich jeden mildernden Umstand versagt hat, ist eine so vollkommene Unappetitlichkeit, daß zu ihrer Erklärung kein ethisches Gebreste, sondern nur die Verzweiflung eines geistigen Debakels ausreicht. Wie wäre es sonst zu erklären, daß eine Zeitschrift, die zwar eingestandenermaßen zur Förderung der Kultur, aber doch nicht direkt zur Förderung des Plattenwesens gegründet wurde, sich solchen Arguments erdreisten und gegen einen Mann, der sich seinen Haß mit der Feder verdient hat, solche Revanche predigen kann. Wie könnte die Feigheit, die ihr Mütchen mit fremder und verjährter Rache kühlt, sich so hervorwagen, wie könnte eine Gesinnung, die meinen Speichel geleckt hat, um mir ihn ins Gesicht zu spucken, so unter die Augen deutscher Leser treten, wenn nicht die Reue über eine ungeistige Tat, die verwirrende Fülle der Niederlagen, das Bewußtsein der selbstmörderischen Wirkung jedes weiteren Wortes, das durchbohrende Gefühl eines Nichts, das mit eingezogenem Schweif in die Hütte kriecht, der Taumel der Erlebnisse, der einen Ästheten durch die Politik in die Luft riß, den Grad der Zurechnungsfähigkeit so herabgesetzt hätte wie bei einem volltrunkenen Cabarettier? Eine Ohrfeige kann ein literarisches Argument sein. Sie kann der geistige Ausdruck der Unmöglichkeit sein, eine geistige Distanz abzu-

204

stecken, und ich habe es oft empfunden und gesagt, daß die Polemik ihre Grenze in dem Wunsch hat, statt der Feder das Tintenfaß zu gebrauchen. Luther, der schreiben konnte, ließ sich in der Polemik gegen den Teufel dazu hinreißen. Die Drohung mit der Faust kann ein Kunstwerk sein, und Herr Harden wird es mir bestätigen, daß ich das Wort Ohrfeige schon so gebraucht habe, als wäre es die erste, die in der Welt gegeben wurde, und als hätte nie zuvor ein Kutscher mit einem andern polemisiert. Die Berufung auf fremde Roheit ist unter allen Umständen der Beweis ohnmächtiger Büberei. Nie beruft sich ein Temperament auf die Prügel, die ein anderer gegeben hat, doch immer ein Schuft. Ich bedarf nicht des Beistands der deutschen Dichter, die diesem Pan zu Hilfe eilen, in dem Glauben, daß sie ihn noch lebendig machen können. Mögen sie ihren Namen für die Rundfragen jenes Demokratins mißbrauchen lassen, der seine Götter stürzt, wenn sie ihm keinen Nachdruck ihrer Aufsätze erlauben, der an mir Gotteslästerung begeht und für Herrn Kerr die Kastanien aus dem Dreck holt. Mögen die Literaten, die mir verehrende, nein »ehrfürchtige« Briefe schreiben, zu den Pöbeleien wie zu den Lügen schweigen, mit denen ein Schwachkopf seine Enttäuschungen motiviert. Mögen sie es glauben, daß ich Ansichtskarten mit meinem Porträt in einem Kaffeehause verkaufen ließ, glauben, daß diese Wahnvorstellung die Abkehr eines Nachläufers motivieren kann, der noch ein Jahr lang an meinem Namen schmarotzt hat. Ich brauche keine Hilfe und scheue kein Hindernis. Ich werde mit der ganzen Schweinerei allein fertig. Aber ich werde darauf achten, mit der pedantischen Zähigkeit, die mich zu einem so üblen Gesellschafter macht, darauf achten, wer dem Herrn Cassirer, dem Herrn Kerr oder dem dort gehaltenen Schreiberlehrling noch die Feder reicht. Ich werde mich unter Umständen nicht scheuen, manchem der Herren Dichter mit dem Hut in der Hand einen Fußtritt zu versetzen. Im Dichten nehm' ich's mit ihnen auf, aber sie nicht mit mir im Anspruch auf Sauberkeit. Nicht in der Fähigkeit, Distanz zu wahren. Ich dichte nicht Poesie, um es dann mit der Krätze zu halten. Ich mache aus der Krätze ein Gedicht und veranstalte Sympathiekundgebungen für die Poesie. Wollen sehen, wer's weiter bringt. Ich kann zur Not den Herrn Kerr gestalten, aber sie können ihn nicht verteidigen, wenn ihm etwas Menschliches passiert ist. Und seine menschliche Abwehr belastet ihn. Jedes Wort, das er spricht, wirft ihn um. Er wehrt sich nicht, weil ich ihn angreife, sondern ich greife ihn an, weil er sich wehrt. Wenn ihn meine Kraft geschwächt hat, so stärkt mich seine Schwäche. Das ist nun einmal das ewig unverrückbare Verhältnis zwischen der guten und der schlechten Sache. Ihre Vertreter kämpfen mit ungleichen Waffen, und recht hat der, der es sagen kann. Herr Kerr kann es nicht einmal stottern. Auch diese Fähigkeit habe ich ihm genommen. Früher, in seiner Glanzzeit, hätte er noch sagen können: Herr Kraus hat einen A..a..ar..tikel gegen mich geschrieben. Es war nicht, wie's auf den ersten Blick scheint, gebrochenes, sondern gespieenes oder noch ein anderes Deutsch. Das hat in Berlin eine Zeitlang Aufsehen gemacht. Nun hat man erfahren, daß es in Königsberg fließend geht, und der Nimbus dieses Percy, der nur Stotterer, nie Heißsporn war, dieses Schreibers, der so schrieb, als ob er den Schreibfinger im Halse stecken hätte, ist dahin. Er war eine Qualle, die immerhin Farbe hatte. Auf den Lebensstrand geworfen, wird sie von mir zertreten. Grauere Schaltiere mögen sie bewundert haben und ihr nachweinen. Mollusken mögen über meine Grausamkeit klagen. Aber der Ozean ist groß und im Sturm vergehn die Ästheten. Herr Kerr hätte nicht an meinem Fuß kleben bleiben sollen. Und nicht in Fischers Aquarium lebendig werden, wo er die Worte hervorbrachte: »Und Karlchen Kraus, der neuerdings als Zwanzigpfennig-Aufguß von Oscar Wilde oder als Nietzscherl Heiterkeit fand, schwenkte die betropfte Fackel.« Das ist keine Antwort, das ist ein Schwächezustand. Auf den Preis kommt's nicht an, es gibt Revuen, die für zwei Mark fünfzig eine stinkende Langweile ausatmen. Eine betropfte Fackel bietet immer noch einen respektableren Anblick als ein befackelter Tropf. Und wiewohl ich von Nietzsche wenig gelesen habe, habe ich doch die dunkle Empfindung, daß ihm mein Tanz besser gefallen hätte als die Zuckungen eines tänzerischen Demokraten, und daß ein Nietzscherl immer noch ein Kerl ist neben einem ganzen Kerr. Polemik soll den Gegner um seine Seelenruhe bringen, nicht ihn belästigen. Seitdem Herr Kerr den Schreibfinger aus dem Hals gezogen hat und mir in der Nase bohren möchte, ist die Situation bedrohlich. Herr Kerr kennt mich ziemlich genau und weiß, daß ich mehr bin, als er glaubt. Aber er gehört zu der ohnmächtigen Sorte, die mich für groß hält bis zu dem Augenblick, da ich trotzdem sage, sie sei klein. Seine Anhänger, die mich in ihren Blättern wöchentlich in Hymnen und Mottos ehrten, ihren Sabbath heiligten, wenn er ihnen einen Nachdruck aus der Fackel bescherte, und mich einen Gott nannten, sagen, ich sei größenwahnsinnig, wenn ich mich neben Herrn Kerr stelle. Es ist eine merkwürdige Erscheinung, daß die Verehrer stützig werden, wenn der Verehrte anfängt, sie für Esel zu halten. Warum eigentlich? Bin ich dadurch kleiner geworden? Oder hat zu meiner Wesenheit die vorausgesetzte Sympathie für eine Leimgeburt gehört, die ich mit einem »Pft« davonblase? Da lebt und webt in Prag ein empfindsamer Postbeamter. Er hat mir Briefe zugestellt, in denen er mich seiner höchsten Verehrung bezichtigte. Er hat mir geschrieben, daß sein Essay über das Wesen der Kritik – oder über was man halt so schreibt – mir auf den Geist zugeschnitten sei, oder was man halt so schreibt. Er hat mir auch Drucksachen zugestellt, nämlich selbstverfaßte Bücher mit Huldigungen auf dem Widmungsblatt, und einen Roman darunter, in dessen Text ich auch verehrt sein soll. Ich habe nie gelesen, aber immer gedankt. In der Fackel findet sich der Name dieses Autors weder im Guten noch im Bösen; sein Unfug in Journalen hat mich oft erzürnt, aber wie sollte man alle Eindrücke bewältigen können? Es ist ja ein vertrackter Zufall, aber es ist ein Zufall, daß der Name des Herrn Max Brod bis zu diesem Augenblick nie von mir erwähnt wurde. Das hat ihn verdrossen. Meine Meinung über ihn, um die er sonst im Dunkel getappt hätte, kam ihm nur zu Ohren, als ihm erzählt wurde, was ich von einem erotischen Gschaftlhuber, der in München lebt, gesagt hatte: er habe in Prag seinen erotischen Wurmfortsatz, und dieser sei Herr Max Brod. Das hat ihn wieder verdrossen. Und nun – eine verspätete Zustellung, wie sie bei der Post häufig vorkommt – erscheint ein Protest zugunsten des Herrn Kerr, in welchem es heißt: »Überdies ist er sehr schön. Ich meine: persönlich, schön anzusehen. Das ist sehr wichtig und gut. Dichter sollen schön sein . . .« Nun, bis hieher habe ich noch keinen Grund zur Eifersucht; es muß auch solche Schwärmer geben. Ich bin überzeugt davon, daß die Freiheit den schönen Augen des Herrn Kerr zuliebe nicht nein sagen kann, ich habe selbst die Empfindung, daß in ihnen der Völkerfrühling glänzt, und es ist kein Zweifel, daß Herr Kerr so aussieht, als ob man sich letzten Mittwoch auf dem Jour der Rahel Varnhagen um ihn gerissen hätte. Einer der wenigen originellen Menschen, die unter der Berliner Literatur sitzen, soll sogar, als er zum erstenmal dieser aus dichtem Bartbeet hervorleuchtenden Backen ansichtig wurde, entzückt ausgerufen haben: Hier sollten Rosen stehen! Doch das sind Geschmacksachen, ich selbst weiß aus eigener Wahrnehmung, daß ich nicht schön bin, und vom Hörensagen, daß Herr Brod es auch nicht ist. Dieser aber erwähnt die körperlichen Vorzüge des Herrn Kerr nur, um meine Eitelkeit zu reizen, deren Wesen er völlig mißverstanden hat, und fährt fort: »Ein mittelmäßiger Kopf dagegen, wie Karl Kraus, dessen Stil nur selten die beiden bösen Pole der Literatur, Pathos und Kalauer, vermeidet, sollte es nicht wagen dürfen, einen Dichter, einen Neuschöpfer, einen Erfreuer zu berühren. – So würde ich die Welt einrichten.« Es ist gut, daß Herr Brod die Welt nicht eingerichtet hat. Sonst müßte der liebe Gott Buchkritiken für die Neue Freie Presse schreiben, eine lächerliche Altenberg-Kopistin für eine bewundernswerte Künstlerin halten und den Zifferer loben. Sonst hätte Gott gottbehüte den Satz geschrieben, den ich in einer Prager Zeitschrift finde: »Sie . . kam schnell mit einem Teller wieder, auf dem mehrere Schnitten Wurst, ein halbes Stück Imperial-

käse lagen, und an ihn grenzend eine angefangene
Rolle Butter in ihrem Seidenpapier noch. Es sah nicht anders
aus wie eben Reste einer Mahlzeit. In ihm aber erwachte
der Hunger . . .« Und Gott selbst wüßte nicht, ob er gewollt
hat, daß im Käse, an den die Butter grenzt, der Hunger erwacht ist, und er sähe, daß es nicht gut war, und würde den
Satz anders einrichten. Die Stelle ist einem Roman »Jüdinnen«
entnommen, der das Milieu in manchen Redewendungen
überraschend gut zu charakterisieren scheint. Floskeln wie:
»Hast du heuer schon gebadet?« und »In Kolin wie ich noch
klein war« gehen dem Autor so aus dem Handgelenk, daß
die Sicherheit erstaunlich ist, mit der es ihm manchmal gelingt, in seiner eigenen Sprache den Jargon zu vermeiden.
Immerhin wird man es mir nicht verübeln können, daß ich
mich mit Herrn Brod nicht in eine Auseinandersetzung über
meinen Stil, über Pathos und Kalauer einlasse und mich damit begnüge, ihn durch die Versicherung zu verblüffen, daß
mein Stil diese beiden bösen Pole nicht nur selten, sondern
geradezu nie vermeidet. Ob es die höchste oder die nied-
rigste Literatur ist, den Gedanken zwischen Pathos und
Kalauer so zu bewegen, daß er beides zugleich sein kann,
daß er eine feindliche Mücke in die Leidenschaft mitreißt,
um sie im nächsten Augenblick in einem Witz zu zertreten,
darüber lasse ich mich mit keinem lebenden Deutschen in
einen Wortwechsel ein und mit einem aus Prag ganz gewiß
nicht. Ob es der Beweis eines mittelmäßigen Kopfes ist, werden die Weichtiere selbst dann nicht zu entscheiden haben,
wenn sie unvermutet einen Panzer anlegen. Über meine
Wertlosigkeit ließe sich streiten – der Annahme meiner
Mittelmäßigkeit könnte man fast schon mit einer tatsächlichen Berichtigung widersprechen. Denn irgendein Proble-
matisches muß wohl an mir sein, wenn so viele Verehrer an
mir irre werden. Ich führe ein unruhiges Leben; und bin
doch an Herrn Max Brod nie irre geworden. Was ich aber
als eine überflüssige Störung meiner Wirrnisse empfinde, ist,
daß seinesgleichen gegen mich frech wird. Das sollten die
andern nicht erlauben; die noch an Götter glauben. Es ist

gegen alle Einteilung. Wenn einer, dem ich geopfert habe, über mich schriebe, er halte nichts von mir, dann würde ich über mich nachzudenken beginnen und nicht über ihn, und wenn ich doch zu dem Entschluß käme, nicht mich, sondern ihn zu verwerfen, so würde ich die verschmähte Liebe, die abgestoßene Eitelkeit, die verratene Geschäftsfreundschaft als Motiv in meinen Angriff aufnehmen und meine Schäbigkeit nicht Entwicklung nennen. Dann wäre der Ausdruck eine Mißgeburt, aber er hätte auch ihr Gesicht! Man fahre ihr in die Augen, wenn man ihrer in zwölf Jahren in einem einzigen Exemplar habhaft wird. Und man halte den Haß meiner Gegner in Ehren, wenn man ihm nachsagen kann, daß er aus innerer Umkehr entstanden ist. Den Blitz, der sie aus heiterm Himmel trifft und den sie sonst als Schauspiel bewundert haben, zu verfluchen, ist menschlich. Aber damit ist nur bewiesen, daß der Blitz, der Menschliches treffen will, nicht geirrt hat. Und gewiß nichts gegen die Bedeutung des Blitzes bewiesen, wenn der Bauer »Sakra!« sagt. Wenn Herr Kerr aber ordinär wird und das, was ihn niedergeschmettert hat, Kunst war, dann ist Recht und Unrecht mit einer Klarheit verteilt, wie sie nie sonst über einem Kampf der Meinungen walten könnte. Immerhin hätte ich es mehr als der Dichter Beer-Hofmann verdient, daß Herr Kerr »Ave poeta« ruft. Auf die Knie hatte ich ihn schon gebracht. Auf Erbsen kniend müßte er noch als geübter Ästhet die Gebärde loben, die ihn bezwang, oder, wenn anders er solcher Objektivität nicht fähig ist, verstummen. Er plumpste mit einem gemeinen Schimpfwort hin. Ich bin nicht würdig, vom Herrn Cassirer verklagt zu werden. Ich bin nur würdig, von ihm aufgefordert zu werden, meine künftigen Bücher seinem Verlag zu überlassen. Er drückt mir die Hand für meinen Kampf gegen Herrn Harden, aber er könnte sie mir nicht reichen. Mißverständnisse über Mißverständnisse. Wir wollen einander nicht mehr wehtun. Es ist genug von Prügeln die Rede gewesen. Von den körperlichen, auf die sich die Ästheten berufen, und von den schmerzlicheren, die ich gegeben habe. Ein Kunsthändler, selbst einer, der Affären ritterlich austrägt, um sie publizistisch hinauszutragen, ist eine viel zu unbeträchtliche Gestalt, als daß sie länger als nötig den Horizont verstellen sollte. Auch muß der Prinzipal, dem hundert dienstfertige Schreiberjungen die Sorge für das Geschäft nicht abnehmen können, den Kopf behalten, um im richtigen Augenblick Manet von Monet und gar Kerr von Harden zu unterscheiden. Wenn sie sehen werden, wie er sie gegeneinander ausspielt, werden die Berliner Cliquen schon von selbst lernen, daß das Geschäft wichtiger ist als die Kultur. Dann wird sich dieser ganze dionysische Flohtanz zur Ruhe setzen, und die Mont-Martre-Interessenten, die heute noch von den Sehnsüchten nach einem Hauch einer Erinnerung an Düfte vibrieren und in Wahrheit Apachen des Wortes sind, werden mich in Liebe und Haß verschonen. Ihnen, die auch anders können, wird nichts andres übrig bleiben. Denn es ist heute in Deutschland gegen mich nicht aufzukommen; nicht g e g e n mich. Und wenn sie sich mit ihrer ganzen Pietät für Heine umgürten, und wenn er selbst zu ihnen auferstünde! Denn es ist ein Kampf mit ungleichen Waffen, wenn die gute und die schlechte Sache gegeneinanderstehen. Die schlechte kann nur schlechter werden. Polemische Ohnmacht ist der stärkste Ausdruck des Unrechts. Der Privatmann, der recht hat, schreibt recht. Der Literat, der unrecht hat, wird in der Polemik kleiner als er ist und gemeiner; er hat nicht Rausch noch Ruhe, er hat Reue; entblößt das Unrecht mit jedem Versuch, es zu decken, und begeht Selbstmord im Zweikampf, während dem Gegner die Vertretung eines belanglosen Rechts schon hinter der wahren, heiligen, unentrinnbaren Mission verschwindet, die Talentlosigkeit zu züchtigen.

Juli 1911

Der kleine Pan stinkt noch

Herr Alfred Kerr hat am 1. Juli das Folgende erscheinen lassen:

Vive la bagatelle!
Swift

CAPRICHOS

I.

Herr Kraus (Wien) sucht fortgesetzt aus unsren Angelegenheiten Beachtung für sich herauszuschlagen. Mehrere suchten, die Schmierigkeit aus ihm herauszuschlagen. Erfolglos. Ich stellte neulich anheim, Kraus nicht mehr zu ohrfeigen. Es lag darin kein Werturteil über Unberechtigung der früheren Backpfeifen; nur über die Unberechtigung des Aufwands. Ein wandelndes Museum für Tachteln. Seit ihm zugesichert wurde, daß er ausnahmsweise jetzt keine kriegt, beunruhigt ihn die Gewohnheitsstörung: es fehlt ihm was.

Ohrfeigen sind aber kein Argument. Selbst dann sind sie es nicht, wenn einer so oft, von Männern wie von Frauen abwechselnd welche bekam, daß auf der Wange die Inschrift »Hier blühen Rosen« stehn kann – und die Sitzgelegenheit, gewissermaßen, ein Bertillonsches Archiv geworden ist.

Selbst für kleine Verleumder sind Ohrfeigen kein Argument. Darum sollen seine Backen Ferien haben: mag ihn schon der fremde Zustand – ohne Entziehungskur – aufregen. Ecco.

(Er bekam die einleitende seiner Ohrfeigen, als er Privatsachen, die reine Privatsachen waren, ohne jedes Recht besabberte.)

II.

Dem kleinen Kraus (welcher kein Polemiker ist, sondern eine Klette) soll im übrigen gelassen werden, was er nicht hat. Blieb ihm die Gabe des Schreibens auch verwehrt (caccatum non est dictum), so weiß er doch, Reportermeldungen auf der fünften Seite des Wochenblatts für Leitomischl und Umgegend mit vernichtender Schärfe zu beleuchten.

Er hat sich aber, infolge des Hinweises auf seine tatsächlich vorhandene Dummheit, zur Niederschrift von Afforismen bewegen lassen (weniger einem Drange des Intellekts folgend, als um die Abwesenheit seines Intellektmangels darzutun), – Kitsch, mit der Hand gefertigt, dessen Arglosigkeit sich in mechanischer Umdrehung äußert, in mechanischer Gegensätzelei, in Geistesschwäche mit »scharfsinniger« Haltung oder »menschenfeindlicher« Haltung; etwan: »Ich bleibe gebannt stehen, weil die Sonne blutrot untergeht wie noch nie, und einer bittet mich um Feuer.« Nietzscherl. Mehr sag ich nicht.

»Ich verfolge einen Gedanken, der soeben um die Straßenecke gebogen
ist, und hinter mir ruft's: ›Fia–ker!‹« Tja, die einsamen Seelen. Das san
halt dö Plag'n vun an Denker.
Falls nun die Plage der Selbstverachtung hinzutritt? (Er äußert: »Mir
sind alle Menschen gleich, überall gibt's Schafsköpfe und für alle habe
ich die gleiche Verachtung.«)
Nett, wenn er das Publikum betriebsam auf seinen abseitigen Weltekel
aufmerksam macht. Oder wenn er (in belästigender Weise) die Leute
fortwährend anruft, er wolle nicht von ihnen beachtet werden.
Grundcharakter: Talmi plus Talmud. Sein St . . . Sti . . Stil besteht aus
zwei getrennten Nachahmungen: er verdünnt seinen Landsmann Spitzer
und äfft Harden; Herr Kraus leidet an doppelter Epigonorrhöe. Er
fälscht gewiß nicht – er geht nur in Irrungen ziemlich weit, so daß der
alte berliner Scherz »Karlchen hat wieder mal gelogen« und zwar in der
dümmsten schlichtesten spaßlosesten Weise glatt gelogen, erfunden, ge-
schwindelt um einen Augenblickshalt zu haben, weil er sich auf die
Großmut und Gleichgültigkeit seiner Gegner verläßt . . . dieser Satz
kommt nie zu Ende; wollte sagen: so daß der alte berliner Scherz »Karlchen hat wieder mal gelogen« gewiß nicht ohne weiteres für ihn zur
Beleuchtung dient . . . Was Epimenides über Kreta äußert, paßt nicht,
weil Kraus von der Insel Mikrokephalonia stammt.

III.

»Die Art, wie sich die Leute gegen mich wehren . . .« Saphirle. Komm
mal ran . . .

IV.

Ganz wie ein Tuchreisender, der weiß, was er der Gegenwart nietzschig-
kitschig schuldet, in der Abwehr gegen Demokratismus. Ein Einsamer
und ein emsiger Menschenfeind wird doch nicht . . .
Daß man demokratische Freiheit nicht in der Welt für das Höchste zu
halten braucht, Knirps, aber jetzt für etwas Wichtiges in Deutschland;
daß hierfür zu fechten ein Opfer ist (wie es eine Lust ist): das wirst Du
nicht begreifen, – schale Haut.
Deine Sektion ergibt zwei Kleingehirne. Was Du kannst, schale Haut,
ist einen Reporter lustig beschämen; den Schnatterstil des Herrn Harden
glänzend nachtäuschen (später auch bewußt, mit einer Kennerschaft, die
ulkig, aber peinlich ist); Du kannst für freie Geschlechtsübung Banal-
heiten äußern – und bist ein dummes Luder, das nie mit sich allein war.
Oft ein amüsanter Spaßbold –: aber ein entsetzlich dummes Luder.
Nun lauf' – und präge Dir ein leichtes Capricho-Lied hinter die oft
strapazierten Ohren:

V.

Krätzerich; in Blättern lebend,
  Nistend, mistend, »ausschlag«-gebend.
Armer Möchtegern! Er schreit:
  »Bin ich ä Perseenlichkeit . . .!«

Wie der Sabber stinkt und stiebt,
  Wie sich's Kruppzeug Mühe gibt!
Reißen Damen aus und Herrn,
  Glotzt der arme Möchtegern.

Vor dem Duft reißt mancher aus,
  Tachtel-Kraus. Tachtel-Kraus,
Armes Kruppzeug – glotzt und schreit:
  »Bin ich ä Perseenlichkeit . . .!«

ALFRED KERR

Es ist das Stärkste, was ich bisher gegen den Kerr unternommen habe. Gewiß, die drei Aufsätze haben einige Beachtung gefunden. Was aber bedeutet aller Aufwand von Kraft und Kunst gegen die spielerische Technik des Selbstmords? Gewiß, ich habe ihn in die Verzweiflung getrieben; aber er, er hat vollendet. Ich habe ihn gewürgt, aber er hat sich erdrosselt. Mit der wohlfeilsten Rebschnur, deren er habhaft werden konnte. Es ist mein Verhängnis, daß mir die Leute, die ich umbringen will, unter der Hand sterben. Das macht, ich setze sie so unter ihren Schein, daß sie mir in der Vernichtung ihrer Persönlichkeit zuvorkommen. Von mir geschwächt, beginnen sie mit sich zu raufen und ziehen den Kürzern. So einer zerreißt aus Gram sein Kleid, von dem die Andern geglaubt haben, es sei etwas dahinter. Einer, zu dem man sprechen möchte: du bist wie eine Blume, versetzt sich einen so vehementen Rippenstoß, daß es aus ist und geschehen. Nicht wiederzuerkennen. Was hat dieser Kerr nur gegen sich? Wie geht das zu, daß einer, der noch wenige Wochen, bevor ich ihn tadelte, mich gerühmt hat, plötzlich einen epileptischen Anfall auf mich verübt? Ich fürchte, er war kein Charakter, es muß ihm irgendwie die geistige Beharrlichkeit vor Gemütseindrücken gefehlt haben, er war am Ende nicht das, was man im Tiergartenviertel eine Perseenlichkeit nennt. Ich glaube, daß ein kleines Schreibtalent – ich bin gegen ihn viel gerechter als er gegen mich – völlig aus der Fassung gerät, wenn ihm etwas passiert ist. Es sagt nicht nur dummes Zeug, sondern sagt es auch schlecht. Wie geht das nur zu, daß einer, der ehedem doch bis zu einem gewissen Grad und speziell in Königsberg ein ganz geschickter, manchmal recht zierlicher Feuilletonist war, in dem Augenblick, wo ich seinen Geist aufgebe, mich sofort darin bestärkt? Er stirbt mit einer Lüge auf den Lippen. Er glaubte kein Wort von dem, was er gegen mich sagen mußte. Er schätzte mich hoch, hat sich über mich nicht nur öffentlich anerkennend geäußert – das würde nichts beweisen –, nein, auch hinter meinem Rücken, enthusiastisch – das würde nichts beweisen –, nein, mit einigem Verständnis von mir gesprochen. Aber es widerfuhr ihm, nicht den Glauben an mich, sondern den an sich zu verlieren, und ich bin nur das Opfer seiner Verzweiflung. Immer ist das so. Kein Wort von dem, was sie gegen mich sagen, glauben jene stillen Verehrer, die ich plötzlich laut anspreche, oder die vielen Literaturgeliebten, die sich vernachlässigt fühlen. Feuilletonschlampen mit mehr oder weniger Talent reagieren immer so. La donna è mobile. Ecco. Ich bin auf einmal ganz klein, ekelhaft und kann nicht schreiben, weil ihnen alles gefallen hat bis dorthin, wo ich gegen sie geschrieben habe. Wurde so ein zwar überschätzter, aber zweifellos befähigter Leser wie dieser Kerr über mich gefragt, so sagte er Kluges. Und hatte er's nicht von sich, so war er doch belesen und informiert genug, um zu wissen, daß er sich blamieren würde, wenn er mich für einen so unbedeutenden Schriftsteller hielte, wie ich ihn. Er wußte ganz gut, daß das nicht geht, daß das heute in Deutschland keiner der andern Männer tut, an die man glauben muß, und daß es lächerlich ist, jenes Klischee der Geringschätzung gegen mich zu werfen, dessen sich heute selbst der Reporter schämt. Ich brauche keine Enquete, um mir das versichern zu lassen, schon ist das Urteil zum Urteil über den geworden, der's spricht. Sollte man diesen Kerr nach dem Spruch beurteilen, ich fürchte, er käme nicht auf die Nachwelt, wenn ihn je sein kurzer Atem so weit getragen hätte. Er kann's

nur mehr durch mich erreichen. Ich habe schon so viele arme
Teufel als Zeitübel perspektivisch genommen – Kerr tut nur
so, als ob er das nicht verstünde –, daß es mir auf einen mehr
oder weniger nicht ankommt. Ich fürchte, e r k o m m t auf die
Nachwelt! Gänzlich unvorbereitet, wie er ist, mit Haut und
Haaren. Er muß sogar schon dort sein, denn ich sehe ihn
nicht mehr. Unheimlich rasch gehen diese Verwandlungen
vor sich. Gestern hat er noch Barrikaden gebaut, heute sitzt
er mir schon als Fliege auf der Nase. Ich töte keine Fliege, es
könnte in ihr die Seele eines Ästheten sein und dann wäre
es eine Herzensroheit. Was bleibt mir übrig gegen ihn zu
tun als ihn zu beklagen? Soll ich einen, der, wofern er lebt,
sich kärglich als Desperado durchbringen muß, vor Gericht
schleppen? Weil es einmal möglich wäre, feststellen zu lassen, daß ich nie den Mist des Privatlebens gekerrt habe
– man sieht auch im schäbigen Kalauer bin ich ein Epigone –,
sondern: daß einer, der Karriere machen wollte, mich vor
fünfzehn Jahren für eine Verspottung seines schlechten
Deutsch überfiel, dafür abgestraft wurde und später mit be-
wußter Mißdeutung eines völlig harmlosen Satzes verbreitet
hat, er, der Kommis, habe sich einer Ritterpflicht entledigt.
Zwei weitere Gerichtsurteile würden die Neugier der Feuil-
letonbagage befriedigen: über zwei Attacken, denen ich in
den zwölf Jahren der Fackel ausgesetzt war: von einem In-
strument der Concordiarache, das später in Reue vor mir er-
starb, und von einem Rowdy, dem das Bezirksgericht einen
Monat Arrest gab, die höhere Instanz mit Berücksichtigung
der Volltrunkenheit eine hohe Geldstrafe. Soll ich wirklich
einen vierten Prozeß – zwei strengte der Staatsanwalt für
mich an – herbeiführen, um einem toten Reklamehelden Gelegenheit zu geben, für eine Woche aufzuerstehen und eine
zu sitzen? Soll ich mir die maßlose Distanz zwischen meinem
Leben und dem Niveau, auf dem man »in Ehren« besteht
– größer als die Distanz zwischen diesem Niveau und der
Fratze, die der Kerr aus mir macht –, amtlich bestätigen lassen? Es ist überflüssig; und was liegt solchem Pack an einer
Verurteilung, wenn nur von der ihm blutsverwandten Tages-

presse meine drei Überfälle in fetten Titeln annonciert würden! Es ist lästig; und wiewohl es nichts gibt, was ich zu verbergen habe, räume ich doch nur mir das Recht ein, darüber zu sprechen. Auch bin ich lieber Angeklagter. Und sage darum diesem Kerr, daß nur ein so revolutionärer Feigling wie er, nur ein so ganz mißratener Demokrat wie er, nur ein so von allen guten Geistern des Takts und des Geschmacks verratener Angeber eines Polizisten wie er auf den Einfall geraten konnte, mir die Feigheit derer zum Vorwurf zu machen, die sich an mir vergriffen haben. Daß aber auch nur ein so vollkommener Ästhet, dem der Backenbart schon den Blick für das Leben überwachsen hat (und der bereits auf das Motiv der Rosen zu meinen Gunsten verzichtet), nicht merken kann, daß dreihundert Überfälle nichts gegen meine Ehre beweisen würden, dreihundert Gewalttaten nichts gegen mein Recht, dreihundert Kopfwunden nichts gegen meinen Kopf. Und alle zusammen nichts gegen meinen Mut. Die Überrumpelung eines Kurzsichtigen spricht nicht einmal gegen seine Muskelkraft – er wäre zur Not imstande, einen Ästheten zu ohrfeigen –: sollte sie sein Werk herabsetzen können? Hätte der Kerr Unrecht gegen Herrn Sudermann, wenn dieser anstatt über die Verrohung der Kritik zu klagen, einen Roheitsakt an ihm vollzogen hätte? Hat der Kerr Recht gegen Herrn v. Jagow, weil dieser ihn nicht geprügelt hat? Und ist es erhört, daß einer, der bisher wenigstens in einem Theaterparkett geduldet wurde, seine Wehrlosigkeit vor dem geistigen Angriff in die Infamie rettet, die brachiale Überlegenheit anderer anzurufen? Man wird Mühe haben, eine hochgradige Gemütserschütterung als mildernden Umstand auszulegen, um zu sagen, dieser Kerr sei im Grunde besser als die Kreuzung von einem Schulbuben und einem Schandjournalisten, zu der er sich jetzt verurteilt hat. Er darf nicht wissen, daß er das Häßlichste niedergeschrieben hat, was die Meinung der von mir gepeitschten Mittelmäßigkeit auf Lager hält, er muß sich seine völlige Unverantwortlichkeit ärztlich bestätigen lassen – sonst ist es ausgeschlossen, daß er die Hand, die diese Feder geführt hat, jemals noch reuclos betrachtet. Gegen den Wert meiner Leistung kann sie nichts ausrichten. Daß er mich unterschätzt, beweise ich durch jeden Satz, den ich über ihn schreibe. Aber wenn's mir selbst nicht gelänge, wenn ich wirklich das dümmste Luder wäre, welches je mit fremder Eigenart Aufsehen machen wollte: daß ich ihn nicht unterschätze, beweist er durch jeden Satz, den er über mich schreibt. Und weil er dies besser beweist als ich, drum habe ich ihn abgedruckt. Weil sich nichts Vernichtenderes gegen diesen Kerr unternehmen läßt, als wenn man ihm das Wort erteilt! Man lese. Man vergleiche. Nach meinen Aufsätzen lobte man mich, konnte aber immer noch glauben, irgendetwas müsse auch an dem Kerr, von dem man doch so viel schon gehört hat, zu finden sein. Nun sieht man, daß er die Räude hat. Daß nur dieser Zustand ihn befähigen konnte, das Lied vom »Krätzerich« zu dichten. Daß er eine völlig unsaubere Angelegenheit ist. Nun versteht man nicht, wie dieser parasitische Humor, dessen Sprecher im Verein reisender Kaufleute vor die Tür gesetzt würde, für Königsberg lesbare Feuilletons zustandebringen konnte. Ich verstehe es. Ich habe im Leben viel mit Minderwertigen zu tun gehabt. Ich weiß, wie ein Floh tanzt und wie eine Motte am Licht kaputt wird. Ich weiß, wie Sinnesverwirrung einen sonst leidlichen Plauderer entstellen kann, und daß es eben vorher gefehlt war, an solche Individuen den Maßstab der Perseenlichkeit anzulegen. Dieser Kerr übernahm sich, als er glaubte, seine Leere könne politisch gestopft werden, und als er seine Temperamentlosigkeit an der Glut eines Polizeipräsidenten explodieren ließ. Er bekam dafür Schläge, die schmerzhafter waren, als wenn mir die in zwölf Jahren angesammelte Wut einer Millionenstadt sämtliche Knochen zersprügelt hätte. Anstatt nun zu schweigen und ruhig an seiner Entwicklung und für Königsberg zu arbeiten, ließ er sich hinreißen. Nun ist er hin. Und ließ mir nichts übrig, als ihn aufzubahren. Vielleicht hält er sich noch den Nachruf. Ich druck ihn ab. Man kann nicht lebendiger dastehen, als wenn man diesem Alfred Kerr das letzte Wort läßt.

September 1910

DESPERANTO

Neuerlicher Versuch einer Übersetzung aus Harden

So dornig der Pfad auch ist, der bildungshungrige Leser zum Verständnis dieser merkwürdigen Sprache führt, in der die geheimsten Zauber von Delphi und Grunewald aufzuklingen scheinen, der Übersetzer hat es sich zur Pflicht gemacht, nicht zu erlahmen, sondern die Deutschen durchaus zu jenem Genuß zu erziehen, auf den sie einen Anspruch haben: daß sie nämlich verstehen, was sie seit achtzehn Jahrgängen mit so lebhaftem Interesse lesen. Ist es denn nicht ein unerträglicher Zustand, daß einer die politischen Geschicke Deutschlands lenkt und die politischen Geschicke Deutschlands ihm aufs Wort parieren, ohne zu wissen, was das Wort bedeutet? Ist es nicht endlich an der Zeit, dem anerkannt ersten Publizisten Deutschlands zu der ihm gebührenden Stellung zu verhelfen? Indem es gelingen mag, seine gedankliche Leistung losgelöst von allen Eigentümlichkeiten formaler Natur dem Publikum zu bieten, wird auch der gemeine Mann in der Lage sein, die letzte Entscheidung über die sozialen und kulturellen Probleme der Epoche zu vernehmen, während dem Feinschmecker wieder die esoterischen Reize einer Sprache offenbar werden sollen, die niemand spricht, so daß er sie genießen und zugleich in angenehmer Entfernung erkennen wird, wie schwer das Leben ist. Auch diesmal aber muß der Übersetzer, der sich für andere plagt, Nachsicht für jene Stellen erbitten, wo unüberwindbare Hindernisse ihm den eindeutigen Ausdruck verwehrt oder gar noch größere Verlegenheit bereitet haben. Welches Deutschen Bildung wäre heute so ausgereift, daß er, namentlich in der Sommerfrische, immer jene Behelfe wie Zettelkasten, Brockhaus und so weiter bei der Hand hat, die nun einmal notwendig sind, um hinter die eleusinischen Mysterien eines politischen Leitartikels zu kommen? Wahrlich, diese Sprache ist leichter erlernt als ver-

219

standen. Sie hat ihre Vorzüge und ihre Nachteile, und sie ist durch ihre chiffrierende Art, zugleich zu verkürzen und zu verwirren, dem Diplomaten ein quälender Zeitvertreib und dem Privatmann eine angenehme Tortur. Die Desperantosprache bietet wie keine andere die Möglichkeit, sämtliche Nationen auf dem gemeinsamen Boden gegenseitigen Mißverstehens zusammenzuführen. Wenn man zum Beispiel einem Japaner zuriefe: »Schälle täuben«, so würde er es unfehlbar für einen russischen Schlachtruf halten und sich zurückziehen; ein Russe würde sagen, es sei die Bezeichnung für einen hyperboreischen Volksstamm, der bei der Völkerwanderung zurückgeblieben ist; ein Hyperboreer würde glauben, es sei deutsch; und ein Deutscher würde sich die Ohren zuhalten, womit er instinktiv das Richtige träfe, denn der Satz ist nicht nur abscheulich, sondern bedeutet nichts anderes als: »Gerüchte sind trügerisch«. Aber wer kann das sogleich wissen? Wer weiß, was ein Wort bedeutet? Wenn ich nicht einst dem Schöpfer dieser Sprache auf den Kopf zu gesagt hätte, daß der Satz »Strählt die Miauzer«, so viel bedeuten müsse, wie »Streichelt die Katzen!«, noch heute würde man in jenem Dunkel tappen, in dem zwar die Miauzer sehen können, aber nicht die, welche sie strählen sollen. Da diese Sprache heute nur einer ganz und gar beherrscht, so können die andern von Glück sagen, wenn sie ein Zipfelchen des Verständnisses erhaschen. Sie ist ein schweres Kleid von Brokat, das einer gezwungen ist schwitzend über den alltäglichsten Gedanken zu tragen. Diese zu enthüllen und in einem übertrieben alltäglichen Gewand, in dem sie sich wohler fühlen, zu präsentieren, soll nicht zuletzt der Zweck der philologischen Übung sein. Jeder mag aus ihr lernen, wie leicht es ist, eine schwer verständliche Sprache zu sprechen, und daß nur die liebe Not ein so prunkvolles Leben fristet. Freilich ist neben dem Mangel an Humor und Temperament auch eine gewisse Ausdauer und Zähigkeit des Charakters erforderlich. Anfänger, die den Ehrgeiz haben, sich im Desperanto zu vervollkommnen, seien darauf aufmerksam gemacht, daß es nicht genügt, sich einige ausge-

stopfte Banalitäten anzueignen, sondern daß auch die Er-
werbung eines Zungenfehlers unerläßlich ist. Schwerer als
das viele Neue, das sie zulernen müssen, wird es ihnen an-
kommen, in den wichtigsten Augenblicken ihres Lebens auf
das »s« zu verzichten, zum Beispiel beim Zeugungakt. Ich
warne Neugierige. Der Meister selbst, dem sie nacheifern,
ist einmal an einer der größten Schwierigkeiten, die sich ihm
bei seinem Neuerungwerk entgegenstellten, gescheitert. Er
hatte schon für alle sprachlichen Skrupel, die sich ergaben,
einen »Schwichtigunggrund« gefunden, und kein »s«, das
nicht etwa der Genitiv mit sich brachte, wurde im Haushalt
geduldet. Er war bei dieser asketischen Lebensweise fünf-
undvierzig Jahre alt geworden, alle Deutschen huldigten
ihm, von den Regierungräten abwärts bis zu den Hand-
lunggehilfen, und besonders diese. Da gratulierte ihm sein
Dämon zum – Geburttag. Er brach zusammen. Denn das
ging wirklich nicht. Nie hat er das Wort geschrieben. Sondern behalf sich mit Abkürzungen wie etwa: »der Tag, an
dem der erste Blick ins Sonnenlicht sich jährt«, »die Wieder-
kehr der Stunde, die den heut zur Mannheit Emporgereck-
ten ins Dasein rief«, und dergleichen. Nie hat er das Wort
geschrieben. Es ist die geheime Tragik in seinem Leben . . .
Wen nur der Glanz seiner Sprache lockt und nicht ihre Schatten nüchtern, wen ihre Schälle täuben und nicht ihre Stöße
schüttern, wen nur ihr Ruch tört und nicht ihr Stank stört,
der folge mir getrost durch diesen Deutschungversuch.

Vor vierzehn Tagen habe ich
hier versucht, das vor und
nach der Weihnacht des
Jahres 1907 im allensteiner
Haus des Majors Gustav von
Schoenebeck Geschehene mit
dem von der Psychopathologie
gelieferten Werkzeug abzu-
tasten und dem Menschen-
sinn zum Verständnis des
ihm unverständlich Schei-
nenden zu helfen

In der vorletzten Nummer habe
ich mich an dem Fall Schoenebeck, ohne die Quelle des
Herrn von Schrenck-Notzing
zu nennen, detailmalerisch
ergötzt und mich dabei
bemüht, das Verständliche
unverständlich zu machen

Ihr evangelisches Bewußtsein ist, auch wenn sie es erst etliche Jahrzehnte nach den Steckkissentagen erworben haben, von mimosiger Empfindsamkeit	Ihr Christentum ist, auch wenn sie erst lange nach der Geburt getauft wurden, von mimosenhafter Empfindlichkeit
Wer je genötigt war, seinen Namen unter ein Gerichtsprotokol zu setzen, vergißts nicht so bald. Seine Aussage mag noch so einfach sein: . . . was er in lebendiger Rede rasch vorbringt, wird in den altfränkischen Pomp der Gerichtssprache gekleidet... Und in neun von zehn Fällen bleibt der Vernehmende Sieger. Er meints so gut, quält sich so redlich, die Laienrede in sein geliebtes Juristendeutsch zu übertragen . . .	Das Einfache wird verkünstelt. Ein alter Übelstand, über den sich auch die Richter beklagen, wenn sie wieder den schlichten altfränkischen Pomp ihrer Sprache in den byzantinischen Prunk einer deutschen Wochenschrift gekleidet sehen
Soll man dem Geplagten, vor dessen Tür ein Bäckerdutzend Beschuldigter oder Zeugnispflichtiger wartet, das Amtsleben noch mehr bittern?	Soll der geplagte Richter auch noch diesen Satz lesen?
An diese Aussage waren sie fortan gekettet . . . Die conviction intime der Geschworenen ist an keine Paragraphenvorschrift geknotet . . . Müssen die Zeugen an den Rahmen des Gedächtnisbildes genagelt werden, das freilich frisch ist, oft aber nur die Mängel des flüchtig hinwischenden Impressionismus erkennen läßt? . . . Begreift Ihr wirklich nicht, warum der Arme nicht von dem Glauben loszuhaken ist, die gröbste Form	Folterbräuche der preußischen Strafjustiz und der deutschen Satzbildung

der Klassenjustiz sei im Alltagsgebrauch?

In einem Grenznest, wo die Garnison ein ummauertes Städtchen bildet, hat keiner gemerkt, daß die Frau des Majors vom Stabe ihren Hausschlüssel in der Runde kreisen ließ, mit dem Taschentuch ihren Buhlen Fensterflaggensignale gab, im Schlafzimmer ihnen Mahlzeiten servierte, mit ihnen in Königsberg und in Haffbädern zusammenwohnte, an der Alle in Kattunkleid und Kopftuch Sexualabenteuer suchte	An der Alle hat man nichts gewußt
In Berlin war sie als leicht erraffbare Ware bekannt; hatte die Christgeschenkeinkäuferin vor einzelnen Stundenbesitzern sogar die Namensmaske gelüftet	In Berlin hat man Alles gewußt
Dieser Vorsitzende ähnelt nicht dem ersten Kaiser Ferdinand, von dem Julius Wilhelm Zincgref in seinen »Apophthegmata« erzählt hat: ...	Dieser Vorsitzende verhielt sich zu Kaiser Ferdinand wie eine Melone zu einem Zettelkasten
Der Nation und allem auf der Erdfeste Kribbelnden künden	Der Nation und der Menschheit verkünden
Allmählich verdüsterte sich auf dem Goebenbildnis der Grundton so, daß selbst des Schwärmers frommer Glaube von Skepsis angenagt ward	Mit der Zeit wurden selbst die Anhänger Goebens wankend
Ins Irrenasyl befördern	Ins Irrenhaus sperren
Wenn Madame Antoinette Lust hat, kann sie mit oder schon	Wenn Frau v. Schoenebeck will, kann sie im Herbst oder schon

vor den Schwalben südwärts ziehen	früher nach dem Süden gehen (Was ihr zu gönnen wäre. Anm. d. Übers.)
Frau Antoinette sitzt gemächlich in der Hardenbergstraße und kann sich, wenn's ihr paßt, den Amphibien westlicher Nachtkaffeehäuser gesellen	Herr Maximilian regt sich im Grunewald an solchen Vorstellungen auf, setzt den Frauen mit den Ruten seiner Moral zu und züchtigt die Männer mit den Skorpionen seiner Sprache
Wer bürgt für die Erstattung der wider alle Norm hohen Fahrtkosten?	Fahrtkosten, die normwidrig sind, werden nicht gutgeheißen
Fragt in Alt-Moabit die Gerichtsdiener, wie viele Zeugen täglich pro nihilo bestellt werden	Man frage die Gerichtsdiener in Moabit nach den Zeugen Riedel und Ernst; das verstehen sie sofort
Heuertsensation	Sensation im Juli
Das fünfundsechzigste Haus der Wilhelmstraße	Wilhelmstraße 65
Phili tuschelt den allzu Spottlustigen aus der Gunst	Eulenburg verdrängt Kiderlen
Theobaldus Cunctator	Der Reichskanzler
Der präsidierende Erni	Reichstagspräsident Prinz Ernst zu Hohenlohe
Berni	Bernhard Dernburg
Eine Schicksalsstunde ruft die zwistlos gesammelte Kraft deutscher Menschheit herbei	Die Stunde der Entscheidung verlangt ein einiges Deutschland
Sein Wollen blößen	Seinen Plan enthüllen
Fritzisches Kriegsglück	Preußisches Kriegsglück
Das Adlerland	Preußen
Er muß in den Weg ihres Willens einschwenken	Er gibt ihr nach

Sie vermag ihn vom Ziel seines Wollens abzudrängen	Sie kriegt ihn herum
Vor dem Bilde der mirower Ahnfrau erblassen	Sich vor dem Andenken der Königin Luise schämen
Der Kanalvetter	England
Der heitere King	Eduard VII
Unter dem milden Juliusmond	Im Juli
Der vom Kehlkopfkrebs Getötete	Der an Kehlkopfkrebs Verstorbene
Botschafter an Alfonsens Hof	Botschafter am spanischen Hof
Die Russen zäumten die Zunge nicht so straff	Die Russen waren gesprächiger
Der Gortschakowepigone, der ihr internationales Geschäft leitet	Iswolsky
Das Reich des Tenno	?
Japanische Größensucht	Japanischer Größenwahn
Der Italerkönig	Der König von Italien
Der Schillingsfürst	Hohenlohe
Der Kniephofer	Bismarck
Der Menschenfischer im Koller	Bismarck
Der winzige Sohn des Widukindlandes	Windthorst
Sich mit frevler Hand aus dem Sonnenbezirk jäten	Sich umbringen
Wähnen auch wir noch, jede Entschleierung des aufrecht schreitenden Zweizinkentieres müsse der inneren Magdschaft gefährlich werden?	Fürchten auch wir noch von der sexuellen Aufklärung einen Schaden für die seelische Jungfräulichkeit?

Ins Schulgehäus darf von der Geschlechtswallstatt kein Windhauch wehen	In der Schule darf von geschlechtlichen Dingen nicht gesprochen werden
Dünkt ihn die Vorstellung, der rotbeinige Herr Adebar hole die Kinder aus einem von Sumpfkröten umquakten Teich und beiße, um den Tag seiner Einkehr zum Fest zu wandeln, die Mama ins Bein, heiliger, ehrwürdiger als die Erkenntnis, daß in dem von Vaters zärtlicher Liebe befruchteten Mutterschoß ein Geschwister erwuchs?	Ist ihm das Storchmärchen sympathischer als die erweisliche Wahrheit der Zeugung?
Dicht vor der Maturität	Kurz vor der Matura
Mehr noch als läßlichen Fehltritt die Heuchelschmach meiden, die alles sittliche Empfinden unaufhaltsam zerbeizt	Wenn's schon einmal geschehen ist, wenigstens aussprechen, was ist
Je ernster ihr Blick sich auf den Brennpunkt der Gattung heftet, desto schwerer wirds lüderlichem Getuschel, ihr Ohr gegen die Notsignale nahender Jungferngefahr zu täuben	Je mehr man auf die Sache sieht, umso sicherer wird sie bewahrt bleiben, so daß die sexuell Aufgeklärten keinen Schaden und die sexuellen Aufklärer doch ihre Freude dran haben
Vollreifen Mädchen von Verführungfährnis sprechen	Mit erwachsenen Mädchen Alliteration treiben und ihnen im entscheidenden Moment doch das »s« vorenthalten

Juli 1910

Schoenebeckmesser

Wenn die Erinnerung an Herrn Maximilian Harden, die
hin und wieder noch durch einen Wirtshausexzeß des Milch-
händlers Riedel aufgefrischt wird, verrinnen sollte, wenn es
selbst meiner philologischen Mühe nicht gelingen möchte,
seine Prosa unsterblich zu machen, so wird sich doch einst ein
deutscher Sittenforscher dazu entschließen müssen, das Profil
dieses zwischen Staats- und Bettgeheimnissen angestrengten
Chiffreurs nachzuzeichnen. Denn daß die deutsche Intelligenz durch ein paar Jahre geglaubt hat, aus einem Zettelkasten spreche eine Pythia und ein Informationsbureau sei
ein Janustempel, ist die stärkste aller erweislichen Wahrheiten. Und die lustigste, wie schnell der Glaube in dieser
allen Wahrheitssuchern und Nordpolfindern, Luftgauklern
und Erdenschwindlern hingegebenen Zeit kaput wird. Wir
verstehen eines Tages nicht mehr delphisch; und vor uns
steht ein Januspolitiker mit zwei Gesichtern, von denen das
eine vorwärts sieht, das andere rückwärts, jenes auf den
Hosenlatz der Nation und dieses auf ihren Hintern. Hütet
euch vor seinem wissenden Blick, ihr deutschen Soldaten;
zeigt ihm die Front nicht und kehrt ihm nicht den Rücken;
ihr Goeben und Moltke, habt Acht! Nicht mehr gefährlich
ist er, aber zudringlich. Nicht über Krieg und Frieden ent-
scheidet er jetzt, aber über eure Siege und Niederlagen im
Bett. Eine Zeit der Geschlechtsparade ist angebrochen: weh
dem, der normwidrig adjustiert ist; weh dem, der im Vor-
dertreffen seinen Mann nicht gestellt hat. Pardon wird nicht
gegeben. Wer sich den Luxus eines Privat- und Familien-
lebens gestattet, muß sich auch dessen Kritik gefallen lassen. Und wie's bei Schoenebecks zuging, das zeigt uns nicht
nur die öffentliche Berichterstattung über eine geheim durch-
geführte Verhandlung. Nein, dort, wo sogar der Reporter
verzichtet, dort, wo schon unsere Phantasie diskret wird,
eben dort tritt Herr Maximilian Harden dazwischen, duldet
keine Heimlichkeiten, dreht die Lampe auf, die's nicht wis-

sen soll, spricht aus, »was ist« und ihn nichts angeht, ruft Zeugen zur Tat, wälzt ein Protokoll heran und sorgt dafür, daß auch nicht ein Tropfen erweislicher Lustbarkeit verloren gehe. Auf die Frage, ob man im Dunkeln erröten könne, läßt er sich nicht ein, da er weder ein Dunkel zugibt, noch ein Erröten kennt. Was an Tatsachen nicht zu haben ist, ersetzt er durch die Erkenntnisse seiner ausschweifenden Psychologie. Und mit einem Wissen, dem nichts Menschliches fremd, und mit einem Besserwissen, das über alles Menschliche informiert ist, mit dem ganzen Rüstzeug einer neuzeitlichen Bildung, die Juristerei, Philosophie und Medizin und leider auch Pornolalie studiert hat, und mit einem Eifer, der von der Erschaffung der Welt anfängt, die Bibel plündert und Allenstein das Olsztyn der masurischen Polen nennt, um auf die Hauptsache, die sexuellen Gewohnheiten des Herrn v. Goeben zu kommen, bepackt mit Erudition, Information und Sensation wie noch nie: so tritt Herr Maximilian Harden in das Schlafzimmer des Hauses Schoenebeck.

Ein Journalist, der, bevor er die zugkräftigsten Gemeinheiten über einen Toten und über eine Frau losläßt, nicht einmal so viel Takt beweist, mit seinen geographischen und historischen Kenntnissen über eine Provinzstadt zurückzuhalten. Ungescheut, mit einer Indiskretion, die den verborgensten Winkel des Zettelkastens nicht schont, enthüllt er uns, daß die Alle ein Nebenfluß des Pregel ist, und daß dort Marschall Soult 1807 vier Tage vor der Schlacht bei Eylau den russopreußischen Nachtrab schlug. Daß Allenstein 30.000 Einwohner, ein Hochmeisterschloß und eine restaurierte katholische Kirche hat und die Bevölkerung Handel mit Holz, Leinwand und Hopfen treibt. Was das uns angeht, fragen wir, die an solchen Intimitäten nachgerade genug haben und denen das Exhibitionieren mit Baedekerbildung ein Ärgernis ist. Zur Sache! möchten wir rufen, weil wir auf die Beweisführung gespannt sind, wie Herr von G. durch Frau von Sch. zu einem normalen Geschlechtsverkehre veranlaßt wurde. Aber noch ist, nach der geographischen Belästigung, der Speicher des historischen Wissens nicht entleert. G. ist nämlich »Sohn aus der zweiten Ehe eines Gutsbesitzers, der als Sechzigjähriger an Leberkrebs starb«. Die Mutter war fünfunddreißig Jahre alt, als das Kind geboren, oder vielmehr »ihrem Schoß entbunden wurde« (dies nebenbei zur Aufklärung für solche, die noch immer glauben, daß der Storch die preußischen Offiziere bringt). Man sieht, wie wenig man in der Schule gelernt hat und was man alles fürs Leben braucht. Wie der Famulus stehen wir vor dieser faustischen Fülle. Zwar wissen wir jetzt schon viel, doch möchten wir alles wissen. Also: Herr von G. war eine »schwere Zangengeburt«. »Arm und Bein sind rechts um einen Zentimeter kürzer als links.« Ob's genau stimmt, wissen wir freilich nicht, haben aber das Vertrauen. (Wenn's uns der Schoenebeckmesser sagt.) »Als Kind hat er an Masern, Scharlach, Keuchhusten, Skrofulose gelitten und sich einen Leistenbruch zugezogen.« Nun haben wir bisher geglaubt, daß zwar Masern und Scharlach Krankheiten sind, die angezeigt werden müssen, daß aber ein Leistenbruch immerhin zu jenen Privatangelegenheiten gehöre, die der Mensch mit sich selbst auszumachen hat, und zu jenen Leiden, auf die sich das ärztliche Geheimnis eben noch bezieht. Dieser Arzt aber kennt kein Geheimnis, so wenig wie dieser Jurist, dieser Historiker, dieser Geograph, dieser Archäolog, dieser Flugtechniker, dieser Journalist. Er ist durch das Leben des Hauptmanns von G. gezogen, er hat seine Entwicklung mitgemacht, er stand zu Häupten seiner Wiege und zu Füßen seines Bettes, er begleitete ihn in den Burenkrieg, er war dabei, als er verwundet wurde und zwar »an Armen und Händen, an der Hüfte und dem fünften Metakarpalknochen« – kein Wunder, daß er ihm jetzt auch eine Mappierung seiner Sexualpläne vorweist. Er hat seinen Jugendsünden beigewohnt, er kennt seine vorzeitige Männerschwäche. Nichts Menschliches ist ihm fremd, nichts ist ihm, in all den Jahren, in denen er doch mit der Liebenberger Tafelrunde vollauf zu tun hatte, entgangen. Und er weiß auch, daß G. »von seinem auf ihn stürzenden Pferde an Darm und Niere gequetscht« wurde, und daß er hierauf an Malaria und Schwarzwasserfieber erkrankte, bis er nach einer langwierigen Furunkulose 1906 als Batteriechef zum Masurischen Feldartillerieregiment Nr. 73 versetzt wurde. Wann? Vor Weihnachten? Nein »im Advent«. Und endlich lernt er Frau von Schoenebeck kennen. Die hat vom Major Schoenebeck zwei Kinder? Nein, das ist der Mann, »in dessen Umarmung sie zwei Kinder empfangen hat«. Was tut Goeben? Er küßt sie? Aber nein, er »drückt, selig zunächst schon in dem Bewußtsein, lange genährtem Heilandwahn so brünstigen Glauben geweckt zu haben, seine Lippen auf den Mund der Frau, die sich, in der Ohnmacht überquellenden Dankbedürfnisses, erfröstelnd in seine Arme gleiten ließ«.

Seitdem Herr Maximilian Harden einmal Wedekinds »Frühlingserwachen« das »Männern der Knaben und Böckeln der Mädchen« genannt hat, wissen wir, daß er eine zwar nicht verständliche, aber deutliche Sprache liebt. Seitdem er einmal gesagt hat, daß in einem andern Drama die Heldin den Helden »an der Wurzel des Paarungstriebes kitzelt«, wissen wir, daß er ein Ding zwar umschreibt, aber beim rechten Namen nennt. Kein Zweifel, er wird uns aus dem Traumleben des Herrn von G., in dem er sich so gut auskennt wie in einem Konversationslexikon, schon erklären, was diesen Kavalleristen bestimmt hat, sich so lange vom Weibe fernzuhalten und lieber »im Sattel den Akkumulator seines Geschlechtstriebes zu entladen«. Herr Harden bedauert, daß den Herrn von G. »keiner je vor schädlichem Mißbrauch des Zeugungorganes gewarnt« hat. Wir bedauern, daß es keinen Strafgesetzparagraphen gibt, der die Weglassung des »s« in einem fremden Körperteil weithin als eine verächtliche Handlung brandmarkt. Wir bedauern, daß es kein literarisches Berufsgericht gibt, das einen Schandpreis der Diskretion einem Journalisten verleiht, dem eine so delikate Umschreibung gelungen ist wie diese: »Der Artillerielieutenant tut wie Onan, Judas zweiter Sohn von Sua, den des Herrn Zorn traf, weil er, statt bei des Bruders Witib zu liegen, seinen Keimsaft in die Erde sickern ließ«. Wir bedauern, daß es keine Organisation des Abscheus gibt für den Fall, daß ein Publizist selbst an jenes Geheimnis geschlechtlicher Betätigung greift, welches bisher der Natur der Sache nach mit keinem Zeugen geteilt wurde. Aber die neurologische Obduktion des Herrn v. G. – nein, »des aus kränkelndem Stamm Entsproßten« – ist noch nicht zu Ende. »Ob ihn je ein Mannesleib reizte?« fragte Herr Harden, den eine langjährige Erfahrung auf diesem Gebiete auf solche Möglichkeit vorbereitet hat. Endlich ist's heraus. Eine unverbindliche Frage. G. war Offizier, und Herrn Harden könnte es nicht überraschen. G. »hat's geleugnet«. Nun, Harden will's mindestens dahingestellt sein lassen. »Die besondere Art seiner Lustvorstellung ließe leicht darauf schließen«. Positives hat er nicht erfahren können; die Detektivbureaus gegen die Armee zu mobilisieren, lohnt sich nur, wenn außer dem Vaterland das eigene Wohl gefährdet ist. »Einerlei«, meint Herr Harden; will die Sache nicht weiter untersuchen und läßt es beim Rade bewenden. Denn schließlich bietet ja der selige G. schon durch sein »schmähliches Geheimnis«, um das Herr Harden weiß, genug Handhabe für einen aufgeregten Moralisten. Und wie erst durch seinen Verkehr mit der Frau von Schoenebeck! Herr Harden erinnert zu diesem Punkte an die »Leistungsfähigkeit der Lieutnantszeit«, während hingegen den Hauptmann »häufige Schweißausbrüche schwächen« und seine Exzesse »sich von Mond zu Mond mehren«. Herr Harden sagt's nun gradheraus, es handle sich um »Masturbation«, und »der fast Siebenunddreißigjährige, der als Batteriechef« – bisher war nur von Akkumulatoren die Rede – »nach Allenstein versetzt wird, hat als ein Glücklicher niemals noch den Leib eines Weibes umschlungen«. Endlich also lernt er Eine kennen. Frühling ist's. Oder mit einem Wort: »Der Lenz kommt ins Pregelland«. G. denkt, die könne er haben? Nein, so einfach geht das nicht, sondern: »In schwüler Mittagsstunde bebrütet, während des Heimrittes vom Übungsplatz, die Sonne in Goebens Hirn die Hoffnung, jetzt, so spät noch, das volle Glück der Mannheit zu erlangen«.

Die Mutter ließ ihn einst – Herr Harden weiß es – im Scherzspiel auf ihrem Rücken reiten. Und Herr Harden weiß, daß sich im Unbewußten des Knaben dieser Eindruck festgesetzt hat. Ob er nun bei der Assoziation dabei war, oder den Hauptmann untersucht, oder gar ein Werk über Psychoanalyse gelesen hat; ob er's vom Hörensagen weiß oder ob es ihm am Ende ein Hofrat und fünf Ärzte aus dem Annoncenteil der ›Zukunft‹ eidlich bestätigt haben – Herr Harden weiß, welche Vorstellung dem Herrn von G. beim Reiten zu schaffen macht. Nun wird es an Frau von Sch. sein, ihn beim Huckepackspiel herumzukriegen. So wird die »männische Willensleistung« ohne Zweifel einmal zustande kommen. Die Frau behauptet aber, ihr eigener Mann »vertiere zum unersättlichen Bullen, der sich Tag vor Tag auf die Kalbe stürzt, zum geilsten Bock, dessen Gier zwischen zwei Sonnen mindestens einen Geschlechtsakt erzwingt«. Unglaublich; und was meint G. dazu? »Doppelt brennt vor dem Schreckbild solcher roh prassenden Übermännlichkeit die Schmach eigenen Unvermögens.« Die Frau will »von dem Lakentyrannen befreit« sein und zugleich »den Kiefertaster des Männchens zu neuem Tatversuch wachkitzeln«. Das heißt, sie will den Major los sein und den Hauptmann herumkriegen. Sie ist selig in dem Gedanken; sie versichert also, »der Rausch der Verheißung habe ihr das Bewußtseinstor überschwemmt«. Soll sie sich denn an ihren gierigen Mann wegwerfen? Oder einfacher gesagt: sollen »ihre nie nach Lust getränkten Sinne, wie dürstende Hunde an besudeltem Rinnsal, sich an unsauberem Born kühlen? Grauen, Ekel, alle Wächter schamhafter Liebe überrennen, rings um die Seelenfeste die Leuchtfeuer löschen und im Dunkel des Ehebettes von dem über dicht verhängten Pupillen Röchelnden in stummer Wonne nehmen, was der Mann zu geben vermag und der Liebste versagen muß?« Trotz solchen Hindernissen – endlich »gelingt, was noch nie gelang: die Mann und Weib zum Gattungdienst nach der Norm der Natur einende Paarung« ... Und wo begibt sich das alles? In Allenstein? Nein, so plump ist Herr Harden nicht, den Ort einfach zu verraten. »Im Allestädtchen«, sagt er diskret. Herr von Schoenebeck, hat sie erzählt, habe »ihr die Haut gepardelt«? So etwas kann einem Publizisten, der Sexualklatsch verbreitet, nicht passieren; denn die Beleidigten sind zum Teil tot, zum Teil im Sanatorium. Vielleicht hätte Herr von G. auch nicht den Mut gehabt. Denn er war einer, »der mit dem prahlerisch ausgereckten Geäst seines Wesens doch keinen Bezirk der Mannheit ganz zu decken vermag«. Wie wollte er denn ursprünglich den Major umbringen? Mit Arsenik? »Die schafft er herbei.« Aber da einerseits eine weibliche Arsenik ohne Wirkung bliebe und anderseits auch Frau von Schoenebeck nicht dafür ist, so muß ein anderes Mittel gewählt werden. Er zögert. »Wie am Vaal einst der Stacheldraht, drückt der Hohn des Weibes sich dem Soldaten in die Brustwehrhaut.« Und es geschieht.

Wer das dem Major Schoenebeck vorher gesagt hätte! Wer ihm gesagt hätte, »unter dem Pfühl, an dem noch seines Schweißes Ruch haftet, wärme die Brust seines Weibes den zuckenden Leib Hugos von Goeben und aus dem oft unter Saugküssen erstickten Gewisper der Beiden webe sich die letzte Masche eines Mordplangespinnstes, das in der nächsten Nacht den Hausherrn drosseln solle«! Er hätt's nicht geglaubt. Denn er wußte zwar, wie sie's getrieben hat, kannte sogar aus Briefen »das Hengstgewieher der Angekörten«, aber schlief fest »wie ein Grimbart im Winterkessel«. Er wußte, daß sie es »mit dem graugelben Bombenhugo« halte, aber an Mord hätte er nicht geglaubt. Sie war ihm ein bequemes Lusttierchen, das gibt Herr Harden zu, lobt die Auffassung und läßt das Lied vom braven Mann erklingen, der seinen bunten Rock, seine Kinder und seine Jagd über alles liebt und der sich rackert, während seine Frau auf »Lendenerlebnisse« ausgeht. Herr Harden billigt die sexuelle Indulgenz eines Mannes, von dem er uns vorher schlicht erzählt hat, daß er »mit dem Gelde der Frau behaglich leben und seine Gäste besser bewirten kann als mancher Brigadier«. Und er vertritt auch den männlichen Standpunkt sexueller Kommodität. Hat solch biederer Jägersmann schon ein Lusttierchen im Haus, so benütze er es und hänge sein Geweih unter die Jagdtrophäen. Was des Mannes Recht ist, wird bei der Frau geduldet: aber auch nur, weil der Skandal vermieden und das Geld behalten werden soll. Mit einer unbezahlbaren Geste der Verachtung aber für das »Ewig-Läufische« finden sich die deutschen Männer in solcher Situation zurecht, die ihnen besonders dann bequem ist, wenn sie selbst ein Bedürfnis fühlen. »Kann, wenn ich will, mein Lusttierchen haben.« Dieses Wort, das Herr Harden dem Herrn von Schoenebeck in den Mund legt, ist das tiefste Bekenntnis dieser infamen Sittlichkeit, die den begehrenden Frauen mit Kriminalität und Psychiatrie beikommt, wenn sie sie zufällig nicht für die begehrenden Männer pardonniert hat.

Ich weise es von mir, mich mit dem Meistersinger der bürgerlichen Moral, mit dem Beckmesser ehelicher Potenz, mit dem Höfling der Lakentyrannen und dem Profosen militärischer Normwidrigkeit über erotische Probleme auseinanderzusetzen. Ich werde mit ihm nicht darüber streiten, ob eine Frau wirklich eine »aus dem Bereich der Weibheit Geschiedene« ist, ob sie wirklich »einen Aussatz blößt, den die Winkeldirne noch vor Jedem, den sie nicht wegscheuchen will, bürge«: wenn sie ihrem Geliebten von der Manneskraft seines Vorgängers spricht. Ich werde den geschwollenen Plattheiten dieses Moralphilisters nicht mit dem erotischen A B C begegnen, daß eine Frau in der trotz Herrn Harden wichtigsten Situation ihres Lebens immer nur spricht, was der Mann hören will, und daß die Lustvorstellung des Mannes von seiner ethischen Persönlichkeit ebensowenig determiniert ist, wie von irgendeiner sittlichen Konvention der unbeteiligten Außenwelt. Ich werde Herrn Harden nicht zu beweisen suchen, daß Frau von Schoenebeck in ihren Taten viel weniger den Bereich der Weibheit verließ, als Herr Harden in seinen Worten den Bereich der Mannheit. Ich werde ihm nicht zu beweisen suchen, daß die Lusttierchen eine milliardenmal wichtigere Rolle in der Kultur des menschlichen Geistes gespielt haben als die Bettwanzen, die schließlich nichts weiter geleistet haben, als daß sie dabei waren. Ich werde ihm nicht einmal klar zu machen versuchen, daß auch Herr von G. sich der männlichen Norm endlich nähert, dort, wo er die Frau, die ihm die Liebe beigebracht hat, verrät, weil er nämlich inzwischen erfährt, daß sie auch andern die Liebe beigebracht hat. Und fern sei es von mir, Herrn Harden zu erklären, daß bis dahin jener mit seiner Liebesverlorenheit noch immer mehr Ehre aufgehoben hat, als Herr Harden mit seiner nachschmeckenden Entrüstung. Er hatte, bis er das rechte Weib fand, mehr Phantasie als Herr Harden, und als er es fand, mehr Erlebnis. An all dem, was Herr Harden hier auszusetzen hat, kann eine starke Natur zum Künstler werden. Jener hat wenigstens ein intensives Leben hinter sich und könnte der nachstümpernden Kunst seines Sittenrichters wie Fiesko spotten: Ich habe getan, was du nur maltest!

Denn von dem, was einer genossen hat, scheint Herr Harden zu gut reden zu können. Ich will ihm den Genuß des Redens nicht mißgönnen, ich will nicht in sein Privatleben greifen, das er durch seine publizistische Entrüstung eröffnet hat. Er wende sich den japanischen Niederlagen im russischen Kriege zu und lasse seine Hand von Dingen, von denen er nichts versteht. Sein geschlossener Unstil, lästig genug, wenn er sich an politischen Tatsachen vergreift, wird bei der Behandlung tieferer Lebensprobleme zur Qual, aber nicht zu jener, aus der die Liebessklaven ihre Wonnen schöpfen. Herr Maximilian Harden findet keinen Dank. Nicht bei der Unmoral, gegen die er die sittlichen Gewalten hetzt, und nicht bei den sittlichen Gewalten, denen er die Unmoral allzu lebendig einliefert. Er, der tüchtigste Markthelfer der Moral, hat es erleben müssen, daß ihm der preußische Staatsanwalt den Artikel über den Fall Schoenebeck konfisziert hat. Denn offenbar gibt es in Berlin einen Gerichtsdolmetsch für Delphisch, und der hat, ohne die sittliche Tendenz des Herrn Maximilian Harden zu erfassen, an der Schilderung Anstoß genommen. Mißverständnisse über Mißverständnisse. Ich finde wieder die Schilderung harmloser als die Tendenz. Wenn man den Artikel übersetzt, wird man sehen, daß Herr

Harden die alltäglichsten Vorgänge der Menschheit in ein schiefes Licht zu bringen sucht. Das macht: er sieht die Welt durch ein Schlüsselloch. Man sei aber einmal vorsichtig, lasse den Schlüssel stecken, und man kann sicher sein, daß der Schriftgelehrte draußen seine Weltanschauung verliert.

Oktober 1912

WENN WIR TOTEN ERWACHEN

Es gibt im weiten Umkreis menschlicher Niedrigkeit keine
so niedrige wie die Beschimpfung, die jüngst einem Lebenden durch einen Toten widerfuhr. Mir durch Herrn Maximilian Harden. Wie kam dieser Tote, der verpflichtet wäre
zu schweigen oder über mich nil nisi bene zu sprechen, zur
Gelegenheit? Indem ein anderer gestorben war. Nun hatte
er einen Bundesgenossen der Wehrlosigkeit und konnte
endlich aus der Reserve, die ich ihm auferlegt hatte, heraus-
treten und sich in Wien vernehmlich machen. Alfred von
Berger war gestorben und Herr Harden benützte die Gelegenheit, der Witwe etwas mitzuteilen, was die Wiener
Blätter eine Trauerkundgebung nannten:

Der sorglichste Freund ist von Ihnen gegangen, ein Mann, dessen
ganzes Wesen von edler Menschlichkeit und tiefem Kunstempfinden
durchtränkt war. Nicht viele mag es geben, die ihn so kannten, wie ich,
die ihm in so ernsten seelischen Schwierigkeiten bis ins Innerste sahen,
immer nobel, immer der Mann von natürlichem eingeborenen Ehrgefühl,
und leidlos konnte er die armen Schächer verachten, die
sich erdreisteten, seinen Charakter mit gemeiner Verdächtigung zu bespritzen. Sie, verehrte Frau Baronin, haben ihm
Glück gegeben, Sie waren das sonnige Zentrum seines Erlebens, dafür
müssen wir, die Alfred Berger kannten und deshalb liebten, Ihnen dankbar bleiben. Und das Bewußtsein dessen, was sie ihm waren, ist vielleicht einst auch Ihnen etwas wie Trost.

Das aber war ein schlechter Trost. Das war umso weniger
zartfühlend, als ja Herr Maximilian Harden, der mir fälschlich auch die Schuld an dem Tode des Freiherrn von Berger
gibt, tatsächlich durch mich umgekommen ist und im Hause
des Gehenkten dieser nicht vom Strick sprechen soll. Ich bin
nicht schuld an dem Tode Bergers. Ich hatte für die Talent-
fülle seiner weiten, aber untiefen Persönlichkeit mehr Anerkennung übrig als für ein Untalent, das mit seines Wesens
Nichts in eine pseudonyme Sprache flüchtet und sich nicht
schämt, auf Stelzen zu einem Begräbnis zu gehen und die

237

Witwe Bergers das sonnige Zentrum seines Erlebens zu nennen. Ich schätze einen, der immer gewandt zu sprechen wußte, noch immer höher als einen, der diese Anlage dem vertrackten Ehrgeiz opfert, ein fremdsprachiger deutscher Schriftsteller zu sein. Ich habe nicht gewußt, daß Alfred von Berger krank war, als ich ihn wirken sah und dies Wirken für gefährlich hielt; und die Krankheit, die nicht schuld war am Werk, hätte an dem Urteil nichts ändern können. Umso weniger ist das Urteil schuld an der Krankheit und die Behauptung häßlicher, als der Tatbestand, den sie erlügt. Wer aber außer Herrn Harden könnte auch nur zu entscheiden wagen, daß es schon, sagen wir: die durch das Leiden der Physis geschwächte Wollenskraft war, die den Baron Berger in ein Bündnis mit dem schlechtesten Schriftsteller Deutschlands trieb? Herr Harden mußte es wissen. Ich, nie informiert, konnte, was von schlechter Gesundheit kam, schlechter Politik zuschreiben. War Alfred von Berger damals schon krank, so hätte Herr Harden die Ausnützung seines Schwächezustands, nicht ich dessen Verkennung zu bereuen. Ist er, der sein Geschäft stets von der Schwäche des andern, des Partners wie des Gegners, betreiben ließ, einer Reue nicht fähig, so mußte eine letzte Besinnung des Geschmacks ihn von jener Kondolenz zurückhalten. Denn abgesehen vom Sprachlichen: was könnte dem Andenken eines Toten weniger förderlich sein, als daß eben jener die Ehrenrettung besorgt, der ihn kompromittiert hat? Herr Harden hätte, um Berger die letzte Ehre zu erweisen, sich in denkbar weitester Entfernung vom Begräbnis halten müssen. Mit den Toten gebe er es endlich auf, von Bismarck bis Berger wolle er nichts mehr erleben und nichts mehr profitieren, und er reize die Lebendigen nicht! Ich bin imstande, die Grabesruhe, die ich ihm gegönnt habe, zu stören und pietätlos zu werden. Noch ein Wort, und ich schreib' ihm einen Angriff gegen mich in seiner Sprache, daß es ihm diese verschlägt! Er kennt sich ja aus, er hat ja selbst oft gegen Tote sich schlecht benommen, er hat alte Leute – wie sage ich nur gleich – in den Siechstuhl gebettet: er erfreche sich jetzt nicht auch noch, die

238

Toten schützen zu wollen. Dazu ist er nicht berufen. Vor einem Sarg anzuklagen, ziemt nur dem Mut. Der fehlt Herrn Harden, seit er Majestätsbeleidigungen gegen die Sprache begeht. Vor einem Sarge anzuklagen ziemt nur der Überzeugung. Die einzige, die Herr Harden vielleicht hat, ist die, daß sie ihm fehlt. Er weiß es hoffentlich: wie er alles weiß, was er nicht hat. Nur wer sie hat und schon ausgesprochen hat, darf an einem Totenbett sie wiederholen. Es ist eine pathetische Angelegenheit, und der ehrliche Mann darf der Pflicht, »auszusprechen was ist« – wenn er den Tonfall dieser Pflicht nicht dem Lassalle abgeluchst hat – sogar Takt und Geschmack opfern und, indem er mit der Kondolenz die Anklage verbindet, eine Witwe an den erinnern, der den Gatten gekränkt hat. Herr Maximilian Harden ist kein Pathetiker, sondern im Gegenteil: ein Politiker. Herr Harden empfindet nicht Schmerz, sondern im Gegenteil: Rache. Aber eine Rache, die auszuführen er so schwach ist, daß er den Schmerz der andern zu Hilfe rufen muß. Herr Harden kondoliert nicht, sondern im Gegenteil: er freut sich. Denn er hat eine Gelegenheit gefunden, zu zeigen, daß er nicht tot ist, sondern im Gegenteil: gemein. Eine Mezzie. So was kommt nicht wieder. Alle Tage stirbt nicht einer, den ich auch angegriffen habe und zwar wegen desselben Harden. Der Leidtragende ist also nicht tot. Denn die Toten benehmen sich nicht schlecht. Aber die Schlechten, die um ihre Reputation gebracht wurden, lauern auf die Chance, einem Gegner, dem sie mit den ehrenhaften Mitteln des Geistes nicht gewachsen wären und mangels solcher es gar nicht erst probieren wollen, zu beweisen, daß sie noch schäbiger sind, als er behauptet hat. Dabei fallen sie immer wieder in die Grube, in der sie nicht liegen bleiben wollten, und jeder Hieb, zu dem sie ausholen, ist Selbstverstümmelung. So herzlos, so seinen Leichnam schändend, ist manch einer mit sich verfahren, der sich dazu hinreißen ließ, mir zu antworten. Er konnte nur dartun, daß er doch besser als ich imstande war, ihn unmöglich zu machen. Der Schwächling, den man angreift, reduziert sich im Nu auf ein so niedriges

Niveau, daß der Angreifer einsehen muß, er habe sich nicht am, sondern im Objekt vergriffen. Ich bereue den Angriff; denn ich muß den Gegner bedauern. Ich habe keinen. Er ist nicht da. Er wird ohne mein Hinzutun schon dadurch geschwächt, daß er sich wehrt. Er erledigt, was ich versäumt habe, und geht aus Selbsterhaltungstrieb zugrunde. Denn es ist der Drang jener, die keine Persönlichkeit haben, sie zu behaupten und so das Gegenteil zu beweisen. Habe ich gesagt, daß es ungeistige Leute seien, so beginnen sie zu schreien; habe ich gesagt, daß sie unwahrhaftig seien, so beginnen sie zu lügen. Wären sie von allem Anfang so deutlich gewesen, ich hätte sie nie enthüllt! Es sind die geborenen Selbstmörder, denen man getrost alles Weitere überlassen kann. Sie leisten Gefolgschaft ihrem Herrscher: dem Feind, und machen Harakiri nach sich selbst. Sie berufen sich schuftiger Weise auf Personen, die mich leiblich überfallen haben. Aber die Täter waren nur volltrunken, die Zuschauer sind von Sinnen. Oder sie sagen, ich handle so, weil ich von ihnen etwas haben wollte. Sie bringen mir die Scham bei, Leute, die solcher Motivierung eines geistigen Entsetzens fähig sind, polemisch angerührt zu haben. Man möchte glauben, sie lieferten durch ihre Antwort meinem Angriff erst das Material. Nein, sie entziehen es ihm; denn wenn ich geahnt hätte, daß sie so dreckig sind, hätte ich mich vielleicht satirisch, gewiß nie polemisch ihnen genähert. Polemik setzt das Format des schlechten Objekts voraus, sie enthüllt das Mißverhältnis zwischen Geltung und Unbedeutung. Aber wenn sie sich schon vor der Polemik so gezeigt hätten wie nachher, so hätte es nie ein Mißverhältnis gegeben und nie eine Geltung. Lehm wird Brei, und selbst jene, die noch nach meinem Angriff glaubten, es sei Odem da, ziehen sich enttäuscht zurück. Herr Maximilian Harden hat heute in Deutschland niemand mehr zu enttäuschen. Er hat eigentlich überhaupt nie jemand enttäuscht außer mir. Wie es kam, daß ich in jungen Jahren nicht kritisch diesem aus einem kleinen Intellekt und einem großen Zettelkasten gespeisten Feind des Geistes gegenüberstand, das hat nichts mit dem

Problem der Faszination des Jungen durch den Mann, der Empfänglichkeit durch die Kraft zu schaffen. Es ist der umgekehrte Fall. Ich war älter und stärker als Herr Harden; ich war nur nicht imstande, es zu wissen. Ich war nicht von einer Gebärde benommen: wie es Weiberart ist, deren Anziehung und Enttäuschung ich immer wieder als Objekt erlebe. Nein, ich habe meinen Inhalt einer fremden Gebärde geliehen: wie es Männerart ist. Es hat Phantasie dazu gehört, den schlechtesten Schriftsteller Deutschlands zu verkennen. Phantasielos sind die, die meine Konsequenz in diesem Punkte vermissen. Und es ist grotesk, sich heute noch gegen einen Vergleich, an dem nur die ledernste Kunstfremdheit festhalten kann, und gegen einen Vorwurf, der die Verleumdung eines alten »Idols« behauptet, wehren zu müssen. Aber auch jene suchen vergebens nach einer Erklärung, die den Unterschied einräumen: die auch meine dürftigsten Anfänge im Wert über eine Reife stellen, welche mir selbst scheinbar imponiert hat, und die einsehen, daß etwas Organisches eingetreten sein müsse, wenn wirklich Faust den Wagner einmal bewundert hat. Die Erklärung ist nur dort schwer, wo selbst das Verständnis für geistige Dinge den Zusammenhang dieser mit den erotischen Dingen verkennt oder leugnet, und wo das Verständnis für erotische Dinge höchstens die Auffassung sexueller Dinge einschließt. Es gehört Mut dazu, vor einer infamen Zeit von solchen Dingen zu sprechen und sich dem ödesten Mißverständnis, zu dem allein sie fähig und bereit ist, auszusetzen. Aber ich würde lieber dieses ertragen, als die Kompromittierung im geistigen Punkt und als den schnöden Zwang, meine Leistung, die – darin bin i c h informiert – im letzten Buchstaben des kleinsten Drucks das Lebenswerk des Herrn Harden auslöscht, auf einen Mißgriff meines Urteils fixiert zu sehen. Ich schlage diesen Mißgriff nicht zur Literatur, sondern zu den Erlebnissen. Denn ich würde alles lieber tun, als mich von dem Fehler freisprechen: dem Weib in allen Formen, wenn es nur zierliche Formen sind, den Vortritt zu lassen. Herr Harden ist, so sehr die Ambition der Bildung und die usurpierte Rüstung der Sprache diesem Eindruck widerstreiten, noch heute anmutig. Ich könnte noch heute an dem operettenhaft frisierten Kopf, wenn Schminke die Krähenfüße einer traurigen publizistischen Tätigkeit verdeckt, Züge wahrnehmen, die sich einem mir willkommenen Frauentypus einverleiben ließen. Aber ich könnte daraus keine Sympathie mehr für ein frauenzimmerhaftes Wesen ableiten, das sich längst in seiner ganzen ungeistigen Häßlichkeit offenbart hat. Meine Toleranz reicht übers Klimakterium, doch Journalisten im gefährlichen Alter interessieren mich nicht. Die sexuelle Scheelsucht und Hintertreppenroutine einer langjährigen Kammerzofe, die viel gesehen und wenig erlebt hat, haben sich inzwischen zu einem so deutlich trüben Charakterbild verdichtet, daß ich solche Eigenschaften zumal dann nicht unbeachtet lassen kann, wenn die Kammerzofe eigentlich ein Kammerdiener ist und dieser eine Wochenschrift herausgibt. Anderseits ist wieder eine Soubrette, die nie der Tragöde war, für den man sie hielt, da sie's noch immer glaubt, eine komische Alte. Noch heute aber hat sie etwas Prickelndes. Ich wollte, der Kopf des Herrn Harden säße nicht auf der Schulter eines Publizisten, der die deutsche Politik aus dem Alkoven des sexuellen Wissens in das Labyrinth des sprachlichen Unvermögens hetzt. Ich wollte, Herr Harden wäre nicht der schlechteste Schriftsteller Deutschlands, aber immer der niedliche Agitator, der sich soeben wieder anschickt, die Herzen der Wiener zu überreden, und der, wenn er will, imstande ist, zu sprechen, wie einem mittelmäßigen Franzosen der achtziger Jahre, der auch eine Französin sein kann, der Schnabel gewachsen war. Noch zaudert er, die »Rotunde«, von der er sprechen will, Rotunde zu nennen: »so heißt ja wohl das Haus, in dem Reinhardt das ›Mirakel‹ aufführt«, schreibt er an einen Wiener Freund. Gewiß heißt es so, für »Rundgebäude« hätte man in Wien kein Gemüt, rotonda wäre auch nicht das richtige, Rotonde hielte man für einen Druckfehler, und so entschließt er sich, rotunde (vgl. Heyses Fremdwörterbuch = rundweg, ohne Umschweife) Rotunde zu schreiben.

Es zu sagen, wird ihm leichter fallen. Wenn er oben steht, geht's wie geschmiert; nicht wie geschrieben. Ich wollte, er stünde immer oben und säße nie am Schreibtisch. Stehend spielt er nur die Komödie der Gesinnung, sitzend auch die Komödie des Stils. Da ist er nicht zu halten und wird mit zunehmendem Alter verspielter. Er spielt Versteck mit sich, spielt auf alles an, was es gibt, und gefällt sich in jener »Mumme«, die er noch über die Maske anlegt. Schöne Maske, ich kenne dich nicht mehr. Denn nun wirkt auch jede feminine Regung, die man der Natur des Plauderers gern zugute hält, viel ordinärer, als sie im Grunde ist. Er nimmt, was immer er für lose Scherze mit den Worten treibt, die Positur des Mannes an, der es gewagt hat, und da wird man auf jede Gemeinheit aufmerksam. Wer übersähe denn, daß hinter dem nom de guerre eines Harden zwar ein Hutten steckt, doch hinter diesem die Dame, die die schmutzige Wäsche bei Eulenburgs übernommen hat? Dieser eigentliche Harden aber hat halb gewagt und frisch gewonnen. Man weiß nicht immer, was er weiß, aber ihm rentiert sichs. Man liest, was er gelesen, und hört, was er gehört hat; und kann ihm dennoch nicht folgen. Mit den zwei Seelen in seiner Brust würde man sich zur Not auskennen; aber da sie wie Moritz und Rina sprechen, ist's fatal. Selbst wenn er auf die ernsten seelischen Schwierigkeiten anspielt, bei denen er dem verstorbenen Alfred von Berger bis ins Innerste sehen konnte, kommt man leicht in Gefahr, nicht zu merken, daß er nur die Moltke-Affäre meint. Man müßte ihm sonst bedeuten, daß dem Andenken des Toten durch die Erinnerung an seine damalige Intervention, zwischen dem Handwerk des Herrn Harden und den Interessen eines befreundeten Ehrenmannes, kein Dienst erwiesen wird. Denn Alfred von Berger hat nicht nur die Gelegenheit vorübergehen lassen, einem Spekulanten, der den Namen des Grafen Moltke mit gemeiner Verdächtigung bespritzte, den Verkehr zu kündigen, sondern er hat im Gegenteil ein Feuilleton über ihn geschrieben. Alfred von Berger kann besser geehrt werden, als dadurch, daß ihn Herr Harden noch jetzt in eine politische Freund-

243

schaft verwickelt, deren Aufrichtigkeit auf Seite Bergers hoffentlich hinter den Andeutungen des Herrn Harden zurückbleibt, und es wäre gewiß pietätvoller, an die ersten erfolgreichen Hamburger Jahre des Baron Berger zu erinnern, als an dessen Regietätigkeit im Eulenburg-Prozeß. Auch wäre es würdiger, nicht gerade jene Verdienste eines Toten zu berufen, von denen man einen Vorteil gehabt hat, und nicht den Lebenden zu schmähen, dem man nie beweisen könnte, daß er um eines Vorteils willen sie bestritten hat. Herrn Harden ist es aber nicht um eine Ehrung des toten Freiherrn von Berger zu tun, sondern darum, den Vorteil, den ihm die Verbindung gebracht hat, durch den Tod nicht zu verlieren, vielmehr zu befestigen. Dieser Vorteil besteht nun auch darin, endlich aus der ihm von mir auferlegten Reserve herauszutreten und einen tiefgefühlten Schmähbrief an die Witwe Bergers schreiben zu können. So sind die Frauenzimmer. Dieser Herr Harden winkt gegen mich die Autorität des Todes herbei. Doch der Tod, in dessen Schutz zu flüchten die ultima ratio der geborenen Selbstmörder ist, wird eine so schmähliche Bundesgenossenschaft ablehnen. Der Tod hat noch Geheimnisse vor Herrn Harden. Der Tod ist ferner schlicht und nicht maniriert. Der Tod deutet nicht an und umschreibt nicht. Spricht aus, was nicht ist, und spricht doch die Wahrheit. Wagt alles, und sagt mit einer Silbe, was er zu sagen hat. Hätte Herr Harden sich je ins Leben gewagt, um zu sagen, daß ich ein Wicht sei, man könnte es ihm zur Ehre anrechnen, daß seine Wut nicht Halt macht vor irgendeinem Tode. Man könnte noch glauben, er beklage Bergers Tod. So aber beklagt er sich beim Tod, er läuft zu einem Begräbnis davon, wie ein geprügelter Junge, und sagts dem großen Bruder. Unter dem Vorwand, zu kondolieren, belästigt er die Witwe mit seinem Leid. Und rechnet dabei auf das Mitgefühl der Angehörigen der Presse. Mit einigem Erfolg. Sie druckt die Trauerkundgebung; und nur, weil sie mich doch für toter halten muß als Berger und Harden, druckt sie den Satz, auf den es dem Kondolenten ankommt, nicht gesperrt. Vielleicht auch denkt sie, daß die

244

Verdeutlichung die Absicht gefährden und selbst bei den mitfühlenden Lesern die Spekulation auf die Bereitschaft allerpopulärster Gefühle vereiteln könnte. Aber ach, auch so spüren sie, wer der selige Harden ist. Der schlechteste Schriftsteller Deutschlands und ein vorsichtiger Nachbar, der mit der Auferstehung wartet, bis ein anderer gestorben ist.

Januar 1912

RAZZIA AUF LITERARHISTORIKER

Wo ich geh' und steh', wimmelt es jetzt von Literarhistorikern, also von Historikern, die in keinem Zusammenhang mit der Literatur stehen und darum nur Literarhistoriker heißen. Was soll ich mit den Leuten anfangen? Ich will die, die es schon sind, verstümmeln und darum die nachfolgenden verhindern. Ich will das Handwerk verächtlich machen. Ich will den Totengräbern zeigen, daß der Henker mehr Ehre aufhebt. Ich sammle die Fälle und bitte um Unterstützung. Stille Kreuzottern zu töten, ist schnöde und der steirische Landtag zahlt für jede zwölf – (hier will sich mir eine unerwünschte Ideenassoziation mit Herrn Rudolf Hans Bartsch ergeben). Ich zahle für jeden Literarhistoriker dreizehn Heller. Man folge mir in die Seminare, aber man scheue auch die Redaktionen nicht. Gerade dort nisten sie.

*

Wer es aber riskieren will, gar die Konversationslexika auf Literatur hin anzusehen, kann sich um diese verdient machen. Ich meide den Anblick von Supplementbänden. Ich fürchte, daß darin Biographien von Lothar, Müller und Wertheimer enthalten sind.

*

Einmal habe ich mich dafür interessiert, wann Laurence Sterne gestorben sei und wann – da es doch nun einmal der Fall ist – Max Kalbeck geboren. Ich fand, daß über diesen genau so viel stand, wie über jenen. Seit damals glaube ich, daß der Brockhaus, wenn er über die Entfernung der Kassiopeia von der Erde Auskunft gibt, von einer Clique bedient ist.

*

Über Jean Paul fand ich die Bemerkung, er sei eigentlich kein Dichter gewesen, bezeichnend sei ja hiefür, daß er keine

Verse geschrieben habe. Seit damals glaube ich, daß die Sphärenmusik von Charles Weinberger ist und das Buch der Schöpfung von Buchbinder.

*

Einer, der's gut mit mir meint, vermißte meine Biographie. Er teilte mir mit, er habe die Firmen Meyer und Brockhaus darauf aufmerksam gemacht, daß sie von ihren Vertretern am Wiener Platz infam belogen werden, weil die Fackel, wenn schon nicht, wie viele glauben, für den Geist, so doch für das Wiener Geistesleben mehr in Betracht komme, als die Werke des Herrn Dörmann. Die Firmen antworteten, daß sie sich auf ihre Vertreter verlassen müßten, und es blieb dabei, daß die Fackel selbst in der Rubrik »Wiener Zeitungswesen«, dem sogar die ›Pschüttkarikaturen‹ nachgerühmt wurden, fehlte. Zweifelt einer noch, daß ich die persönliche Sache aus anderen Motiven führe als weil sie das beste Beispiel für die allgemeine Unsachlichkeit ist? Glaubt einer noch, daß ich einen besseren Schulfall fände als mich? Mein Lebenslauf fühlt sich nur wohl dabei, wenn er von den Herren Walzel und Hauser nicht durch Beachtung aufgehalten wird. Der Strom mündet ins Meer und mit ihm fließt der Kehricht. Der Kehricht tut so, als ob's ihm der Strom zu danken hätte. Aber es dürfte wohl das Gegenteil der Fall sein.

*

Es werden erst dann bessere Zeiten kommen, wenn das Publikum endlich glauben lernen wird, daß ein Schuster echtere Beziehungen zur Lyrik hat, als eine Schuhfabrik oder gar ein Redakteur. Da solcher Glaube aber nie einreißen wird, so werden nie bessere Zeiten kommen. Also werden noch viele schlechte Lyrik-Anthologien kommen. »Deutsche Lyrik aus Österreich seit Grillparzer« hat einer ausgewählt und eine Berliner Verlagsfirma hat sie herausgegeben, jene, die den vornehmen Entschluß hatte, Speidel zu verlegen, den schlechten Geschmack, ihn von Herrn Wittmann zusammenstellen und von Herrn Benedikt einleiten zu lassen, und noch den traurigen Witz, ihm den Dichter Zifferer nachzusenden. Die deutsche Lyrik aus Österreich aber hat ein anderer Redakteur besorgt. Und so ist es möglich geworden, daß in einer Anthologie österreichischer Lyrik keine einzige der Begabungen vertreten ist, die sich in der Fackel geäußert haben. So ist es möglich geworden, daß in einer lyrischen Anthologie Redakteure vertreten sind. Daß Herr Salten in ein Lyrikbuch gehört, ist noch begreiflich; denn er gehört auch in eine epische, in eine dramatische, in eine satirische und überhaupt in jede bessere kommerzielle Anthologie, ist er doch in der achtfachen Buchführung zuhause wie nur einer. Aber noch von vielen anderen Herren, denen man's bisher nicht zugetraut hätte, wird man mit Staunen erfahren, daß sie's über sich gebracht und für den guten anthologischen Zweck sich zur Lyrik entschlossen haben. Nicht so sehr durch das also, was sie vermeidet, als durch das, was sie bringt, ist diese Anthologie eine gegen die Fackel gerichtete Anthologie. Sonst werden solche Sammelwerke ziemlich unbedenklich zusammengestellt. Hier ist ein Gesichtspunkt, und nicht nur die Dichter, sondern auch der Herausgeber hat ein Profil. Recht erstaunt war ich jedoch, als ich bemerkte, daß Moritz Necker nicht drin ist. Er ist eben doch kein Lyriker. Aber er hat sich wenigstens drüber geäußert. Zum Beispiel: daß die Verleger das Buch »mit vielen Porträts und erlesenem Geschmack ausgestattet haben«. Er dafür bespricht es mit Anerkennung und Stilblüten. Auch meint er, daß sich nunmehr »die deutsche Lyrik in Österreich ebenbürtig neben ihre Brüder im deutschen Reiche stellen darf.« Ich dachte, sie habe dort nur einen und der sei eine Schwester. Kenne sich der Teufel heutzutage mit den Geschlechtern aus! Wer vermöchte einen Literarhistoriker von einem Blaustrumpf zu unterscheiden? Wie Kraut und Rüben in einer Anthologie, liegen heute die Unwerte des Lebens durcheinander, und was man nicht definieren kann, ist eben Lyrik. Das Dichterbuch aus Österreich könnte so bleiben wie es ist: nur mein

Name müßte auf dem Titelblatt stehen. Auch ich habe ja die Handel-Mazzetti und Herrn Bartsch als Lyriker zur Geltung gebracht. Ich würde auch die Proben des Herrn Felix Dörmann nicht scheuen, den Necker – frisch gewagt ist halb gewonnen – den »Schüler Baudelaires« nennt. Auch ich ließe mich bei der Auswahl der österreichischen Dichter »von rein künstlerischen Gesichtspunkten leiten«. Es sollte mir ein Kontoauszug der Betriebsamkeit werden, und ich wette, er gliche aufs Haar der »Deutschen Lyrik aus Österreich seit Grillparzer«. Necker brauchte sich um keinen neuen Waschzettel zu bemühen. Und vor allem ein Satz, den er geschrieben hat, wäre eines buntbewegten Inhalts treffender Ausdruck. Einer von jenen Sätzen, die ewig sind durch die Unbewußtheit dessen, was sie enthalten. Er spricht nämlich von Lyrikern, »die sich schon jeder ihren Platz auf dem Parnaß gesichert haben«. Welch ein Januskopf von einem Satz! Hier hat die Sprache einen Reporter verzaubert, und das Wunder geschah, daß einer, der ausging zu segnen, den stärksten Fluch fand, der eine Horde von Parnaßeinbrechern treffen konnte. Gewiß, sie haben sich schon jeder ihren Platz auf dem Parnaß gesichert. Im Vorverkauf, mit Agio, mit Überredung, mit Rippenstößen, mit Protektion. Weil sie sich angestellt oder weil sie die Billeteure des Parnaß bestochen haben. Oder weil ihr penetrantes Dasein jeden Widerstand hoffnungslos macht.

*

Noch unwirtlicher aber ist's jetzt auf dem Semmering. Nicht wegen der Tuberkeln, aber wegen der Talente. Ein Berliner Verleger ist angekommen und nunmehr sollen die Hotels dort oben den deutsch-österreichischen Anthologien gleichen. Herr Sami Fischer könne keine Stunde mehr am Busen der Natur ruhen, ohne daß ihm die Literatur den ihren hinhält. Zweihundert fein differenzierte Begabungen, die aber voneinander nicht zu unterscheiden sind, haben sich schon jede ihr Zimmer gesichert. Lungern ihm vor der Tür, laufen voran, lauern hinter Bäumen, machen Waldzauber. Führen dem

Verleger die Wunder der Natur vor, kopieren den Hahnen-
schrei, um ihn zu wecken, machen ihm das Echo, melken ihn.
Auf den Waldwegen, wo sonst nur Stullenpapiere und Kurszettel vorkamen, liegen jetzt Manuskripte und Kontrakte
herum, und der Semmering, diese idyllische Zuflucht der
Börseaner, ist zur Börse geworden. Das hat der Mann vor
fünfundzwanzig Jahren sich nicht träumen lassen, und wenn
er, nachdenklich wie er ist, die Zeiten vergleicht, mag er
finden, daß zwar die Literatur mehr trägt, aber die Kom-
mittenten der Möbelbranche bessere Manieren hatten. Wie
verkennt mich der anonyme Esel, der mich neulich der Gemeinheit für fähig hielt, dem Manne einen »Vorwurf« daraus zu machen, daß er früher ein anderes Geschäft hatte. Es
war kein Angriff auf die Möbelbranche, die ich für nützlich,
ja für unentbehrlich halte und vor allem für ein ehrlicheres
Geschäft als die Literatur. Ich habe ihr aber den Vorwurf
nicht ersparen können, daß sie ihre Leute nicht halten kann
und daß einer der Ihren und sicherlich der Besten einer sich
auf Romane geworfen hat. Jetzt sieht er, in welche Gesellschaft er geraten ist.

*

Am Sonntag treibt ein L. Hfld. gottlose Dinge. Allen War-
nungen zum Trotz behauptet er:

> Das ganze ist in einem hübschen, fabulierenden Ton erzählt, halb
> poetisch, halb nachdenklich, und namentlich die galanten Erfah-
> rungen des ahnungslosen jungen Königs sind von liebenswürdiger An-
> mut. . . . Kein lauter, übermütiger Humor, sondern einer von der stille-
> ren, nachdenklichen Art, die lächeln macht.   L. Hfld.

Ein anderer gleichen Namens, der sich aber schon L. Fld.
nennt, behauptet wieder, daß der nachdenkliche Blick des
Kainz-Monuments auf dem Totenschädel Yoricks ruht, weil
Kainz den Blick immer nachdenklich auf den Totenschädel
gerichtet gehabt habe. Auch da und dort noch wird Ähnliches gewagt. Selbst von der stillen oder zärtlichen Wiener
Landschaft wird gesprochen. Mit mir werden die Herren

aber nicht fertig werden. Ich werde es dahin bringen, daß man auf jeden, der sich so fein benimmt, mit Fingern zeigt. Wie wenn einer irgendwo in eine stille Landschaft hineingetreten ist und darauf diskret aufmerksam gemacht wird, so wird es künftig sein: Ein Herr wird ersucht, sich ohne Aufsehen zu entfernen, und wenn er noch nach den Gründen fragt und es selbst nicht spürt, wird ihm gesagt werden: »Sie haben etwas Nachdenkliches an sich, die andern Herrschaften beschweren sich.« Und wenn er remonstriert, wird ihm bedeutet werden, daß er von stiller Anmut sei, die lächeln macht, und dann wird er hinausgeworfen. Wir wollen doch sehen, ob wir im Literaturteil nicht die Zimmerreinheit durchsetzen können, die sich im letzten Beisel von selbst versteht!

*

Von Herrn Otto Hauser, einem Übersetzungsbureau, heißt es:

Otto Hauser ist eine Art Kardinal Mezzofanti für die deutsche Literatur, niemand weiß genau zu sagen, wieviel Sprachen er eigentlich beherrscht (einige davon so vollendet, daß er sogar eigene Gedichte in fremden Idiomen wagen durfte), aber nach seinen bisherigen Publikationen und der staunenswerten Leistung seiner Geschichte der Weltliteratur dürften es wohl mehr als zwanzig sein.

Ich möchte bei Hauser nicht übersetzen lassen, finde aber sein Wagnis, eigene Gedichte in fremde Idiome zu übersetzen, sympathisch. Mit den Übersetzern ist's eine eigene Sache. Sie glauben immer, es genüge, wenn sie die andere Sprache können. Darum ist es wirklich nicht viel, wenn Hauser zwanzig Sprachen beherrscht, und wir, die nur deutsch sprechen, können uns dann eben zwanzigmal schwieriger mit ihm verständigen. Was haben wir denn davon, daß Hauser Gedichte des Li-Tai-Po lesen konnte? Übersetzt er sie in eine ihm fremde Sprache, so ist es ein Trugschluß, zu glauben, sie seien nun deutsch geworden, weil sie nicht mehr chinesisch sind. Zwanzig Sprachen zu beherrschen, ist eine traurige

Eigenschaft, die den, der sie besitzt, früh welken macht. Was hat er von seinem Leben, wenn er immer Acht geben muß, daß ihm keine Verwechslung passiert? Unter allen Umständen mag eine solche Gabe den Betroffenen oft in Verlegenheit bringen, weil sich die Passagiere nur zu leicht versucht fühlen, ihn auch nach den Zugsverbindungen zu fragen. Nie jedoch würde es mir in den Sinn kommen, mir von einem athenischen Hotelportier die Odyssee übersetzen zu lassen. Am tragischen Fall Trebitsch hat es sich gezeigt. Zwischen dem Englischen und dem Deutschen war plötzlich jede Verständigung unterbrochen, und wenn wir auch nicht gerade bedauern mußten, daß uns die Kenntnis des dubiosen Herrn Shaw erschwert wurde, so war doch am Deutschen eine unerlaubte Handlung verübt worden. Wozu übersetzen? Es heißt eine Fliege mit zwei Schlägen treffen. Die Herren sollen, wenn sie Courage haben, in Privathäusern Lektionen geben. Mir kann's ja egal sein, was mit dem Portugiesischen geschieht; daß sich mit dem Deutschen nicht spassen läßt, weiß ich zufällig. Wenn sich aber zwanzig Sprachen von Herrn Hauser beherrschen lassen, so geschieht ihnen recht.

*

Aus einer Literaturkritik:

Kein Zweifel, die Novellenfolge bietet ein gutes Diner: die obligate Suppe, diskret, nur ein paar Löffel, ein Glas Sherry darin – ein sanfter Fisch, ein leicht verdauliches Entree, ein sorgsam gebratenes Fleisch mit der Jahreszeit entsprechenden Gemüsen – noch eine Platte Spargel, dann Eis –; aber, wie nach solchen Diners, ist man am Ende des Buches noch hungrig. Es war alles ganz gut, aber es war nichts, wobei man sagen müßte: deliziös! Oder, um diesen prosaischen Vergleich zu beenden: Der »Falke« dieser Novellen ist ein ausgestopfter, ein konservierter Falke . . . . Sorrent, das Meer – das ist mit echter Meisterschaft gemalt. Knapp, statt gedankenvoll. Lassen die anderen Erzählungen zuweilen daran denken, daß die Vorwürfe zu ihnen Brosamen von einem reichen Tisch sind – der »kindliche Knabe« ist vollwertige Produktion.

Bitte auch etwas Speisepulver!

*

»Dichtung und Dichter der Zeit. Eine Schilderung der deutschen Literatur der letzten Jahrzehnte« von Albert Soergel. Mit 345 Abbildungen. A. Voigtländers Verlag, Leipzig. »Meiner Braut gewidmet.« – Solche Intimitäten werde ich dem Herrn bald abgewöhnt haben. Daß die Fortpflanzung der Literarhistoriker nicht erwünscht ist und tunlichst erschwert werden soll, habe ich bereits zu verstehen gegeben. Heiratet dennoch einer, so erspare er dem Publikum die Anzeige! Wäre ich ein Weib und fiele auf mich die Wahl, den Sörgel glücklich zu machen, weiß Gott, ich überlegte mir's nach diesem Buch und täte es nicht. Über den Stil ist weiter nichts zu sagen, als daß die Befassung des Herrn Sörgel mit der deutschen Literatur der letzten Jahrzehnte purem Übermut entspringt. Oberflächlich wie ich bin, habe ich nur geblättert. Das tue ich immer und muß bekennen, daß ich mich eigentlich nur in meine eigenen Bücher vertiefen kann und auch nur, solange sie noch nicht erschienen sind. Hotelrechnungen und Literaturgeschichten überfliege ich; und merke doch sogleich, wenn dort etwas zu viel aufgeschrieben ist und hier etwas zu wenig. Und kenne doch den Sörgel weit besser als irgendeiner, der ihn studiert hat. Versenkte ich mich in ihn, so wäre ich bald unten durch; aber wenn ich ihn nur flüchtig berühre, so haben wir beide einen Jux davon. Ich behaupte also infolge oberflächlicher Kenntnis des neunhundert Seiten starken Werkes, daß es im Stil eines Chef de reception geschrieben ist, der aus den kleinen Verhältnissen von Zwickau (Sachsen) ohne Übergang in ein Hotel in Ostende geriet und sich dort einfach nicht auskennt. Er kommandiert mit den Leuten herum, belagert ihnen die Tür, wenn sie nicht auf die Minute die Wochenrechnung zahlen, will sie – in Ostende – eegalganz auf ihren Leumund prüfen und es kommt überhaupt zu peinlichen Weiterungen zwischen Zwickau und dem großen Leben. So scheint mir das Buch geschrieben. Alles was er über die Schönheit der Gegend in Reisebüchern gefunden hat, weiß das Männeken herunterzuschnattern, und ist dabei objektiv. »Nur so kann, meine ich, der Leser die literarischen Geisteskämpfe wirklich noch einmal erleben – als unparteiischer Zuschauer oder als Mitkämpfer auf der einen oder andern Seite: dem Leser ist oft die Wahl gelassen.« Badeabonnements, Eintrittskarten für den Gletscher besorgt die Direktion, Warmwasserheizung, Freiluft- und Liegekuren, photographische Dunkelkammer, eigene Hochwildjagd, feinstes Orchester, Lift, Forellenfischerei im Hause. Wie gewissenhaft und gerecht aber der Sörgel in der Literatur die Werte unterscheidet, beweist er hinreichend. Zum Beispiel: »Eine Zeitlang löste der Name Max Dreyer den Namen Otto Ernst aus. Nicht, daß Otto Ernst später als Dreyer in der Literatur heimisch wurde, mit ähnlichen Werken wie der Rostocker, nein: schon 1888 erschien von dem Hamburger Volksschullehrer Otto Ernst Schmidt ein Band Gedichte, ein Jahr später ein Band Essays... Aber eine Zeitlang zwang das Volksschullehrerdrama ›Flachsmann als Erzieher‹ an das Schauspiel vom ›Probekandidaten‹ zu denken und eins mit dem andern zu vergleichen. Diese Gedankenverknüpfungen schwinden jetzt. Das Bild des Dramatikers Otto Ernst verblaßt, der Plauderer, der Erzähler, der Lyriker gewinnt. Zum Glück.« Über allem aber strahle das »Lächeln eines unbeirrten Optimismus«. Und nicht bloß, weil der Herr Otto Ernst geglaubt hat, »Die Liebe höret nimmer auf« werde im Burgtheater Kassa machen. Von Hermann Bahr »führen manche Fäden« zu dem nur wenig älteren Schnitzler. Aber ich durchschneide sie. Wedekind gegenüber kommt sich natürlich ein Hotelsekretär als Dichter vor. Denn »wenn Wedekinds Personen reden, dann reden sie ein schwulstiges Papierdeutsch, das halb der schlechten Zeitung, halb dem Kolportageroman angehört... Dieser schwulstige oder stumpfe Stil ist mit daran Schuld, daß Wedekinds Dramen, hintereinander gelesen oder gesehen, bald langweilig werden.« Das schreibt der Mann, der sich »gezwungen« fühlt, Flachsmann als Erzieher mit dem Probekandidaten zu vergleichen und an beide zu denken. Solche Schweinerei ist heute in Deutschland möglich und wird dank ihr selbst und dank den schönen Bildeln, die ihr beigegeben sind, massenhaft unter den deutschen Familien abgesetzt. Vom Herrn Sörgel ist eben zu erfahren, was man über die modernen Dichter und Denker zu sagen hat, denn er hat nicht nur sämtliche Klischees und Waschzettel der letzten Jahrzehnte gelesen, nein, er weiß auch Bescheid, wer bei den Gründungen der Literaturvereine in den achtziger und neunziger Jahren im Gasthaus dabei war und daß eine hochfeine Bowle getrunken wurde. Er weiß Bescheid und tut ihn. Er hat sich sogar ein Porträt des Herrn Felix Holländer verschafft, der Sappermenter! Er weiß auch, daß dem Herrn Hanns Heinz Ewers, dem Commis voyageur ins Transzendente, fünf Seiten gebühren und Peter Altenberg zwei, Herrn Weigand sieben und Heinrich Mann drei, von den »Ausländern, die die deutsche Literatur entscheidend anregten«, d'Annunzio zwei Seiten und Strindberg eine halbe Zeile. Er weiß, daß in eine moderne Literaturgeschichte die delle Grazie und die Böhlau gehören, aber beileibe nicht die Else Lasker-Schüler. Er ist objektiv. Über Peter Altenberg hat er einen Geburtstagsartikel aufgepickt und da gelesen, daß ihn die Wachmänner und Marktweiber in Wien kennen; er gibt nicht die Quelle an, aber er bestreitet es wenigstens nicht. Er hat auch erfahren, es sei Altenbergs Wunsch, »daß die Seele durch ihn an Terrain gewinne«; er nimmt Notiz davon. Er weiß auch auf den ersten Blick, den er selbst auf die erste Seite eines Altenbergschen Buches geworfen hat, daß dort Mandarinenschalen gekaut werden; er erkennt, daß es ein sonderbarer Heiliger sei. Dieser Sörgel schreibt einen einheitlichen Stil, nämlich den Stil von fünfhundert gleichwertigen Literaturreportern, deren Meinungen ihm zugänglich und geläufig wurden. Er ist objektiv. Er kann sich die letzten Jahrzehnte ganz ohne mich denken. Während ich so ungerecht bin, mir die letzten Jahrzehnte ohne den Sörgel nicht denken zu können. Er gehört hinein. Ich würde ihn um keinen Preis totschweigen. Daß ich ihn nenne, wird mir bei der Presse nicht schaden. Würde der Sörgel, dem man Uninformiertheit nicht nachsagen kann, meiner Tätigkeit nur mit einer Silbe gedenken, würde er auch nur mit einem Achselzucken zu verstehen geben, daß er um sie weiß, es hätte dem Weihnachtsgeschäft, das mit seiner Literaturgeschichte gemacht wurde, geschadet und wäre bis zur Ostermesse nicht von Vorteil. So muß sich Sörgel damit begnügen, von mir seine Meinung über Herrn Harden zu beziehen. Wenig genug und auch das in plumpster Fasson. »Eine rätselhafte Natur!« schreibt Sörgel zunächst hin. Mehr wußte er nicht. Da kam ich und löste das Rätsel in nichts auf. Noch nannte Sörgel den Mann einen »Meister der Antithese«, aber er wurde durch die Lektüre meiner Aufsätze unterbrochen, in denen an einem von Gesundheit strotzenden Stil der Bandwurm festgestellt erschien. Sörgel, selbst ein Meister der Antithese, verband nun die höchste Anerkennung, die einer Sprache zuteil werden kann, mit einem Tadel, der die Sprache zur lästigen Rede herabsetzt. Er ist eben objektiv. Natürlich fällt es mir nicht ernstlich ein, die Meinungen, die man mir so jahraus jahrein abschöpft, zu reklamieren. Nicht daß die Leute, deren Lippen noch vom Trunke feucht sind, die Quelle nicht nennen, aber daß sie deren Existenz leugnen möchten, vergiftet die Quelle. Solch ein Sörgel hat immer Recht. (Ich kann beeiden, daß an dieser Stelle der Setzer »Tölpel« gesetzt hat, und ich habe den Druckfehler »Sörgel« daraus gemacht.) Er ist objektiv und konsequent. Denn das Benehmen der Leute mir gegenüber, der ihnen nichts getan hat, ist immer die Antwort darauf, daß ich ihnen etwas tun werde. Herr Harden ist im Buche des Sörgel mit der Feder in der Hand photographiert – aha ein Schriftsteller –, von mir ist nur die Feder übernommen und vom Sörgel gar nur die Hand.

*

Man muß ihr für drei Zitate dankbar sein. Zwei davon bringt Sörgel mit ernster Miene. »›Wir sind die Dichter des Niedergangs, des Abends, des Versinkens . . .‹ sagte Verlaine in Paris zu Rudolph Lothar.« Und tief erschüttert über diese ganze Richtung setzt Sörgel schlicht hinzu: »Dichter

des Versinkens, Dichter der Décadence!« Im Tone von »Tief
gesunken!« Oder wie wenn der Vater in Zwickau dem Sohne
vorstellt, was aus ihm noch werden kann. Wenn aber der
Rudolph Lothar, zu dem Gottlob viele Leute etwas gesagt
haben, nicht Verlaine belästigt und es in einem Blatt des
Abends veröffentlicht hätte, wir wären um die ganze Perspektive gekommen. Dagegen ist es dem Tatsachensinn des
Autors gelungen, ein Dokument zu entdecken, dessen Komik
er zwar nicht versteht, dessen Abdruck aber verdienstlich
ist. Es zeigt, aus welchen Hohlräumen anno 87 in Berlin der
Vorsatz einer modernen Entwicklung entsprungen ist, wie
sinnlos das ganze Geschwätz über Richtungen in der Literatur und wie unerhört etwa die Zumutung ist, die Existenz
eines Gerhart Hauptmann auf die damaligen Vereinsbe-
schlüsse zurückzuführen. Herr Sörgel bringt »zwei Seiten
aus dem Protokollheft des Vereins ›Durch‹, Sitzung vom
22. April 1887« in Faksimile. Der verstorbene Leo Berg –
der intellektuell gewiß über dem Niveau der Debatte stand –
hatte einen Vortrag »über die Begriffe Naturalismus und
Idealismus« gehalten:

... Aus der Debatte, welche zahlreiche willkürliche und dem Sprachgebrauch entgegengesetzte Definitionen hervorbrachte, rangen sich
schließlich etwa folgende Anschauungen empor, die von Wille, Lenz,
Türk und wesentlich auch Münzer vertreten wurden:
1) Idealismus ist eine Richtung der künstlerischen Phantasie, welche die
Natur nicht, wie sie i s t , darstellt, sondern wie sie irgend einem Ideal
gemäß sein s o l l t e ; (Anstandsideale der alten Griechen, des höfischen
Rittertums, des modernen Salons).
2) Naturalismus ist die entgegengesetzte Geschmacksrichtung, welche die
Natur darstellen will, wie sie i s t , dabei aber in tendenziöse Färbung
verfällt und mit Vorliebe das auswählt, was n i c h t so ist, wie es sein
s o l l t e , also das ästhetisch und moralisch Beleidigende.
3) Realismus ist diejenige Geschmacksrichtung, welche die Natur darstellen will, wie sie ist, und dabei nicht in Übertreibung verfällt. Der
Realist weiß, daß die Wahrheit allein frei macht; sein Ideal ist daher
Wahrhaftigkeit in der Darstellung. Durch die objektive Betrachtung der
gesellschaftlichen Verhältnisse wird ferner der moderne Realist in eine
Gemütsverfassung geraten, welche ihn über die Stoffe seiner Darstellung
eine eigentümliche Beleuchtung ausgießen läßt (Gerechtigkeitsgefühl und

Erbarmen). Der Realismus ist also ideal, aber nicht idealistisch; er stellt ideal dar, aber nicht Ideale.

Bruno Wille.

Wenn der Referent einer Berufungsverhandlung über die Weltschöpfung den Standpunkt Gottes zu erläutern hätte, er könnte es auch nicht übersichtlicher tun. Man machte sich anno 87 über die Kunst Gedanken. Aber es waren weder die bis dahin schon gedachten noch die eigenen. Dagegen spürt auch ein Sörgel den Humor dessen, was ungefähr um jene Zeit über Herrn Dörmann ernsthaft soll geschrieben worden sein:

Die Wollenskraft, im Durst nach Sensationen zerspellt, hat eine Mischung mit dem potenzierten Kohäsionsbedürfnis eingegangen zu raffinierter Geschlechtlichkeit . . . . Die sensationale Verdampfung der lebendigen Schwingungseindrücke auf dem Schwingungsskelett entspricht deutlich der Langsamkeit der psychophysischen Tätigkeit.

Vielleicht hat indes Herr Sörgel, der so viel Ernstes nicht humoristisch nimmt, hier eine Parodie ernst genommen. Jedenfalls könnte – in Lob oder Tadel – auch nicht annähernd Ähnliches heute über das Libretto des »Walzertraums« gesagt werden. Woraus man ersehen mag, daß sich die Zeiten ändern und wir mit ihnen, und nur die Literarhistoriker nicht.

*

»Der Dichter muß fähig sein, mit leicht hingaukelnder Phantasie . . .«

verlangt der Professor Oskar Walzel. Aber das ist nur die übliche Verwechslung der Dichtkunst mit der Literaturgeschichte.

»Da ist ebensoviel ungewollte Naivität wie frische Keckheit der Erfindung.«

Nie beim Dichter, immer bei der Literaturgeschichte!

»Frei schaltet die Phantasie mit den widerspruchsvollen Stücken der Überlieferung.«

Doch nicht bei einem Dichter, sondern bei der Literaturgeschichte!

»Vom schweren rotgoldenen Haar und der weißen hohen Stirn bis hinab zu den Füßen, die zart gegliedert waren wie ihre Hände, steht die Göttin in jeder ihrer Bewegungen scharf umrissen vor dem Leser.«

Muß ein sauberer Kitsch sein, diese Novelle, wie geschaffen für die Literaturgeschichte.

*

Aus einem Aufsatz des Herrn Professors August Sauer über einen ganzen Viehwagen von Literaturgeschichten:

. . . Die Urteile im einzelnen sind mitunter ungerecht, so wenn Brentano . . . . jede künstlerische Zucht abgesprochen, dagegen Jean Paul zum siebenten Klassiker emporgeschraubt wird.

. . . Von Fritz Stavenhagen, Charlotte Niese, Otto Ernst . . Theodor Suse . . Marie Hirsch u. a. werden sehr anschauliche Charakterbilder entworfen.

. . . Neben dem Herausgeber begegnen uns in Stefan Milow, Marie Eugenie delle Grazie und Otto Hauser, die jenen Gegenden entstammen, Namen von gutem Klang.

. . . Die höchst subjektiven barocken Aphorismen Baudelaires werden dadurch kaum genießbarer.

. . . Unsere Schule kann nur gewinnen, wenn die Schüler nicht bloß mit den Meistern der Vergangenheit, sondern auch mit den großen Geistern der Gegenwart vertraut gemacht werden und ihr von den dazu berufenen Lehrern ein vorläufiger Standpunkt zu den brennenden Fragen unserer Zeit gegeben wird.

*

Dem verstorbenen Schweizer Dichter J. V. Widmann sind in Wien zwei dicke publizistische Tränen nachgeweint worden. Den Herren Max Kalbeck und Anton Bettelheim war er gestorben. Sie veröffentlichen Briefe und Erinnerungen und ihnen schließt sich Necker an, indem er schreibt:

Die Freunde des liebenswürdigen Dichters der ›Maikäferkomödie‹ konnten sein Andenken nach seinem unerwartet schnellen Tode am 7. November v. J. nicht besser als durch die Veröffentlichung einiger seiner Privatbriefe ehren . . . Man darf voraussagen, daß Widmanns Briefe, einmal gesammelt, sein schönstes Buch bilden werden. Wenn ich nun auch die zwei einzigen Briefe mitteile, die ich von Widmann besitze, so glaube ich, daß sich dies durch den Inhalt selbst rechtfertigen wird.

Auch ich schließe mich an und glaube, daß in der Briefsammlung ein Schreiben nicht wird fehlen dürfen, dessen Publikation sich gleichfalls schon jetzt durch den Inhalt selbst rechtfertigt. Es ist nicht an mich gerichtet, kann deshalb umso bequemer vom Neuen Wiener Tagblatt abgedruckt werden. Es wird aber vor allem die Wiener Korrespondenten Widmanns selbst interessieren, und da nur sie die Vorgeschichte dieses Schreibens kennen dürften, so möchte ich die Herren, die um das Andenken des Schweizer Dichters bemüht sind, um Aufklärung über die folgende Angelegenheit bitten. Widmann, der schon darum ein Dichter war, weil er die Gabe hatte, sich im Bekenntnis seiner Irrtümer zu verjüngen, und der Otto Weininger in vier Essays für ein Feuilleton Abbitte geleistet hat, hatte in seinem ›Berner Bund‹ vom 5. Februar 1911 einen Aufsatz über »Heine und die Folgen« veröffentlicht. Diese in Nr. 317/318 der Fackel zitierte Besprechung enthielt viele Sätze, die Anerkennung bezeigten und fast etwas wie die schamvolle Dankbarkeit des journalistisch gebundenen Künstlers, welcher einem begegnet war, der um Freiheit und Bedingtheit weiß. Merkwürdig widersprachen solchen Zugeständnissen abfällige Wendungen über mein literarisches Vorleben und die offenbare Desorientiertheit, die freudig erstaunt annahm: daß hier, wie's häufig vorkomme, ein ehemaliger Bandit sich als Polizist hervorragend bewähre, daß in »Heine und die Folgen« einer, der selbst das Handwerk betrieben und »vielen trefflichen Männern Österreichs« Unrecht getan habe, nun auf einmal sich zum Richter der üblen Zunft mache, und daß »der als satirischer Denker und schlagfertiger Stilist immer mehr zur Geltung gelangende österreichische Schriftsteller Karl Kraus sich in ehrlichen Stunden – oder wenigstens Minuten – gewiß selbst eingestehen wird, daß auch er als Redakteur u. s. w.«. »Man mag also über Kraus denken, wie man will und kann«, schloß Widmann, »diese seine Broschüre ist eine Leistung u. s. w.«. Ich erwiderte:

Man mag über Kraus denken, wie man will und kann – wenn man denken könnte, würde man schon anders wollen –, das eine muß er sagen: Herr J. V. Widmann hat hier ein rechtschaffenes Bekenntnis abgelegt, das – ein gutes Pendant zu der letzthin zitierten Berliner Meinung – ihm die Ungunst der Feuilletonbuben zuziehen wird. Aber es würde ihm wahrlich nicht gelingen, nachzuweisen, daß ich vom Banditen zum Polizisten avanciert bin und in Erkenntnis meiner »journalistischen Sünden« mich plötzlich und zur allgemeinen Überraschung als Bekämpfer des Journalismus zu etablieren begonnen habe. Ich kann ruhig sagen, daß ich noch keine einzige »ehrliche Stunde« gehabt habe, in der ich mir etwas eingestehen mußte, z. B. ich sei »in den Mitteln sensationeller Tagesschriftstellerei bisher so gar nicht wählerisch« gewesen. Ich ahne nicht, mit wem Herr Widmann mich verwechselt, und ich glaube ernstlich, daß er erst durch den verlegerischen Begleitzettel auf mich aufmerksam geworden ist. Den trefflichen Österreicher nenne er mir, dem ich Unrecht tat. Was ich zu bereuen habe, sind Überschätzungen. Den »schadenfrohen, gassenbubenhaften Wortwitz« Heines weise er mir nach. Einen einzigen Witz, der nicht ein Blutstropfen wäre! Als ob sich Witz gegen Heine wenden könnte, wenn er Witz von seinem Witze wäre! Als ob das Vergnügen, das die Wiener Kaffeehaussippe an ihm hat, ein Beweis wäre für die Gemeinheit seiner Herkunft. Ich glaube, mit dem Satz: »Man mag über Kraus denken, wie man will« muß heute jede Anerkennung beginnen, die die Würde mir spendet. So viel Seiten dreihundertsechzehn Nummern der Fackel haben, so oft habe ich den Satz schon gehört, und immer war eine andere Leistung von dem weiten Gebiet ausgenommen, worin man gegen mich sein durfte. Je nach den Beziehungen, Gewohnheiten und Vorurteilen der vorsichtigen, einschränkenden und zugebenden Herren. Wenn ich diese Dennochs summierte, und nicht schon größenwahnsinnig wäre, ich würde es unfehlbar werden.

Als ich nun kürzlich in Innsbruck eine Vorlesung hielt, war auch Carl Dallago aus Riva anwesend. Der machte mir eine Postkarte zum Geschenk. Und erzählte deren Vorgeschichte. Ihn hatte – es gibt unter zehntausend Schreibern, wenn's hoch kommt, einen, aber der eine findet sich dann: der einen Glauben durchhält, und der bereit ist, sich Feinde zu machen, um einem Andern Freunde zu werben: – ihn also hatte die Meinung Widmanns und hatte meine Antwort verdrossen. Er schätzte beide, glaubte aber nur den einen aufklären zu müssen. Auf ein ausführliches Schreiben erhielt er nach längerer Zeit erst – wenige Monate vor dem Tode Widmanns – die Antwort:

Bern, 11. Juli 1911

Sehr geehrter und lieber Herr!

Mein Schweigen auf Ihren Kraus-Brief hatte keinen andern Grund, als daß ich, mit Anwandlungen körperlicher Schwäche fortwährend kämpfend und doch täglich meine anstrengende Berufsarbeit erfüllend, zu einer Alles erklärenden ausführlichen Antwort nicht Zeit und Kraft fand. Meine 70 Jahre machen sich halt geltend. Nur das Eine will ich anführen, daß ich über Kraus von Wien aus einseitig orientiert war. In seinem Kampf gegen Harden und Konsorten stehe ich ganz auf seiner Seite.

– – Mit freundlichem Gruß und Dank für die herzlichen Worte Ihres Briefes vom 9. Juli

Ihr – leider – alter

J. V. Widmann

Und nun soll sich der freiwillig melden, der's getan hat. Ich fixiere scharf den Kalbeck und auch den Bettelheim. Er soll sich melden – sonst bleibt mir die ganze Klasse hier!

Juli 1913

Einer aus der Steiermark

Herr Rudolf Hans Bartsch, der Liebling, dessen Romanfortsetzungen zu lesen mir dringend empfohlen wird – ich tu's aber nicht –, hat kürzlich ein Buch »Der letzte Student« bei Aschinger oder Ullstein in Berlin erscheinen lassen. Durch Zusendung und liebenswürdigen Brief des Verlegers sollte ich, der wahrlich schon bessere Autoren als Herrn Bartsch nicht gelesen hat, für das Büchlein interessiert werden. Ich ließ es wieder zurückgehen, finde aber mein nun einmal angeregtes Interesse durch eine andere Zusendung, die mir der Herausgeber der Zeitschrift ›Über den Wassern‹, Herr Dr. Johannes Eckardt macht, vollauf befriedigt. Der Artikel heißt: »Die Wandlungen des Herrn Rudolf Hans Bartsch, 1905–1913« und die wesentlichen Stellen lauten:

Vor wenigen Tagen erschien ein billiges Bändchen: Rudolf Hans Bartschs Roman »Der letzte Student«. Der Dichter .... erzählt selbst, daß »Der letzte Student« als sein erster Roman anonym im Jahre 1905 mit dem Titel »Als Österreich zerfiel ... 1848« (bei C. W. Stern) erschienen war .... Der Autor deutet in seinem Vorworte eine Veränderung an; er schreibt: »In dem Buche habe ich nur die allzu redseligen und die ungerechten, gehässigen Meinungsäußerungen meiner jüngeren Tage getilgt.« Wir werden erweisen, daß dieser Satz irreführt .... Gewiß, R. H. Bartsch bemüht sich, Typen dieser 1848-Bewegung festzuhalten; er hat mit richtiger historischer Einsicht die nötige Auslese getroffen. Interessant ist nun, daß »Der letzte Student« einen Typus dieser Bewegung nicht mehr kennt, den der Roman »Als Österreich zerfiel« sehr eingehend schilderte und den auch eine Stelle des »Vorwortes« als für die Bewegung von charakteristischer Bedeutung darstellt – den Typus des Redakteurs, des jüdischen Redakteurs. Dieser Typus des jüdischen Redakteurs spielt in der 1848-Bewegung eine hervorragende Rolle. Die Juden haben diese Revolution stark begünstigt; sie standen in den ersten Reihen der kämpfenden akademischen Jugend. Sie haben andererseits damals, als die Presse frei wurde, diese Waffe sofort für sich in Beschlag genommen.... Und diesen »Zeitungshirschele« hat R. H. Bartsch radikal aus seinem ersten Romane »Als Österreich zerfiel...1848« gestrichen.... In dem Romane tritt als charakterisierende Episodenfigur auch ein Buchbindergeselle auf, der heimlich seinen Groll in Versen austollt und seine Ideale in Poesien verlebendigt. Im »letzten Studenten« ist das Bild dieses sympathischen Idealisten um wesentliche Züge geändert worden. Der Judenhaß des begeisterten Gesellen, dessen Eltern durch jüdischen Wucher ruiniert worden waren, wurde beseitigt, die bezüglichen Stellen wurden gestrichen .... Um nur ja an ein gewisses Judentum nicht anzustoßen, wird »das Schachertalent«, von dem einmal die Rede ist, in »das Kriechertum« geändert, wird die »damals hierin unglaublich freche Presse« von ihren schändenden Beiwörtern befreit und zur »Presse« schlechtweg gemacht; es ist nicht mehr von »feigen Journalisten«, sondern nur mehr allgemein von »feigen Patronen« die Rede usw. Die Gesinnung aus dem Jahre 1905 tritt am klarsten aus den scharfen Debatteworten hervor, die in der ersten Fassung der Hauptmann dem »Zeitungshirschele« zuschleudert. Wir haben allen Grund, gerade in diesem Hauptmann den Dichter selbst zu sehen, seine Worte für die Überzeugungen R. H. Bartsch's anzusprechen. »——— Ihre Gier nach den Rost- und Mottengütern, ihre Geschäfte und Profite und vor allem ihre Lüsternheit auf unsern herben Boden pflanzen und fortwährend dabei rufen: Wir sind die Euren! Was, Herr Hirsch? Und haltet dabei eure Brandfackeln in den Krügen versteckt wie eure Vorväter, als sie Schlafende überfielen! All denen, die eure perfiden Heuchelblätter lesen, werdet ihr in fünfzig Jahren die Meinung eingespritzt haben, das Thermometer menschlichen Glückes steige und falle mit dem Kurszettel .... Mir brennen die Schläfen, wenn ich daran denke! Ihr seid die Schmarotzermistel an der deutschen Eiche . . . Erst schmückt ihr sie beinahe, dann bedeckt ihr sie und sie trägt zuletzt Mistellaub anstatt ihres eigenen und stirbt ab .... Ein großer Gott helfe uns von euch! . . .« Man wird ohne weiters zugeben, daß mit diesen Sätzen ein Judentypus, eine Judenpresse, eine Judenliteratur gekennzeichnet wurde, die wie schlechte Pilze im gesunden Boden wuchern und jenes Judentum in Mißachtung mitreißen, vor dem man Achtung zu haben verpflichtet wäre. Man bedauert, daß dieser Judentyp die Macht der Öffentlichkeit durch die Macht seiner Presse eroberte; und man versteht, daß ein Erfolg oft nur von diesen Tyrannen abhängt. ... Man darf mit Recht bedauern, daß sich die von jenem Judentyp freie Öffentlichkeit des Romanes nicht annahm. Aber noch schmerzlicher muß man feststellen, daß ein begabter Dichter mit jenem Judentyp Kompromisse schloß, daß ein R. H. Bartsch sich nicht scheute, aus seinem Romane »Als Österreich zerfiel« das Buch »Der letzte Student« zu machen .... Für die starke deutsche Literatur aber bedeutet dieses Sichausliefern an jene Machthaber ein trauriges Kapitel. Man versteht jetzt einen tieferen Sinn aus dem Zitate der »Neuen Freien Presse« (Wien): »Der Dichter Bartsch und der unbestrittene Publikumsgünstling waren aber keineswegs zur selben Stunde geboren« – und schämt sich, die Anzeige einer solchen Geburt melden zu müssen.

Warum sollte man sich schämen, da sich Herr Bartsch nicht geschämt hat? Die Enttäuschung ist kaum verständlich. Schwammerl drüber! Ich habe immer gesagt, daß Zwölf aus der Steiermark auf ein Dutzend gehen, und ich weiß, daß der arische Typus sich vom semitischen nur durch die Fähigkeit unterscheidet, sich zu assimilieren. Ehe ich einen Heimatkünstler anerkenne, warte ich immer, bis er jourfähig ist, um ihn zu mißachten. Späterhin bleibt nur noch die Frage offen, ob die ihm zugewachsene Kultusgemeinde die Bekehrung auch dann verträgt, wenn ihr das geistige Vorleben des Herrn in vollem Umfang bekannt wird. Zum Glück können Tatsachen, die für sich selbst sprechen, einem Autor nicht schaden, wenn sie auch durch die Fackel sprechen. Und überhaupt: Gesinnung nennt das Gesindel nur jene, zu der Herr Bartsch sich bekehrt hat; es merkt nicht, daß sie fehlt, aber es sieht, daß sie nicht mehr fehlt. Einer hat sich geläutert, und dieselbe schmalzpolitische Überzeugung, die jetzt für den armen Gerhart Hauptmann brodelt, wird Lippen fett machen, die von einem guten gediegenen Bartschroman zu erzählen wissen.

Inzwischen haben auch die ›Süddeutschen Monatshefte‹ in einem Protest des Hirsch unter dem Titel »Meine Ermordung durch Rudolf Hans Bartsch« den prächtigen Fall behandelt. Freilich erfährt man nicht, wer für den rekurrierenden Hirsch, der sich über den anonymen Mut des Bartsch von 1905 lustig macht, das Wort führt. Auch werden die kräftigsten Stellen, deren Unterschlagung dem Bartsch von 1913 zur Last fällt, vom unbekannten Ankläger so gut vermieden wie vom bekannten Bartsch. Gleichwohl ist die Anklage wirksam genug formuliert und durch neues Material unterstützt. Hirsch ruft:

.... ich hab es ausgerechnet: es fehlen rund fünfundsiebzig Seiten Ullsteintype. Es ist wie ein Carlos ohne Posa, wie der Kaufmann von Venedig ohne Shylock, wie Faust ohne Mephistopheles! Ich sehe ab von allem Persönlichen. Aber ich finde kein Wort, züchtigend genug, für den, der so mit seinem eigenen Werk umspringt: aus einem Buch eine Hauptperson, den Gegenspieler, ohne jede Rücksicht auf Stimmung, Zeitfarbe,

Zusammenhang, Aufbau einfach herauszubrechen unter dem heuchlerischen Vorwand »in dem Buche habe ich nur die allzu redseligen und die ungerechten, gehässigen Meinungsäußerungen meiner jüngeren Tage getilgt«. Bin ich vielleicht eine Meinungsäußerung? . . Natürlich bin ich zu tief mit der Grundanlage verflochten, als daß ich nicht fast auf jeder dritten Seite auftauchte: alles kann er nicht streichen! Wissen Sie, wie er sich hilft? Oh, es ist heiter: er teilt mich auf wie die Türkei! er verteilt meine Repliken gemütlich an die anderen Personen, unbekümmert, ob sie in ihrem Munde denselben Sinn, dieselbe Farbe, dieselbe treibende Kraft haben . . ich bin »ein Student«, »einer«, »ein anderer«, »ein Mann«, »eine Stimme« . . . . Aber es ist Bartsch gleichgültig, ob sein Erstlingswerk himmelschreiend verstümmelt ist, ob Szenen fallen, die er heute nie mehr schreiben könnte, und wenn er die Götter auf den Knien darum bäte, ob ganze Szenen ihre Beleuchtung, ihren dramatischen Sinn verlieren: es gibt kein Glied, das er seinen Kindern nicht abhackte, nur um sie im Krüppelhaus Ullstein unterzubringen . . . . Er streicht die Biographie des antisemitischen Buchbinders, – die Geschichte eines jungen Menschenlebens auf eine halbe Seite zusammengepreßt . . . . In der Urfassung sind die Wiener »Unfähige«; in der neuen »ewig Unmündige«; vielleicht werden sie in der nächsten »ein unsäglich begabtes Volk mit einem gewissen Mangel an Selbständigkeit«. Nun fehlt dem Wiener nicht mehr »die feine Grazie des Umgangs« und die »geistvolle Anmut« . . . . und gefallen ist der Satz: »Die Kunst duldet er: aus einer Art Scham. Sollte sie aber von ihm leben, sie müßte verschmachten«. Man nähert sich an, man ist nicht mehr so unzufrieden miteinander; m a n s c h o n t W i e n , u m n i c h t i n d e n V e r d a c h t z u k o m m e n , e i n L e s e r d e r › F a c k e l ‹ z u s e i n . . . . Gottschalk sagt auch nicht mehr zu seinem besoffenen Vater »Pfui Teufel«, sondern ganz höflich »Laß mich«! Ich aber sage nicht »Laß mich«, sondern grob und deutlich »Pfui Teufel«, und ich glaube, ich bin nicht der einzige, der so sagt.

Ich aber glaube, daß die Mehrzahl sagt: »Warum nicht, recht hat er«.

Herr Rudolf Hans Bartsch selbst sagt es. Und so hat man den Eindruck, daß die Ankläger des Herrn Bartsch hinter der Vehemenz, mit der er gegen sich vorgeht, weit zurückbleiben. Es sollte bewiesen werden, daß jener Bartsch, der ehedem die Presse verachtet hat, sie jetzt schont. Und er geht her und verehrt sie! Schreibt der Neuen Freien einen Brief als »in Dankbarkeit und Verehrung Ihr ergebener«. Der Entschluß, die Karikatur des jüdischen Journalisten zu beseitigen, sei ihm »aus dem Herzen gekommen«. Das steht zwar nur in dem Begleitbrief, den Herr Bartsch der Neuen Freien Presse mit seiner Erwiderung geschickt hat, aber sie tut ihm den Tort an und druckt auch den Begleitbrief. Herr Bartsch, der jetzt reinen Herzens das verworfenste Exemplar der Hirsch-Presse verehrt, scheint nicht so sehr die Verpflichtung zu fühlen, sich gegen die Angreifer wegen der Streichung zu verteidigen, als sich vor der Hirsch-Presse wegen der Erschaffung des Hirsch zu entschuldigen. Er habe die Figur gestrichen,

weil ich sie für eine gehässige Karikatur ohne künstlerischen Wert halte, die ihre Entstehung dem theoretischen Antisemitismus eines j u n g e n M e n s c h e n verdankt, d e r n o c h k e i n e n J u d e n p e r s ö n l i c h k a n n t e. (Die Figur entstand in dem p o l i t i s c h b e w e g t e n Jahre 1897 nach der Lektüre des großen Werkes von C h a m b e r l a i n.)

Wie das politisch bewegte Jahr 1897, in dem Deutsche und Tschechen um die Sprachenverordnungen rauften, den Antisemitismus des Herrn Bartsch befruchten konnte, bleibt ein psychologisches Rätsel. Dagegen ist der Hinweis auf die Verführung durch die Lektüre Chamberlains so rührend, daß man solche Schwäche getrost als eine der Grundlagen des 20. Jahrhunderts auffassen kann. Umso rührender, als Chamberlains Werk 1 8 9 9 e r s c h i e n, also seine Schatten auf Bartsch vorauswarf, der ihm verfallen war, bevor noch die Möglichkeit bestand, es kennen zu lernen. Hier wirkte in positiver Richtung ein so starkes Vorurteil wie gegen die Juden. Was die Erklärung anlangt, daß er damals noch ein junger Mensch war, der noch keinen Juden persönlich kannte, so verdient sie, wiewohl man doch schon als ganz junger Mensch Juden persönlich kennen lernen kann, darum besonders hervorgehoben zu werden, weil sie dartut, mit welcher Phantasie die Natur diesen Romanschriftsteller begabt hat. Man kann ihm aufs Wort glauben, daß er bis zur Niederschrift seines Buches im Jahre 1897, ja bis 1905, als er mit seinem Verleger in Verbindung trat, keinen Juden persönlich kannte, und daß er, als er dann nach und nach auch die Rezensenten kennen lernte, einsah, daß die Juden zu jenen Persönlichkeiten gehören, die bei näherer Bekannt-

267

schaft gewinnen. Endlich, als er erkannte, daß man bei ihrer näheren Bekanntschaft auch gewinnt, mag er sich entschlossen haben, die »feigen Journalisten« nur mehr »feige Patrone« zu nennen. Diesen schreibt er nun:

Weiteres betone ich, daß keiner der Ehrabschneider, welche mir feiges Handeln zum Vorwurf machen, mich persönlich kennt; ich hoffe, daß er dann solche Vorwürfe nie erhoben hätte.

Wie kann aber Herr Bartsch von jenen, die ihn nicht persönlich kennen, mehr Gerechtigkeit verlangen, als er in der Zeit von 1897 bis 1905 für die Juden übrig hatte? Und wer hat ihm denn persönliche Feigheit vorgeworfen? Herr Bartsch irrt. Es ist selbst von der ihm feindlichsten Seite nicht behauptet worden, daß er sich nicht traut, nachts allein durch einen Wald voller Wölfe zu gehen. Es ist nur behauptet worden, daß er sich mit den Hirschen nichts anfangen will. Es ist nicht behauptet worden, daß er sich nicht traut, jeden seiner Angreifer zum Duell herauszufordern und mit der Waffe in der Hand etc. Es ist nur behauptet worden, daß er lieber den Journalisten eine Ehrenerklärung gibt und daß ihm die Romane, die sie ihm abnehmen, und die Feuilletons, die sie über ihn schreiben, und die Auflagen, zu denen ihr Publikum ihm verhilft, viel Spaß machen. Man kann im bürgerlichen Leben der mutigste Mann sein und dennoch in der Literatur Wert auf gute Verbindungen legen. Herr Bartsch verrät, daß er jetzt »an zwei Werken arbeite«, die »an Mächten Kritik üben«, deren jede sein »Lebensschicksal zerstören kann, was das Judentum nie vermöchte«. Herr Bartsch überschätzt den Einfluß jener zwei Mächte auf den Büchermarkt. Die zwei Werke, an denen er arbeitet, wird die dritte Macht überschätzen, und das ist die Hauptsache. Herr Bartsch, dem es gewiß nicht schaden wird, wenn er sich für ein Opfer der »Klerikalen« hält, verwickelt sich aber in einen Widerspruch, wenn er einerseits von der Macht dieses Feindes schwärmt und anderseits behauptet, die Angriffe seien »in einer Reihe von Zeitschriften – zumeist in kleineren Parteiblättern – erfolgt«. Die Angriffe sind außer in einer konservativen Revue und in den größten Parteiblättern auch in den ›Süddeutschen Monatsheften‹ erfolgt. Herr Bartsch hat die Anklage in dieser Zeitschrift gelesen, ihr, nur ihr gilt seine Erwiderung, die den Titel führt: »Mein Mord an Herrn Hirsch«, aber er verzichtet, stillschweigend, auf jeden Versuch, hier einen klerikalen Ursprung nachzuweisen. Er verteidigt sich gegen den einen, indem er vorgibt, ein anderer habe ihn angegriffen, und beruft sich auf das Urteil »aller anständigen Deutschen«. Er teilt sich selbst auf wie den Hirsch. Er ist in hohem Grade opferfähig. Er arbeitet jetzt gegen zwei Mächte. Er wird vermutlich am Militarismus und am Klerikalismus Kritik üben. Er wird aber nie sagen können, daß er bis dahin keinen Offizier persönlich gekannt habe. Denn er war selbst einer. Er war zuerst Hauptmann und schreibt erst später gegen den Militarismus. So gehört sich's. Nicht aber so, daß man zuerst gegen den Journalismus schreibt und dann Journalist wird.

September 1913

Ein gut erhaltener Fünfziger

Phot. Engel
Venezia—Lido

(Gabor Steiner kontra Hermann Bahr.) Nach über einjähriger Dauer ist gestern nachmittag beim Zivillandesgerichte unter dem Vorsitz des Oberlandesgerichtsrates Kauer ein Prozeß zu Ende gegangen, den der seinerzeitige Direktor des Ronacher Gabor Steiner durch Dr. Heinrich M. gegen den Schriftsteller Hermann Bahr auf Rückzahlung eines Betrages von 7000 K erhoben hatte. Im Jahre 1909 hatte Direktor Gabor Steiner für das Ronachertheater bei Bahr eine Revue bestellt, die dieser auch fertigstellte. Die Revue, welche den Namen »Die Reise nach Eipeldau« trug, hatte zahlreiche politische Anspielungen enthalten.

(Das Geld. Von Hermann Bahr.) Ich konnte schon als Kind Geld nicht leiden. Es gab damals noch die großen, schweren, dicken, abgegriffenen alten Vierkreuzerstücke, Batzen genannt, mir graute, sie zu berühren, weil sie so schmierig waren, mich ekelte, wie vor widerlichen schleimigen Tieren, Kröten oder Würmern, und ich rieb mir immer voll Angst und Haß die Finger von der Besudelung wieder rein. Man lachte mich aus und ich bemühte mich selbst gegen das Gefühl, ich sagte mir selber vor, daß es albern wäre; jetzt weiß ich erst, wie recht das Kind empfand.

Die Revue wurde von der Polizei verboten, und auch die Statthalterei bestätigte das Verbot, so daß die Aufführung unterblieb. Nun hatte Hermann Bahr bei Ablieferung des Szenariums sich einen Tantiemenvorschuß von 7000 K bedungen, der ihm bei Ablieferung des Buches auch bezahlt worden war. In der Klage wurde nun geltend gemacht, daß der Kläger einen Werkvertrag abgeschlossen habe, daß er jedoch das Werk nicht aufführen konnte, da es einen wesentlichen Mangel hatte, und daher der Kläger berechtigt sei, den auf die Tantiemen gegebenen Vorschuß zurückzuverlangen. Dr. T. hatte für den Beklagten eingewendet, daß der Vorschuß von 7000 K eine Sicherstellung für die gelieferte Arbeit war, ohne die der Beklagte als erstklassiger Schriftsteller sich nicht zu einer Arbeit für das Varieté hergegeben hätte. Herr Bahr habe schon bei Abfassung der Revue, die einen politischen Charakter haben sollte, vorausgesehen, daß Zensurschwierigkeiten entstehen könnten, und wäre es Sache des Direktors gewesen, durch eventuelle Abänderungen das Verbot der Aufführung hintanzuhalten. Der Senat zog zunächst Erkundigungen darüber ein, ob einzelne Szenen oder das Werk in seiner Gesamtheit verboten wurde. Inzwischen war der Krach in Venedig gekommen und Direktor Gabor Steiner, der in Konkurs gekommen war, nach Amerika geflüchtet . . . .

Später dann, bei den ersten Blicken ins Leben der Menschen, erkannte ich gleich, daß Taten oder Werke, um des Geldes willen getan, nichtswürdig sind und daß sich entmenscht, wer etwas um des Geldes willen tut. Doch ließ ich mir damals und lange noch einreden, es müßten Taten oder Werke zu finden sein, die ich um ihretwillen oder um meinetwillen tun könnte und die mir aber dennoch, obwohl also nicht durch das Geld hervorgerufen, nebenbei Geld einbringen könnten. Es dauerte lange, bis auch dieser Selbstbetrug durchschaut war und ich sah, daß das Geld auch eine zurückwirkende Kraft hat: es spritzt sein Gift weit ins Vergangene zurück und auch reinen Herzens gewollte, um ihrer selbst willen vollbrachte Taten oder Werke werden entehrt, wenn sie, noch so spät, Geld berührt.

Dies macht unsere Zeit so grauenhaft: wer Brot backt, Recht spricht, Kranke heilt, der Krieger, der Künstler, der König, was immer einer auch ist und tut, keiner meint das, was er ist und tut, sondern er meint das Geld, das es ihm bringt; der Bäcker meint nicht das Brot, der Richter nicht das Recht, der Arzt nicht den Kranken, und nicht den Krieg und nicht die Kunst und nicht die Krone, es ist ihnen allen nicht um das zu tun, was sie tun, sondern alles, was sie tun, tun sie nur um des Geldes willen und was immer sie tun, sie meinen alle

Im Zuge des Prozesses ließ nun das Gericht einen Sachverständigenbeweis über »Die Reise nach Eipeldau« und deren Eignung als Bühnenwerk zu. Als Sachverständige wurden Professor R.F. Arnold und Regierungsrat Dr. Glossy vernommen. Beide Sachverständige gaben bei der am 25. Juni durchgeführten Verhandlung zu, daß das Stück zur Aufführung geeignet sei, und bei einer solchen als Werk der Literatur in höherem Sinne wohl von keinem der beiden Teile gemeinten Revue der Text nur die Folie für die musikalischen, szenischen und schauspielerischen Zutaten darstelle. Während nun Prof. Arnold den Text mit Rücksicht auf die zu deutlichen politischen Anspielungen für langweilig und einen Theatererfolg für zweifelhaft erklärte, meinte Regierungsrat Glossy, daß gerade die politischen Anspielungen belebend gewirkt hätten und einen Erfolg selbst der routinierteste Theaterfachmann wohl nie voraussehen und auch hier nicht in Abrede stellen könne . . . .
Nach dem Gutachten erklärte der Senat die Verhandlung für geschlossen und behielt sich die Ausfertigung des Urteils im schriftlichen Wege vor, verfügte jedoch nach einigen Tagen die Wiedereröffnung der Verhandlung, um über den Inhalt der in Bayreuth getroffenen Abmachungen die Parteien zu vernehmen. Bei der nunmehr durchgeführten Verhandlung gab Hermann Bahr als Partei an,

damit nur immer das Geld. Das Brot aber, das mit solchen nach Geld ungeduldigen Händen gebacken wird, spürt, daß es nicht zum Brot, sondern zum Geld gebacken wird, und so wird das Brot zu Gelde und schmeckt nach Gelde. Und unsere ganze Welt spürt, daß sie bloß zum Geld betrieben wird, und unsere ganze Welt schmeckt überall nach dem Gelde.
Der Bäcker ist wenigstens aufrichtig: er gesteht sich ein, daß er beim Backen nicht das Brot meint, sondern das Geld, daß Geld gebacken wird, nicht Brot. Schlimmer stehts mit dem Richter und mit dem Arzt: die geben nicht zu, daß auch sie nur das Geld meinen und daß das Recht und der Kranke nur Mittel zum Zwecke sind, zum Gelde . . . . Wenn sie Geld genug hätten, ohne erst Recht sprechen oder Kranke heilen zu müssen, wie viele würden dann auch nur noch einen Tag lang fortfahren, Recht zu sprechen und Kranke zu heilen? Aber auch diese, wenn sie gleich von sich sagen dürfen, daß sie nicht um des Geldes willen Recht sprechen und Kranke heilen, bewirken doch heute damit Geld, und wenn ihr Tun auch nicht auf Geld zielt, erzielt es doch Geld, ihr Tun geht nicht auf Geld aus, aber auch ihr Tun kommt aufs Geld hinaus; was einer auch beginnen und wie er sich dazu verhalten mag, es wird immer heute nichts als Geld gemacht, es kommt nichts zustande als Geld. Der reinlichste ist heute verhältnismäßig

Gabor Steiner sei eigens nach Bayreuth gekommen, um den Widerstand zu überwinden, den er in der Korrespondenz den Vorschlägen Steiners wegen einer Revue entgegengesetzt habe. Er habe, wie schon vorher schriftlich, auch bei der mündlichen Unterredung betont, unsere Polizei werde dieses aus Frankreich stammende, sich mit der Karikierung aktueller politischer Verhältnisse befassende Genre überhaupt nicht zulassen. Nur damit erkläre es sich auch, daß das Stück zur Gänze verboten worden sei. Denn das Stück enthalte auch Szenen, deren Streichung nicht anders zu verstehen sei. Er habe auch Steiner darauf aufmerksam gemacht, daß er eine Arbeit dieser Art niemals geleistet habe, insbesondere noch nie für Musik geschrieben habe, daß er das Varieté nicht besuche und nicht wisse, ob ihm das Genre gelingen werde. Steiner drang jedoch in ihn und erklärte, ihn für die Zeitversäumnis durch Zahlung eines Garantiebetrages vollauf zu entschädigen und jedes Risiko zu übernehmen. Das Interesse an der Erzielung einer Aufführung werde Bahr trotz des Vertrages darin finden, daß dann die Tantieme den Garantiebetrag sehr reichlich übersteigen wird.

Der Gerichtshof wies die Klage mit der Begründung ab, daß der Usus nach der Aussage des Sachverständigen Dr. Glossy zugunsten Bahrs

noch der Börsenmensch, der unmittelbar am Gelde selbst hantiert; er heuchelt wenigstens sich und den anderen nichts vor.

In meiner Jugend war's mir unerträglich, bezahlt zu werden. Ich wünschte mir, so viel Geld zu haben, daß ich unentgeltlich arbeiten könnte. . . . . Es ist das natürliche Gefühl des unverdorbenen Menschen, daß er nach seiner Kraft leisten, nach seinem Bedürfnis empfangen, aber nicht dafür, daß er leistet, empfangen, nicht um zu empfangen, leisten will. Der Gedanke, für eine Tat oder ein Werk entlohnt zu werden, verleidet ihm jede Tat und jedes Werk; der Gedanke, daß er damit bezahlt wird, verleidet ihm, was er empfängt . . . . Ich zöge vor, wir trieben es offen und der Reichskanzler müßte nach jedem diplomatischen Sieg, der Pfarrer gleich nach der Predigt, der Dichter, wie der Vorhang fällt, selber mit dem Klingelbeutel absammeln gehen, damit kein Zweifel bliebe, wofür heute gesiegt, gepredigt und gedichtet wird.

Jede Tat, jedes Werk, von wem immer und welcher Art immer, wird heute auf den Markt gebracht und endet mit Geld. Nichts bleibt davon als eine Ziffer. Und diese Ziffer bestimmt den Wert der Tat, des Werks, von wem immer und welcher Art immer....

spreche. . . . Überdies gebe Bahr die Verhandlungen mit Steiner so wieder, daß dieser ein Risiko sowohl des Gelingens als auch bezüglich der Zensurschwierigkeiten des bestellten Werkes ausdrücklich auf sich genommen habe. Übrigens mußte Steiner schon aus dem ihm in Bayreuth von Bahr vorgelesenen Szenarium, nach dessen Kenntnisnahme er die erste Hälfte des Garantiebetrages zahlte, den ganzen Inhalt des Stückes erkennen, und es drücke sich in dieser Zahlung eine Genehmigung aus, da das Stück mit dem Szenarium im Wesentlichen übereinstimme.

Was hilfts, wenn einer sich noch so reinen Willens gelobt, nichts um Geld zu tun? Was er tut, verwandelt sich ihm in der Hand doch immer wieder zu Geld und nichts als Geld bleibt schließlich davon zurück. . . .

. . . . Das Geld ist der Antichrist und so lange wir den Fluch des Geldes nicht zerreißen, können wir nicht zu Menschen werden und all unsere Sehnsucht bleibt Wahn. Dies hat mir mein Leben erbracht, anderen mag andere Wahrheit erwachsen, meine bleibt: Entscheide dich und wähle, Geld oder Gott!

September 1913

BAHR-FEIER

In allen Bahr-Feuilletons wird nebst der Versicherung, daß
er längst in Erfurt gewesen sei, wenn man ihn noch in Weimar glaubte, dem Herrn aus Linz nachgerühmt, daß er immer Wien beschworen habe, »sich auf sich selbst zu besin-
nen«. Das hat es bekanntlich bis zur Selbstvergessenheit getan und allerorten stinkt's durch die Zeiten. Und in allen
Redaktionen sitzen Schmierer und schmieren durch, von und
für Bahr. Die Zuckerkandl, das kunstgewerblich reifste Pro-
dukt der wienerischen Selbstbesinnung, hat, gesteht sie, ihm
ursprünglich bloß einen Strauß gelber Nelken schicken wollen statt eines Geburtstagsfeuilletons, aber leider hat sie
doch, wie das so kommt, das Feuilleton geschickt. Ihr Chef-
redakteur – der leibliche Bruder – habe darauf bestanden.
Sie mußte. »Denn es gibt im Zeitungsgetriebe Gewißheiten,
die nur mit den unfehlbaren Berechnungen der Planeten-
bahnen vergleichbar sind«. Es mußte sein. Und zwar so:
Bahr liebt die gelbe Nelke und steckt sie aus, um anderen
Menschen zu begegnen, die auch die gelbe Nelke lieben.
Daran will er sie erkennen: sie »müssen aus derselben Gegend sein wie seine Seele ist«, also aus der Gegend zwischen
Linz und Kolomea. »Ich könnte ihnen ja nichts sagen, weil
die Seelen nicht reden, aber wir würden uns verneigen und
uns die Nelken reichen.« Darum sind damals, als Bahr diese
Worte schrieb, »wir, die ein großes gemeinsames Erleben
verband, alle eine Zeitlang im Zeichen der gelben Nelke
gestanden«, und haben uns programmgemäß vor einander
verneigt. Das große gemeinsame Erleben, das die Zuckerkandl und den Bahr verband, war hauptsächlich das Glück,
gleichzeitig auf Olbrichschen Stühlen sitzen zu können, das
heißt, es nicht nur zu können, sondern auch zu vermögen.
Ferner die Kolo Mosersche Quadratur des böhmischen Kul-
turzirkels zu erleben und vor der Hoffmannschen Apollo-
kerzen-Auslage stehen zu dürfen. Diese Möglichkeiten verdankt die Zuckerkandl der »größten, wunderbarsten Le-

275

benserneuerung«, deren Vorbereiter eben Bahr war. Darum verbindet sie mit ihm nicht nur ein Erleben, sondern auch ein Erinnern, und sie preist ihn als einen Erwecker und Erlöser, wie es ihres Erinnerns keinen zuvor gegeben hat. Dem Mann, der so lange in unerlaubten kritischen Beziehungen zur Volkstheaterkasse stand, gebühre das Verdienst, den Begriff »Kunst« von dem Begriff »Markt« getrennt und »es zum erstenmale ausgesprochen zu haben, daß es vor allem nur sittliche Probleme gebe«. Er war »der Prophet höherer Lebenssehnsucht«. Ver sacrum. »Wenn es auch keiner idealen Erhebung jemals gegönnt ist, in Reinheit zu bestehen« – so muß doch zugegeben werden, daß noch nie ein schmutzigerer Frühling ins Land gekommen ist, als der, dem Herr Bahr auf die Beine geholfen hat, noch nie eine verkommenere Jugend sich breitgemacht und nie eine Revolution flinker sich zu Geschäften bekehrt hat. Der Erlöser badet heute mit Librettisten am Lido; die sprachverbrecherische Ambition der unverbrauchten Kommis bricht in alle Spalten ein; der kunstgewerbliche Flecktyphus grassiert in allen Häusern; und die Zuckerkandl fragt: »Wieso dem Publikum erklären, daß die Maler, Bildhauer, Architekten jetzt Sessel, Kästen, Lampen, Stoffe, Gläser machen wollten?« »Dieses Problem zu lösen, hielt Bahr für das wichtigste und für das schwerste.« Es ist ihm gelungen. Mit Hilfe der Zuckerkandl. »Sie müssen mir helfen. Ich? Ja! Sie haben einen Salon . . . . Denn es muß etwas geschehen, sonst geht alles wieder verloren, was wir errungen haben.« So ist es gekommen, daß in den Wiener Kaffeehäusern die Messer, die die Leute nicht mehr in den Mund stecken, in die Taschen gesteckt werden. Bahr hatte nämlich erklärt, er brauche einen Schreibtisch, welcher zum Kahlenberg passe, auf den er von seinem Fenster die Aussicht habe. »So hat er damals die Stil-Affinitäten erfühlt, welche zwischen der ersten Bürgerkunst der dreißiger Jahre und dem sich entwickelten Stil des zwanzigsten Jahrhunderts tatsächlich vorhanden sind.« Darum grüßt – »im Zeichen der gelben Nelke« – die Zuckerkandl »den mitschöpferischen Erwecker der Edelkunst, die in diesem Jahrhundert, von Österreich ausstrahlend, den Weltgedanken zu erobern im Begriffe ist«, vergißt aber, daß die Olbrich-Villa in St. Veit derzeit auch unter dem Selbstkostenpreis nicht anzubringen wäre. Da im Zusammenhang mit Herrn Bahr so viel von der »Sehnsucht unserer Tage« die Rede ist und unter den Genossen einer Zeit, die außer der Sehnsucht nach Versorgung, Ausverkauf, Verbindungen und Mezzie überhaupt keine Sehnsucht kennt, oder höchstens eine, die so dürftig ist, daß man ihr mit dem Plural Sehnsuchten beispringen muß – so ist es offenbar, daß die großen Worte jetzt am liebsten als Entschädigung für die kleinen Werte mitgenommen werden. Die jungen Reporter, denen ein ungeheurer Schatz von Adjektiven in den Schoß fiel, spielen auf Teilung und es kommt keinem dieser Glücksspilze einer sprachlichen Gründerepoche darauf an, von Herrn Bahr, ihrer aller Agenten, auszusagen, was ehedem für Mozart zu viel gewesen wäre. Ihm seien, versichert einer, »köstlich helle, heitere Rhythmen, hold gaukelnde Gebilde, Klänge göttlich leichten Lachens« zugeströmt. Er sei übrigens »durch und durch ein Deutscher aus dem Holze der Luther, Schiller, Wagner«. Er »hätte ein Zentrum für die Deutschen werden können, wie es Tolstoi den Russen war; eine Repräsentation der Nation, eine Art von Herold und Priester zugleich«. Der Unterschied zwischen Tolstoi und Bahr dürfte nun vor allem darin zu suchen sein, daß die Russen sich nie dafür interessiert haben, wie Tolstoi rasiert ausgesehen hätte. In Bahrs Romanen aber »singt die Natur in brausenden Klängen« und »recken sich Gram und Wunsch zu den Sternen«. Was die Lustspiele betrifft, steht man »ergriffen und beseligt vor diesem Reichtum an Aufrichtigkeit, Seelenadel, Weisheit, Treffsicherheit, vor dieser Parade von Glanz des Geistes und Genie des Gefühls«. So rede er unter anderm auch »von Briefen, die nicht befördert werden, von Hofräten, die krank werden, weil eine Tür quietscht, die niemand schmieren will, von österreichischem Leid und von europäischer Sehnsucht«. Es bleibt gramma-

277

tisch unentschieden, ob Bahr von der quietschenden Tür oder von den kranken Hofräten bemängelt, daß sie niemand schmieren will. Immerhin, dereinst wird man »in diesen glühenden, wilden und weisen Büchern blättern und wird von einem großen Staunen ergriffen sein«. Nämlich darüber, daß im Jahre 1913 ein talentierter, aber skrupelloser Plauderer, der schlechte Nachtreferate in Bücher gestopft hat, ein Umwerter aller Unwerte und Pfadfinder aller Mittelmäßigkeit, von den nachstrebenden Schmöcken der »Wegweiser und Wahrsager kommender Welten« genannt werden konnte, ohne daß die Kühe aufhörten Milch zu geben und ohne daß den Redaktionen die Fenster eingeschlagen wurden. Vor allem aber wird es ein Staunen sein, daß man damals den Trebitsch so wenig gewürdigt hat, eines jener Talente, denen Bahr den Weg gewiesen hatte, indem er frühzeitig erkannte, daß, auch abgesehen von Shaw, Deutsch von Siegfried Trebitsch sein Geld wert sei. Trebitsch kann nicht umhin, dafür öffentlich zu danken und Bahr eine Erscheinung zu nennen, die »sich zur Persönlichkeit gerundet hat«. Hätten wir ihn nicht, wären wir »an Güter verarmt«. Denn er sei ein »durch Temperament und wahrer Beziehung zur Kunst Verpflichteter« und habe auf Hofmannsthal, Roller und Reinhardt »alle die Augen gelenkt, die helfen können, wenn sie nur erst sehen«. Aber schließlich durch der Grammatik allein wird man nicht glücklich. Wichtiger sind eine gesunde Verdauung und gute Verbindungen. Der Wegweiser hat sie. Der »Concordia«, die ihn Meister nannte, dankt er erschüttert und schreibt: »Aber eins dürfen Sie mir glauben: An unserer ›Concordia‹ hänge ich, unserer ›Concordia‹ will ich immer die Treue bewahren . . . . Ich stehe für Sie stets bereit und Sie können mir keine größere Freude machen, als wenn Sie sich meiner Bereitschaft bedienen . . . Ich erinnere mich gern der Zeit, wo ich in Ihrer Verwaltung saß . . .« Und ich mich noch lieber der Zeit, da der Erlöser, sich der Schauspieler erbarmend, die Worte schrieb: »Sie brauchen Kleider, Handschuhe und Hüte, und

sollen auf den Concordiaball, sonst werden sie schlecht re-
zensiert.« (2. Februar 1895.) Er hat es, ehe er fünfzig wurde,
vorgezogen, die Schauspieler – jene, die es von Berufs wegen
sind – preiszugeben, um sich bei den Leuten, die er als Erpresser erkannte, eine gute Rezension zu sichern.

NOTIZEN

Dezember 1912

Gegen eine Vorlesung in Graz, die erst auf den 12. Januar angesetzt ist, wird schon jetzt – natürlich nicht durch das gedruckte, sondern durch das gesprochene Wort – von der dortigen Presse in dankenswerter Weise Stimmung gemacht. Die Konzertbureaux haben bereits den Kartenverkauf abgelehnt, eines mit ausdrücklicher Berufung auf einen Wink, den es bekommen habe. Der Saal ist noch nicht abgetrieben. Ein dortiger Herr, der schon einen roten Kopf hat, bevor noch von mir die Rede ist, und der in Feuilletons zu beweisen sucht, daß er viel von mir hält, besonders in jenen, wo nicht von mir die Rede ist, wäre sehr zufrieden, wenn ein unvorhergesehener Ziegelstein mich rechtzeitig zu einer Absage zwänge. Denn anders dürfte die von Interessenten ausgegebene Losung, daß ich diesmal nicht nach Graz gelangen dürfe, kaum zu erfüllen sein.

Gewaltiger Zusammenhang

. . . . Zwischen Konfuzius und Lao-tse, Buddha und Kalidasa, Mose und David, Homer und Aeschylos laufen ununterbrochen die Funken hin und her und blitzen über zwei Jahrtausende christlicher Zeitrechnung hinüber mit völlig unverminderter Kraft, lichtspendend und wärmezeugend, bis in unser eigenstes Zeitalter hinein. Und wahrscheinlich gab es nie ein Zeitalter, das derartig die Summe zu ziehen vermochte wie dieses unser heutiges. Dadurch haben wir einen Herrschaftsbereich von nie gesehener, ja niemals geahnter Ausdehnung.

Was ist denn los?

Ein Buch wie dieses läßt es uns fühlen. Es imponiert ja zunächst durch seine immense Mannigfaltigkeit, durch die Fülle seiner Anregungen und Einzelbelehrungen, durch die Legion seiner scharf widereinander profilierten Charakterköpfe, durch die Fruchtbarkeit des Widerspruches, zu dem es uns von Seite zu Seite aufspornend reizt. Aber gerade darum sei hier vor allem das Einheitliche betont, das solch ein Werk für uns umfaßt; der gewaltige Zusammenhang, der von der ersten zur letzten Seite magisch-rieselnd sich erstreckt; und die hieraus

quellende geistig-ethische Macht, die die Lektüre eines solchen Buches
zu einem derart fruchtbaren Erlebnis zu gestalten vermag, wie sie sonst
fast nur solchen Werken eignet, die selber dem Reiche der Dichtkunst
angehören.   F. S–s.

Herr Busse hat eine Literaturgeschichte geschrieben und
Herr Servaes hat sie besprochen. Und darum dieser Aufruhr
in der Natur.

Wie kommt das nur?

Die Halbmonatsschrift ›Lacerba‹ (Florenz, I. Jahrgang,
Heft 2) bringt eine Übersetzung von Aphorismen aus »Sprüche und Widersprüche« und »Pro domo et mundo«, die recht
gut zu sein scheint. Immerhin ist es auch gut, daß als letzter
der vierunddreißig Aphorismen – gemäß der Vereinba-
rung – dieser übersetzt wurde:

Tradurre un'opera di lingua in un'altra lingua significa mandare uno
oltre il confine, levargli la sua pelle, e fargli indossare dipoi il costume
del paese.

Und erfreulich ist, daß man auch in Italien versteht, daß:

Il parlamentarismo è l'accasermamento della prostituzione politica.

In dem gleichen Heft steht ein Aufsatz »Giorgio Brandes.
Una Stroncatura« (von Tavolato), dessen Anfang auch dem
Nichtitaliener gut klingen dürfte:

In tutta la sua vita il mezzano letterario Giorgio Morris Cohen Brandes
non ha fatto altro che mangiar libri e cacar recensioni.

In ›La Voce‹, einer Florentiner Wochenschrift (V. Nr. 7)
hat die »Libreria della Voce« der deutschen Literatur eine
Rubrik eingeräumt: »Opere die Carlo Kraus«. Das ist nur
deshalb auffallend, weil in Florenz vermutlich niemand diese
Opere kauft und weil es in Wien keinem Buchhändler ein-
fiele, sie zu annoncieren, und in München, wo sie verlegt
sind, keinem, sie in ein Schaufenster zu stellen. Nun wird
von der betroffenen Seite auf nichts mehr gepfiffen als auf

solche Ehren, aber das italienische Kuriosum muß doch verzeichnet werden, zu Zwecken der Selbstberäucherung, die bekanntlich darin besteht, daß man vor Stummen sagt, irgendwo sei geredet worden. Aber es ist weit über alle Bedürfnisse der Eitelkeit hinaus notwendig, zu erwähnen, daß in einem italienischen Blatt – wieder in der ›Voce‹ – eine Revue deutscher Revuen erschien, in der es heißt:

.... e poi – Die Fackel di Karl Kraus.
Mi è cosa gratissima poter segnalare ancora una volta questa rivista e quest'uomo all' attenzione degli italiani intelligenti. Più si legge Karl Kraus e più bisogna convincersi che egli è uno dei maggiori stilisti tedeschi di tutti i tempi. Non gli domandate la ragione dei suoi amori e dei suoi odi: badate allo stile. E troverete la sua lingua tanto avvincente che il contenuto materiale, l'aneddotico delle sue satire va perdendo, durante la lettura, importanza e sapore originali; resta, puro godimento, la perfezione della forma e le idee. – Riparlerô di Kraus nella Voce.   i. t.

Wie kommt das nur, wie erklärt sich das in dieser Welt der Verbindungen, wofern sie es dem Besprochenen glauben sollte, daß er nie ein Heft nach Florenz geschickt und von der dort erscheinenden Literatur keine Ahnung hatte? Und warum muß es notiert werden? Nur weil wir in Berlin ein sogenanntes ›Literarisches Echo‹ haben, welches auch eine Revue der Revuen hält und wohl die schamloseste Fälschung einer Statistik vorstellt, die je gewagt wurde. Das Totschweigen, das die Kritik ausübt, wenn sie sich nicht anders helfen kann, ist ein heiliges Recht der Notwehr. Die Mißgeburten, die die Erkenntnis eines verpfuschten Lebens zu dem verzweifelten Ausweg geführt hat, öffentlich zu meinen, werden von mir bloß getadelt, weil sie Mißgeburten sind, also dort gepackt, wo sie nichts dafür können. Daraus aber, daß sie sich gegen mich wehren, indem sie kuschen, mache ich ihnen den geringsten Vorwurf. Ich wollte, ich könnte mir's bei ihnen richten, daß durch weitere vierzehn Jahre über mich geschwiegen wird. Wie aber Druckerschwärze zu Schlechtigkeit verleitet, zeigt erst eine Redaktion, die sich das scheinbar harmloseste Amt vorbehalten hat: einfach zu registrieren, was es in der Literatur gibt. Da, müßte man glauben, kann es doch zu keiner Lumperei kommen. Schön, die Konversationslexika werden von Journalisten bedient und lassen sich von denen sagen, wem man die Ehre erweisen soll, für die Welt geboren zu sein. Aber was sagt man zu einer Statistik, die auf die Frage: Weißt du wieviel Sterne stehen, die Antwort hat: Der Sirius paßt uns nicht? Zu einem Echo, das sich den Schall aussucht, auf den es zurückkommt? Das ist mir eine nette Physik! Wie denn, wenn das Fremdwörterbuch das Wort »Echo« ausließe, weil es ihm nicht sympathisch ist? Aber nein, da steht: es war eine Nymphe, die der Gram unerwiderter Liebe zu dem eitlen Narzissus bis zu einem Hauch verzehrte, dem nur noch eine erwidernde Stimme blieb. Ach, sie ging dann nach Berlin und hat sich dort so über mich gegiftet, daß ihr kein Ton mehr blieb. Dagegen, wenn in der ›Grazer Tagespost‹ eine Notiz über Herrn Bartsch erscheint, was sich doch eigentlich von selbst versteht – ruft sie's zurück. Nichts entgeht dieser Nymphe; nur alles, was mit mir zusammenhängt. Kein fremder Beitrag der Fackel – zur Zeit, da sie noch solche hatte –, kein Liliencron oder Wedekind, kein Strindberg oder Przybyszewski ward je an der Stelle verzeichnet, wo jeder launige Reporter auf Verewigung rechnen darf. Meine Nestroy-Feier, die – nicht als literarische Leistung, nur als kritisches Beispiel – jeden weiteren Festartikel als Abklatsch erscheinen ließ, den Dichter zur Auferstehung gebracht und seinen Historikern, die es in Dankbriefen bekundeten, Aug und Ohr geöffnet hat, wurde verschwiegen und was der Stenograph der Neuen Freien Presse in einem Theaterblatt plauderte, zitiert. Das dreihundertste Heft der Fackel – mit den Beiträgen der ersten Menschen Deutschlands – mußte immerhin für eine Revue der Revuen verlockender sein als die Tatsache, daß im Neuen Wiener Journal der Nachdruck eines Waschzettels über die Kritik einer Besprechung der gesammelten Rezensionen eines Journalisten erschienen ist. Echo widerstand. So daß man fast fürchten könnte, der Gram unerwiderter Liebe zu dieser Nymphe könnte einen Narzissus verzehren. Aber dem bleibt noch immer eine Stimme, um das Echo zu ersuchen, es möge ihn gern haben. Er ist eitel; ihm genügt sein Spiegelbild, er kann den Widerhall entbehren. Und ihm bleibt die Hoffnung, daß die kommenden Literarhistoriker – falls die kommenden Hebammen es nicht vorziehen, die Früchte abzutreiben – sich zwar nicht aus dem Literarischen Echo über die Fackel, wohl aber aus der Fackel über das Literarische Echo Bescheid holen werden. Denn obschon ich keine Statistik führe, wird man mir doch nicht nachsagen können, daß ich ein Fälscher bin. Und wiewohl es mir nicht gegeben ist, auszusprechen was ist – im Grunewald ist auch ein feines Echo –, so wird man mir doch das Zeugnis nicht vorenthalten können, daß ich immer gesagt habe, wie's ist. Sollte es aber der Nymphe Echo nicht passen, so werde ich ihr eins auf die Pappen geben, daß sie überhaupt keinen Hauch mehr hervorbringen wird.

Eine Reminiszenz

Nur damit die denkwürdige Tatsache nicht verloren gehe, daß die Wiener Presse sich 1913 an etwas erinnern mußte, was ihr 1905 zu vergessen gelang, sei das Folgende reproduziert:

›Fremdenblatt‹:

. . . . Nicht zum erstenmal. Denn schon vor etlichen Jahren hat Karl Kraus dieses Werk vor einem Kreis geladener Zuschauer auf die Szene gebracht . . . .
. . . . wie vor Jahren, bei der ersten (besseren) Aufführung . . . .

›Wiener Allgemeine Zeitung‹:

. . . Wedekinds infernalische Komödie ist schon einmal in Wien vor geladenen Gästen gespielt worden. In einer Vorstellung, die Karl Kraus zu danken war. Damals ging es nicht Arm in Arm mit einem verehrungswürdigen Publikum, gegen die Zensur. Sondern für Wedekind gegen ein verachtungswürdiges Publikum. Die gestrige Vorstellung, an tiefen Eindrücken ärmer als die seinerzeitige im Intimen Theater, war durchaus respektabel, gut, wirksam. Aber die »Büchse der Pandora« braucht eine Darstellung, so fern allem Theater-Üblichen, wie das Werk fern allem Literarisch-Üblichen ist . . . .

›Arbeiter-Zeitung‹:

. . . . Zu dem Eifer der Behörde gesellte sich das feierliche Tamtam, mit dem die Vorstellung seit Wochen eingeleitet wurde. Wir erinnern uns der schlichten ersten Wiener Aufführung, die man Karl Kraus zu danken hatte. Damals gab es nicht soviel Kulturtat, dafür die Tat einer erkannten und erfüllten Pflicht gegen einen Dichter, zu dem sich zu bekennen, dem zu dienen damals noch Mut erforderte. Damals war das Publikum auch nicht gekommen, um dabei gewesen zu sein wie beim Künstlertee irgend eines Wohltätigkeitsvereines, sondern damals kamen Verehrer des Dichters, willig, sein Wort auf sich wirken zu lassen. Damals spürte man die Gewalt dieses scheinbar harmlosen Dialogs, damals ward das Grauen dieser Tragödie gefühlt, der Hohn ihrer Satire verstanden, das Herzleid ihrer Liebe empfunden. Und so war jene alte Aufführung weitaus besser als diese neue, trotz Frau Eysoldt und trotz Friedrich Kayßler (Alwa Schön), weil sie durch Darsteller und Hörer dem Dichter und seinem Werke näher stand . . . .

›Zeit‹:

. . . . Freilich, die ganze Fülle der Humore und Bekenntnisse müßte von anderen Schauspielern hervorgeholt werden; der geistige Gehalt der Dichtung kam unvergleichlich stärker in jener Vorstellung heraus, die der Wiener Schriftsteller Karl Kraus vor manchen Jahren veranstaltete . . . .

Herr Zw. in der ›Abendpost‹ ist diskret:

. . . . Das erfolgreiche Gastspiel der Damen Eysoldt und Fehdmer sowie Herrn Kayßlers schuf die Möglichkeit, in der n i c h t m e h r n e u e n Form einer Vorstellung vor geladenen Gästen die Fortsetzung von Wedekinds »Erdgeist«, in der der Dichter den Lebensgang seiner Heldin Lulu zum Abschlusse bringt, w i e d e r e i n m a l aufzuführen . . . .

Ich bin auch diskret und will nicht verraten, wie Herr Zw. vollständig heißt. Es ist ein bekannter Historiker, der sich da um die Vergangenheit herumdrückt, um zur Gegenwart zu kommen.

Die Kollegen in der ›Neuen Freien Presse‹ und im ›Extrablatt‹ sind so verschwiegen, daß man ihnen nicht einmal etwas anmerkt. Was das Werk selbst betrifft, so scheinen die meisten offenbar wirklich von nichts zu wissen. Im allgemeinen bestehen Zweifel, ob Wedekind durch die Vorfüh-

285

rung des Lasters abschrecken oder diesem huldigen wollte.
Manche sind dagegen, daß »die Kanalgitter von den Senk-
gruben einer hemmungslosen Sexualität gehoben« werden,
in welcher Absicht immer es geschehe. Der Sexualtrieb wird
fast überall verrissen.

Dichterfeier

Bei dieser Gelegenheit soll nicht ungesagt bleiben, daß die
Neue Wiener Bühne, in deren Räumen sich das Ereignis ab-
spielte, Dichter-Matineen veranstaltet. Da werden sie denn
alle gefeiert. Zum Beispiel Rilke, der ja das Wiener Theaterpublikum besonders interessiert. Jede Persönlichkeit findet
ihren Conferencier. Zu Nietzsche gehört Ewald, auch ein
Abgründiger. Zu allen aber paßt Friedell, Vertreter jenes
Antiphilisteriums, das aus einer heute schon recht populären
Aversion gegen den »Ernst des Lebens« Beethoven anulken
könnte, weil er schwerhörig ist, und Homer Maikäfer ins
Bett legt, weil er zuweilen schläft. Sein an Stammtischen
wirksamer Humor, dessen Niederschrift sich doch schwieriger anläßt, als man ursprünglich geglaubt hatte, könnte
viel zur Veredlung der Kneipzeitungen eines philologischen
Seminars helfen, strebt aber vom Kolleg zum Kabarett empor und ist die beste Kreuzung einer guten Laune, die in
Alt-Heidelberg Moos angesetzt hat, und einer Geschicklichkeit, die dem Wiener Nachtgeschäft zustatten kommt.
Der Mann dürfte bei Professor Marcell Salzer belegt und
in Kuno Fischers Singspielhalle gearbeitet haben. Ein durchaus schätzenswerter literarischer Habitus. In öffentlichen
Lokalen etwas polternd, aber gewiß kein Spielverderber.
Bei solchen Übergängen von Gedankentiefe zur Ausgelas-
senheit, an solchen Stationen zwischen dem Ethischen des
Bernard Shaw und dem Dionysischen des Rössler verweilt
die renovierte Wiener Gemütlichkeit am liebsten und der
neue Dreh, der dem alten Drahrertum zu Hilfe kam, schafft
neue Lieblinge. Wenn dann noch die Zuckerkandl ihren

kulturellen Segen gibt und, eine Spinne der Fremdworte, einen ausgewachsenen Humoristen in ihre Netze fängt, indem sie ihn durch seine Konferenzen Intellektualität heranzüchten und sich aus der Schule der Nervendressur Elemente holen läßt, welche seiner Kunst, den Geisteswillen dieser Zeit mit aphoristischer Schärfe zu projizieren, etwas Abruptes geben, wobei seine Ausführungen sich gleichsam organisch aus den philosophischen Werten eines Weltganzen in ihrer logischen Kontinuität entwickeln und er einen Extrakt von sich gibt, der den Chok der Empfindsamkeiten und gleichzeitig die Erkenntnis der auseinanderliegendsten Zusammenhänge verdichtet, und wenn die Dame dann noch die Geistesgegenwart hat, den schlichten Satz zu schreiben: »Im Anfang war Friedell« – so ist alles in schönster Ordnung. Die Zuckerkandl nennt es: das »Alles ist da-Lächeln«, wenn Friedell auftritt. Sie hat Recht, und es muß alles, was da ist, zugegeben werden. Neidlos und unerbittlich. Ohne Rücksicht darauf, daß es ein Herzenswunsch des Humoristen ist, mich zu erzürnen, und eben deshalb. Denn unter der scherzhaften Vorspiegelung, sich durch einen »Angriff in der Fackel« bei der Presse nützen zu wollen, wollen solche Lustigmacher tatsächlich nichts anderes, sie sind Streber unter dem Vorwand es zu sein, und es ist deshalb notwendig, dem Typus, dem heute nichts ernst ist als hinter der Tarnkappe des Nichternstgenommenseinwollens der Erfolg, justament den Gefallen zu erweisen. Das Glück, eine fremde Karriere zu machen, soll nie gescheut, sondern immer versucht werden; ich stelle jeden dorthin, wohin er gehört, denn es mag erträglich sein, daß Wedekind, wie Herr Friedell meint, nur ein steckengebliebenes Genie ist, aber es wäre unerträglich, wenn auch die Talente stecken blieben. Ehrfurcht haben sie nur vor den Vorteilen, die ihren Talenten gebühren, und da Herr Friedell der intelligenteste Vertreter einer Spielart ist, die ganz genau weiß, wann sie wieder nüchtern zu sein hat, so eignet er sich sehr wohl dazu, daß an ihm ihre Züge agnosziert werden. Den unerwünschten Anlaß aber bietet der Einfall der Neuen Wiener Bühne, Wedekind in einer

Matinee zu feiern und ihn durch Herrn Friedell anulken zu lassen. Die Lebensnot, die ihn ehedem gezwungen hat, seine Gedichte in Kabaretts vorzutragen, scheint ihn auf Shakespearisch noch heute zu seltsamen Schlafgesellen zu bringen. Aber kein Spaß, durch den Herr Friedell sich je um die Abende unserer Tage verdient gemacht hat, gibt ihm die Berechtigung, einem Wedekind auf die Schulter zu klopfen, und wenngleich er sicher der lustigste Kommentar ist, den man heute zu einer Weinkarte finden wird, zehnmal besser als der Roda Roda, so ist er doch beiweitem nicht der Mann, der Zufriedenheit das Grauen vor Wedekind auszureden. Wo es zwischen der Gotteswelt und der erotischen eines Dichters nicht stimmt, das zu untersuchen erfordert einen andächtigeren Geist als den des Schalks, der davon lebt, daß man ihm nichts übel nehmen wird, und den die eigene Problematik, die ja in der Humorproduktion einen billigen Ausgleich gefunden hat, darauf anweist, in jedem Größeren einen Zwitter zu erkennen. Mit allem Nachdruck muß aber die Zimmerunreinheit der Idee festgestellt werden, eine Wedekind-Feier mit einer Entwertung eröffnen zu lassen und eine literarhistorische Objektivität zu bewähren, um die man einen Theaterdirektor nicht gebeten hat. Die Entschuldigung, daß Herr Direktor Geyer von der Friedellschen Weltanschauung überrascht wurde, wäre hinfällig. Er hätte den Vorredner unterbrechen, desavouieren und, ein Reformator wie er ist, die Vertreibung des Hanswursts von der Neuen Wiener Bühne besorgen müssen. Wenn anders es ihm wirklich darum zu tun war, die Wirkung der Wedekind-Feier ungetrübt zu lassen, und wenn er schon unterlassen hatte, das Manuskript abzufordern. Die Vielseitigkeit des Friedellschen Könnens und die höchst unziemlichen Bonmots der Schiller-Ehrung hätten ihm zu bedenken geben müssen, daß die Platte nicht zwielichtundurchlässig sei. Der Plan des Herrn Friedell, auf dessen Gelingen er stolz ist: dem Philister Mut gegen Wedekind zu machen, mußte dem Direktor, der sein Podium hergab, in irgendeiner Form ruchbar werden, und nicht zuletzt mußte ihm die Dankbarkeit gegen den Autor des »Erdgeist«, der ihm eben noch das Theater gefüllt hatte, einen würdigeren Festredner empfehlen. Wedekind verfügt ja nicht über allzu viele Theater, die ihm dankbar sein müssen, und er hat die Zensur hauptsächlich als die Ausrede der Direktoren zu fürchten, die ihn nicht annehmen. Sie könnten noch weiter gehen und an seiner Stelle einen Humoristen auftreten lassen, der dem Publikum versichert, es habe nichts verloren. Das fehlte noch zur Ordinärheit des Bühnengeschäfts, daß die Theater, die einen Dramatiker nicht aufführen, dafür die Kritik beistellen und, statt seine Stücke vor die Rezensenten zu bringen, ihn in eigener Regie verreißen. Es gehört ein guter Magen dazu, sich vorzustellen, daß die lustige Person bei offenem Vorhang und zur Einführung in die nun folgende Feier Wedekind einen Knockabout nennt. Wenn das Geschäftstheater des Herrn Weisse den Dichter ins Foyer geladen hat, so hat es wenigstens die Distanz zwischen der verdienenden Schande, die sich am Herd wärmen darf, und der Ehre, die im Vorzimmer eine Bettelsuppe kriegt, ehrlich markiert. Ein Literaturtheater, das einen Dichter in die gute Stube lockt, um ihn anzupöbeln, hat ausgespielt.

Ein Witz

Durch die Witzpresse wird kolportiert, daß die von der Fackel angeregte Sammlung für Else Lasker-Schüler »11 Kronen ergeben« habe. Wenn es wahr wäre, gäb's keinen Grund, witzig zu sein, und trauriger als um die Dichterin stünde es um das deutsche Publikum. Der Witz ist durch die Geschmacklosigkeit einer Berliner Zeitung entstanden, welche die Summe von elf Mark, die ihr für die Sammlung übermittelt wurde, mit einigen pompösen Zeilen besonders ausgewiesen hat, statt den Empfang den Spendern brieflich zu bestätigen. Tatsächlich beträgt das Ergebnis der Sammlung bis zum ersten März 4660 Kronen. Eine Summe, die freilich noch immer nicht hoch genug ist, um das deutsch lesende Publikum von der Verpflichtung zur Scham loszukaufen.

März 1913

Peter Altenberg

(Vor- und Nachwort zum Abdruck von Skizzen)

Ein neues Buch von Peter Altenberg gehört zu jenen seltenen Mitteilungen der Menschenseele, die man ja doch nur hinter dem Rücken der Zeit weitergibt. Sie sieht und hört es nicht und nur darum nimmt sie es nicht übel. Diese von Gott autorisierte Übersetzung des Menschen in die Sprache wird – eine Empfänglichkeit späterer Welten vorausgesetzt – noch zu Menschen sprechen, wenn fast alles, was heute gedruckt wird, nicht mehr mit freiem Auge wahrnehmbar sein wird. Ehren, die die Zeit verleiht, wären imstande, diesen Dichter in die Nähe jenes Kunstwerkertums zu bringen, das seine Popularität exklusiv betätigt und in der Geschlossenheit seiner Leere die Naturfülle verachtet. Es ist seit Jean Paul wieder der erste Fall, daß an einer Anderthalbnatur eben das als Minus erscheint, was den Halben zum Erfassen fehlt, und sie ist so reich, daß man wohl aus dem, was sie nicht hat, ein Dutzend Wiener Dichter machen könnte, aber aus dem, was sie ist, keinen einzigen. In Zeiten, wo nur der Genius vom allgemeinen Stimmrecht ausgeschlossen ist, hat er es ja schwer, sich bemerklich zu machen; zumal, wenn er die Tracht eines Nichtstuers wählt, dessen Horizont scheinbar nicht über eine Hotelterrasse hinausreicht. Aber er, der Genius, ist gottseidank der Intelligenz nicht Rechenschaft schuldig, auf welchem Weg er den Zusammenhang so entfernter Dinge erfahren hat wie eines Dienstmädchens und der Ewigkeit. Dafür läßt er sich gern literarhistorisch bedauern. Denn es ist schade um ihn, daß er nicht darüber hinausgekommen ist, in einer Skizze alles zu sagen, was ein Mensch und die Sprache einander zu sagen haben. Es ist schade, daß einer von einer Landpartie so viel mitbringt und andere vom weiten Land, ja sogar vom weiten Griechenland so leer zurückkamen.

*

290

Daß dieser Dichter Zeitgenosse ist, mag allen Spott rechtfertigen. Aber der reicht nicht an den Humor hinan, mit dem
das Erlebnis solcher Unvereinbarkeit den Dichter selbst be-
gnadet hat. Dieses beste Gelächter aufzubewahren, das
Wesentlichste einer Menschlichkeit, deren Falstaffgewand
ein gewendetes Martyrium war, über Geschriebenes fortzu-
führen und von der anekdotischen Plattheit zu säubern, die
jetzt durch Jours und Kabaretts die einträgliche Runde
macht, wird einst keine leichte Pflicht sein. Etwa erleichtert
durch die Erinnerung: wie man das lebendigste Herz einer
Zeit dem Publikum zugänglich gemacht hat, in welchem
Winkel der Unterhaltung und in welchem Abtritt der Publizität, und wie man so gar nicht die Verpflichtung fühlte, die
Würdelosigkeit des Genies für ehrwürdig zu halten und ihr
eben jene Obhut zu gewähren, die sie selbst verschmäht hat.
Und vergesse, an wem es sein wird, zu erinnern, auch jenes
Neue Wiener Journal nicht, das als erstes in der Lage war,
die schwere Erkrankung des Dichters zu melden, und hierauf als einziges, den Faschingsulk eines Münchner Kretins
nachzudrucken:

> Für mein neuestes Buch eigen-
> ster Originalität suche ich einen
> Leser
> Offerten mit Honoraransprü-
> chen unter »Nur ein
> Viertelstündchen bei
> P. A.« an die Expedition.

Die Denkbarkeit und Druckfähigkeit solcher Auffassungen
ist einem Peter Altenberg nie zum Problem geworden. Die
Leidensgeschichte eines Dichters ist die Leidensgeschichte
der Menschheit. Aber ich weiß, daß die jetzt in täglichen
Fortsetzungen erscheint.

April 1914

Die Staackmänner

Eine Sorte von Literatur gibt es, vor der es die Sau des Teufels grausen müßte, wenn sie gewohnt wäre, auf deutschen Eisenbahnen zu reisen. Unter dem Abgesang: »Belegte Brötchen – Bierjefällig!« oder »Zeitungen, Reiselektüre, Lustige fliegende Blätta!« wird noch schnell Geist einwaggoniert, Geist vierter Klasse, der aber in Deutschland erster und zweiter fährt. Dieser Geist wird vom Verlag Staackmann, Leipzig, ediert und man kann nicht anders, man muß zugeben, daß sich unter seinen Fahnen eine Schar gesunder Burschen versammelt hat. Es ist jene von mir schon manchmal berufene Literatur, die einen einzigen blondbärtigen Herrn zum Verfasser haben könnte, den ich Hans Heinz Hinz Greinz Kunz Kienzl nenne oder so ähnlich und den ich mir als ein Individuum vorstelle, das dem Moment der Stammesbrüderschaft durch einen Smoking mit Lederhosen nebst an einer Schnur befestigtem Kneifer auf geheimnisvolle Weise Rechnung trägt, mit einem Wort als einen Dichter, der sich noch die Ideale bewahrt hat und den Humor und sonstigen Mottenfraß. Eine gründliche anatomische Untersuchung würde ergeben, daß die meisten in diese Kategorie fallenden Patienten infolge Schwindens der Schilddrüse Romanschriftsteller geworden sind, weil's zu Tramwaykondukteuren nicht mehr gelangt hätte. Bei den intelligenteren versteht man wiederum nicht, warum sie das Schreiben, dessen dunkler Schändlichkeit sie sich doch bewußt werden, nicht aufgeben, und kann als Grund hiefür höchstens die Erfahrung gelten lassen, daß es Geld einbringt. In Deutschland gibt es nämlich notorischer Weise unter den unzähligen Leuten, die gelegentlich oder ständig Reisende sind, sogenannte »Bücherfreunde«. Dem Bedürfnis dieser Bücherfreunde hat der Verlag Staackmann – ein Name, in dem das aa dem ck so hinderlich im Wege steht und der trotzdem populär geworden ist – hat er also durch ein »Taschenbuch für Bücherfreunde 1913« Rechnung getragen, in

292

welchem er ihnen ihre Lieblinge in Wort und Bild vorführt. Aber das Wort verschmähe ich und lasse nur das Bild auf mich wirken. Denn der Romanliteratur gegenüber beziehe ich den sichern Port des Analphabeten, weil ich nicht nur die Fähigkeit habe, Romane nicht schreiben zu können, sondern auch die Gelegenheit benütze, sie nicht zu lesen. Ich weiß, daß ich da seit zwanzig Jahren sehr viel versäumt habe, und wenn ich einmal sterbe, so wird eine unendliche Literatur zurückbleiben, die nicht zurückbleiben wird, und ich werde mit dem Trost sterben, daß ihr Geist nicht länger lebte als mein Fleisch, und nicht gezwungen sein, erst als Toter ihrer Beerdigung beizuwohnen. Dagegen glaube ich, daß von den zeitgenössischen Dichtern, vor allem von den im Verlag Staackmann erscheinenden, ihre Photographien auf die Nachwelt kommen werden. Ich will das meinige dazu tun; denn sie verdienen es. Die Späteren sollen wissen, wie die Heutigen ausgesehen haben. Alle kann ich freilich nicht überliefern, denn die Klischees sind teurer als die Zitate, deren vielgeschmähter Meister ich bin, aber vielleicht gelingt es, durch eine ausgesuchte Physiognomie auch die anderen zu beglaubigen. Wenn nicht, will ich meinem Wort zutrauen, ihr Bild nachzuzeichnen. Alle sind in einer kreuzfidelen Stimmung festgehalten, wie sie als ständige Atmosphäre eben nur die Autoren des Verlags Staackmann, fürwahr ein fröhliches Völkchen, zu umgeben scheint. Da sehen wir denn einen, der in burschikoser Haltung dasitzt, mitten im Grünen, und darunter ist zu lesen: »Karl Hans Strobl, beinahe ›mit Weinlaub im Haar‹«. Aber er stirbt nicht in Schönheit, sondern lebt in Brünn. Wie »Franz Karl Ginzkey und Frau bei einem Spaziergang im Murtal« aussehen, ist direkt lohnend. Es wird sich zeigen, daß alle Herren, die mit Staackmann in Verbindung sind, auch mit der Natur sehr gut stehen. Sie schreiben auf der Scholle und ackern auf dem Schreibtisch. Selten genug, daß man einen beim Schreiben trifft; und auch dann liest er. »Rudolf Hans Bartsch in seinem Wiener Arbeitszimmer« drückt durch Bartlosigkeit aus, daß er jetzt wirklich ein

293

anderer geworden ist. Trotzdem kennt man sich bei ihm nie aus und das, was man schließlich einmal von ihm definitiv wissen wird, wird sein: daß er die Juden zum Fressen gern hatte. Ich habe oft, aber vergebens darüber nachgedacht, warum die meisten Dichter Staackmanns zwei Vornamen haben. Es ist praktisch. Aber sie sollten sie nicht zu gleicher Zeit tragen, sondern wechseln. So wie man ja auch nicht zwei Jacken oder zwei Gesinnungen zugleich abnützt, sondern eine nach der andern. Ich vermisse in dieser Kollektion den Hanns Heinz Ewers, der mir so oft schon das Grauen beigebracht hat. Aber ich besinne mich, daß er bei aller Forschheit doch nicht lebfrisch genug ist für Staackmann und seine Beziehungen zum Schattenreich Georg Müller in München zur Verfügung gestellt hat. Zwar sieht er aus, als ob er uns zu Henkell Trocken überreden wollte, aber sein Inneres ist verschlossen und er hält es mit Poe, E. T. A. Hoffmann und Almquist. Pah, Grillen! Da sind die Staackmänner anders. » E m i l E r t l nach Vollendung seines neuen Romans mit seiner Tochter Hilde, die die Maschinenschrift hergestellt hat, einen Freudentanz tanzend.« Muß das ein Glücksgefühl sein! Einen neuen Roman fertig zu haben bedeutet für solche Leute annähernd so viel wie für mich, einen neuen Roman nicht gelesen zu haben. Hätte ich eine Tochter, ich würde mit ihr jedesmal wenn's mir gelungen ist einen Freudentanz tanzen. Aber ahnt man denn, was für Orgien ich in meinem Zimmer feiere? Oh da geht's hoch her, wenn ein neuer Ertl erschienen ist! ... Ja, was ist denn das? » R u d o l f H e u b - n e r in Gedanken an neue Probleme.« Ich kenne seine alten noch nicht, und schon hat er wieder neue, der Tausendsassa? Er steht an einen Baum gelehnt und schaut sinnend in die Landschaft. Gleich werden sie da sein, die Probleme. Ein Einsamer. Aber auch das Familienleben hat seine Vorzüge. » R u d o l f G r e i n z mit Frau und Tochter in seiner Sommerfrische Zell am Ziller.« Vor diesem Idyll erkenne ich so recht die Wahrheit des Wortes, daß es im Sommer am schönsten in Wien ist. Besonders wenn es regnet, was im Sommer häufig vorkommt, man denke nur an den letzten

294

verpatzten Sommer, wo die Leute auf dem Land direkt unglücklich waren und massenhaft Beschwerden an die Neue Freie Presse richteten. Daß es da vorsichtig ist, einen Regenschirm mitzuhaben, zeigt gleich das nächste Bild. Ein Dichter, der einen hat, ist: » H a n s H a r t an einem verregneten Sommertag 1913«. Jetzt weiß man, wie das aussieht, und ist gewarnt. Er steht da wie einer, dem nix g'schehn kann. Aber wenn auch die Großstadt unstreitig ihre Vorzüge hat, gemütliche Kaffeehäuser und dergleichen, so ist doch die Geselligkeit nicht jedermanns Sache. Darum zeigt schon das nächste Bild den: » A n t o n W i l d g a n s auf der Flucht in die Einsamkeit«. Eben hat ihn der Photograph aufgehalten, um noch schnell dem im Stich gelassenen Menschenschwarm zu zeigen, wie Wildgans aussieht, wenn er eine Ruh haben will. Das nächste Bild zeigt die Vorzüge des Landlebens im hellsten Licht. » F r i e d r i c h v o n G a g e r n bei der Dressur seines Lieblingshundes.« Das muß noch schwerer sein als einen Roman schreiben. Der Hund will nicht, der Leser immer. Bald aber kommt wieder die Zeit, wo die Frage aktuell wird, wohin man im Sommer geht. Manche gibt es, die das Wasser dem Gebirge vorziehen. So hält » H o r s t S c h ö t t l e r Siesta am Gardasee«. Wer Horst Schöttler ist, weiß ich nicht, aber die Siesta scheint ihm wohl zu tun, er streckt sich und sonnt sich, und da das Taschenbuch für Bücherfreunde erwähnt, er sei der Mann, der über »Weib, Wahn, Wahrheit« nachgedacht hat, so besteht Hoffnung«, daß mit dem ausruhenden Körper – Gott wer hat nicht Erholung nötig – auch der Geist neue Kraft gewinnen mag. Was tun die Dichter sonst, wenn sie Zeit haben und ihre Bücher an Staackmann abgeliefert sind? »A. d e N o r a läßt sich von Rudolf Hesse porträtieren.« Volenti non fit injuria. Man sieht de Nora, de Noras Porträt und den Hesse, der malt. Der bessere Hesse, der schreibt, erscheint nicht bei Staackmann, wiewohl er das ganze Jahr in Lederhosen herumgeht. Das Bild der Gesundheit, das er geboten hätte, ersetzt uns annähernd: » A l f r e d H u g g e n b e r g e r bei der Ernte«. Ja, wenn alle Dichter sich so nützlich machen wollten wie die Schweizer! Ernst Zahn zum Beispiel ist Bahnhofsrestaurateur; er hat's gut, er kann sich unaufhörlich selbst von der Beliebtheit seiner Werke überzeugen. Leider erscheint auch er nicht bei Staackmann, dessen Dichter überhaupt keinen bürgerlichen Beruf, sondern das schönste Leben haben. Sie sind aber auch nicht echte Landleute, sondern tun nur so. Es sind keine Jahresparteien, aber Sommerfrischler. Wieder einer: »Georg von der Gabelentz in der Sommerfrische«. Drücken alle diese Bilder mehr oder minder die den Staackmännern eigentümliche Beziehung zur Natur aus – Georg von der Gabelentz zeigt, daß es auch geraten ist, einen Überzieher mitzunehmen –, so spricht ein nächstes für die Vielfältigkeit der Pflichten, die ihnen obliegen: »Paul Schreckenbach auf einer seiner geschichtlichen Forschungsreisen (Rudelsburg)«. Diese geschichtlichen Forschungsreisen haben sich als notwendig herausgestellt, da Schreckenbach, wie das Geleitwort erwähnt, einen Roman »Die letzten Rudelsburger« geschrieben hat, dessen historischen Hintergrund die erbitterte Fehde zwischen den letzten hochgemuten Herren der Rudelsburg und der Stadt Naumburg und ihrem Bischof bildet, auf dem – dem Hintergrund, nicht dem Bischof – sich die Liebe zwischen einem fahrenden Gesellen und der adelsstolzen Tochter des ritterlichen Geschlechtes der Kurtefrunde auf der Rudelsburg aufbaut. Das wird für die Geschäftsreisenden sehr spannend sein, aber es war wegen der entsprechenden Vorbereitungen nötig, daß Schreckenbach mit zwei Begleitern, die jeder ein Bierkrügel in der Hand halten, auf den Stufen der Ruine der Rudelsburg Aufstellung nahmen und sich zur Erinnerung an die erbitterte Fehde, die sich daselbst zugetragen hat, photographieren ließen. So geht alles gut aus, und damit ja kein bitteres Gefühl zurückbleibe, zeigt das letzte Bild: »Ein frohes Kollegium. Von links nach rechts: Emil Ertl, F. K. Ginzkey, R. H. Bartsch, Prof. Gregori, Alfred Staackmann.« Dieses Bild bringt Überraschungen. Wie Ertl, Ginzkey und Bartsch aussehen, wußte man schon. Aber der Mann, dem wir das alles zu verdanken haben und auf dessen körperliche Beschaffenheit wir schon längst neugierig waren, stellt sich uns endlich auch selbst vor, wie eine Draufgabe, auf die wir nicht gefaßt waren, wie eine Belohnung für brave Kinder, die seit Jahren Eisenbahnlektüre kaufen. Und nun gar das Konterfei des Prof. Gregori, an den man wohl noch manchmal in Mannheim und Wien denkt, aber keineswegs zwischen Mannheim und Wien. Wie geschenkt mutet uns dieses Bildchen an und wir sind in Verlegenheit, wie wir Staackmann danken sollen. Es war eine gute Idee, Gregori, der zwar selbst keinen Roman schreibt, aber als Preisrichter viel mit den Dichtern zu tun hat, in die Gruppe aufzunehmen. Er macht ein freundliches Gesicht, als wollte er sagen: wir wern's schon machen; er lächelt, als ob er sich dächte: mundus vult Romane lesen, wir Preisrichter haben's gut, wir haben »Des Feldherrn Traum« von Trebitsch nicht gelesen. Dieser fehlt auf dem Bilde, denn er gehört nicht Staackmann sondern S. Fischer. Dennoch ist es ein frohes Kollegium. Freuen wir uns, daß wir fünf solche Kerle haben. Alle sind pumperlgesund. Und am gesündesten unter ihnen allen einer, dessen Bild ich, als das beste mir zum Andenken aufgehoben habe. Es ist jenes, das vor allen andern auf die Nachwelt kommen wird. Denn wie kein anderes zeigt es, wie die deutsche Literatur zu Beginn des zwanzigsten Jahrhunderts ausgesehen hat. Natürlich war sie auch diesmal in der Sommerfrische, aber sie zog das Wasser dem Gebirge vor. Alles Wasser, das es in der Welt gibt, ist auf dem Bilde, und der Humor pritschelt nur so. Er trägt Jackett und hat die Hosen nebst Gatjen hinaufgestreift. Das Spazierstöckl dient nicht zur Stütze, sondern wird fesch über der Schulter gehalten. Dagegen ist der Kneifer mit einer Schnur befestigt; denn in Sylt weht ein scharfer Wind. Die Beine dieses deutschen Dichters sind so, wie man sich sie vorgestellt hat. Das Gesicht ist mit einem Knebelbart versehen, der ihm gleichwohl nichts von seinem Ausdruck nimmt. Aber die unteren Extremitäten müssen nackt sein, weil man ohnehin immer geglaubt hat, dieser Dichter schreibe mit der Haxe, und weil einem die Vorstellung, daß man selbst einmal in Sylt baden könnte, dadurch ungleich appetitlicher wird. Der Verein für Fremdenverkehr wird gut tun, dieses Bild zu verbreiten. Die Literaturgeschichte wird es ausschneiden. Die Kulturforschung wird daran nicht vorüber gehen können. Zwar, gäbe es auch ein Taschentuch für Bücherfreunde, ich hätte es damit verhüllt. Aus dem Taschenbuch reiß' ich es und setze es hierher. Ich, der Sammler aller freundlichen Bilder, die die Natur stellt; abgesagter Feind jeder, auch der künstlerischesten Karikatur. Denn der Photograph ist doch noch ein anderer Kerl als der Th. Th. Heine. Ausschneiden, was ist – das ist meine Devise! Ich nahm das Strandleben vom Lido: ich nehme das von Sylt. Rechts und links in dem Text, in den die Photographie eingelegt ist, finde ich die Worte »allerlei Menschliches« zitiert. Und lese den Satz: »Leidenschaftslos sollte der Mensch imstande sein, alle auch seiner Person widerstrebenden Richtungen zu studieren und zu beurteilen, dann würde er hochgesinnt und gerecht sein können.« Ich bin gerecht. Und: »er würde einsehen, daß jeder in seiner Art ein bißchen recht hat.« Ich sehe es ein. Ich lasse jeden nach seiner Fasson selig werden. Zum Beispiel so:

Otto Ernst
als Strandläufer von Sylt

Mai 1913

WER IST DER MÖRDER?

(›Zeit im Bild‹.) In der heute erscheinenden Nummer 14 der Wochenschrift ›Zeit im Bild‹ beginnt der Roman »Das Glück der Edith Hilge« von Otto Soyka. Wohl selten ist eine Erzählung mit größerer Spannung erwartet worden; denn dieser Roman gibt seinen Lesern ein Rätsel auf, dessen Lösung ein Vermögen bringen kann. Wir rekapitulieren: Der Roman gibt die Schilderung einer Mordtat, der Mörder wird aber vom Verfasser nicht genannt. Der Schuldige bleibt unerkannt. Verschiedene Personen geraten in den Verdacht, den Mord begangen zu haben. Die Leser sollen nach den im Roman gegebenen Indizien selbst entscheiden und den Nachweis erbringen, wer als der wirkliche Mörder anzusehen ist. Der Leser muß aber sein Urteil auch begründen, indem er auseinandersetzt, auf welche Verdachtsgründe sein Urteil gestützt ist. Dafür sind Preise im Gesamtbetrage von 100.000 Mark ausgesetzt. Die beste Lösung allein bringt 50.000 Mk. ein, die zweite 20.000 Mk., die dritte 10.000 Mk., die vierte 5000 Mk., bis herab zu 10 Trostpreisen von je 1000 Mark. Es läßt sich leicht denken, daß dieser Roman förmlich »zerrissen« wird; jeder wird in dieser mysteriösen Geschichte mit seinem Scharfsinn spüren wollen, die Juristen zumal und auch die freiwilligen »Kriminalstudenten«. Aber der Roman gibt durchaus kein juristisches Rätsel auf, und wer psychologisch begabt ist und ein gefälliges Darstellungstalent hat, der kann sich den Preis verdienen. Preise, wohlgemerkt, die das Vielfache unserer größten literarischen Preise (des Schiller-Preises, des Raimund-Preises u. a.) betragen! Es winkt ein Häusel im Grünen, eine große Reise ist nah, schöne weite Welten tun sich auf! Jeder wird sich so, nach seinen Wünschen, in einen wunderbaren Traum einwiegen. Aber du, armes, geplagtes Preisgericht! Berge von Büchern und Briefen erwarten dich. Bis Ende Juli läuft der Roman, im Januar wird die Entscheidung fallen. Nun heißt es: die Sinne schärfen. Mit dem Zeigefinger am Mund Schweigen gebietend, steht (auf dem Titelbild) eine schwarze Frau vor dem roten Vorhang, der die Leiche deckt. Wer hat die Tat begangen? Das ist jetzt die Frage....

Der Autor dieser Dichtung ist, wie ich gern glaube, mit jenem jungen Schriftsteller, dessen Name durch einige Beiträge in der Fackel bekannt wurde, weder identisch noch verwandt. Der Herausgeber der Fackel, die schon einige Talente an den Journalismus abgeliefert hat, würde, so bereitwillig er organische Irrtümer als Folge eines glücklichen Mangels an psychologischer Fähigkeit einbekennt, immerhin freudig berührt sein, wenn hier die Verwahrung von einer der beteiligten Seiten unterstützt und die belletristische Züchtung deutscher Polizeihunde in keinen Zusammenhang mit seinem Vorleben gebracht würde. So spannend die Tätigkeit eines Romanautors immer sein muß – das Problem: Wer ist das? auszugenießen ist ein Vergnügen, das wir der Schriftstellerei nicht verdanken wollen. Wenn ein Soyka-Preis schon das Vielfache eines Raimund-Preises beträgt, so muß das geistige Verdienst, mit ehrlichen Maßen gemessen, immerhin zu einem Teilchen beteiligt sein. Denn wir wollen nicht, daß Dichternamen in die Reklame einer illustrierten G. m. b. H. eingespannt werden, zumal nicht die der Raimund und Schiller, wenngleich deren Einkünfte kaum einen Trostpreis übersteigen mochten und auch nicht annähernd an das beglaubigte Bankdepot heranreichten, das jetzt einem Roman Leser wirbt und mit dem heute papierene Verdachtsgründe belohnt werden, während ehedem dem Manne, der den großen Räuber lebendig lieferte, höchstens mit tausend Louisdors geholfen werden konnte. Ein so diskreter Zug es auch sein mag, daß der Verfasser den Namen des Mörders nicht nennt, wir möchten doch um den größten Preis der Welt nicht mit einer Literatur verbunden sein, die man erst so recht genießt, wenn ein Häusel im Grünen winkt.

In einem Blatt nun, welches der geistigen Entwicklung das Ziel gesteckt hat, den Mörder zu finden, in Text und Bild vorgeführt zu werden, ist eine besondere Ehre. Ich bin abgehärtet und an die schmierigsten Zumutungen deutscher Zeitschriften gewöhnt, aber ich glaube, das Bewußtsein, der ehrliche Finder des Mörders zu sein, ja den preisgekrönten Mord selber begangen zu haben, könnte nicht ärger drücken als das Gefühl, in ›Zeit im Bild‹ unter die »berühmten oder interessanten Zeitgenossen« aufgenommen zu sein. Sie hat mich, sagt die Redaktion, wie jeden solchen, »der in die Reichweite ihrer künstlerischen Arbeit gerät«, abkonterfeien lassen. Dagegen ist nichts zu machen, und es sollte wohl Riechweite heißen. Der Herr Blix, den der Simplicissimus abwechselnd das Andenken an Wilke veröden und den lebenden Gulbransson verdünnen läßt, will gesehen haben, wie ich bei der Münchner Vorlesung mit beiden Händen redete, was mir doch schwerlich je gelingen könnte, da ich immer mindestens eine brauche, um das Buch zu halten, von dem ich abhängig bin, selbst wenn ich es auswendig weiß. Die Eigenart des Herrn Blix, in der Mitte jedes Gesichtes eine Gurke und am Rand einen Henkel zu sehen, scheint sich auch nicht mit meinen Geburtsfehlern zu decken.

Da ich aber auch keinen Zwicker trage und kein Kandelaber neben mir stand, so vermute ich, daß der Meister mich überhaupt nicht gesehen, sondern auf Grund falscher Informationen und Gerüchte oder vermöge einer Personenverwechslung porträtiert hat. Meine Eitelkeit, die sich nicht auf meinen Leib bezieht, würde sich gern in einer Mißgeburt erkennen, wenn sie in ihr den Geist des Zeichners erkennte, und ich bin stolz auf das Zeugnis eines Kokoschka, weil die Wahrheit des entstellenden Genies über der Anatomie steht und weil vor der Kunst die Wirklichkeit nur eine optische Täuschung ist. Gegen die Mittelmäßigkeit, die nicht trifft, und vor der Mittelmäßigkeit, die es anschaut, müßte das Recht am eigenen Körper statuiert werden, mindestens aber gelte die Befugnis, eine Illustration, die nicht übertreibt, sondern erfindet und nichts weiter bedeutet als die Verbreitung einer falschen Nachricht über meine Ohren, durch die photographische Entgegnung des Sachverhalts zu berichten.

Warum soll die zeichnerische Reportage das Recht auf die Lüge voraus haben? Eine kleine Nase darf zum Knopf, eine große zum Rüssel werden: das wird dem Handwerk zugestanden. Aber wenn der Meister unter den Rüssel den Namen dessen setzt, der die kleinere Nase hat, so läuft er Gefahr, ein Lügner genannt zu werden. Warum soll der Schutz, der gegen die verbale Fälschung aufgerichtet ist, der eindringlicheren Methode gegenüber versagen? Ich für meine Nase habe schon keine Lust, das Recht des Karikaturisten an allem, was in Erscheinung tritt, auf die Talentlosigkeit auszudehnen, umsoweniger auf die Verlogenheit, und ich sperre in meiner Instanz jeden, der mir eine zu lange Nase dreht, in die Lücke des Gesetzes, das die Beleidigung straft und die Belästigung frei gibt.

Was ist aber das Übel, manche Lüge ungestraft zu sehen, neben der Gefahr, daß jede Meinung erlaubt ist? Was ist die Wehrlosigkeit vor der zeichnerischen Unbegabung neben der Vogelfreiheit vor dem Text des Analphabeten? Daß die Meinungsfreiheit eine Errungenschaft des Liberalismus ist, sollte nie vergessen lassen, daß sie auch der Rotz der Kultur ist. Ich bin gegen Rotz empfindlich. Wenn's auf mich ankommt, ist es mir hundertmal angenehmer, daß die ersten Schriftsteller Deutschlands, die mir in München mit ziemlicher Ausdauer zugehört haben, nie einen Ton über mich verlautbaren werden, als daß ein Dummkopf sich an mir vergreife. Ich finde es ja ganz in Ordnung, daß in der Stadt, in der ich verlegt bin, keine Buchhandlung meine Bücher ausstellt, aber es ist mir – die Rotzbuben mögen meine Empfindlichkeit entschuldigen – recht peinlich, daß in der Stadt, deren Revuen mich ehedem um Beiträge und um Hilfe gegen Herrn Harden angefleht haben, sich kein Finger rührt, um einen anonymen Schmierer zurechtzuweisen, der mir eine innere Verwandtschaft mit Herrn Harden nachsagt. Die Totschweigerei der Wiener Presse ist von allem was sie tut das reinste. Das Verhalten der deutschen Literatur deckt sich mit ihres Wesens Schmutz. Es ist einfach ein Plan der Verheimlichung, der mit der Sicherheit arbeitet, daß die lokalen Anlässe mein Werk den entfernten Lesern unwegsam machen, und – wohl wissend, daß sein Wert in der Entrückung vom Stoff liege – davon für die deutsche Aktualität abschöpft. So ist es möglich, daß einem Publikum, welches kaum meinen Namen erfährt, von einem Literatentum, das meine Arbeit kennt, Leistungen vorgesetzt werden, die vom unterrichteten Leser sogleich als miserable Kopie erkannt werden müßten. So ist es möglich, daß jene publizistische Form in Schwang gekommen ist, die, ohne inneren Auftrag geübt, wohl den gröbsten Unfug bedeutet, dessen die Überschreitung der Bürgersitte fähig ist: die polemische Glosse. Der schlechte Lyriker ist ein Dilettant, der schlechte Satiriker auch noch ein Lump. Der schlechte Lyriker kann nie so zur Last werden, wie der schlechte Satiriker, dessen Überhandnehmen durch das gemeinste Bedürfnis und den gemeinsten Betrieb garantiert ist. Hätte der satirische Pöbel, der jetzt allerorten emporwächst, auch nur einen Funken Ehrgefühls, er hätte für meine Unterdrückung gesorgt, ohne sie zu seiner Ausbreitung zu benützen. Ärger, als wenn die Zimmermaler einem Rembrandt den Markt versperrten, hat dieser Fluch die Anschauung verdorben, so daß das Original sich nicht mehr hinaustraut, weil es zur Verachtung zurechtkommen könnte, der die Kopisten glücklich entgangen sind.

Unmöglich wäre es auch, durch die Mauer literarischer Schäbigkeit, die das deutsche Geistesleben umfriedet, zu jenen vorzudringen, die Dank wüßten, und das Erstaunen einzelner, die dort die Fackel kennen lernen und so lange geglaubt hatten, sie sei ein Frankfurter Skandalblatt: das Entsetzen dieser Einzelnen, weil ein Ring von kritischer Tücke und verlegerischer Gleichgültigkeit ihnen so viele Jahre die Bekanntschaft mit einem, der in deutscher Sprache schreibt, verwehrt hat, dieses jetzt öfter hörbare »Wie kommt das? Warum haben wir davon nichts gewußt?« klagt jene am schwersten an, die mich mit einem Schein von Anhängerschaft zu umgeben wußten, um sich die Tat zu ersparen. Sie wird von mir nicht mehr begehrt. Aber daß zu hunderttausend deutschen Lesern, die ein illustriertes Blatt kaufen, weil dort Preise auf den Kopf eines Mörders ausgesetzt sind, die Meinung eines bösartigen Reporters dringt, das ist noch zu erreichen, und wird von jenen gebilligt, deren Verehrerbriefe meinen Kasten sprengen und die längst das Schweigen über mich als der Tapferkeit besseres Teil erkannt haben. Dort wo der Mörder nicht genannt wird und der Plauderer das Pseudonym »Bold« führt, können sie jetzt das abschließende Urteil über mich erfahren:

. . . . ihn unterscheidet von Kerr außerdem, zu seinem Vorteil, sein überaus reiner g e p f l e g t e r Stil, und dasselbe gilt von seinem Deutsch im Gegensatz zu dem Deutsch, das Harden in den letzten Jahren schreibt. Aber wenn man Kraus rühmen will, wird man sonst auch nichts weiter sagen können, als dies: er schreibt ein gutes, k l a r e s f l ü s s i g e s D e u t s c h. Das ist ungeheuer viel, wird man sagen. Aber gewiß! N u r , n i c h t w a h r , m a n h ä t t e L u s t , in diesem guten Deutsch e i n m a l e t w a s g e s a g t zu hören; e i n e n e i g e n e n G e d a n k e n , d e r a b e r , weil er ein eigener Gedanke ist, ein e i g e n e s G e w a n d hat, eine von ihm selbst, w e n n n i c h t e n t d e c k t e , so doch unmittelbar gesehene T a t s a c h e , d i e e b e n a u c h durch die ganz eigenartige sprachliche Wiedergabe etwas von der neu entdeckten Seite oder Beziehung sehen ließe . . . . Haben Kerr und Harden u n s e t w a s v e r w ö h n t , so ist es das P e c h von Karl Kraus, daß gerade auch durch diesen Gegensatz sein gutes Deutsch, wenn wir es erst ein paarmal gelesen haben, uns leer vorkommt. D a s i s t a u c h d i e U r s a c h e , w e s h a l b K r a u s t a t s ä c h l i c h s e l b s t i n d e m n ä c h s t e n U m k r e i s s e i n e r H e i m a tstadt so gut wie keine Wirksamkeit entfaltet hat. Da er nun immerhin sah, daß ein großes Maß an Wirksamkeit eines der Kriterien echter Journalistik ist, da er anderweitig sah, daß sie ihm fehlt, wurde er Feind der Journalistik. So fand er die einzige pikante Wendung seiner Schriftstellerlaufbahn: er bekämpft außer Harden und der Wiener Neuen Freien Presse auch Heinrich Heine als den Begründer des impressionistischen Stils in der Tagesschriftstellerei. Gegenüber all den andern glaubte er nun, im Ewigkeitsstil zu schreiben, weil er die Wirksamkeit für den Tag durch sein gutes Deutsch nicht erlangen konnte. Aber man ist noch kein Philosoph, wenn man nur in Allgemeinheiten spricht und denkt, Gedanken anderer in ein hübsches plattes Deutsch, in sogenannte Aphorismenart so übersetzt, daß alle Ecken und Kanten der ursprünglichen Gedanken abgeschliffen scheinen, um, im Gegensatz zur Wirksamkeit, für die Ewigkeit zu sein; es kann auch die Wirksamkeit sein für die Minute oder Viertelstunde, während deren man in Kraus' Zeitschrift oder in den Bänden seiner noch immer nicht abgeschlossenen Werke blättert.

Nun ja, man wird schon sehen, wohin die Preßfreiheit führt. Die Enkel erst werden diese fortschrittliche Einrichtung preisen, die es ermöglicht hat, Meinungen, bei deren Geruch ein Hund die Wut bekäme, unmittelbar und ohne die Gefahr der Auspeitschung in hunderttausend Gehirne überzuleiten. Gibt es eine bessere Zeugenschaft gegen diese Zeit als ihre Verteidiger? Als daß die Gegner, die sie mir stellt, solches Kaliber haben? Der Wunsch, mich anzugreifen, bringt einen mittelwüchsigen Schwachsinn so von Kräften, daß er sich im Objekt vergreift und mich mit einem andern verwechselt. Von mir müßte doch von rechtswegen gesagt werden, daß ich ein unklares, schwerflüssiges Deutsch schreibe, daß ich eigene, aber platte Gedanken durch künstliche Ansetzung von Ecken und Kanten in sogenannter Aphorismenart produziere. Denn im letzten Grunde soll, namentlich für den intelligenten Trottel, der draufkommt, jeder Gedanke eine Banalität sein, und Stil ist hinterdrein nur eine Umschreibung. Was ist das für ein Stil, wenn der Mann mit den fünf Sinnen erst nach fünffacher Lektüre sagen kann, er sei auch der Ansicht? Dieser Zustand müßte als ungesund verworfen werden, und das ist der Punkt, aus dem ich dem Verstand widerstehe. Aber finde sich einer im Gehirn der Subjekte zurecht, die den Drang oder die Aufgabe haben, mich anzugreifen, und da sie es mit Überzeugung nicht können, eben einen ganz andern angreifen, was ja dem Leser schließlich egal ist. Sie bedienen sich aus dem ungeheuren Vorrat des Hasses, den meine bloße Existenz durch die bloße Unfähigkeit, Verbindungen einzugehen, gesammelt hat. Naturgemäß kann er nur von einer Gegnerschaft der Masse ausgeschöpft werden, weil ein ebenbürtiges Pathos in dem luftleeren Leben nicht wachsen könnte, um es zu verteidigen. Blind wie die Masse muß der Haß sein, der sich nie auf vorhandene Eigenschaften bezieht, sondern sie nur herbeiwünscht und, um sie zu treffen, erfindet. So ist es möglich, daß er in Bild und Schrift Behauptungen aufstellt, gegen die kein Widerspruch nötig wäre, wenn das Objekt nicht zufällig meinen Namen hätte. Oft müssen sie nicht erst weit suchen gehen, um die zum Angriff passende Häßlichkeit zu finden: sie geben dem Popanz ihre eigenen Züge, was ihnen, da sie die meinen mir abgenommen haben, wie ein gerechter Ausgleich erscheint, und indem sie sich in mir angreifen, zugleich wie die Sühne, die der Wahn ihrer Haßliebe verlangt. Und nun denke man: diese Zeit hat Maschinen, um ihre Unregelmäßigkeit auszuleben. In allen Vorzeiten wurde durch das Gerücht mehr Wahrheit in Umlauf gesetzt als heute durch die Presse. Und es ist modernster Unsinn der Entwicklungspolitik, daß sie die Kunst gegen die harmonische Rückständigkeit schützen will, anstatt gegen die Zweideutigkeit. Jeden Augenblick wird für einen modernen Künstler, den ein Philister abstrus gefunden hat, die Enquetetrommel gerührt. Als ob es das Unglück der Kunst wäre, daß sie vom Hausverstand geflohen wird: er erkennt den Sachverhalt und beweist seinen Respekt, indem er sich an die Stirne greift. Nichts frommt dem Geist besser als der Widerstand, der die Gefahr spürt. Wenn mir nichts weiter geschähe, als daß die journalistisch geschulte Leserschaft mich als unverständlich, unverdaulich und widerwärtig ablehnt, ich ließe mir's gut gehen. Ich würde keine Zeile an die Klage wenden, daß mir solche Reaktion nicht paßt. Ich würde mich nicht dem Vorwurf der Kleinlichkeit aussetzen und dem Anschein, daß ich es nur pro domo auf die freie Meinungsäußerung abgesehen habe. Wenn die Kunstpolitiker, anstatt Zukunftswerte zu effektuieren, ihnen die Auswirkung sichern wollten, hätten sie nicht auf Anerkennung, sondern auf Respekt zu dringen und dort einzugreifen, wo sich der Hausverstand behaglich niederläßt, wo er sein Unverständnis mit der Frechheit verkleidet: er verstehe es und verdaue es und die Fackel sei auch dort, wo sie nicht zufällig von einem Trottel spricht, in einem klaren flüssigen Deutsch geschrieben. Sie müßten mich gegen das höchste Kompliment schützen, das eine Menschensorte zu vergeben hat, deren Beruf es ist, Tatsachen schmackhaft zu machen. Gegen die bewußte Fälschung, die darauf abzielt, einem in Deutschland verbreiteten Gerücht, die Fackel sei Literatur, durch die Beruhigung zu begegnen, sie sei als Reiselektüre zu wenig spannend. Auf einen Tadler kommen dort draußen zehn Verteidiger. Gegen die Gebärde, mit der das Zeitungsgeschäft sich seines Todfeindes entledigt, indem es ihn nicht amüsant genug findet, kann es keinen Protest geben. Denn was da die Feder führt, ist vereint in der Brüderschaft des Hasses. Jeder spürt, daß den andern nicht Kritik, sondern Notwehr leitet. Sie müßten aufhören, zu sein, wenn sie zugeben könnten, daß ein Leben, wie es hinter der Fackel lebt, von ihnen nicht verstanden werden darf. Wenn sie mich angreifen, so gilt es ihnen. Denn je mehr sie mich angreifen, desto schwächer werden sie, und nur die Schwäche, die noch zunehmen kann, erhält sie. Es ist jene verzweifelte Spielart, die ich so oft erlebt habe: einer ruft ein unartikuliertes Schimpfwort und stellt bloß dadurch, daß er auf mich zeigt, die Verbindung mit mir her, die von ihm doch wollüstig ersehnte Verbindung. Leute, die auf jüngere Leute als Männer wirken, haben so sich mir im Haß mühelos ergeben. Sie wiederholen unaufhörlich dieselben Schimpfwörter, an deren kritischen Ernst sie natürlich selbst zuallerletzt glaubten,

wenn für einen Augenblick die verhängnisvolle Schwäche
der Besinnung wiche, deren sie ehedem in der Stellung zu
mir fähig waren. Der Grund des Ausbruches ist nie, daß sie
von mir nichts halten, sondern immer, daß ich von ihnen
nichts halte. Ist es denkbar, daß solche Naturen noch eine
Gefolgschaft haben, die verehrend zwischen mir und ihnen
schwebt? Es ist das Einverständnis jener verräterischen
Nullität, die auf den Sack schlägt und sich selber meint. So
habe ich es allzeit erfahren, am häufigsten in Berlin, wo die
irdischen Reste eines teuren Verblichenen sich noch manchmal gegen mich zu erheben versuchen und wo ich gelegentlich eine Leichenschändung vornehmen könnte, wie sie neo-
pathetische Hinterbliebene noch nicht erlebt haben.
Denn ich brenne vor Verlangen, den Reizen, die der Tag
mir bietet, zu entfliehen und einmal dem geistigen Deutschland in den Rachen zu schauen. Die vielen Sekten, die der
Mangel an Religion verbindet, ob sie nun ihr Nichts in die
Politik oder in die Psychologie retten, ob sie nachdenkliche
oder tänzerische Gewohnheiten haben, ob sie Glossen ab-
schreiben oder Gedichte, auf meinem Papier zu versammeln.
Ihnen zu sagen, daß wir uns nur hier treffen und berühren.
In der Fülle der Gesichte nur die eine Hohnfalte nachzuweisen, die wie ein breiter Strich durch Gottes Rechnung
allem Wachstum abwehrt. Jene, die Mut haben, weil sie
keine Ehrfurcht haben, das Gruseln zu lehren! Der Tölpel
hat recht, es war ein Entschluß, ich bin nur aus Unfähigkeit,
für die Zeit zu wirken, ihr Feind geworden, und darum, weil
ich nicht als ein Verliebter konnt' kürzen diese fein beredten
Tage, war ich gewillt ein Bösewicht zu werden, und feind
den eitlen Freuden dieser Tage. Ich nun, in dieser schlaffen
Friedenszeit, weiß keine Lust, die Zeit mir zu vertreiben, als
meinen Schatten in der Sonne spähn und meine eigne Miß-
gestalt erörtern. Nun möchte ich, entstellt von einem Zeich-
ner, so um dies schöne Ebenmaß verkürzt, daß Hunde bellen,
hink' ich wo vorbei – auch noch alle diese Hunde auf einen
Platz treiben und in einer einzigen Schlinge erfassen. Über-

haupt der Zeit ins Bild schlagen. Hierauf mich dem Preisgericht stellen: Man suche nicht länger – der Mörder bin ich!

Dezember 1911

DIE NEUE ART DES SCHIMPFENS

In einem Aufsatz »Über eine neue Art des Schimpfens« sagt
der Professor der Literaturgeschichte Dr. Richard M. Meyer
in Berlin, der die Literatur in Dekaden eingeteilt hat:

. . . . Maximilian Harden, wenn ich nicht irre, hat auch hier bahnbre-
chend gewirkt . . . Bei einem Konflikt mit einer Zeitung, die ihn un-
zweifelhaft verleumdet hatte, genügte es ihm nicht, sie »Dirne« zu
nennen – er mußte diese Bezeichnung noch durch die e k e l h a f t e s t e n
E i n z e l h e i t e n verdeutlichen. Das hat nicht nur bei seinem in aller
erbittertsten Feindschaft t r e u e s t e n S c h ü l e r Karl Kraus in Wien
S c h u l e g e m a c h t. Die beliebtesten Scheltwörter › E u n u c h ‹ und
› M e t z e ‹ werden stimmungsvoll ausgemalt und so z w e i G ö t z e n u n-
s e r e r Z e i t z u g l e i c h gedient – jenen beiden, die Götzen sowohl
primitiver als raffinierter Roheit sind: dem S i n n e n k i t z e l und dem
Z e r s t ö r u n g s d r a n g. Ich muß mich in diesem Punkt als durchaus
altmodisch bekennen. I c h g l a u b e d u r c h s L e b e n z u k o m m e n,
o h n e g e w i s s e W o r t e a u s z u s p r e c h e n o d e r a u s z u s c h r e i-
b e n; und ich halte es für das berechtigte Privileg des gebildeten, ja des
anständigen Menschen, auf schmutzige Ausdrücke ebenso zu verzichten
wie auf schmutzige Handlungen – soweit wenigstens, wie ihnen eine
freie Wahl bleibt; der Prüderie in wissenschaftlichen Fragen soll damit
selbstverständlich nicht das Wort geredet werden. . . .

Gewiß nicht. Was aber die neue Art des Schimpfens anlangt, so glaube ich nicht, daß man mir in den dreizehn
Jahrgängen der Fackel einen Fall wird nachweisen können,
wo ich das Wort »Dirne« als Schimpfwort gebraucht hätte
und nicht als die Bezeichnung eines erstrebenswerten Zustandes. Wo ich das Wort selbst gebraucht hätte und nicht
vielmehr zitiert, um die engstirnige Terminologie einer
Gesellschaft zu brandmarken, die zu mesquin ist, um den
mesquinen Ton eines Wortes zu fühlen, weil sie zu feig
ist, um dafür das Wort Hure zu setzen. Was die neue Art
des Schimpfens anlangt, so glaube ich nicht, daß man mir
in den dreizehn Jahrgängen der Fackel einen Fall nachweisen wird, wo ich die Dirne nicht der Verachtung ent-
rissen und nicht sofort dem Haß als Hure präsentiert habe.
Wo ich je anders als mit Wucherzinsen der Verachtung dem

310

Gesellen heimgezahlt habe, der das Wort als einen schmutzigen Ausdruck nicht deshalb auffaßte, weil es den Schmutz seiner Gesinnung trug, sondern weil er das davon bezeichnete Leben für ein schmutziges hielt, für eines, an dem er sich seine Finger, seine Notdurft, seine ganze ekelhafte Leiblichkeit und Moralität abwischen durfte, um als Bürger oder Professor der Literaturgeschichte rein dazustehen. Was die neue Art des Schimpfens anlangt, so glaube ich nicht, daß man mir in den dreizehn Jahrgängen der Fackel einen Fall nachweisen wird, wo ich einer Zeitung die Ehre erwiesen hätte, sie eine Dirne zu nennen, es sei denn, daß ich an meine Geringschätzung einer Zeitung absichtlich und ausdrücklich das Maß der Geringschätzung angelegt habe, das ein Literaturprofessor für eine Dirne hat und nicht für eine Zeitung. Denn da ein solcher nichts so sehr verachtet wie eine Dirne und vor nichts so viel Respekt hat wie vor einer Zeitung, so konnte ich, um mich ihm verständlich zu machen, keinen anderen Vergleich wählen und ich hätte weiß Gott wie viel darum gegeben, daß es auch mir gegönnt gewesen wäre, eine Dirne zu verachten, um sie einmal aus tiefstem Herzen eine Zeitung nennen zu können! Was aber die neue Art des Schimpfens anlangt, so möchte ich mich fast zu der Behauptung versteigen, daß man mir in den dreizehn Jahrgängen der Fackel auch keinen Fall nachweisen wird, wo ich den Herren der Gesellschaft im Verhältnis zu den Dirnen einen andern Schwächezustand als den geistigen und moralischen zum Vorwurf gemacht, kurzum wo ich das Wort »Eunuch« als Schimpfwort gebraucht hätte und nicht als die Bezeichnung eines erstrebenswerten Zustandes. Eines erstrebenswerten Zustandes für Männer, welche die Dirnen nur deshalb verachten, weil sie im Gegensatz zu den Dirnen, welche wenigstens Weiber sind, alles Mögliche sind, nur keine Männer. Für Kerle, die zu Unrecht einen Bart tragen und mit den Attrappen der Männlichkeit über ihre wahre Beschaffenheit den Betrachter zu täuschen wissen. Mit diesen Verkehrshindernissen sich dem Geist in den Weg stellen und durch solchen Schabernack einer mehr ornamentalen oder koloristischen als in den Vorzügen des Kerls begründeten Wirkung die wahre Männlichkeit um den Kredit betrügen. Auch wird man mich in dreizehn Jahrgängen nicht dabei betreten haben, daß ich einen Götzen unserer Zeit anders bediente als dadurch, daß ich eine primitive oder raffinierte Roheit gegen ihn selbst betätigt habe. Den Sinnenkitzel der Literaturprofessoren zu erregen, darauf hatte ich's nie abgesehen. Aber dem Zerstörungsdrang habe ich nicht gedient, sondern ihn aus eigener Machtvollkommenheit gegen jene Individuen, Typen, Berufe, Klassen kommandiert, die mich ein Grund dafür dünkten, daß sich die Sonne manchmal schwerer entschließt zu erscheinen als ein Tagblatt! Ich leugne nicht, daß ich, um die kosmischen Dinge wieder flott zu machen, namentlich in der letzten Zeit der Kastrierung gewisser Erwerbskreise das Wort gesprochen habe. Die ewigen Gewalten, die ich mir vollständig erhalten will, verstehen mich. Es mag ein sonderbarer Zusammenhang sein, daß von mir, der nie das Wort Eunuch als Tadel über die Lippen gebracht hat, gerade jetzt es behauptet wird, wo ich der Sache erst Geschmack abgewinne und einen Zustand, der mir als das ehrlichste Eingeständnis eines unnützen Lebens Respekt einflößt, auf den Hochschulen als obligat einführen möchte. Wäre mein Vorschlag durchgeführt und ich verhöhnte hinterdrein den Eunuchen, ich wäre kein Mann, und nichts würde ich für ignobler halten, als die Verspottung des Opfers einer Prozedur, zu der ich selbst zugeredet habe. Ich schimpfe nicht, ich verstümmle! Nicht um ein Schimpfwort kann es sich handeln, wo eine ernste Sache auf dem Spiele steht. Ein Literaturprofessor kommt zweifelsohne ganz gut durchs Leben, ohne gewisse Worte auszusprechen oder auszuschreiben. Aber er würde gewiß noch besser durchs Leben kommen, wenn er auch von andern Verpflichtungen befreit wäre, deren Ausübung andere Leute in seinen Augen ehrlos macht. Lassen wir doch den Streit um Worte. Worte sind oft wichtiger als Dinge, und was weiß ein Mann, den schon die Lebensfremdheit von den Dingen trennt und der sich berufsmäßig mit Literatur zu befassen hat, von der Bedeutung der

Worte! Gewisse Worte auszusprechen oder auszuschreiben, hat mich noch keine irdische Rücksicht verhindern können, denn gewisse Worte sind mir immer sogar wichtiger gewesen als gewisse Leute; und wären sie so banal wie diese, so abgegriffen wie sie, die sie nur abgreifen können: der Künstler belebt sie und er vermag darin mehr als der Schöpfer, der ja einen Professor der Literaturgeschichte ein für allemal erschaffen hat und beim besten Willen nicht imstande wäre, ihn so anzublasen, daß er neues Leben gewänne, was doch mir an den hoffnungslosesten Fällen noch immer gelungen ist. Glaubt einer wirklich, daß ich dies mit Schimpfwörtern zuwegebrächte? Könnte ich einen Professor der Literaturgeschichte dadurch in die Literaturgeschichte bringen, daß ich ihn kurzweg einen Eunuchen nenne? Freilich wäre ich selbst dazu fähig, indem ich das Wort so belebe, daß auch der Betroffene seine Freude dran hat. Denn das kann ich. Ich mache aus Schimpfwörtern Schimpfworte. Was aber die neue Art des Schimpfens anlangt, so wäre sie die älteste, wenn sie sich ohne Atem einfach der Wörter bediente, die ihr jener zum Vorwurf macht, und wenn der Angriff auf dem Niveau erfolgte, auf dem der Beleidigte lebt oder der mittelmäßige Zeuge der Beleidigung. Sie ist aber so durchaus original, daß sie sogar darauf verzichtet, ihn Richard Moses Meyer zu nennen, weil diese Lesart schon zu Pharaos Zeiten in Berlin beliebt war und weil es wirklich nichts gegen Moses beweist, daß ein Berliner Literaturprofessor nicht so heißen will und deshalb die Kastrierung seines Vornamens befürwortet, während er für die Erhaltung seines Zunamens in dessen vollständiger Banalität mit Recht besorgt ist. Aber der Verfolgungswahn, der einen guten Vornamen preisgibt, um angesichts seines Zunamens vor den Abkürzern zu zittern, könnte mich wohl verleiten, mit dem Richard Moses M. nach Gebühr zu verfahren, mit ihm, der selbst kein Mitleid gehabt hat, als ihn die Literaturgeschichte anflehte, sie lieber ganz als in Dekaden verschnitten zu mißbrauchen. Wir sind seit damals bedenklich im Rückstand. Dieser R. Moses M. hat, da dreizehn Jahrgänge mehr als eine Dekade sind, die Fackel gänzlich ignoriert, und weiß von ihr nicht mehr, als was ihm einige beleidigte Schmierer zugetragen haben, oder was von einer dunklen Feindesmacht übrig bleibt, wenn ein Gerücht von ihr zu der aller Potenz instinktiv ausweichenden Professur dringt. Dieser R. M. M. weiß, daß dort »geschimpft« wird, und denkt sich, es werde wohl auch das Schimpfwort »Eunuch« gebraucht werden. Dieser M. M. weiß, daß es bei Herrn Harden, dem selbst er in zwanzig Jahrgängen der ›Zukunft‹ keinen neuen Gedanken, kein geborenes Wort nachweisen wird, vorgekommen ist, und er hat wohl gehört, daß in Wien »so ein ähnliches Blatt« wie die ›Zukunft‹ erscheine. Denn von dieser vergleichenden Wissenschaft, die ohne Vergleich urteilt, wird mich nichts mehr befreien. Ich kann in jedem Monat dreitausend Sätze schreiben, deren letzter das Lebenswerk eines Leitartiklers sprengt und verschwinden macht – zur Berliner Universität dringe ich nicht vor. Ich kann im Urteil derer, die Literatur lesen können, über die Höhe emporwachsen, auf der ein Toter dissertationsreif ist: ich werde es doch immer wieder erleben, daß ein Mensch, der für die Ignorierung lebender Literaturwerte vom Staat bezahlt wird, und noch lange ehe ich ihn dafür beschimpfe, behaupten wird, ich sei ein Schimpfer und ein Wasserfall sei der treueste Schüler eines Water-Closets. In der Literatur ist es dem Fach nicht gegeben, die Fachleute zu interessieren; aber wenn es schon darauf verzichten muß, ihnen bessere Ansichten beizubringen, so sieht es sich auch vor der Aufgabe unvermögend, ihnen zu besseren Manieren zuzureden. Es möchte ignoriert werden; das leiden sie nicht. Sie müssen, unverantwortlicher als die Reporter, berichten, was sie mit halbem Ohr aufgeschnappt haben. Ich werde ihm noch die Hälfte nehmen, diesem M.! In ihren Literaturgeschichten haben solche Individuen, die sogar den Beruf des Journalisten verfehlt haben, den Drang der Informiertheit und nennen mich unter den Wiener »Kritikern«, in der Reihe der lächerlichsten Beispiele. Ein gewisser Eduard Engel, der im Jahr einen ungebührlichen Papierverbrauch für literarhistorische Zwecke hat, erdreistet sich der Gnade, eine Korrespondenzkarte, ursprünglich an Herrn Friedrich S. Krauß adressiert, mit darübergeschriebenem »Carl«, an mich zu richten, er habe »gehört«, daß ich einmal Herrn Hardens Stil »besprochen« habe, er arbeite gerade über Harden, ich möge ihm leihweise »den Artikel« überlassen. Ein sogenannter Arnold in Wien, unbekannten Aufenthalts als Levysohn, ersucht mich, ich möge ihm irgendeinen Behelf für eine Arbeit über Herrn Hofmannsthal liefern. Ich frage mich, ob ich darum Nächte durchwacht, Felsen hinweggeräumt habe, darum gegen alle Instinkte der Menschheit rebellisch geworden bin, daß ich zuletzt der Dienstmann sei für das niedrige Bedürfnis der Literarhistoriker. Diese Spediteure der Unsterblichkeit werden sich verflucht wundern, wenn der, den sie nicht aufladen wollten, sie auf seinem Rücken hinübernimmt, um sie zum unbeschreiblichen Gaudium der herumstehenden Generationen hinplumpsen zu lassen! Denn ich teile die Literatur nicht nach Dekaden, sondern nach Dummköpfen ein, und ich lasse keinen entwischen, dem es gepaßt hätte, hienieden ein auskömmliches Leben zu führen, um dann vergessen zu werden. Ich lese, was einer, der beim Schwätzen so besonnen ist, daß er »gewisse Worte nicht ausspricht«, in den deutschen Revuen ablagert, um dann daraus Geschichte zu machen. Ich lasse mir die ekelhaftesten Einzelheiten einer salonfähigen Sprache nicht entgehen. Ich bin nicht um den Genuß der Definitionen gekommen, die einer vom Witz gab, der weniger Witz hat, als alle, die keinen haben, zusammen. Nicht um den Genuß des Nachweises, daß Speidel ein geringerer Schriftsteller war als Kürnberger, weil dieser leicht produziert und jener um jedes Satzes willen gelitten habe. Und jetzt habe ich es mich nicht verdrießen lassen, zu lesen, wie einer, der mich lesend nie begriffen hätte, sich registrierend an mir vergreift und mich in eine falsche Dekade schiebt, wo er unter den »Erscheinungsformen der literarischen Pathologia sexualis« den Trieb feststellt, sexuelle Bezeichnungen als Schimpfwörter zu verwenden. Was soll man da machen? Eine neue Art des

Schimpfens wäre es zwar nicht. Aber es gibt noch ältere und bessere Arten. Und wenn sich das Gerücht, welches an der Berliner Universität Vorlesungen hält, bewahrheiten sollte und wenn ich wirklich ein Schimpfer bin, so bin ich einer, der das Geschlecht als eine so wenig schimpfliche Einrichtung der Natur erkannt hat, daß er seinen Bedarf an Schimpfwörtern geflissentlich außerhalb dieses Gebietes deckt, dagegen – an dreizehn Jahrgängen wird man es nachweisen können – nie gezögert hat, sich aus dem unermeßlichen Vorrat, den die Sprache bietet, zu bedienen, und einen Trottel so laut und überzeugend einen Trottel zu nennen, daß das Echo ihn weitergibt, das Gerücht ihn vergrößert, sämtliche Trottel, die in einer Dekade Platz haben, sich in ihm getroffen fühlen, so daß alle für einen und einer für alle steht und die Literaturgeschichte sich schließlich genötigt sieht, der gigantischen Erscheinung eines Riesentrottels ein besonderes Säkulum einzuräumen!

November 1913

ZUM GESAMTBILD DER KULTURENTWICKLUNG

Der von mir kastrierte Richard Moses Meyer, der aber auch
bis dahin nicht sehr kräftig war, behandelt das Kapitel »Literarische Kunst« in dem Werke »Das Jahr 1913, ein Gesamtbild der Kulturentwicklung«, welches von führenden Geistern der Zeit geschrieben, jedem Gebildeten ein unentbehrlicher Führer in der verwirrenden Mannigfaltigkeit unserer
Kultur – kusch. Unter den führenden Geistern also, die sich
da zusammenfinden, um Marksteine zu beriechen, fällt außer
den Herren Goldscheid (Soziologie), Ewald (Philosophie),
Strzygowski (Kunstforschung) und Gregori (Theaterwesen)
auch der Richard Moses M. auf. Er schreibt:

Im übrigen muß ich gerade für die Überproduktion an Essays und
Aphorismenbüchern auf meine regelmäßigen Berichte im ›Literarischen
Echo‹ verweisen, in denen ich neben der Besprechung des I n h a l t s , die
natürlich den Hauptgesichtspunkt bilden mußte, d o c h i m m e r a u c h
auf die Entwicklung der F o r m eingegangen bin. Sie setzt ja glücklicherweise immer noch einige persönliche Geistesbetätigung voraus,
während der Aphorismus bei Grossisten wie Karl Kraus rein manuelle
Kurbelbewegung geworden ist: man nimmt einen vorhandenen Spruch
und dreht ihn um, bis etwas herausfällt, was wie eine Paradoxie aussieht. So entsteht ein Buch, das nach der kritischen Einsicht eines Herrn
Ehrenstein schlechtweg vollkommen ist. (Über K. Kraus: »Pro domo et
mundo«: Alb. Ehrenstein, Zeitgeist, 18. Jan. 1912 »Dies Buch ist für
mich die Vollkommenheit.«)

Ich weiß nicht, ob der R. Moses M. in seinen regelmäßigen
Berichten im ›Literarischen Echo‹ neben der Besprechung
des Inhalts, die natürlich den Hauptgesichtspunkt bilden
mußte, doch immer auch auf die Entwicklung der Form eingegangen ist. Bei meiner unregelmäßigen Lebensweise be-
obachte ich einzig die Einteilung, daß ich die regelmäßigen
Berichte des R. M. M. im ›Literarischen Echo‹ und dieses
als ganzes nicht lese. Wenn er auf den Inhalt von Aphorismen eingegangen ist und sich dabei auch die Form nicht entgehen ließ, so ist das sehr schön von ihm. Anstatt Gott auf
den Knien zu danken, daß er ihn in einer Zeit leben läßt,

die schamlose Klugschwätzer in Salon und Seminar duldet
und nicht in den Abort verweist, wird er noch keck und verlangt Beachtung für seine früheren Besprechungen. Dieser
M. M. wagt viel. Er scheint zu wissen, daß ich imstande bin,
ihn durch Vorlesung meines Essays über ihn dem Gelächter
von hundert deutschen Vortragssälen preiszugeben, und
spielt ein Prävenire, von dem er sich ausrechnen kann, daß
ich es einholen werde. Ich gebe dem M. einen Vorsprung
der Intelligenz, indem ich ihm erlaube, sie in zwanzig Besprechungen an »Pro domo et mundo« auszulassen: ich wette,
daß ich ihn fange. Aber dann will ich ihn ergänzen, damit
er's mit mir aufnehmen könne. Es ist nicht zu überbieten.
Man möchte glauben, daß selbst ein Unikum an Schalheit
wie dieser Meyer, wenn er von mir spricht und von der Form
des Aphorismus sagt: »Sie setzt ja glücklicherweise immer
noch einige persönliche Geistesbetätigung voraus«, es zu
meinen Gunsten wenden müsse. Denn so schamlos kann man
sich heute doch nur noch die von mir verwirrte Hysterie, die
zwischen Schwärmerei und hinfallender Krankheit torkelt,
vorstellen, daß sie meine Arbeiten in Gegensatz zu »persönlicher Geistesbetätigung« bringen könnte. Man weiß ja, sie
meint's nicht so und wird mich morgen wieder als einen
Genius ansprechen. Aber daß ein Literaturprofessor, der in
seinem Vollbart schon graue Fäden hat, so unter dem Druck
seiner Ranküne handeln kann, daß er nicht totschweigt, sondern den Mund aufmacht, um meine Leistung als mecha-
nischen Schwindel und mich als »Grossisten« zu entlarven,
ist selbst mir zu bunt, an dessen Nerven sich doch die ganze
Welt vergreift, aus Ohnmacht, sich an meinem Werk zu
rächen. So desorientiert kann doch selbst dieser M. Meyer
nicht sein, daß er unbeschadet des Wunsches, mich als Grossisten zu sehen, nicht längst vom Hörensagen wissen sollte,
daß mein geringstes Detail seine ganze Manneskraft, ja die
Lebensarbeit sämtlicher führenden Geister aufwiegt, die zum
»Gesamtbild der Kulturentwicklung« schon durch ihr Dasein
beitragen. Der R. M. Meyer soll doch nicht so tun, als ob nur
eine vereinzelte Kritik meinen Aphorismen einen so hohen

Rang zugewiesen hätte. Er weiß ganz genau, daß es die Ansicht sämtlicher Leute ist, die heute auch nur mit einem Schimmer von Urteil in literarischen Revuen auftauchen, und, was viel mehr ist, die Ansicht derjenigen, die sie nicht aussprechen dürfen. Die Kritik über »Pro domo et mundo« ist nicht das Beste, nicht das mir Angenehmste, was »ein Herr Ehrenstein« geschrieben hat. Aber dieser hat auch Gedichte geschrieben und der von einer kleinen Rache zermarterte Berliner Seminarkopf, sonst von nichts als vom Gefühl seines Nichts ausgefüllt, kann nichts als in einer äußerlich auf Fortdauer angelegten Drucksorte Autoren, die er für langlebiger hält als sich, beschmieren. Das wollen sie alle, die Journalisten, denen durch eine lächerliche Verteilung der kritischen Gewalt es ermöglicht ist, in Literaturgeschichten, Jahrbüchern und Lexicis den Dreck abzulagern, der den Zeitungen zuviel wird. Sie haben aber ihre Rechnung ohne mich gemacht, der jede dieser Unflätigkeiten gut aufhebt und die Razzia auf Literarhistoriker mit umso größerem Schwung fortsetzen wird, je länger die durch die Reizungen des Tages verschuldete Pause dauert. Ich will ihnen schon einen Geschmack für persönliche Geistesbetätigung beibringen, damit sie sie künftig doch lieber mir als dem Aphoristiker Blumenthal zusprechen! Ich möchte, um mir Arbeit zu ersparen – man glaube es endlich, daß ich glücklich wäre, wenn mir die Welt ein Jahr Schonzeit für sie gönnte –, ich möchte diesen Zeitgenossen den Rat geben, sich freiwillig aus dem Seminar in den Abort zurückzuziehen, wo sie unkontrolliert machen können, was sie wollen. Denn sie sollen sich nur ja nicht damit belügen, daß die Blamierungen ihres Treibens auf 1913 und auf Wien beschränkt bleiben. Ich kann die Verbreitung der Fackel in Deutschland und dort, wo Deutsche wohnen, nicht hindern. Was ich tue, muß ein Richard M. Meyer auf Schritt und Tritt spüren, während ich von seinem Benehmen nichts erführe, wenn nicht Briefe von deutschen Lesern mich über die Kulturentwicklung auf dem Laufenden hielten. Der Meyer – der ganz kleine, im Gegensatz zum großen Meyer, der aber auch nicht besser beraten ist – hält mich für einen Gauner. Ich erfuhr es erst aus der folgenden Anzeige, die aus »Oetzsch bei Leipzig, 6. November 1913«, an mich ergangen ist:

. . . . Sie haben sich zwar Zuschriften in der Fackel verbeten, ich glaube es aber auch vor Ihnen verantworten zu können, daß ich Sie von der Be- bezw. Mißhandlung Ihres Künstlertums durch Richard M. Meyer in einem soeben erschienenen Werke, »Das Jahr 1913, ein Gesamtbild der Kulturentwicklung« betitelt, in Kenntnis setze. Zu diesem Sammelwerk hat R. M. Meyer das Kapitel »Literarische Kunst« geliefert, das ich um der darin enthaltenen »Beurteilung« Ihres Aphorismenbandes »Pro domo et mundo« willen Ihnen zuschicke. Ich sehe den Zerfallsprozeß noch nicht so weit vorgeschritten, daß man den Kampf gegen die Fäulnisbrut aufgeben müßte.

Gestatten Sie mir nur noch, Ihnen herzlichst zu danken für Ihre Hilfe im Kampfe um die geistige Selbstbehauptung. Kierkegaard, der letzte große religiöse Genius, und Sie halten mich wach in einer dumpfen Welt. In einer Stadt von über ½ Million Menschen sind nicht so viel Stimmen, laut genug, Sie hierher zu rufen. Leider bin ich zu arm, um nach Dresden zu Ihrer Vorlesung zu kommen. Doch bin ich voll Dankes, daß mir die ›Fackel‹ zugänglich ist. In Ehrerbietung . . . .

Ich habe mir Zuschriften verbeten, weil auf tausend Zumutungen des Irrsinns nur eine kommt, die beweist, daß Zeitgenossen auch Menschen sein können. Dieser da mag unbesorgt sein. Ich werde auch in Leipzig die Kastrierung des Richard Moses Meyer vornehmen.

NOTIZEN

Dezember 1913

Ein Klagelied

Der von mir, ich kann und will es nicht leugnen, gewiß persönlich und an der empfindlichsten Stelle angegriffene und schwer verletzte Richard Moses Meyer hat – freilich ehe er das letzte Heft der Fackel zu Gesicht bekommen hatte, wo ich ihm also neuerlich an den Leib rückte – im ›Kunstwart‹ den folgenden Klagelaut ausgestoßen:

. . . . Gewiß, – wie jede redliche Arbeit von denen, die ihren Sinn nicht verstehn, immer verachtet worden ist, so hat auf uns der große Karl Kraus in Wien – ich habe es seit heute morgen schriftlich, daß das nächste Jahrhundert nach ihm heißen wird – das Wort gemünzt, Literaturgeschichtschreibung sei Unfähigkeit zum Journalismus; ein Wort so originell wie es seine Aussprüche fast alle sind, denn es ist ja nur eine Variation der Wendung von den Journalisten als Leuten, die ihren Beruf verfehlt haben . . . .

M. scheint also einen Brief gekriegt zu haben. Natürlich hat er vollkommen recht mit der Behauptung, daß ich nur bereits vorhandene Aussprüche variiere. Nie war dies mehr der Fall als in dem Wort über die Literarhistoriker. Diese haben – ich wollte wirklich nur variieren – sogar den Beruf zum Journalisten verfehlt, und indem ich es sagte, wiewohl es auch ohne das Bismarckwort bestehen kann, profitierte der Witz von dem Wissen um dieses Wort. Die Assoziation, die sich bei der Wendung »Unfähigkeit zum Journalismus« einstellt, lautet, um es dem M. ganz begreiflich zu machen: »Journalismus = Unfähigkeit zu«. Als ich den gekränkten Tadel des M. las, freute ich mich, wie richtig er den Zusammenhang erfaßt hatte. Aber ich wußte noch nicht, woher er's wußte. Erst als ich jüngst in Berlin, eben dort, wo der Richard Moses Meyer seine Professur betreibt, mit seiner Kastrierung einen starken Achtungserfolg erzielte – die Leute wollten noch mehr haben und es dürfte selten noch vorgekommen sein, daß man nach einer Kastrierung viermal gerufen

wird –, erst im Vorlesen also entdeckte ich hocherfreut eine
Stelle, in der ich den vom M. zitierten Aphorismus gleichsam kommentiert hatte. Daß Literaturgeschichte die Unfähigkeit zum Journalismus sei, hätte ihn so im allgemeinen
vielleicht gar nicht alteriert. Aber eben im Zusammenhang
mit ihm selbst hatte ich geschrieben:

.... was sie mit halbem Ohr aufgeschnappt haben. Ich werde ihm noch
die Hälfte nehmen, diesem M.! In ihren Literaturgeschichten haben
solche Individuen, die sogar den Beruf des Journalisten verfehlt haben,
den Drang ....

Hier stehts also ganz ausdrücklich, und man sieht, daß ich
wirklich bei der Betrachtung der Literarhistoriker vom Bismarckwort gar nicht loskomme, wiewohl doch dieses auf die
Journalisten und nicht auf die Literarhistoriker geht. Der
Meyer hat recht. Aber er reize mich nicht, im Büchmann
nachzusehen. Er kann nicht wissen, wieviel Zitate es gibt,
die ich noch für ihn herrichten kann. Er selbst, der Meyer,
ist ja auch schon vorhanden, in hunderttausend Exemplaren;
was wäre er, wenn ich ihn mir nicht schmackhaft machte?
Seitdem es ihn gibt, ist das Leben furchtbar monoton geworden. Es wäre rein nicht auszuhalten, wenn ich nicht auch
auf der Welt wäre und mir nicht zum Leibspruch das bereits vorhandene Wort: Variatio delectat gewählt hätte.
Aber – bitte – diesmal nicht weiter sagen! Ich bin ganz un-
selbständig. Alles, was einem andern einfällt, ist imstande,
mir wieder einzufallen. Und es ist kein Ende. Am besten,
man fängt sich mit mir nichts an – wie die Leute sagen, die
den Beruf haben, den die Journalisten verfehlt haben, deren
Beruf die Literarhistoriker verfehlt haben.

Ein Kulturdokument

Welche kaum vorstellbaren Möglichkeiten das Sudelgewerbe
bietet, zeigt die Affäre, die sich an die Sammlung für Else
Lasker-Schüler geknüpft hat. Ist es ausdenkbar, daß in der-

selben Stunde, in der ich am Schreibtisch saß, um die Lüge zu zerstören, einer in Berlin, der dem Fall doch näher wohnt, am Schreibtisch saß, sie zu unterstreichen? Am 17. November erschien in der Fackel eine Notiz, die jetzt wiederholt werden muß, um bei den Schuldigen die Scham zu wecken und bei den Zeugen das Gefühl für die Schamlosigkeit:

Zu meinem psychoanalytischen Abenteuer sei mitgeteilt, daß nicht nur in dummen Witzblättern – in nichtwissenschaftlichen –, sondern auch in der ›Zeitschrift des Schutzverbandes deutscher Schriftsteller‹, lange nach der Aufklärung durch die Fackel, die Notiz fortwuchert: ›Für Else Lasker-Schüler hatte ein Komitee von klangvollen Namen (Pauline Fürstin zu Wied, Helene Fürstin Soutzo, Selma Lagerlöf, Karin Michaelis, Richard Dehmel, Karl Kraus, Adolf Loos, Peter Nansen, Prof. Walter Otto und Arnold Schönberg) einen Aufruf erlassen. Das Ergebnis waren 11 Mark 5 Pf. Man wird diese Ziffer als ein Kulturdokument nicht vergessen dürfen.‹ – Der Aufruf war zuerst auf dem Umschlag von Nr. 366/67 der Fackel erschienen und ging von da in die Tagespresse außerhalb Wiens über. Sechs Wochen später ergab die Sammlung 4660 Kronen und in Nr. 370/71 wurde mitgeteilt, daß der Scherz durch die Tölpelhaftigkeit einer Berliner Zeitung entstanden war, welche die Summe von 11 Mark, die ihr übermittelt wurde, besonders und auffällig ausgewiesen hat, anstatt den Empfang den Spendern brieflich zu bestätigen und stillschweigend die Summe der Sammelstelle (Prof. Otto) zu überweisen. Drei Monate später – viel dürfte wohl nicht mehr hinzugekommen sein – taucht die Notiz im Fachblatt der Schriftsteller auf. Es weiß somit von der Existenz der Fackel genau so viel wie das im gleichen Verlag erscheinende ›Literarische Echo‹. Das deutsche Publikum, das die Wortführer dieser Fachjournalistik füttert, hat sich ja im Fall Lasker-Schüler nicht sehr angestrengt. Aber Ziffern, die sich berichtigen lassen, sind immerhin noch bessere Kulturdokumente als Zeitschriften, die die Wahrheit durch die Lüge berichtigen.

Am 15. November erschien im ›Geistigen Eigentum‹ (Zeitschrift für Literatur und Pressewesen, Organ des Deutschen Schriftsteller-Verbandes, des Journalisten- und Schriftsteller-Vereins Urheberschutz, sowie des Deutschen Schriftstellerinnen-Bundes, mit der Beilage ›Der Bunte Abend‹: Organ der Vortrags-Vereinigung Deutscher Künstler, Charlottenburg, X. Jahrgang, Heft 4) diese Notiz:

Ein Kulturdokument. In einer Schriftstellerzeitung findet sich folgende Mitteilung: »Für Else Lasker-Schüler hatte ein Komitee von klangvollen Namen einen Aufruf erlassen. Das Ergebnis waren 11.05 Mark. Man wird diese Ziffer als ein Kulturdokument nicht vergessen dürfen.« – »Das ist«, so schreibt dazu der ›Türmer‹, »in der Tat ein Kulturdokument, aber in einem etwas anderen Sinne, als die Veröffentlicher meinen. Es zeugt: 1. Wie vollkommen gleichgültig die Gesamtheit des Volkes diesen Kaffeehausberühmtheiten gegenübersteht, die einem als Kulturbildner aufgeschwatzt werden sollen. Daß diese die »maßgebende Kritik« darstellenden Herrschaften zwar sehr freigebig mit Lorbeer, aber um so knauseriger mit ihrem Geldbeutel sind. Denn wenn die kritischen Lobhudler der Lasker-Schüler sich auch nur mit bescheidenen Gaben an der Spende beteiligt hätten, wäre ein anderes Ergebnis zustande gekommen. 2. In noch höherem Maße, als für die kritischen Lobredner, gilt das eben Gesagte für die Unterzeichner des Aufrufs. Es ist ja wunderbar bequem, andern Geldopfer als Kulturpflicht hinzustellen, sich selber aber mit einer Namensunterschrift zu begnügen, durch die man noch der eigenen Eitelkeit frönt. – Endlich aber offenbart sich hier aufs schroffste, welch roher und grober Unfug es ist, die Öffentlichkeit mit Dingen zu belästigen, die sie nichts angehen. Die Schriftstellerorganisationen sollten es sich zur Aufgabe machen, alle derartigen unwürdigen Betteleien unmöglich zu machen, statt sie noch zu unterstützen; denn nichts kann den Stand so schwer schädigen, wie diese Almosengesuche an die Allgemeinheit, die dadurch nicht besser werden, daß sie in hochmütigem Tone vorgetragen werden.« Diese Ausführungen des ›Türmer‹ können wir Wort für Wort unterschreiben; sie decken sich zum Teil mit unseren Ausführungen über den »geschminkten Stil«. Wir müssen uns dagegen wehren, daß uns Autoren, die ihre Talentlosigkeit mit krausen Worten aufputzen, die kein Mensch zu verstehen vermag, als Genies aufgeschwatzt werden. Der Vorgang zeigt auch, daß das deutsche Volk, das sich noch immer für Schiller, Goethe, Lessing, Uhland, Kleist, Heine begeistert, von den modernen Kaffeehausdichtern nichts wissen will. Das zeugt von dem gesunden Urteil des deutschen Volkes, das im übrigen nicht nötig hat, gerade bei dieser Gelegenheit seine Freigebigkeit und Opferwilligkeit zu dokumentieren. Diese Opferwilligkeit hat es hundertfach bei großen würdigen Aufgaben bewiesen. Hier hat es eine Forderung abgelehnt, die gar nichts mit der Kunst und nichts mit den Interessen des deutschen Volkes zu tun hat, und die auch literarische Kreise ganz richtig als unwürdige Bettelei empfunden haben.

Was den ›Türmer‹ betrifft, der ehedem nach einem Tauschexemplar der Fackel ausgelugt hatte, so habe ich das seine wegen Langweile zurückgeschickt. Daß er auch frech sein kann, habe ich bei flüchtigem Gähnen nie bemerkt. Er ist eine der allerdümmsten deutschen Revuen und es ist natürlich ganz gleichgültig, wie er und seine »literarischen Kreise« über Else Lasker-Schüler denken. Es ist auch gleichgültig, daß er sich über die 11 Mark, die er einem witzigen Schmock geglaubt hat, seine Gedanken macht. Da ein anderes Ergebnis zustandegekommen ist, so sind seine Betrachtungen darüber, daß ein anderes Ergebnis zustandegekommen wäre, wenn die Lobhudler mehr gespendet hätten, überholt. Aber für die Bemerkung, daß es wunderbar bequem sei, »sich selber mit einer Namensunterschrift zu begnügen, durch die man noch der eigenen Eitelkeit frönt«, muß er eins auf die Gosche bekommen. Er kann ja noch immer nicht wissen, ob und wieviel die Unterzeichner gespendet haben, es ist auch nicht nötig, es ihm auf die Nase zu binden, aber mit jenen Spenden, die ich für ein Lügenmaul bereit habe, bin ich gar nicht knauserig, sondern sehr freigebig, das kann er mir glauben. Von dieser Opferwilligkeit lasse ich gern auch etwas dem Fachblatt zukommen, das nicht anders kann, als die Ausführungen des ›Türmer‹ Wort für Wort zu unterschreiben. Schreiben kann es nicht, aber eine Lüge unterschreibt es gern und einen Aufruf für einen Dichter unterzeichnet es prinzipiell nicht. Es ist ja auch hier wieder ganz gleichgültig, wie solche Knechte über eine Lasker-Schüler denken und ob ein Wisch, der im ›Bunten Abend‹ Verse von Kaffeeschwestern bringt, einen Dichter unter die Kaffeehausdichter rechnet. Aber die unvergängliche Dreckigkeit, die in dem Glauben warm wird, daß das deutsche Volk seine Künstler verhungern läßt, es darin bestärkt und ganz gewiß entsetzt sein wird, zu erfahren, daß dies nicht einmal der Fall ist und daß für Else Lasker-Schüler fast 5000 Mark zustande gekommen sind – die ist schon kein »Kulturdokument«, sondern ein Fibelstück. Von solchem Pöbel, der die Interessen der deutschen Schriftsteller und Schriftstellerinnen schützt, ist nicht zu erwarten, daß er eine Lüge freiwillig berichtigt, und es wäre schade um die Mühe, ihn zur Berichtigung zu zwingen. Es genügt, daß der Fall als eine Aussage über den Stand deutscher Sitte und deutschen Geistes von 1913 aufbewahrt wird. Was hier vorliegt, ist Deutschlands geistiges Eigentum. Was hier beiliegt, ist Deutschlands bunter Abend.

Übereinstimmungen

Es gibt auch erfreuliche Übereinstimmungen. An dem Tage (17. November), an dem mein Satz im Druck erschien:

.... Nur so kann er, was nicht vorhanden ist, behaupten: sein Ich. Helden und Heilige darfs nicht geben, weil sonst am Ende der Schleim lebensüberdrüssig würde. Das Weibmaterial, das in einer Zerfallszeit nicht mehr imstande ist, Anmut zu bilden, fliegt in der Welt herum und taugt eben noch dazu, sich am Manne zu rächen. Das Weib analysiert den Mann, die Intelligenz den Geist, immer sie, weil sie nicht ist wie er. Und ihre Rache heißt: er sei wie sie.

erschien von Altenberg um 6 Uhr abends der Satz:

Jeder Mensch rächt sich an dem anderen für das, was an ihm un z u l ä n g l i c h e r ist! Der Dicke an dem D ü n n e n , der Rohe an dem S a n f t e n , der Langnasige an dem S t u m p f n a s i g e n , der Krummrückige an dem G e r a d r ü c k i g e n ! Und die Frau?! Die rächt sich ü b e r h a u p t . An dem Mann, daß sie e i n e F r a u ist!

Und noch erfreulichere Übereinstimmungen. An dem Tage (17. November), an dem ich den schwachen Versuch machte, die Individualität eines Adjektivkünstlers nachzuzeichnen, erschien um 6 Uhr abends ein leidenschaftlicher, taumelnder, lodernder, prasselnder, pittoresker und plastischer Unband von Adjektiven, gegen den meine Persiflage ein Schmarren ist und in dessen lärmendem, leuchtendem, glühendem, flammendem, monumentalem und musivischem Tumult eben noch zu erkennen war, daß vor Richard Dehmel noch nie »Menschliches, Allzumenschliches mit einer so grimmig ehrlichen Gebärde und nackten Offenheit« geschildert worden ist (so unbedingt, so schrankenlos und mit einer solchen Trunkenheit des Bekennens, Enthüllens, Verstehens etc.) und daß bei Dehmel »dieselbe scheue Redlichkeit des Sagens« ist wie bei Hans Sachs (die scheu und sorgsam wache, behütende, ratende, mahnende Männlichkeit, die fast etwas Mütterliches hat und immer etwas Greisenhaftes, einen Zug von klugem und resigniertem Über-den-Dingen-Stehen etc.). Freuen wir uns, daß es solche Übereinstimmungen und überhaupt so bunte Dinge noch gibt. Und täglich um 6 Uhr abends. Und gleich unter den Sätzen eines Altenberg. Und zwischen Berchtold und dem Wolf aus Gersthof. Und überhaupt.

Mai 1913

WARNUNG VOR DER UNSTERBLICHKEIT

(Zu einer Peter Altenberg-Vorlesung)

Es ist unmöglich, einen um die Unsterblichkeit zu bringen. Denn dort, wo es gelingt, war sie ohnedies nicht zu haben. Es müssen aber auch solche Fälle betrachtet werden, welche sich die Unsterblichkeit, die ihnen nicht erreichbar ist, nicht entreißen lassen wollen. Solche gibt es. Sie stehen zwischen den Großen und den Kleinen und sind vermöge des Scheins, auf den ihr Dasein gerichtet ist, leicht imstande, die Zeitgenossenschaft zu täuschen und sich eine Würdigkeit beizulegen, auf die die ehrlichen Handlanger des Tages freiwillig verzichten. Wenn es einmal gelungen sein wird, dem Publikum beizubringen, daß die Kunst nicht das Geringste mit den Bedürfnissen der Unterhaltung und Belehrung zu schaffen habe, so wird man es auch nicht mehr dafür tadeln dürfen, daß es die Handlanger für die Unbilden der Nachwelt so reich entschädigt. Was sollte denn ein deutscher Prosaist mit einem jüdischen Agenten zu schaffen haben, und warum sollte dieser hienieden nicht besser aufgehoben sein als jener? Daß nützliche Autoren, Erzähler und Plauderer, deren Beruf zufällig etwas mit der Verwendung des Alphabets zu tun hat, sich selbst so hoch einschätzen wie ein schlecht beratenes Publikum es tut, darf auf keinen Fall geglaubt werden. Aber das Wohlleben ist ihnen mit Rücksicht darauf zu gönnen, daß die Nachwelt keine Villen und Automobile zu vergeben hat. Gefährlicher sind jene, denen die finanzielle Entschädigung nicht genügt und deren Miene die Zuversicht ausdrückt, daß ihr Wirken mit ihrer Leiblichkeit noch nicht beschlossen sein werde. Weiß der Himmel, woher sie ihren Anspruch ableiten, da sie ihn doch vom Himmel nicht ableiten können. Aber vielleicht waren sie die ersten, die von Gnaden einer literarischen Mode lebten, die ersten, die auf einem sogenannten Niveau standen, und in schlechten Zeiten werden solche immer mit den Modellen und den Originalen verwechselt. Das Nachleben dieser Talente ist der Irrtum einer, wenn's hoch kommt, zweier Generationen, und wenn man näher hinhorcht, so ist es immer nur eine Überlieferung, nie ein Erlebnis, was sie mit den Späteren verbindet. Mit Heine wird eine Welt, der es gelingt, sich von der liberalen Maul- und Klauenseuche zu befreien, umso schonungsloser verfahren, je länger man seinen Geist hat anstehen lassen. Umso weniger wird es dann aber den Geistern derer, die heute noch vor Theatervorhängen erscheinen, gelingen können, die Welt an eine Verpflichtung ihnen gegenüber zu erinnern. Die Vorstellung, daß man nach fünfzig Jahren die Namen der Herren Hofmannsthal und Schnitzler mit Ehrfurcht nennen sollte, hat an und für sich etwas, was den Respekt schon heute bedeutend herabsetzt. Zum Lachkrampf aber steigert sie sich, wenn man bedenkt, daß die Unsterblichkeit nicht nur Register, sondern auch Inhalt hat. Denn man kann sich zwar recht wohl vorstellen, daß die Entwicklung menschlicher Dinge in einem bestimmten Stadium den Namen Peter Altenberg führt und daß ohne dieses Glied alles Folgende undenkbar wäre. Aber das Dasein der Herren Hofmannsthal und Schnitzler mit irgendetwas metaphysisch zu verbinden, stelle ich mir als eine anstrengende Aufgabe vor. Es ist dem Genius eigentümlich, daß man ihn spürt, ohne von ihm zu wissen. Das Wissen tritt hinzu und kann nie die Dimension des Wirkens ausfüllen. Bei den Werken des sterblichen Geistes ist es umgekehrt: man weiß immer mehr von ihm als man spürt. Und es wäre technisch denkbar, den Herren Schnitzler und Hofmannsthal die Unsterblichkeit zu sichern, indem man auch die kommenden Zeitungsgeschlechter verpflichtet, täglich eine Notiz über den »Professor Bernhardi« oder über »Jedermann« zu drucken und zu lesen. Es ist aber sehr wichtig, auf solche Unsterbliche acht zu haben, um sie beizeiten vor Enttäuschungen zu bewahren und auf jenes Gebiet lukrativer Erfolge zu verweisen, wo sich anspruchslosere Verdiener vor der Welt gütlich tun, gehalten von einer Zeitgenossenschaft mit beschränkter Haftung. Mit den metaphysischen

Verbindungen spießt es sich, und wenn Herr Wassermann den Versuch macht, noch den Librettisten Hofmannsthal für die Ewigkeit zu retten, so sehe er zu, daß man den Künstler Wassermann nicht für den Tag reklamiere. Und nichts scheint mir übler angebracht als die Einrede jener Relativkritiker, die mir sagen, Schnitzler sei doch immerhin. Dieses Immerhin ist eben jener gefährliche Schein, der die Enthüllungen um wohlgezählte zwanzig Jahre verzögert. Warum sollen wir Zeit verlieren? Warum sollen wir es nicht heute schon so gut haben wie die Geschlechter, die, um den Unterschied zwischen einem Anatol und einem Auernheimer befragt, sich auf ernstere Probleme berufen dürften. Wer nicht an Überlieferungen klebt, kann sich schon jetzt den Genuß dieses Standpunktes verschaffen. Selbst solche, die nicht mit mir der Ansicht sind, daß der Roman das Versteck jener ist, die nichts zu sagen haben, und darum die Ausflucht jener, die alles sagen müssen. Selbst solche, die wirklich nicht glauben wollen, daß ein Satz von Peter Altenberg eben darum einen Wiener Roman aufwiegt, weil es eben nur ein Satz ist. Man folge meinem Beispiel und lese eine Schnitzler'sche »Fortsetzung« im Aprilheft der Berliner ›Rundschau‹. Ich zwar weiß vorher, daß alles Werk, das in Fortsetzungen erscheint, nichts außer diesem Modus mit der göttlichen Schöpfung gemein hat, und ich gehe mit gutem Mißtrauen Novellen aus dem Wege, welche schon im Titel – »Frau Beate und ihr Sohn« – jene Anhörungsfähigkeit verraten, die mir das Romanschreiben als eine Sache der Entschließung verdächtig macht. Aber gerade ich, der Vorurteile lieber schluckt als Austern, bin oft von Reue über mein enthaltsames Schlemmerdasein ergriffen, und ergreife dann einen Roman. Wissend, daß man überall anfangen kann, ohne etwas zu verlieren oder zu gewinnen, beginne ich in der Mitte, und das Ergebnis ist immer, daß ich mir über meine Reue Vorwürfe mache. Und mir sage: Was nützt es, in Gegenwart einer Zeit zu sprechen, der diese Dinge eingehen! Und mich frage: ob denn ein Krieg grausamer ist als eine Duldsamkeit, die die Gehirne mit solchem Kleister verkleben läßt

330

und eine Industrie fördert, die es besorgt. Gewiß, Schnitzler ist immerhin. Aber was sind dann die Andern, wenn er die Frau Beate, nachdem er auf zehn Seiten beglaubigt hat, daß etwas in ihr vorgehe, auf die folgende Art zu folgendem Resultat gelangen läßt:

Mitternacht mußte vorüber sein. Sie war müde und überwach zugleich. Was tun? Was half alles Überlegen, alles Erinnern, alles Träumen, was alles Fürchten und Hoffen? Hoffen? Wo gab es noch eine Hoffnung für sie? Wieder trat sie zum Fenster hin und verschloß sorgfältig die Läden. Auch von hier aus schimmerts in die Nacht hinaus, in meine Nacht, dachte sie flüchtig. Sie versperrte die Türe, die auf den Gang führte, dann nach alter vorsichtiger Gewohnheit öffnete sie die Türe zu dem kleinen Salon, um einen Blick hineinzuwerfen. Erschrocken fuhr sie zurück. Im Halbdunkel, aufrecht in der Mitte des Zimmers stehend, gewahrte sie eine männliche Gestalt. »Wer ist da?« rief sie. Die Gestalt bewegte sich heran, Beate erkannte Fritz. »Was fällt Ihnen ein?« sagte sie. Er aber stürzte auf sie zu und ergriff ihre beiden Hände. Beate entzog sie ihm: »Sie sind ja nicht bei sich.« »Verzeihen Sie, gnädige Frau«, flüsterte er, »aber ich . . . ich weiß nicht mehr, was ich tun soll.« »Das ist sehr einfach«, erwiderte Beate, »schlafen gehen.« Er schüttelte den Kopf. »Gehen Sie, gehen Sie doch«, sagte sie, ging in ihr Zimmer zurück und wollte die Tür hinter sich schließen. Da fühlte sie sich leise und etwas ungeschickt am Halse berührt. Sie zuckte zusammen, wandte sich unwillkürlich wieder um, streckte den Arm aus, wie um Fritz zurückzustoßen, er aber faßte ihre Hand und drückte sie an die Lippen. »Aber Fritz«, sagte sie milder, als es ihre Absicht gewesen war. – »Ich werde ja verrückt«, flüsterte er. Sie lächelte. »Ich glaube, Sie sind es schon.« – »Ich hätte hier die ganze Nacht gewacht«, flüsterte er weiter, »ich habe ja nicht geahnt, daß Sie diese Türe noch öffnen werden. Ich wollte nur hier sein, gnädige Frau, hier in Ihrer Nähe.« »Jetzt gehen Sie aber sofort in Ihr Zimmer. Ja, wollen Sie? Oder Sie machen mich wirklich böse.« – Er hatte ihre beiden Hände an seine Lippen geführt. »Ich bitte Sie, gnädige Frau.« – »Machen Sie keine Dummheiten, Fritz! Es ist genug! Lassen Sie meine Hände los. So. Und nun gehen Sie.« Er hatte ihre Hände sinken lassen und sie fühlte den warmen Hauch seines Mundes um ihre Wangen. »Ich werde verrückt. Ich bin ja schon neulich in dem Zimmer hier gewesen.« – »Wie?« – »Ja, die halbe Nacht, bis es beinahe Licht geworden ist. Ich kann nichts dafür. Ich möchte immer in Ihrer Nähe sein.« – »Reden Sie nicht so dummes Zeug.« Er stammelte wieder: »Ich bitte Sie, gnädige Frau Beate – Beate – Beate.« – »Nun ist's aber genug. Sie sind ja wirklich – was fällt Ihnen denn ein? Soll ich rufen? Aber um Gottes Willen! Denken Sie doch – Hugo!« – »Hugo ist nicht zu Haus. Es hört uns niemand.« Ganz flüchtig zuckte

331

wieder ein brennender Schmerz in ihr auf. Dann ward sie plötzlich mit
Beschämung und Schreck inne, daß sie über Hugos Fernsein froh war.
Sie fühlte Fritzens warme Lippen an den ihren, und eine Sehnsucht
stieg in ihr auf, wie sie sie noch niemals, auch in längst vergangenen
Zeiten nicht, empfunden zu haben glaubte. Wer kann es mir übel nehmen? dachte sie. Wem bin ich Rechenschaft schuldig? Und mit ver-
langenden Armen zog sie den glühenden Buben an sich.   (Schluß folgt.)

Und dazu dient dieselbe Sprache, die – vergessen wir es
nie – den wundervoll knappen Ausdruck ermöglicht hat:
Kellner zahlen! Oder eben: »Schluß folgt«.
Die Stimmen mehren sich, welche auf eine Klarstellung der
kunstgewerblichen Talente, die durch zwei Jahrzehnte für
Künstler gehalten wurden, unter Zuerkennung aller Erfolgs-
rechte dringen, sozusagen auf die Verleihung der Taxe mit
Nachsicht der Ehrenlegion. Im »Jahrbuch für die geistige
Bewegung« 1910 (Verlag der Blätter für die Kunst) finde
ich jetzt eine Arbeit (»Das Bild Georges«) von Friedrich
Gundolf, dem Shakespeare-Übersetzer, in der mit einer
erfreulichen Erledigung des Ästheten Borchardt die folgenden Sätze über Herrn Hugo von Hofmannsthal verknüpft
sind:

Hofmannsthal ist der Dichter der Bezüge, Eindrücke, Reaktionen, der
Former des Geformten, der Seher des Gesehenen. . . .
Der Schöpfer, nicht nur der Wegbereiter, ist George. In George und nur
in ihm ist das ursprüngliche Feuer, dort entzündete der Wiener die
Kandelaber, womit er seine schätzereichen, spiegelhellen Säle beleuch-
tete, während George damit eine ungefüge Erde durchglühen und
fruchtbar lockernd erwärmen mußte. Was George von den Franzosen
lernte, ist handwerkliches, was Hofmannsthal von George empfing, ist
die seelische Substanz selbst, die ihn aus dem geschmackvollsten und
reifsten Epigonen Goethes – der war er noch in Gestern – zum ersten
dichterischen Verbreiter des neuen Geistes machte. Nicht gleichzeitig
mit Georges ersten Konzeptionen ist Der Tod des Tizian, Der Tor und
der Tod und die große Lyrik Hofmannsthals geworden, sondern eingestandenermaßen durch sie entzündet. Hofmannsthals klangliche Süße
darf man freilich bei dem nicht suchen, der nur »ein Dröhnen der heiligen Stimme« ist, auch nicht jene holde Gewohnheit und Gewandtheit
des Umbildens oder Vielgestaltigkeit der Gattungen (dabei muß man
nicht einmal so flach wie Borchardt es tut die Vielseitigkeit einer Kunst-
übung mit Fülle des Gehalts verwechseln) . . . .

332

Ihm (George) gegenüber Hofmannsthal: Herr über die Mittel und Möglichkeiten, aber an keine gebunden, unverantwortlich schaltend mit den gelockerten und ausgebreiteten Gütern der Zonen und Zeiten, Seelen und Kulturen, ein beflügelter Merkur botenlaufend zwischen Himmel, Erde und Hölle – und nirgends daheim, mit glücklichen Organen alles herausfühlend, was durch ihn schön und schöner werden kann und ihn selber verschöne, »nichts für sich in der Natur unternehmend, sondern sich in allen Stücken nur auf bereits Vorhandenes einlassend«. So erklärt Goethe »das Würzhafte gewisser Stauden, die zu den Parasiten gehören, aus der Steigerung der Säfte, da sie nicht nach dem gewöhnlichen Lauf mit einem roh irdischen, sondern mit einem bereits gebildeten ihren Anfang machen«. Niemals festgelegt, stets bereit zur Wahl, zu »Mischung und Entmischung«, Proteus der Bildung, geschickt sich in alles zu verwandeln, ohne irgend etwas unentrinnbar zu sein, von jedem zu nehmen, ohne ihm schuldig zu werden, jedem zu geben, ohne zu opfern, sich allem und alles sich zuzueignen, an jede Bezauberung glaubend und jeder Entzauberung gewiß, macht er aus jeder augenblicklichen Not eine dauernde Tugend, saugt wurzellos aus allem Nahrung, jeder Schönheit und Süße bedürftig und in der Sehnsucht ihrer Spiegelung fähig, im Schwelgen nur von der einen Angst geplagt, daß irgend etwas ihm entgehen könnte, irgendein Reiz ihn nicht träfe, irgendein Besitz einem andren zufalle, irgendein Wissen ihm verborgen bleibe. Darum pocht er an allen Pforten, lauert an allen Höhlen, zittert jedem Schauer nach und flüchtet kainhaft unter dem Fluch des horror vacui, und lechzt die ganze Außenwelt zu sich heran, begierig nach immer andren Stoffen, Kleidern, Leibern, Betäubungen, Entzückungen, um nur nicht allein sein zu müssen mit dem Ich oder zu entdecken, daß da kein Ich ist. In immer glühenderen Metaphern, gequälteren Fragen, trostloseren Antworten wandelt er von Gestern bis zum Ödipus dies eine Problem ab: wie werde ich ein All, wenn ich kein Ich bin? »Wir besitzen unser Selbst nicht, von außen weht es uns an«, »Unser selbst ist eine Metapher«, »Wir sind nicht mehr als ein Taubenschlag«, »Charaktere im Drama sind nichts als kontrapunktische Notwendigkeiten«, »Meine Menschen sind nichts als das Lackmuspapier, das rot oder blau reagiert«. Das ist sein Weltgefühl, daß der Mensch nur ein Schnittpunkt von Lebenslinien, nichts an sich ist. Von der dumpfen Wonne, daß alles uns durchschreitet, und von der noch dumpferen Trauer, daß nichts unser ist, ja daß wir nichts sind, es sei denn ein wesenloser Knäuel von Beziehungen, sind all seine Sätze und Sänge voll, dies ist sein Ethos: ihm entnimmt er seine trunkensten Ausweitungen, seine höchstgreifenden Gesichte, aus ihm kommt die hoffnungslose Lähme, die nicht tun nur dulden kann, die Empfänglichkeit, die nicht gebären kann, die Betäubung, die bis ins Ruchlose des Zynismus führt, weil es keine Werte gibt, wo es kein Ich gibt, die Sorglosigkeit sich allem preiszugeben, weil kein

333

Ich dabei zerstört oder verloren werden kann, die stete Angst, den Sinn und die Fülle des Daseins zu versäumen. So hat er, ohne eine Not und Richte in sich selbst, sich mehr und mehr der nächsten Bezauberung dargeboten, mit den Jahren weiter abgerückt von der Mitte, durch Erfolge selbst verlockt, sich mit immer Zufälligerem und Nichtigerem begattet, zersetzt und erschöpft, die mißbrauchten Organe des Dichtens bis zum Krampf aufgepeitscht, bis zum Taumel betäubt. Umsonst sucht er jetzt das Leben von außen hereinzuleiten, das von innen nimmer quellen will. Die Zeit seines ἱερος γαμος, der Morgenschauer einer frisch erschlossnen Welt, der selige Beginnerblick auf eine unverbrauchte Erbschaft ist vorüber für ihn, und er erkennt selbst schmerzlich, daß »Schnellsein nicht zum Laufen hilft«.

So sieht es mit der konkreten Erfüllung aus, mit der Borchardt George zurechtweisen will. Übrigens wird er wohl jetzt selbst nicht mehr frivol genug sein, den heutigen Hofmannsthal der Dialekt-Komödien und Operetten-Texte der deutschen Jugend als Meister und Vorbild zu preisen.

Nur darin weiche ich von der Anschauung Gundolfs ab, daß mir ein Weib, welches sich mit immer Zufälligerem und Nichtigerem begattet, seine Organe keineswegs zu mißbrauchen scheint, jedoch ein Dichter auch durch die Gleichstellung mit einem Weibe, das von seinen Organen den weisesten Gebrauch macht, entwurzelt wird. Aber es verläuft hier und dort alles, wie die Natur will, und ein weiblicher Dichter bringt sich so wenig herunter wie ein Weib. Der Mann, dem man die Wahllosigkeit einer empfangenden Psyche nachsagen kann, vermag wie das Weib nur soziale Einbuße zu erleiden, aber nicht das in Gefahr zu bringen, was man bei ihm mit Unrecht Persönlichkeit nennt. Auf dem Abweg, den die Natur gewiesen hat, gibt es keine Verirrung. Solches Dichten werde aber nicht mit dem weiblichen Sexualakt verglichen, sondern besser mit dem Surrogat hiefür, das von den schreibenden Weibern beliebt wird. Denn die holde Passivität des Weibes leitet die Werke ein, welche des Mannes sind. Die vertrackte Passivität des weiblichen Mannes aber ist wie die Aktivität des männlichen Weibes: sie vermag die Werke gleich beizustellen. Das Weib hat die Persönlichkeit des Nicht-ich: sie ist ein All, i n d e m sie kein Ich ist. Beschränken wir das Bild auf das soziale Moment, welches das »Fallen« einer Frau sichtbar macht, so ist das Urteil gegen den Dichter Hofmannsthal gerechter als gegen jede Frau.

So verlockend es nun wäre, im Zusammenhang mit einer verlorenen Schönen von einem älteren Femininum zu sprechen, das ihr Unterstand gab – es soll nicht geschehen. Denn dieser Hermann Bahr hat sich längst aller Verantwortung entzogen und trägt, wiewohl er vorgibt, erst fünfzig Jahre alt zu sein, jene matronenhafte Schlichtheit, die mit dem ganzen Vorleben versöhnt, das diese fünfzig Jahre ausfüllt, und der man den Übergang in ein älteres Fach ohneweiters glaubt. Der Sultan Fortschritt hält jetzt einen Harem von Suffragetten, und dort Eunuch zu sein, ist ein schöner Beruf, wenngleich er auf die Dauer seinen Mann auch nicht nährt. Was dann folgt, ist unbestimmt. Aber ewig unbefriedigt wie alle diese Ich-losen Individualitäten, deren Rudel Wiener Literatur heißt, bleiben wir mit unserem Wunsche, daß die, die so viel schon mitgemacht haben, endlich einmal auch etwas erleben mögen. So sollen sie wenigstens mit ihrem Schein dem Licht nicht länger im Wege stehn!

ANHANG

ENTSTEHUNG UND ÜBERLIEFERUNG

Die Spur des Plans, den Karl Kraus 1929 mit der Herausgabe von *Literatur und Lüge* ins Werk gesetzt hat, führt mehr als zwei Jahrzehnte weit zurück. Auf wiederholte Anregungen hin hat Kraus bereits Anfang 1907 die Absicht erklärt, eine Sammlung seiner in der *Fackel* veröffentlichten Artikel zu veranstalten:

> wahrscheinlich in zwei Bänden, deren einer literarische und sozialkritische Essays und Satiren, deren zweiter die dem Gebiet »Sittlichkeit und Kriminalität« entstammenden Betrachtungen bringen wird (F 219–220, U 2).*

Ein Jahr später konnte dieser zweite Band, nun als erster der *Ausgewählten Schriften*, unter dem Titel *Sittlichkeit und Kriminalität* erscheinen. Zugleich wurde mitgeteilt:

> in rascher Folge wird sich der zweite Band (in zwei Teilen): »Kultur und Presse« anschließen (F 244, 23).

Auf der beiliegenden Bestellkarte hieß es gar: »Erscheint in wenigen Wochen«. Aber schon bald und dann noch öfter sah sich Kraus veranlaßt, das Erscheinen zu vertagen: zunächst auf den Herbst 1908 (F 259–260, 34), dann auf den Herbst 1909 (F 281–282, 30), schließlich auf Anfang 1911 (F 305–306, 64). Nachdem sich auch dieser Termin nicht hatte einhalten lassen, wurde das Werk nur mehr für »einen späteren Zeitpunkt« in Aussicht gestellt (F 341–342, 50). Und dabei ist es geblieben. Zwar hat sich Kurt Wolff Ende 1913 in einem auf Kraus' Betreiben bald wieder gelösten Vertrag »auch zur kostspieligen Übernahme des damals sieben [richtig wohl: sechs] Jahre stehenden Satzes von ›Kultur und Presse‹« verpflichtet (F 445–453, 143); aber in das Programm des 1916 gegründeten »Verlags der Schriften von Karl Kraus (Kurt Wolff)« scheint der inzwischen fast zehn Jahre alte Plan dann nicht mehr eingegangen zu sein. Er hatte sich in der Tat überlebt.

---

* Zitate aus der *Fackel* werden in der Form »F 351–353, 77« nachgewiesen. Über Jahr und Jahrgang des Erscheinens kann man sich anhand der Tabelle 2 in Friedrich Jenaczeks *Zeittafeln zur »Fackel«* (München 1965) unterrichten. Abgekürzt zitierte Literatur (»Schick 1965«, »Kerry«) findet sich mit vollständigen Titeln bei Sigurd Paul Scheichl (*Kommentierte Auswahlbibliographie zu Karl Kraus.* München 1975) sowie bei Jens Malte Fischer (*Karl Kraus.* Stuttgart 1974) aufgeführt. Die letzte Ziffer bezeichnet immer die Seitenzahl. – Kraus' Vorlesungen werden nach dem Verzeichnis in *Kraus-Heft* 35/36 in der Form »V 404« notiert.

339

Denn unmittelbar nach dem Erscheinen von *Sittlichkeit und Kriminalität*, Anfang 1908, hatte Kraus sich bereits an die Zusammenstellung jüngerer Arbeiten gemacht: seiner seit 1906 veröffentlichten Aphorismen, deren Sammlung zunächst den Titel *Gedanken* führen sollte, und der gleichfalls »seit 1906 erschienenen Satiren und polemischen Aufsätze« (F 259–260, 34). Daraus wurden die Bücher *Sprüche und Widersprüche* (1909) und *Die chinesische Mauer* (1910). Als vierter Band der *Ausgewählten Werke* kam wenig später ein zweiter Aphorismenband, *Pro domo et mundo* (1912), hinzu. Und nachdem inzwischen *Heine und die Folgen* (1910) und *Nestroy und die Nachwelt* (1912) erschienen waren, wurde 1913 wiederum ein neues Buch ins Auge gefaßt – das außer diesen beiden Schriften auch die Aufsätze über Strindberg, Altenberg, Wedekind und Schnitzler umfassen sollte (F 372–373, 31). Es erhielt wenig später den Titel *Untergang der Welt durch schwarze Magie* (Brief an Kurt Wolff vom 9. 12. 1913), befand sich seit Ende 1916 »Im Druck« (F 443–444, U 2), erschien jedoch erst im Herbst 1922 – da wiederum ein aktuelleres Projekt, die Sammlung der Kriegsaufsätze in *Weltgericht* (1919), und dann die langwierige Fertigstellung der »Buchausgabe« der *Letzten Tage der Menschheit* (1922) den Vorrang gewonnen hatten.

Weil aber auch mit dem Sammelwerk *Untergang der Welt durch schwarze Magie* nicht schon alles getan war, was zur Aufbewahrung der wichtigsten »literarischen« Schriften aus den Jahren vor dem Weltkrieg dienen konnte, kam zugleich mit der Drucklegung dieser Sammlung (und wohl auch dank der Anfang 1920 [F 521–530, 48–62] erneuerten Erinnerung an das vor Jahren aufgegebene Projekt von *Kultur und Presse*) der Plan eines neuen Buches in Sicht. Die erste Ankündigung lautet (F 601–607, U 4):

1923 erscheint: Literatur und Lüge, 2 Bände.

Sie wird wenig später bekräftigt und ergänzt (F 613–621, U 4):

1923 erscheint: Sprachlehre, 1 Band,
                 Literatur und Lüge, 2 Bände.

Brieflich spricht Kraus auch schon von den Widmungen der Bücher: die *Sprachlehre* soll Sidonie Nádherný, *Literatur und Lüge* (»Literar. Polemik«) Mechtilde Lichnowsky zugeeignet werden (BSN 1, 570).

340

Aber wieder dauert es Jahre. Das Sprach-Buch wird erst 1932, für das Frühjahr 1933, noch einmal angekündigt und kann erst 1937, ein Jahr nach dem Tod des Autors, erscheinen. Mitte der zwanziger Jahre spricht Kraus beiläufig von dem »leider noch lange nicht fertiggestellten Werke ›Literatur und Lüge‹« (F 691–696, 43) und begnügt sich inzwischen mit der Verwendung dieses Titels für eine polemische Notiz (F 697–705, 103–105). Vom Fortgang der Arbeit zeugt dann die Vorlesung vom 24. Januar 1927 (V 404) – die zu gleichen Teilen der »Sprachlehre« und »Literatur und Lüge (Band I in Vorbereitung)« gewidmet ist (F 751–756, 78). Weitere Ankündigungen erfolgen nicht. Anfang 1929 aber ist das langgehegte Werk dann wenigstens zur Hälfte fertig:

> Literatur und Lüge, 1. Band, ist am 1. Februar 1929 im Verlag der Fackel erschienen. Die Durchsicht der Korrekturen hatte Heinrich Fischer besorgt. (F 806–809, 10)

Die Bandbezeichnung, die sich auch auf dem Umschlag der broschierten Ausgabe findet, kehrt in Anzeigen des Buches bis Ende September 1930 (F 838–844, U 2) wieder. Es bleibt bis 1936 lieferbar; der zweite Band ist nicht erschienen.

*

Bei der Vorbereitung von *Kultur und Presse*, die im wesentlichen 1908 vonstatten gegangen ist und über die wir durch die Arbeiten von Sigurd Paul Scheichl und Sophie Schick (beide in *Kraus-Heft* 2) gut unterrichtet sind, hat sich Kraus auch mit einigen der später in *Literatur und Lüge* übernommenen Aufsätze befaßt *(Die Büchse der Pandora, Die Maisonne eines Septemberlebens, Ihre Freundschaft mit Ibsen)*. Ein wohl 1911 zusammengestellter Band mit aufgeklebten und von Kraus korrigierten Ausschnitten aus der *Fackel* enthält ferner die Artikel *Aus dem Papierkorb, Der alte Tepp, Übersetzungen aus Harden, Seine Antwort* und *Schoenebeckmesser*. Von ähnlichem Umfang und ähnlicher Art sind die im Kraus-Archiv der Wiener Stadt- und Landesbibliothek aufbewahrten Vorarbeiten zu *Literatur und Lüge* – über die an anderer Stelle ausführlicher zu berichten wäre. Besonderes Interesse verdienen zwei von der Druckerei aufgestellte Listen der »von Herrn Kraus bereits gelesenen« und der »von Ihnen noch nicht durchgesehenen Korrekturen«. Sie führen rund die Hälfte der später in den Band

341

übernommenen Stücke nach Titel und Datum auf – und überdies (außer einigen Doubletten) nur solche Artikel, die früher als *Die Büchse der Pandora* in der *Fackel* erschienen sind.[1] Erst mit der Athetese dieser Schriften hat Kraus die Wedekind-Rede außer zum ersten auch zum frühesten Stück des Buches machen und dessen Bestand zugleich auf eine Auswahl aus seinen nach der »ästhetischen Wendung« der *Fackel* veröffentlichten literaturkritischen Arbeiten beschränken können.

*

Die Eingangsrede des Bandes, die Einleitung zur Wiener Aufführung der *Büchse der Pandora* am 29. Mai 1905, hat Kraus in den zwanziger Jahren noch zweimal gesprochen: am 7. Juli 1925 »zur Zwanzigjahrfeier« jener Aufführung (V 348) in Wien und am 31. März 1928 in einer »Dem Andenken Frank Wedekinds« gewidmeten Vorlesung in Berlin (V 443). Die Schlußrede *Warnung vor der Unsterblichkeit* kam (gekürzt und ergänzt) zur Eröffnung des ersten, Peter Altenberg gewidmeten Teils der Wiener Vorlesung vom 16. April 1913 (V 47) zu Gehör. Aber auch einige andere Stücke des Bandes stehen zwischen 1910 und 1914, teils mehrfach, auf dem Vorlesungs-Programm: *Harden-Lexikon* (V 2) und *Desperanto* (V 13, V 34); besonders oft *Die neue Art des Schimpfens* (V 37 – V 39, V 44, V 46, V 58, V 66); einmal auch die Notiz *Kokoschka und der andere* (V 58). In der Wiener Vorlesung vom 27. Mai 1914 (V 78) sollten unter anderen »Lichtbildern« auch die Photographien »Hermann Bahr am Lido« (S. 270) und »Otto Ernst als Strandläufer von Sylt« (S. 298) gezeigt werden; die Darbietung der zweiten mußte jedoch durch die »Mitteilung eines landesgerichtlichen Dekrets: Verbot der Vorführung des Otto Ernst« ersetzt werden. (Fortgang und Abschluß des Streits sind dokumentiert in dem Aufsatz *Der Fall einer deutschen Mona Lisa* in F 406–412, 39–51.) Eigens zu erwähnen ist schließlich die Wiener Vorlesung vom 24. Januar 1927 (V 404) – die einzige, in der Kraus eine größere Anzahl von Stücken aus *Literatur und Lüge*, und unter diesem Titel, vorgetragen hat. Wie aus dem Programm hervorgeht (F 751–756, 78), sollte zu diesem Zeitpunkt noch die Notiz *Welchen Erfolg hatte »Rose Bernd«?* (F 155, 11–12) in das Buch aufgenommen werden. Von den Arbeiten, die wohl für den damals noch geplanten II. Band vorgesehen waren, trug Kraus die erst im Februar 1927 veröffentlichte »Gegenüberstel-

342

lung« *Aus einer Literaturgeschichte, die als Lehrmittel dient* vor
(F 751–756, 58–62).

*

Über den schon 1922 geplanten und noch 1930 angezeigten
II. Band von *Literatur und Lüge* läßt sich nur wenig Verläßliches
sagen. Sicherlich hätte Kraus ihn mit seinen in der Kriegs- und
Nachkriegszeit entstandenen und veröffentlichten literaturkritischen Artikeln (Essays, Notizen, Glossen) gefüllt – wohl wie im
I. Band in einer locker an die Daten des ersten Erscheinens ange-
schlossenen Reihenfolge. Einschlägige Schriften finden sich in der
Fackel auf Schritt und Tritt.[2] Mit einiger Sicherheit aber läßt sich
nur von zwei Schriften sagen, daß Kraus sie jedenfalls zum Zeitpunkt ihres ersten Erscheinens für den II. Band von *Literatur und
Lüge* vorgesehen hat: eine unter eben diesen Titel gestellte »Notiz«
von 1925 (F 697–705, 103–105) und die gleichfalls schon erwähnte
»Gegenüberstellung« *Aus einer Literaturgeschichte, die als Lehrmittel dient* von 1927 (F 751–756, 58–62). Sie werden darum hier
als Paralipomena mitgeteilt. Ob auch der Aufsatz *Hofmannsthal
und die Bezüge* von 1926 (F 717–723, 62–67), den Kraus einer
späteren Notiz zufolge in »einer Buchausgabe« an einer Stelle ver-
ändern wollte (F 743–750, 64 f.), für den II. Band von *Literatur
und Lüge* vorgesehen war, muß dahingestellt bleiben.

1 Dabei handelt es sich im einzelnen um: *Jung Wien* (*Die Einacter*, F1,
 24–27); *Brief an den Zensor* (*An das Censur-Departement*, F 84, 1–
 10); *Nestroy, Der Zerrissene* (*Der Zerrissene*, F 88, 11–18); *Tage des
 Taumels* (*Tage des Taumels. . .*, F 95, 16–18); *Literatur der Zeit* (*Literatur*, F 129, 12–22); *Salome* (F 150, 1–14) und *Seelenvollheit* (ohne
 Titel, F 178, 1–4). Die Liste führt außerdem zwei weitere *Desperanto*-
 Stücke (F 360–362, 56–63 und F 370–371, 35–36) sowie *Notizen* vom
 November 1913 auf (F 387–388) – deren erste ein Heft später zitiert
 wird und in dieser Form dann auch in das Buch eingegangen ist (vgl.
 S. 323).
2 Ich verweise hier nur auf die schon dem Titel nach einschlägigen Arti-
 kel *Die Literaturlüge auf dem Theater* (1917), *Brot und Lüge* (1919),
 Literatur (1920) und *Vom großen Welttheaterschwindel* (1922). Der
 Sache nach gehört neben vielem anderen natürlich auch die zweite
 Reihe der Polemiken gegen Alfred Kerr (1926–1929) in diesen Zusam-
 menhang.

PARALIPOMENA

Seine Rede über Wedekinds *Büchse der Pandora* von 1905 hat Kraus am 7. Juli 1925 (V 348) in leicht veränderter und ergänzter Fassung erneut vorgetragen. Die beiden Ergänzungen – eine »Vornotiz« und eine »Einschaltung« (zu S. 19, Z. 16) – erscheinen im wiederholten Abdruck der Rede (F 691–696, 43–55) als Fußnoten und lauten wie folgt.

Diese Anrede, erschienen in Nr. 182, wird – mit den geringen Abweichungen vom Erstdruck – in dem leider noch lange nicht fertiggestellten Werke »Literatur und Lüge« enthalten sein. Sie ist gesprochen worden als Einleitung zu der ersten der Aufführungen, die am 29. Mai und am 15. Juni 1905, also vor zwanzig Jahren, im Trianon-Theater (Nestroyhof) von mir veranstaltet und mit dem Regisseur Albert Heine, der auch den Schigolch gespielt hat, in Szene gesetzt wurden. Wedekind gab den Jack, Adele Sandrock (die am Tage der zweiten Aufführung aus Moralgründen einen ihrer außerordentlichsten Erfolge vereiteln wollte) die Gräfin Geschwitz, ich den Kungu Poti. Der Theaterzettel der denkwürdigen Erstaufführung, mit dem Hinweis auf meinen einleitenden Vortrag, ist der Buchausgabe von 1906 (Verlag von Bruno Cassirer) vorangedruckt, von der mir Frank Wedekind im Dezember dieses Jahres ein Exemplar mit den Worten gewidmet hat: »Meinem lieben Freunde Karl Kraus in dankbarer Erinnerung an die erfolgreichste Aufführung meines Lebens«.

*

Wie dieses Schamgefühl des Dichters gegen das eigene Erlebnis und Bekenntnis zu wirken begann, hat sich vor und nach jenen Aufführungen gezeigt. Daß der unzulängliche Darsteller des Alwa die fast feierliche Ansprache an das Bild im dritten Akt halbwegs möglich, nämlich mit Pathos sprach, schien er schlechthin nicht ertragen zu können. Eben weil hier, wie es doch anders gar nicht denkbar war, das Bekenntnishafte, Wesentliche, ja der gedankliche Angelpunkt des Werkes in Erscheinung trat. Die Nötigung, diesen zu nehmen, hätte mir, so betonte ich, die Inszenierung unmöglich gemacht und würde mir nun, da diese nicht mehr aufzugeben sei, mindestens die Vorrede unmöglich machen, die doch auf eben dieser Hervorhebung beruhe; ein Meistersprecher könnte vor einem höher gearteten Publikum sich mit der gewünschten Andeutung einer Sachlichkeit begnügen, die heute erst sozusagen durch Pathos zu erobern sei. Wedekind fügte sich, trug aber seinem Schamgefühl Rechnung, indem er in der damals vorbereiteten Ausgabe vor jene Sätze, die, wie nur eine epilogische Shakespeare-Wendung, die Katastrophe überschauen und das zertrümmerte Leben entsühnen, die szenische Anweisung setzte (die im Regiebuch wie im Erstdruck fehlt und an deren Möglichkeit niemand ernsthaft gedacht hätte): *(spricht von nun an in leichtem, muntrem Konversationston)*. Auch schwächte er den Ruf: »... der werfe den ersten Stein auf uns« zu den Worten ab: *... der mag mit Verachtung auf uns herabsehen.* »Schamgefühl vor Klagen und vor Wunden«, das er, nach dem Gedicht »Konfession«, »oft empfunden« hat. Der ganze Wedekind, im Erleiden wie im Verleugnen.

*

Von den Artikeln, die Kraus in den geplanten II. Band von *Literatur und Lüge* aufgenommen hätte, sind hier nur zwei mitzuteilen. Der erste ist im Druck der *Fackel* (F 697–705, 103–105), der andere (F 751–756, 58–62) in der Vorlesung vom 24. Januar 1927 (V 404) unter diesen Titel gestellt. Vgl. oben S. 341.

Literatur und Lüge

Wenn die Journalisten die Mission haben, mit dem, was sie schmieren, zugleich die Menschheit anzuschmieren, so dürfte selbst der Betrug der Börsennachrichten nicht an den der Literaturrubrik hinanreichen. Diese Erkenntnis und der Nachweis der Methode, wie das Privatlob, das ein Kaffeehausbesucher dem Tischgenossen spendet, zur öffentlichen Meinung wird, bildet den Inhalt von sechsundzwanzig Jahrgängen der Fackel; aber drastischer mag sie wohl kaum je in Erscheinung getreten sein als in dem folgenden Fall. In Berlin, wo es vielleicht noch gewisse Hemmungen des Ehrgefühls gibt und darum den Notizenschreibern zum wahren Schlieferltum die Agilität fehlt, wo man am anderen schätzt, was man selbst nicht über sich brächte, und deshalb die Wiener Note begehrt ist, wirkt ein Herr Hildenbrandt als Feuilletonredakteur jenes Tageblatts, bei dem alles, was aus Wien ankommt, anzukommen trachtet. Dieser Herr Hildenbrandt nun schreibt Plaudereien von einer selbst für Berliner Verhältnisse erstaunlichen Dürftigkeit und gibt sie auch in Buchform heraus, wodurch die Unzulänglichkeit, die schon auf dem Zeitungspapier und sogar in Berlin Aufsehen erregte, zum Ereignis wird. Natürlich auch im schmeichelhaften Sinne einer Kritik, die sich einem Autor zu Füßen wirft, der Feuilletons nicht nur schreibt, sondern auch annehmen kann. Daß dieser Herr Hildenbrandt, gegen den ein Wiener Expressionist tatsächlich ein Genie ist, von einem solchen mit Stifter und Sterne verglichen wird, wäre weiter nicht auffallend, es spielt sich in Wien, dem Emporium des Meinungshandels, ab und ist eben die Usance, um in Berlin anzukommen. Das Äußerste aber, was je an Schamfreiheit auf diesem Gebiet versucht wurde, und was das sieghafte Vordringen der österreichischen Moral bis zum vollendeten Anschluß dartut, hat sich im Berliner Tageblatt selbst, in der Rubrik, die der Herr Hildenbrandt zur rechten Hand hat, abgespielt. Im Literaturteil, dessen anrüchige Inseratenwerbungen hier gewürdigt worden sind, schreibt einer dieser sichtlich noch um den Anschluß an das Berliner Tageblatt Ringenden, und der Resolutesten einer, ein Reporter, dessen Raserei sogar in der sozialistischen Presse Beachtung findet, über das Buch des Feuilletonredakteurs eine Rezension, in der wörtlich das Folgende vorkommt:

Erstaunt fragt man sich, wo dieser Dichter bisher gewesen ist. (Ich selbst kenne ihn kaum und lehne es ab, ihn aus einer Photographie – eine Photographie im Buch eines neuen Buchautors! – kennen zu lernen.) Es kann doch unmöglich sein, daß ihn der Druck zum Dichter gemacht hat; wo war der Druck, der bis dahin auf ihm lastete, daß niemand das Flüstern eines Dichters namens Fred Hildenbrandt hörte, bevor er auf dem Postament stand und eine so erstaunlich laute Stimme bewies?

Angenommen, aber nicht zugegeben, daß der ehrlich Erstaunte den Herrn, den er in der Redaktion gesehen und schon gesehen hat, ehe er dorthin kam, um das Manuskript der Kritik abzuliefern, »kaum« kennt und es darum »ablehnen« darf, ihn nach der Photographie (die er keusch, doch mit Unrecht den Hildenbrandt-Verehrern entziehen möchte) zu agnoszieren. Aber wie rein muß der Tor sein, der nicht gewußt hat, daß der Druck, der bis dahin auf jenem »lastete«, der des Berliner Tageblattes war. Es ist wohl der phantastische Gipfel der Literaturmache, daß die Zei-

tung als das eigentliche, der breitesten Leserschaft erschlossene
Schöpfungsgebiet des Dichters es beklagen läßt, erst »der Druck«,
nämlich nicht ihr eigener, sondern der der Buchausgabe habe ihn
zum Dichter gemacht, wiewohl dies schier unmöglich sei, und niemand habe vordem das Flüstern eines Dichters »namens Fred Hildenbrandt« gehört. Während es sich in der rauhen Wirklichkeit
doch eher so verhält, daß ein Dichter lang flüstern kann, bevor er
das Postament der Zeitung erreicht, geht diese in der Selbstentäu-
ßerung so weit, zu behaupten, daß ihr Feuilletonredakteur es erst
im Buch gefunden und daß sie seine Perlen vor ihre Säue geworfen habe, bevor sie zur Schnur gebunden waren. Den Wahrhaftig-
keitsgehalt dieser Kritik müßte man folgerichtig so ins Leben fortsetzen: Der Feuilletonmitarbeiter bringt dem Feuilletonredakteur
ein Feuilleton, erstaunt über die Ähnlichkeit mit einer ihm bekannten Photographie, die einen Dichter namens Fred Hildenbrandt zeigt, lehnt es jedoch ab, ihn aus dieser kennen zu lernen.
»Tach, Kisch!« »Grüß Sie Gott, Hildenbrandt!« »Warum erstaunen Sie, Herr Kisch?« »Ich kenne sie kaum.« »Sie sind mir auch
ziemlich unbekannt.« »Sollten Sie am Ende der Hildenbrandt
sein, über den ich im Berliner Tageblatt geschrieben habe?« »Derselbe. Und Sie sind vielleicht gar der Kisch, der über mich im Berliner Tageblatt geschrieben hat?« »Derselbe. Ich war umso unvor-
eingenommener, als ich bis dahin nichts von Ihnen gehört hatte.
Sie müssen geflüstert haben.« »Sie haben gerast; da hört man
nichts.« »Der Druck kann Sie doch unmöglich zum Dichter gemacht haben. Was ging da vor? Welcher Druck hat denn bis dahin
auf Ihnen gelastet?« »Der des Berliner Tageblatts.« »Was Sie nicht
sagen! Sie waren beim Berliner Tageblatt?« »Jawoll!« »Und wo
sind Sie heute?« »Beim Berliner Tageblatt.« »Was machen Sie da?«
»Den Feuilletonteil. Was haben Sie da?« »No was soll ich da haben?
Ein Feuilleton!«

*

Aus einer Literaturgeschichte, die als Lehrmittel dient

Welchen Beruf die Journalisten verfehlt haben, läßt sich nicht im
einzelnen Fall so genau bestimmen. Von den Literarhistorikern
aber kann man wenigstens sagen, daß sie den Beruf des Journalisten verfehlt haben und eben nur weil sie die Fähigkeit besitzen,
noch schlechter zu schreiben, Literarhistoriker geworden sind.

Der Literarhistoriker ist ein rückwärts gekehrter Analphabet. Als der stärkste Vertreter dieser Branche erscheint mir nun doch der Eduard Engel, und als der gefährlichste, weil er, wie ich höre, der beliebteste ist, der offiziell begünstigte, zu dessen Geist die sogenannten Lehrkörper gravitieren. Seine Geschichte der deutschen Literatur ist in Wien bei Tempsky erschienen, hat 31 Auflagen erzielt und ist ein unentbehrlicher Unterrichtsbehelf, so daß man die Anzahl der mit ihr traktierten Gehirne wohl mit etlichen Hunderttausend beziffern kann, ganz abgesehen davon, daß auch die Familien ihre Freude dran haben und vielleicht jüngst wieder mancher Weihnachtstisch von diesem Engel geschmückt wurde. Solche Vorstellung entbehrt keineswegs der Unappetitlichkeit. Doch die Verbindung der Begriffe Mittelschule, Lehrmittel und Mittelmäßigkeit ergibt schon ein exorbitantes Greuel, wenn man bedenkt, daß Generationen zu einem Wissen verpflichtet werden, das die Möglichkeit der folgenden Urteilsgegenüberstellungen bietet:

Stefan G e o r g e heißt der Versbauer, durch den diese ganze sich Dichtung nennende Hantierung einen nicht so leicht zu übergipfelnden Gipfel erklommen hat: die Dichtung derer, die klangvolle Verse machen, aber nicht dichten können. – –
Als Probe seiner Meisterschaft in der erhabenen Sinnlosigkeit diene sein »Lämmer«-Lied:

> Zu dunkler schwemme ziehn aus breiter lichtung
> Nach tagen von erinnerungsschwerem dämmer
> In halb vergessner schönheit fahler dichtung
> Hin durch die wiesen wellen weißer lämmer
>
> Lämmer der sonnenlust und mondesschmerzen,
> Ihr keiner ferngeahnten schätze spürer!
> Lämmer ein wenig leer und eitle herzen
> Stolz auf die güldnen glocken eurer führer!
>
> Alternde uns! in eurem geiste junge!
> Lämmer von freuden die für uns erkühlen
> Lämmer mit schwerem schritt mit leichtem sprunge
> Mit einem heut kaum mehr begriffnen fühlen!
>
> Vorsichtige! vor keinen hängen scheue!
> Lämmer der wolumfriedigten zisternen
> Lämmer zu alter doch bewährter treue
> Lämmer der schreckenlosen fernen!

Hier haben wir ein Musterstück der ganzen Gattung: feierlicher Unsinn in wohlgefügten Versen; in einer Sprache, die sich quält, Siriusfernen und Abgrundtiefen ahnen zu lassen, zugleich durch das Gebimmel des Anlautreims das Ohr zu bezaubern. . . .

Georges feierlich wellende, wallende, lallende, lullende Verse klingen so, als müsse dahinter eine wundersame, den Sinnen erdenhafter Sterblicher leider nicht vernehmliche Poesie schlummern; und es gibt unter seinen Lesern einige, die ob dieses Dichtungskaisers »neuen Kleider« in Verzückung geraten. Der Geschichtsschreiber aber kann nur wie das offenherzige Kindlein im Märchen ausrufen: »Dieser Kaiser hat ja garnichts an!«

Hingegen:

So recht der Wiener Lyriker, der seine lebensreiche, schöne Vaterstadt aus dem liebenden Herzen heraus besingt und in ihrem Geiste dichtet, ist der 1874 geborene Paul Wertheimer. In seinen Gedichten und Neuen Gedichten stehen heitere Lebensfreude und tiefer Ernst bis zur Schwermut in guter Mischung beisammen. Seinen eigensten Ton aber findet er in Liedern wie diesem:

Mein Wien!

Das ist mein Wien – mit seinen Dämmerplätzen,
Mit seinen Gäßchen, schmal und still und traut,
Mit seiner Brunnen leisem Liebesschwätzen,
Mit seiner Kirchen weichem Orgellaut.
Das ist mein Wien – mit seinen Mamorbauten,
In fernen Duft vertauchend – ein Gedicht;
Daneben gleich ein Haus, das mit ergrauten
Gemäuern klug von alten Tagen spricht!

Und zwischendurch dies sorglos leichte Schlendern
Von Frauenschönheit, die sich rhythmisch biegt,
Mit kecken Hüten, zierlichen Gewändern,
Von losen Klängen in der Luft gewiegt – –
Mein Wien! du bist mir lieb, wie meine Seele;
Wo Brunnen rauschen, stille Gäßchen stehn,
Und Prunkpaläste fern im Dunstgeschwele
Und Frauenlocken frei im Winde wehn.

Der Münchner Frank Wedekind, geb. 1864, ist eine von den Tagesberühmtheiten, wie sie nur auf Großstadtboden gedeihen, so recht einer aus der »Literatenliteratur«. Niemand vermag ein Werk Wedekinds zu nennen, das mehr wäre als ein kunstloses Gemengsel aus einigen mehr närrischen als wahrhaft komischen Einfällen, sehr viel Plattheit, fast noch mehr Langweile, nur einem geringen Ansatz zur Charakterzeichnung und sehr vielen Erinnerungen an Strindberg. Tut nichts, denn Wedekind will kein Kunstwerk schaffen, sondern er will verblüffen, und jedes Mittel dazu ist ihm recht. . . . Wedekinds vier- und fünfaktige Stücke: Der Marquis von Keith und Der Erdgeist (1902) gleichen allzulangen Zirkusvorstellungen mit lauter solchen Hanswurstspäßen. Statt zu lachen, langweilen wir uns unaussprechlich. . . .

Ganz leer ist auch sein symbolisch gemeintes Märchenkönigsdrama »So ist das Leben«, trotz den verzweifelten Versuchen Wedekinds, tiefsinnig zu erscheinen. Er gehört zur Gattung derer, die wunderwas möchten, aber nichts Rechtes können. Er möchte witzig sein, aber ihm gelingt kein Witz; er möchte uns durch Teufeleien schrecken, aber wir lachen ihn aus. Durch das noch weit mehr langweilige als verrückte Stück Hidalla (1905) hatte er seinen Ruf als genialer Querkopf selbst bei denen eingebüßt, die hinter jeder modischen Narretei eine Weile herlaufen. Seinen wahren Beruf hat er spät entdeckt; er wurde Schauspieler, ein mittelmäßiger, an einem Berliner Theater.

Zuletzt errang einen der größten Theatererfolge unserer Zeit seine sogenannte Kindertragödie Frühlings Erwachen .. Als das Stück 10 Jahre zuvor im Buch erschien, blieb es mit Recht unbeachtet oder erregte Widerwillen durch die stümperhafte, ja unliterarische Form, in der ein an sich erschütternder Stoff .. behandelt war. Bei der Aufführung wirkte der bloße Stoff, und in den Erörterungen über das Stück wird immer nur von dem Stoff gesprochen. Gerade an diesem erfolgreichsten Stücke Wedekinds zeigt sich seine unheilbare Dilettanterei. Es gibt wenige Bühnenschriftsteller mit so taubem Innenohr für echte Menschensprache wie den angeblichen Naturalisten Wedekind: er läßt seine Sekundaner und Backfische unerträglich papierenen Schwulst daherreden. – Noch um einige Stufen tiefer steht sein ebenso widerwärtiges wie kunstloses Stück »Musik« (1908). – Wedekind hat einen Band Gedichte gesammelt, in dem neben einigen netten Späßchen das platteste und poesieloseste Zeug steht.

Hingegen:

Ein wertvoller ernster Dramatiker ist Felix Salten (geb. 1869 in Budapest), der Dichter eines österreichischen Soldatenstückes »Der Gemeine» (1899) mit saftiger Volkstümlichkeit und starker Leidenschaft. Seine drei Einakter »Vom andern Ufer« (1908) zeugen von tiefer Seelenkunde und versprechen noch Besseres.

Aus etwas derberem Stoff ist Rudolf Lothar, geb. in Budapest 1865. Er hat .. mit einem seiner phantastischen Dramen: König Harlekin (1900) einen nicht unverdienten Erfolg gehabt. Ein Harlekin, allerdings nicht der erstbeste, wird König und benimmt sich durchaus nicht unköniglich. Leider hinterläßt das kühne Maskenspiel .. keinen genügend starken Nachhall. ... Von seinen aufgeführten Stücken ist das einaktige Schauspiel Cäsar Borgias Ende das künstlerisch bedeutendste. Lothars Borgia ist wirklich ein Gewaltmensch der Renaissancezeit. ...

Gröber und unfreundlicher [als Raimunds] ist das dramatische Lebenswerk des andern österreichischen Possendichters Johann Nepomuk Nestroy aus Wien (1802–1862), der wie Raimund die Schauspielerei mit der Schriftstellerei verband. Übereifrige Bewunderer haben ihn den »Wiener Aristophanes« genannt und dadurch bewiesen, daß sie nicht viel von Nestroys und nichts von Aristophanes' Bedeutung verstanden haben. Von seinen in 12 Bänden gesammelten Possen sind heute wohl nur noch die beiden: »Einen Jux will er sich machen« und

»Lumpazivagabundus« am Leben. Nestroy steht neben dem dichterisch heiteren Raimund als ein Schriftsteller, der an nichts und an niemand glaubt, alles hämisch begrinst und seine innere Säure unter Witzeleien und Zweideutigkeiten versteckt. Hebbels Ausspruch: »Wenn der an einer Rose riecht, so stinkt sie«, trifft Nestroys Wesenskern. Seine Stücke sind überdies schlecht gebaut, spannen nicht bis ans Ende, sondern ermüden früh. Außer dem geflügelten Wort »Lumpazivagabundus« stammt von ihm das rührende Lied von »Eduard und Kunigunde, Kunigunde und Eduard« her.

Hingegen:

Ihm (Hermann Bahr) sei gegenübergestellt der leider zu früh verstorbene C. Karlweis (Karl Weiß) aus Wien (1850–1902) als ein trefflicher Vertreter des »österreichischen gesunden Menschenverstandes« im Drama, von dem Grillparzer einst geschrieben. Seine Volkstücke waren von der guten Art, schwächer als Anzengrubers, aber hoch über allem, was Berliner Posse heißt. Zuweilen erinnert er ein wenig an den guten alten Raimund, z. B. in einem seiner letzten Stücke »Das liebe Ich«. Das volkstümliche Theater der Gegenwart hat in ihm einen seiner gar wenigen echten Pfleger verloren.
Ein anderer Wiener, Peter Altenberg, geb. 1862, findet die bisherige Erzählungskunst zu umständlich, ihre Gebilde zu lang. Wir leben in der Zeit der eingedampften Nahrungsmittel, da sollten wir sie auch in die Kunst einführen. . . .

Eine Ahnung von dieser neuen Chemie der künstlerischen Nahrungsmittel kann nur eine Kostprobe geben, z. B. aus der Sammlung »Wie ich es sehe« (1896):

»Zahlen wir«, sagte Albert. Sie gingen langsam durch die stillen warmen Straßen. Alle schwiegen. Albert ging neben dem jungen Mädchen dahin. Straße, Straßenecke, Straße, Straßenecke, Straße, Straßenecke, Haustor. Stiller Hausflur, stille Stiege, brim, brim, brim, brim, stilles Vorzimmer, stilles Wohnzimmer, Dämmerung. Albert setzte sich in einen Fauteuil. Das junge Mädchen setzte sich ans Fenster. Albert starrte vor sich hin. Das junge Mädchen begann leise zu weinen. Sie weinte und weinte – – –. Die Mutter kam leise herein und ging wieder hinaus – –.
Man beachte die feinen Unterscheidungen zwischen zwei und drei Gedankenstrichen! Altenbergs Gedankenleiter reicht von einem bis zu fünf Gedankenstrichen, und da auch diese Noten tiefsinniger Innenmusik nicht hinreichen, so müssen Ausrufzeichen, allein oder im Gemisch mit Fragezeichen, aushelfen. . . . Wie alle diese uns rückständigen deutschen Philistern uneinholbar vorausgeeilten Nachäffer einiger untergeordneter Franzosen schmückt er sein Buch mit einem französischen Wahlspruch und einem französischen Vorwort, teils von Huysmans, teils von ihm selbst. Merkwürdig, daß die Franzosen sich um alle diese lächerlichen deutschen Französler nicht im mindesten kümmern.

Hingegen:

Der am reichsten begabte unter den jüngeren österreichischen Lyrikern der Gegenwart ist Hugo Salus aus Böhmisch-Leipa, geb. am 3. August 1866. Er lebt als Arzt in Prag, wohl der einzige Arzt unter den hervorragenden Lyrikern unserer Zeit .. und läßt uns wieder bedenken, daß Männer mit einem so verantwortungsvollen Menschheitamt nicht zu lyrischen Gauklerkunststückchen und gemachtem Tiefsinn aufgelegt sein werden. Unter den Symbolisten, Dekadenten, Artisten, Ästheten und wie sonst diese Parisischen Modebenennungen lauten, steht kein Arzt!

Salus ist den meisten Lesern besser aus Beiträgen für die ›Jugend‹ und andre Zeitschriften bekannt als aus seinen Gedichtsammlungen. Das ist schade, denn gerade seine schönsten Gedichte eignen sich nicht für Zeitschriften, und die sich dafür eignen, verzerren sein dichterisches Bild. Er ist ein Sänger und ein Bildner, und die Beimischung des goldigen Humors gibt keinen schlechten Dreiklang. . . . Als sein Hauptkennzeichen darf gelten die Kraft des lyrischen Ausschöpfens eines geschauten Bildes oder inneren Erlebnisses.

In dem schönen Auswahlband aus seinen Sammlungen .. stehen mehr in sich vollendete kleine Kunstwerke als in einigen Dutzend Bänden bekannterer Lyriker und machen die Auslese bezeichnender Proben schwer. Den Sänger und Bildner erkennen wir in dem »Liedchen«:

> Unter dem Schirmchen aus blutroter Seide
> Wandelt sie glutübergossen einher
> In ihrem blühenden Frühlingskleide,
> Wie wenn der Frühling ein Mädchen wär.
>
> Und, verirrt von blumigen Wegen,
> Gaukelt ein Schmetterling vor ihr her,
> Und ein Knabe staunt ihr entgegen,
> Wie wenn das Mädchen ein Frühling wär.

ERSTDRUCKE, NACHDRUCKE

Die Artikel dieses Bandes sind in erster Fassung alle in der *Fackel* (einige auch vorweg in der Münchner Zeitschrift *März*) erschienen. Sie werden hier in der Reihenfolge ihres ersten Erscheinens und unter Beifügung der bisweilen abweichenden Titel aufgeführt. Ein der Quellenangabe vorangesetztes Sternchen weist auf Verwendung von größerer Schrift im Druck der *Fackel*.

1905	Die Büchse der Pandora	* F 182, 1–14	
1906	Notizen/Zwischen Ibsen-Essays von Karl Hauer und Frank Wedekind	F 205, 4–5	Ibsen
	Die Maisonne eines Septemberlebens I	F 208, 13–16	
	Die Maisonne eines Septemberlebens II	F 213, 13–15	Antworten des Herausgebers/Meteorolog
1907	Ihre Freundschaft mit Ibsen	* F 223–224, 6–9	
	Notizen/[Herr Harden, der Zitatenreiche]	F 227–228, 24–26	Zur Frauenfrage
	Der Bulldogg	F 230–231, 34–36	
1908	Der alte Tepp	* F 250, 1–10	
	Übersetzung aus Harden [I]	* F 251–252, 15–18	
	Übersetzung aus Harden [II]	F 253, 23–24	
	Girardi und Kainz	* F 254–255, 4–7	
	Übersetzung aus aus Harden [III]	41–45	
	Seine Antwort	* F 257–258, 15–48	
	Harden-Lexikon	F 261–262, 33–41	Aus dem *März*
	Der Patriot	* F 267–268, 2–16	Aus dem *März*

353

1909	Literatur	F 275–276, 15–20	
	Aus dem Papierkorb	* F 289, 3–16	
1910	Schoenebeckmesser	* F 305–306, 1–10	Aus dem *März*
	Desperanto	* F 307–308, 42–50	Aus dem *März*
	Der Freiherr	* F 311–312, 1–13	
1911	Der Fall Kerr/Der kleine Pan ist tot	F 319–320, 1–6	
	Der Fall Kerr/Der kleine Pan röchelt noch	F 321–322, 57–64	
	Der Fall Kerr/Der kleine Pan stinkt schon	* F 324–325, 50–60	
	Notizen/Die Saalverweigerung	F 326–328, 19–20	
	Der Fall Kerr/Der kleine Pan stinkt noch	28–34	
	Notizen/Ein notgedrungenes Kapitel	F 331–332, 49–53	Literatur/ohne Titel
	Notizen/Die Fackel	55–57	Literatur/ohne Titel
	Notizen/Nachruf	64	ohne Titel
	Notizen/Kokoschka und der andere	F 339–340, 22	
	Aus der Branche/Herr v. Hofmannsthal	30–31	
	Aus der Branche/Mein Gutachten	31–32	
	Aus der Branche/Eine Rundfrage	32	Aus der Branche/ Miszellen
	Notizen/Zwei Bücher	46–47	Drei Bücher, empfohlen von Karl Kraus
	Die neue Art des Schimpfens	51–56	
1912	Razzia auf Literarhistoriker	F 341–342, 29–43	
	Notizen/Erklärung	F 351–353, 53–54	Notizen/ohne Titel

Schnitzler-Feier	* 77–78	
Wenn wir Toten erwachen	* F 360–362, 64–72	
Notizen/[Gegen eine Vorlesung]	F 363–365, 30	
1913 Notizen/Eine Reminiszenz	F 370–371, 28–30	Notizen/ohne Titel
Notizen/Dichterfeier	30–33	Notizen/ohne Titel
Notizen/Ein Witz	33	Notizen/ohne Titel
Notizen/Peter Altenberg	F 372–373, 20/30	
Notizen/Gewaltiger Zusammenhang	33	Notizen/ohne Titel
Notizen/Wie kommt das nur?	33–36	Notizen/ohne Titel
Warnung vor der Unsterblichkeit	F 374–375, 14–20	
Notizen/Ein Brief	26–28	Notizen/ohne Titel
Notizen/Geteilte Ansichten	28–29	Notizen/ohne Titel
Wer ist der Mörder?	30–38	
Notizen/Der Wagner-Brief	F 378–380, 35–36	
Einer aus der Steiermark	37–41	Hinter den Kulissen des Ruhms
Notizen/Ähnlichkeit	F 381–383, 23–24	Notizen/ohne Titel
Notizen/Ein Führer	24–25	Notizen/ohne Titel
Ein gut erhaltener Fünfziger	33–36	
Bahr-Feier	37–40	Ein gut erhaltener Fünfziger
Notizen/Eine Einladung	F 384–385, 26–27	Notizen/ohne Titel
Notizen/Er is doch ä Jud	27–29	Notizen/ohne Titel
Zum Gesamtbild der Kulturentwicklung	F 387–388, 14–17	
Notizen/Ein Klagelied	F 389–390, 13–14	Notizen/ohne Titel

Notizen/Ein Kultur-dokument	14–17	Notizen/ohne Titel
Notizen/Über-einstimmungen	17–18	Notizen/ohne Titel
Die Staackmänner	F 398, 22–28	

Die Rede *Die Büchse der Pandora* hat Karl Kraus bei Gelegenheit ihres erneuten Vortrags am 7. Juli 1925 in revidierter Fassung noch einmal veröffentlicht: in F 691–696, 43–55. Vgl. in diesem Band S. 344 f.

Der Aufsatz *Seine Antwort* ist auch separat als Broschüre (gleichfalls im Verlag ›Die Fackel‹) veröffentlicht worden:

Hardens Antwort. 1908. [Aus F 257–258]

ABBILDUNGEN ZUR DOKUMENTATION

Zu Abbildung 1

[…] durch ein umlautendes Wigeleweia auf einen Wehwalt zu deuten scheint. Die geistigen Spitzen der Schnitzlerschen Welt stechen in die Augen, ich habe den »Weg ins Freie« erst auf ein Citat hin gelesen, das in den meisten Artikeln wiederkehrt, und gefunden, daß es wirklich die »Formel« Schnitzlers ist, die Predigt der »Unbeirrtheit«. Sie könnte das Erlebnis eines großen Ethikers sein, aber er würde sie schwerlich in dem Text halten:

> »Jeder muß selber zusehen, wie er herausfindet aus seinem Aerger, aus seiner Verzweiflung, oder aus seinem Ekel, irgendwohin, wo er wieder frei aufatmen kann. Solche Wanderungen ins Freie lassen sich nicht gemeinsam unternehmen, denn die Straßen laufen ja nicht im Lande draußen, sondern in uns selbst. Es kommt nur für jeden darauf an, seinen inneren Weg zu finden. Dazu ist es notwendig, möglichst klar in sich zu sehen, * den Mut seiner eigenen Natur zu haben, sich nicht beirren zu lassen.«

> * in seine verborgensten Winkel hineinzuleuchten

Es ist gewiß richtig, daß auf diesem Weg ins Freie nicht gemeinsam zu spazieren ist, das liegt in der Natur dieser Allegorie, die in dem Vergleichsobjekt leider nicht restlos aufgegangen ist. Jeder in sich, Gott in uns alle. Aber es ist weniger Glaube, weniger Metaphysik als das bekannte In sich-Geschäft der neueren Psychologie. Schnitzler ist ihr dichterischer Ausdruck, wie jene bekannte Kulturschwätzerin versichert, die jetzt jeden Abend um sechs unter unserm Bett nachsieht, ob […]

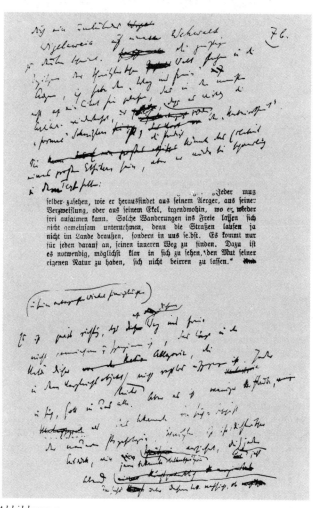

Abbildung 1
Eine Seite des eigenhändigen Manuskripts von *Schnitzler-Feier* in
F 351–353, 77–88. Vgl. in dieser Ausgabe S. 165 und 167 f.

Weltraum des Genies Sterne von — Nebelflecken zu unterscheiden?...« Ja, wie sollen sie? Überhaupt: die — Männer! Was verstehen die von Flecken, und wie man sie ausputzt!...

Herr Harden, der Zitatenreiche, druckt unter einem Essay von Hedwig Dohm über Frauenlyrik einige Sätze von Luther, Rousseau, Goethe und Jean Paul ab, die das Lob weiblicher Handarbeit in der Dichtkunst in nicht unpassender Weise entwerten. Luthers wundervolles Wort: »Wenn Weiber wohlberedt sind, das ist an ihnen nicht zu loben; es steht ihnen an, daß sie stammeln

Der lyrische Hausarzt der ‚Zukunft' ist Herr Dr. Salus, und die Rechtsanwälte des Herrn Harden, Suse und Sello, dichten bekanntlich gleichfalls. Und in derselben Nummer der ‚Zukunft', in der unter einem Lob der wirklich außerordentlichen Margarethe Beutler Goethes Verurteilung der Frauenlyrik zitiert wird, ist eine Probe männlicher Verskunst enthalten: nicht weniger als vier Seiten Verse eines der beiden dichtenden Rechtsanwälte, und siehe, im Inventar dieser Poesie finden wir: in fünfzehn Jahrgängen der ‚Zukunft' hat sich hierin nichts geändert — Lothos, Narzissen, Jasmin und Orchideen, Elfenhände und Engelsschwingen, glühende Pokale und Weihrauch-

— 26 —

kessel, Altar und Orgel, einen Silberflor und ein blütenweiches Kissen und — beinahe hätte ich ihn vergessen — einen Sarkophag. wieder. Herr Harden hat wohl nicht gefürchtet, daß seine Leser ihm die Absicht zutrauen könnten, auch Goethes Wort von den Männern, die wie die Weiber schreiben, mit einem Beitrag in derselben Nummer zu belegen.

Abbildung 2
Anfang und Schluß des Artikels »Herr Harden, der Zitatenreiche« (S. 23–25) im Druck der *Fackel* (F 227–228, 24–26) mit eigenhändigen Korrekturen für die Übernahme in das Buch. (Die von Kraus wieder gestrichene Korrektur dürfte erst »gewiß begabten«, dann »wirklich begabten« gelautet haben.)

Abbildung 3
Einbandtitel der broschierten Ausgabe von 1929. Die Bezeichnung Band I erscheint – außer in Anzeigen – nur an dieser Stelle.

Notizen

Mai 1913

Ein Brief

Die meisten Briefe, die im Verlag der Fackel geschrieben werden, haben durchaus keinen geschäftlichen Inhalt. Es sind Antworten an Einsender, deren Annäherung als schimpflich empfunden wurde, motivierte Entziehungen des Abonnements, wenn der Abonnent mit Berufung auf diese Würde sich zu weit vorgewagt hatte, Kündigungen des Freiexemplars an Redaktionen, die über die Pflicht hinaus, den »Inhalt« abzudrucken, zu einer Kritik übergegriffen hatten, Zurechtweisungen von Behörden, die sich für verpflichtet hielten, den Herausgeber von einem Abonnement auf die Fackel zu unterrichten, Verweigerungen von Nachdrucken mit Grundlegung zu späteren Haßausbrüchen und dergleichen mehr. Man sieht, es gibt auch im Verlag viel zu tun. Einer dieser Briefe lautet:

Wien, 24. April 1913.

An die Schriftleitung der Deutschen Tageszeitung, Berlin.

Ein Berliner Ausschnittbureau übersendet uns den Artikel, den Sie am 14. April über Peter Altenberg gebracht haben und der mit den Worten beginnt:
»Peter Altenberg, so schreibt Adolf Bartels im 18. Bogen seines deutschen Schrifttums, heißt eigentlich Richard Engländer.«
Sonst zitieren Sie keinen weiteren Ausspruch dieser Autorität, sondern gehen zu einem Nachdruck der Altenberg'schen Skizze »So wurde ich« über, in der des Anteils gedacht ist, den der Herausgeber der Fackel an der Publikation des ersten Altenberg'schen Buches hat, und die mit den Worten schließt:

Abbildung 4
Eine Seite (190) aus der Erstausgabe des Buches.

TRIANON~THEATER
(Nestroyhof)

Wien, 29. Mai 1905

Einleitende Vorlesung von Karl Kraus

Hierauf:

DIE BÜCHSE DER PANDORA

Tragödie in drei Aufzügen von Frank Wedekind.

Regie: Albert Heine.

Lulu	Tilly Newes
Alwa Schön	O. D. Potthof
Rodrigo Quast, Athlet	Alexander Rottmann
Schigolch	Albert Heine
Alfred Hugenberg, Zögling einer Korrektions- anstalt	Tony Schwanau
Die Gräfin Geschwitz	Adele Sandrock
Marquis Casti-Piani	Anton Edthofer
Bankier Puntschu	Gustav d'Olbert
Journalist Heilmann	Wilhelm Appelt
Magelone	Adele Nova
Kadéga di Santa Croce, ihre Tochter	Iduschka Orloff
Bianetta Gazil	Dolores Stadlon
Ludmilla Steinherz	Claire Sitty
Bob, Groom	Irma Karczewska
Ein Polizeikommissär	Egon Fridell
Herr Hunidey	Ludwig Ströb
Kungu Poti, kaiserlicher Prinz von Uahubee	Karl Kraus
Dr. Hilti, Privatdozent	Arnold Korff
Jack	Frank Wedekind

Der erste Akt spielt in Deutschland, der zweite in Paris, der dritte in London.

Die Vorstellung findet vor geladenem Publikum statt.

Anfang präzise ¹/₂8 Uhr.

• • •

Abbildung 5

Programmzettel der Wiener Erstaufführung der *Büchse der Pan- dora* in der Wiedergabe der *Fackel* vom 9. Juni 1905 (F 182, 15).

Berlin, den 25. Juni 1910.

Schoenebecks.

Allenstein, das Olsztyn der masurischen Polen, liegt an einem Nebenfluß des Pregel, der Alle, wo Marschall Soult 1807, vier Tage vor der Schlacht bei Eylau, den russo=preußischen Nachtrab schlug. Ungefähr dreißigtausend Einwohner. Kreisstadt im preußischen Regirungbezirk Königsberg; fünfzig Kilometer von der russischen Grenze. Hochmeisterschloß; restaurirte Katholikenkirche; nah beim Städtchen die Provinzialirrenanstalt Kortau. Schneidemühlen, Brauereien, Maschinenfabriken; Handel mit Holz, Leinwand, Hopfen. Dragoner, Feldartillerie, zwei Infanterieregimenter in Garnison. Dahin wurde im Dezember 1906 der fast siebenunddreißigjährige Hauptmann von Goeben als Batteriechef versetzt. Sohn aus der zweiten Ehe eines Gutsbesitzers, der als Sechzigjähriger an Leberkrebs starb. Die Mutter, in deren Familie Psychosen nachweisbar sein sollen und die als eine in hemmungslosen Ueberschwang neigende, dem Sohn in blinder Zärtlichkeit anhangende Frau geschildert wird, war fünfunddreißig Jahre alt, als das Kind ihrem Schoß entbunden wurde. Schwere Zangengeburt. Die rechte Seite des Knabenkörpers bleibt in der Entwickelung hinter der linken zurück. Arm und Bein sind rechts um einen Centimeter kürzer als links. Der Jüngling, der Mann schleift das rechte Bein schwerfällig nach und benutzt zum Schreiben und Schießen den linken Arm. Als Kind hat er an Masern, Scharlach, Keuchhusten, Skrofulose gelitten und sich einen Leisten=

Abbildung 6
Eine Seite aus der *Zukunft* von Maximilian Harden mit dem Anfang des Aufsatzes *Schoenebecks,* auf den sich Kraus mit *Schoenebeckmesser* bezieht. Vgl. besonders S. 229.

Abbildung 7
Das in dem Aufsatz *Die Staackmänner* besprochene »letzte Bild« (S. 296f.) aus dem *Taschenbuch für Bücherfreunde 1913* des Staackmann-Verlags.

Abbildung 8
Die in dem Aufsatz *Wer ist der Mörder?* (S. 301) beschriebene und ausschnittweise reproduzierte Zeichnung von Blix (*Zeit im Bild*, 9. April 1913, 770).

LITERATURVERZEICHNIS

Ausgaben

Literatur und Lüge. Wien/Leipzig: Verlag ›Die Fackel‹ 1929.
367 S. 8°.
– – – Hrsg. von Heinrich Fischer. München: Kösel-Verlag 1958.
360 S. (= Sechster Band der Werke von Karl Kraus.)
– – – Auswahl von Heinrich Fischer. München: Deutscher Taschenbuch Verlag 1962. 213 S. (= dtv 37.)

*

Karl Kraus: Heine und die Folgen. Schriften zur Literatur. Ausgewählt und erläutert von Christian Wagenknecht. Stuttgart: Reclam
1986. 392 S. (= Universal-Bibliothek 8309 [5].)

Abhandlungen

Helmut Arntzen: Karl Kraus und Hugo von Hofmannsthal. In:
Ders.: Literatur im Zeitalter der Information. Aufsätze, Essays, Glossen. Frankfurt a. M. 1971. 221–245.
Helmut Arntzen: Karl Kraus und die Presse. München 1975 (= Literatur und Presse/Karl-Kraus-Studien Band 1).
Helmut Arntzen: Der junge Karl Kraus als Kritiker des fin de siècle.
In: Ders.: Zur Sprache kommen. Studien zur Literatur und Sprach-
reflexion, zur deutschen Literatur und zum öffentlichen Sprachge-
brauch. Münster 1983. 231–242 (= Literatur als Sprache. Literatur-
theorie – Interpretation – Sprachkritik Band 4).
Helmut Arntzen: Die Funktion der Polemik bei Karl Kraus. In:
Sigurd Paul Scheichl und Edward Timms (Hrsg.): Karl Kraus in
neuer Sicht. Londoner Kraus-Symposium/Karl Kraus in a New Per-
spective. London Kraus Symposium. München 1986 (Kraus-Hefte
Sonderband).
Martina Bilke: Zeitgenossen der »Fackel«. Wien 1981.
Jay F. Bodine: Heinrich Heine, Karl Kraus and »die Folgen«. A Test
Case of Literary Texts, Historical Reception and Receptive Aesthe-
tics. In: Colloquia Germanica 17 (1984). 14–59.
Volker Bohn: Das seltsame Wechselspiel. Über den Zusammenhang

367

von Presse-, Sprach- und Literaturkritik bei Karl Kraus. In: Ders.: Satire und Kritik. Über Karl Kraus. Frankfurt a. M. 1974.

Mechthild Borries: Ein Angriff auf Heinrich Heine. Kritische Betrachtungen zu Karl Kraus. Stuttgart 1971 (= Studien zur Poetik und Geschichte der Literatur. 13).

Gilbert J. Carr: The Major Literary Polemics of Karl Kraus. Diss. (masch.) Durham (GB) 1972.

Andreas Disch: Das gestaltete Wort. Die Idee der Dichtung im Werk von Karl Kraus. Zürich 1969.

Kari Grimstad: Masks of the Prophet. The Theatrical World of Karl Kraus. Toronto/Buffalo/London 1982.

Eduard Haueis: Karl Kraus und der Expressionismus. Diss. Erlangen/Nürnberg 1968.

Hellmuth Himmel: Hugo von Hofmannsthal und Karl Kraus. In: Österreich in Geschichte und Literatur 10 (1966). 551–565.

Hans Christian Kosler: Karl Kraus und die Wiener Moderne. In: Heinz Ludwig Arnold (Hrsg.): Karl Kraus. München 1975 (= Text + Kritik. Sonderband). 39–57.

Werner Kraft: Karl Kraus. Beiträge zum Verständnis seines Werkes. Salzburg 1956.

Werner Kraft: Das Ja des Neinsagers. Karl Kraus und seine geistige Welt. München 1974.

Kurt Krolop: »Ahnenwertes Ahner«. Zur Genesis und Funktion der Traditionswahl bei Karl Kraus. In: Wissenschaftliche Zeitschrift der Martin-Luther-Universität Halle-Wittenberg im Juli 1974. Berlin (DDR) 1978. 255–274.

Josef Quack: Bemerkungen zum Sprachverständnis von Karl Kraus. Bonn 1976 (= Abhandlungen zur Kunst-, Musik- und Literaturwissenschaft. 232).

W. Burkhard Spinnen: Karl Kraus und Peter Altenberg. In: Kraus-Heft 34 (1985). 1–8.

Joseph Peter Stern: Karl Kraus and the Idea of Literature. In: Encounter (London) 45 (1975) Nr. 2. 37–48.

Joseph Peter Stern: Karl Kraus: Language and Experience. In: Sigurd Paul Scheichl und Edward Timms (Hrsg.): Karl Kraus in neuer Sicht. Londoner Kraus-Symposium/Karl Kraus in New Perspective. London Kraus Symposium. München 1986 (Kraus-Hefte Sonderband).

Reinhard Urbach: Karl Kraus und Arthur Schnitzler. Eine Dokumentation. In: Literatur und Kritik 5 (1970). 513–530.

Reinhard Urbach: Karl Kraus und Hugo von Hofmannsthal. Eine Dokumentation. I: 1892–1899. II: 1899–1935. In: Hofmannsthal-Blätter 6 (1971). 447–458. 12 (1974). 372–424.

Christian Wagenknecht: »Um den Reigen«. Karl Kraus und Arthur Schnitzler. In: Kraus-Heft 34 (1985). 9–15.

Nike Wagner: Geist und Geschlecht. Karl Kraus und die Erotik der Wiener Moderne. Frankfurt a. M. 1982.

Björn Uwe Weller: Karl Kraus und Maximilian Harden. In: Publizistik 13 (1968). 44–53.

REGISTER

Das nachfolgende Register verzeichnet in der Hauptsache die Namen solcher Autoren und die Titel solcher Werke, von denen in den Schriften dieses Bandes (einschließlich der Paralipomena) an den jeweils nachgewiesenen Stellen anerkennend oder absprechend die Rede ist. (Sei es auch nur im Wege der Anspielung.) Nicht erfaßt werden bloße Erwähnungen (wie Joseph Maria Olbrichs, S. 169) und rein illustrative Zitierungen (wie der Nestroy-Sätze S. 31). Die Namen von Verlagen und Verlegern, die in Kraus' literaturkritischen Schriften eine gewichtige Rolle spielen, sind unter diesem Stichwort aufgeführt. Die Stellen, an denen Kraus sich kritisch auf sich selbst und auf eigene Werke bezieht, finden sich am Schluß des Registers eigens zusammengestellt. – Zur ersten Erläuterung sind die Lebensdaten der Autoren (teils nach Ögg) und die Erscheinungsdaten der Werke beigefügt.

Altenberg, Peter (1859–1919)
43, 173 f., 178 f., 208, 255,
290 f., 326, 328–330, 351
Semmering 1912 (1913) 290
d'Annunzio, Gabriele (1863–
1938) 255
Arnold, Robert Franz
[Levisohn] (1872–1938) 315
Auernheimer, Raoul (1876–
1948) 162, 330
Bacher, Eduard (1848–1908)
120
Bahr, Hermann (1863–1934)
49, 54 f., 129 f., 139–141, 168–
170, 270–274, 275–279
Bardach, Emilie 26–34
Bartels, Adolf (1862–1945)
173
Bartsch, Rudolf Hans (1873–
1952) 246, 249, 263–269,
283, 293, 296
Als Österreich zerfiel ... 1848

(1905)/Der letzte Student
(1913) 263–268
Baudelaire, Charles (1821–67)
63, 169, 249
Beer-Hofmann, Richard (1866–
1945) 210
Benedikt, Moriz (1849–1920)
59 f., 62, 120 f., 140, 152–154,
248
Berg, Leo (1862–1908) 257
Berger, Alfred von (1853–1912)
136, 149–159, 237 f., 243
Bernstein, Max (1854–1925)
110
Bettelheim, Anton (1851–1930)
259, 262
Bierbaum, Otto Julius (1865–
1910) 141
Björnson, Björnstjerne (1832–
1910) 135
Blei, Franz (1871–1942) 177 f.,
208

Blix, Ragnvald (?–1958)
300 f.

Blumenthal, Oskar (1852–1917)
319

Böhlau, Helene (1859–1960)
255

Borchardt, Rudolf (1877–1945)
332

Brandes, Georg (1842–1927)
26–29, 33 f., 281
Henrik Ibsen (1906) 26–31

Brod, Max (1884–1968) 207–
209
Jüdinnen (1911) 209

Buchbinder, Bernhard (1849–
1922) 66 f., 247

Busse, Carl (1872–1918) 141–
145, 281

Dörmann, Felix (1870–1928)
169 f., 247, 249, 258

Dostojewskij, Fjodor M. (1821–
1881) 63

Dreyer, Max (1862–1946) 254

Durieux, Tilla (1880–1971) 186–
189, 197

Ehrenstein, Albert (1886–1950)
75, 319
Ritter Johann des Todes
(1910) 75
Tubutsch (1911) 75
Wanderers Lied (1910) 75

Eichendorff, Joseph von (1788–
1857) 77

Elias, Julius (1861–1927)
Christianiafahrt. Erinne-
rungen (1906) 29–31

Engel, Eduard (1851–1938) 314,
348
Geschichte der deutschen
Literatur (1906) 348–352

Ernst, Otto (1862–1926) 254,
259, 298
Die Liebe höret nimmer auf
(1911) 254

Ertl, Emil (1860–1935) 294,
296

Ewald, Oskar (1881–?) 286,
317

Ewers, Hanns Heinz (1871–
1943) 255, 294

Fischer, Kuno (1824–1907)
286

Flaubert, Gustave (1821–80)
63

Freud, Sigmund (1856–1939)
33, 131

Friedell, Egon (1878–1938)
286–288

Gabelentz, Georg von der
(1868–1940) 296

Gagern, Friedrich von (1882–
1947) 295

Ganz, Hugo (1862–1922)
175 f.

Geißler, Max (1868–1951)
Führer durch die deutsche
Dichtung des 20. Jahrhun-
derts (1913) 178

George, Stefan (1868–1933)
332 f., 348 f.

Geyer, Siegfried 288

Ginzkey, Franz Karl (1871–1963)
293, 296

Girardi, Alexander (1850–1918)
66–68

Goethe, Johann Wolfgang von
(1749–1832) 22–26, 67, 69 f.,
144

Goldscheid, Rudolf (1870–1931)
317

Grazie, Marie Eugenie delle (1864–1931) 259

Gregori, Ferdinand (1870–1928) 296 f., 317

Greinz, Rudolf (1866–1942) 294

Gulbransson, Olaf (1873–1958) 36 f., 92, 301

Gundolf, Friedrich (1880–1931)
Das Bild Georges (1910) 332–334

Halbe, Max (1865–1944) 141

Handel-Mazzetti, Enrica von (1871–1955) 249

Handl, Willi (1872–1921?) 53

Hanslick, Eduard (1825–1904) 184

Hardekopf, Ferdinand (1876–1954) 196

Harden, Maximilian (1861–1927) 18, 23–25, 35, 79–85, 86–98, 99–106, 107–138, 152 f., 155–160, 186 f., 193, 197–199, 202, 205, 210 f., 219–226, 227–236, 237–245, 256, 303–305, 314
Köpfe (Bd. 1, 1910) 155
Schoenebecks (1910) 227–236

Hart, Hans (1878–1940) 294

Hauer, Karl (1875–1919)
Ibsen (1906) 22
Von den fröhlichen und unfröhlichen Menschen (1911) 74 f.

Hauptmann, Gerhart (1862–1946) 169–171, 257, 265
Rose Bernd (1903) 50
Und Pippa tanzt! (1906) 171

Hauser, Otto (1876–1944) 247, 251 f., 259

Heine, Heinrich (1797–1856) 26, 44, 67, 70 f., 141–144, 154, 196, 211, 260 f., 329

Heine, Thomas Theodor (1867–1948) 36 f., 92, 298

Hesse, Rudolf 295

Heubner, Rudolf (1867–1967) 294

Hevesi, Ludwig (1842 oder 1843–1910) 53 f.

Heym, Georg (1887–1912) 178

Hildenbrandt, Fred (1892–?) 345–347

Hille, Peter (1854–1904) 179

Hiller, Kurt (1885–1972) 195

Hirsch, Maria (1848–1911) 259

Hirschfeld, Georg (1873–1942) 169 f.

Hirschfeld, Leo (1869–1924) 250

Hoffmann, Camill (1879–1944)
Deutsche Lyrik aus Österreich seit Grillparzer (1912) 247–249

Hoffmann, Josef (1870–1956) 275

Hofmannsthal, Hugo von (1874–1929) 69 f., 329 f., 332 f., 335
Das Spiel vor der Menge (1911) 69 f.
Jedermann (1911) 69, 329

Hofmiller, Josef (1872–1933) 265
Meine Ermordung durch

Rudolf Hans Bartsch (1913) 265 f.

Hollaender, Felix (1867–1931) 255

Holzer, Rudolf (1875–1965) 54–56

Huggenberger, Alfred (1867–1960) 295

Ibsen, Henrik (1828–1906) 22 f., 26–31, 32–34, 63, 162
Baumeister Solneß (1892) 28 f., 34
Brand (1866) 22
Briefe *siehe* Brandes (1906)
Frau Inger (1855) 22
Die Kronprätendenten (1864) 22
Die nordische Heerfahrt (1858) 22
Die Wildente (1884) 22
Kaiser und Galiläer (1873) 22
Peer Gynt (1867) 22
Wenn wir Toten erwachen (1899) 34

Jacobsohn, Siegfried (1881–1926) 197

Jean Paul (Johann Paul Friedrich Richter) (1763–1825) 23, 246, 259, 290

Kainz, Josef (1858–1910) 66–68, 158

Kalbeck, Max (1850–1921) 246, 259, 262

Karlweis, C. (1850–1901) 359

Kerr, Alfred (1867–1948) 186–218, 304, 308

Kisch, Egon Erwin (1885–1948) 346 f.

Kokoschka, Oskar (1886–1980) 73 f., 178, 301

Koschat, Thomas (1845–1914) 178 f.

Kürnberger, Ferdinand (1821–79) 53, 315

Lasker-Schüler, Else (1876–1945) 73, 77, 255, 289, 322–325
Brief (1911) 73

Lichtenberg, Georg Christoph (1742–99) 67

Liliencron, Detlev von (1844–1909) 35, 137, 141, 144 f., 283

Lippowitz, Jacob (1865–1934) 140

Lothar, Ernst (1890–1974) 170

Lothar, Rudolf (1865–1933) 42, 77, 246, 256, 350

Luther, Martin (1483–1546) 23, 205

Mann, Heinrich (1871–1950) 170, 187, 255

Mann, Thomas (1875–1955) 170

Meyer, Richard Moritz (1860–1914) 310–316, 317–320, 321 f.
Die deutsche Literatur des Neunzehnten Jahrhunderts (1899) 310
Über eine neue Art des Schimpfens (1911) 310–316
Literarische Kunst (1913) 317–320

Meyrink, Gustav (1868–1932) 37

Michalski, Hans (Pseudonym: Bold) 304

Michel, Wilhelm (?)
Max Oppenheimer (1911) 73

373

Milow, Stefan (1836–1915)
259

Mörike, Eduard (1804–75) 77,
143 f.

Moser, Kolo (1868–1918) 275

Mühsam, Erich (1878–1934)
195

Müller, Hans (1882–1950)
246

Necker, Moriz (1857–1915)
248 f., 259

Nestroy, Johann (1801–1862)
67 f., 283, 350 f.

Niese, Charlotte (1854–1935)
259

Nietzsche, Friedrich (1844–
1900) 63, 206 f., 285

Nora, Anton de (1864–1936)
295

Nordau, Max (1849–1923) 63–
65
Entartung (1892–1893) 63–
65

Offenbach, Jacques (1819–80)
16

Oppenheimer, Max (1885–
1954) 73 f., 177 f.

Pfemfert, Franz (1879–1954)
196, 201, 205

Polgar, Alfred (1873–1955) 53

Przybyszewski, Stanislaw (1868–
1927) 283

Puvis de Chavannes, Pierre
(1824–1898) 63

Raimund, Ferdinand (1790–
1836) 67 f., 321, 350 f.

Raupach, Ernst von (1784–
1852) 22

Reinhardt, Max (1873–1943)
39, 49, 67–69

Rezniček, Ferdinand (1868–
1909) 37

Rilke, Rainer Maria (1875–
1926) 286

Roda Roda, Alexander (1872–
1945) 35, 288

Rodin, Auguste (1840–1917)
63

Rößler, Karl (1864–1948) 76,
286
Die fünf Frankfurter (1911)
76

Rops, Félicien (1833–98) 9

Rousseau, Jean-Jacques (1712–
78) 23

Salten, Felix (1869–1947) 47–51,
53, 71, 216, 248, 350

Salzer, Marcell (1873–1930) 286

Salus, Hugo (1866–1929) 25,
352

Sauer, August (1855–1926)
259

Schalek, Alice (1874–1956) 43

Schiller, Friedrich von (1759–
1805) 288, 300

Schmitz, Oskar Alexander H.
(1873–1931) 197 f.

Schnitzler, Arthur (1862–1931)
161–172, 329–332
Anatol (1893) 161, 164, 330
Das Tagebuch der
Redegonda (1911) 165
Das weite Land (1911) 171
Frau Beate und ihr Sohn
(1913) 330–332
Freiwild (1898) 171
Bertha Garlan (1901) 165
Leutnant Gustl (1900) 167
Liebelei (1896) 162, 170
Marionetten (1906) 162, 164

Professor Bernhardi (1912) 329

Reigen (1903) 167

Scholz, Wenzel (1787–1857) 68

Schöttler, Horst (1874–?) 295

Schreckenbach, Paul (1866–1922) 296

Die letzten Rudelsburger (1914) 296

Schweighofer, Felix (1842–?) 68

Sello, Erich (1852–1912) 25

Servaes, Franz (1862–1947) 38–43, 281

Shakespeare, William (1564–1616) 13, 15, 53, 58, 61, 67, 86, 345

König Lear (1608) 86

Sonett Nr. XCV (1609) 13

Shaw, George Bernard (1856–1950) 252, 278, 286

Sil Vara (1876–1938) 27–30, 175

Sonnenthal, Adolf von (1834–1909) 158

Soergel, Albert (1880–1958) 253–258

Dichtung und Dichter der Zeit (1911) 253–258

Soyka, Otto (1882–1955) 295 f.

Speidel, Ludwig (1830–1906) 27, 44, 47, 153 f., 247 f., 315

Schriften (1910–1911) 153 f., 247 f.

Spitzer, Daniel (1835–93) 129

Stavenhagen, Fritz (1876–1906) 259

Sterne, Laurence (1713–1768) 75, 246, 346

Stifter, Adalbert (1805–1868) 346

Stoessl, Otto (1875–1936) 41

Sonjas letzter Name (1908) 41

Strauß, Richard (1864–1949) 39

Strindberg, August (1849–1912) 27, 255, 283, 349

Strobl, Karl Hans (1877–1946) 293

Strzygowski, Josef (1862–1941) 317

Sudermann, Hermann (1857–1928) 217

Suse, Theodor (1857–1917) 25, 259

Tavolato, Italo (?) 281 f.

Thaller, Willi (1854–1941) 68

Thoma, Ludwig (1867–1926) 86, 92–94

Thöny, Wilhelm (1888–1949) 92

Tolstoj, Lew N. (1828–1910) 57–65, 277

Die Kreutzersonate (1891) 57

Trebitsch, Siegfried (1869–1956) 257, 278, 297

Des Feldherrn erster Traum (1910) 297

Ullmann, Ludwig (1887–?) 326 f.

Verlage und Verleger

F. A. Brockhaus, Leipzig 246 f.

Paul Cassirer, Berlin 73, 186–211

Alexander Duncker, Weimar 178

S. Fischer, Berlin 49, 206, 249, 297

Albert Langen, München 35–37

J. Meyer (Bibliographisches Institut), Leipzig 247

Meyer & Jessen, Berlin 247 f.

Georg Müller, München 294

L. Staackmann, Leipzig 292–298

Ullstein, Berlin 263

Velhagen & Klasing, Bielefeld und Leipzig 141

Verlaine, Paul (1844–1896) 256

Voss, Richard (1851–1918) 22

Wagner, Richard (1813–1883) 39, 184 f.

Walzel, Oskar (1864–1944) 247, 287 f.

Wantoch, Hans (1885–?) 53 f.

Wassermann, Jakob (1873–1934) 330

Weber, Karl Julius (1767–1832) Demokritos. Oder hinterlassene Papiere eines lachenden Philosophen (1832–1840) 35

Wedekind, Frank (1864–1918) 9–21, 35, 113, 170 f., 204, 230, 254, 283–286, 287–289, 344 f., 349 f.
Die Büchse der Pandora (1904) 9–21, 289, 344 f.
Erdgeist (1895) 9 f., 12, 18, 171, 285, 288

Frühlings Erwachen (1891) 230
Hidalla (1904) 11, 20 f.

Weigand, Wilhelm (1862–1949) 255

Weilen, Alexander von (1863–1918) 166

Weinberger, Charles (1861–1939) 247

Weininger, Otto (1880–1903) 260

Weisse, Adolf (1857–1933) 289

Wertheimer, Paul (1874–1937) 142, 246, 349

Widmann, Josef Viktor (1842–1911) 259–262

Wilde, Oscar (1856–1900) 63, 165

Wildgans, Anton (1881–1932) 295

Wilke, Rudolf (1873–1908) 92, 301

Wittmann, Hugo (1839–1923) 153, 248

Zahn, Ernst (1867–1952) 296

Zifferer, Paul (1879–1929) 208, 248

Zola, Emile (1840–1902) 62 f.

Zuckerkandl, Berta (1864–1945) 275–278

Zweig, Stefan (1881–1942) 171

*

Kraus, Karl (1874–1936) 42, 45, 76–78, 86, 107–138, 139 f., 145–147, 148, 160, 173–178, 180–184, 196–218, 237–245, 247, 256 f., 259 f., 280–284, 299–309, 310–326, 344

Der Fall Hervay (1904)
130 f.
Der Freiherr (1910) 237–
245

Maximilian Harden. Ein
Nachruf (1918) 107–138
Nestroy und die Nachwelt
(1912) 283

EDITORISCHE NOTIZ

Das Satzbild von Heinrich Fischers Ausgabe, die als *Sechster Band der Werke von Karl Kraus* erstmals 1958 erschienen ist, konnte gutenteils übernommen werden. Fischer hat die Originalausgabe von 1929 zugrunde gelegt und auch die in der *Fackel* angezeigten Druckversehen korrigiert. Auszuschließen war der seinerzeit aus aktuellem Anlaß eingefügte *Briefwechsel mit der »Literarischen Welt«* aus dem Jahre 1930; wieder aufzunehmen der von Fischer nur aus technischen Gründen fortgelassene Aufsatz *Die Staackmänner*. Auch die Artikel *Ein gut erhaltener Fünfziger* und *Wer ist der Mörder?* erscheinen nun mit den photographischen Reproduktionen der Originalausgabe. Wiederhergestellt wurden die Widmung am Beginn des Buches und die Datierungen am Kopf der einzelnen Artikel. Bei einem erneuten Vergleich mit der Ausgabe von 1929 und den Erstdrucken in der *Fackel* konnte eine Reihe von Druckfehlern (teils beider Ausgaben) berichtigt werden. Darüber hinaus wurden einige irrige Schreibungen von Namen (wie »Lawrence Sterne« und »Kreuzersonate«) richtiggestellt. Das Inhaltsverzeichnis führt anders als in der Originalausgabe außer den Gruppen- auch die Einzelüberschriften auf. Einen Eindruck vom originalen Schriftbild vermittelt das S. 362 mitgeteilte Faksimile.

Göttingen, 1. September 1986   Christian Wagenknecht

INHALT

LITERATUR UND LÜGE

Die Büchse der Pandora	9
Notizen	22
Zwischen Ibsen-Essays von Karl Hauer und Frank Wedekind	22
[Herr Harden, der Zitatenreiche]	23
Die Maisonne eines Septemberlebens	26
I	26
II	29
Ihre Freundschaft mit Ibsen	32
Der Bulldogg	35
Literatur	38
Aus dem Papierkorb	44
Der alte Tepp	57
Girardi und Kainz	66
Aus der Branche	69
Herr v. Hofmannsthal	69
Mein Gutachten	70
Eine Rundfrage	71
Notizen	73
Kokoschka und der andere	73
Zwei Bücher	74
Erklärung	76
Übersetzung aus Harden	79
[I]	79
[II]	81
[III]	81
Der Patriot	86
Harden-Lexikon	99
Seine Antwort	107
Notizen	139
Die Saalverweigerung	139
Ein notgedrungenes Kapitel	141
Die Fackel	145
Nachruf	147
Der Freiherr	149

Schnitzler-Feier	161
Notizen	173
Ein Brief	173
Geteilte Ansichten	175
Ähnlichkeit	177
Ein Führer	178
Eine Einladung	179
Er ist doch ä Jud	180
Der Wagner-Brief	184
Der Fall Kerr	186
Der kleine Pan ist tot	186
Der kleine Pan röchelt noch	192
Der kleine Pan stinkt schon	201
Der kleine Pan stinkt noch	212
Desperanto	219
Schoenebeckmesser	227
Wenn wir Toten erwachen	237
Razzia auf Literarhistoriker	246
Einer aus der Steiermark	263
Ein gut erhaltener Fünfziger	270
Bahr-Feier	275
Notizen	280
[Gegen eine Vorlesung in Graz]	280
Gewaltiger Zusammenhang	280
Wie kommt das nur?	281
Eine Reminiszenz	284
Dichterfeier	286
Ein Witz	289
Peter Altenberg	290
Die Staackmänner	292
Wer ist der Mörder?	299
Die neue Art des Schimpfens	310
Zum Gesamtbild der Kulturentwicklung	317
Notizen	321
Ein Klagelied	321
Ein Kulturdokument	322
Übereinstimmungen	326
Warnung vor der Unsterblichkeit	328

ANHANG

Entstehung und Überlieferung 339
Paralipomena
    Die Büchse der Pandora [Fußnoten 1925] 344
    Literatur und Lüge 345
    Aus einer Literaturgeschichte, die als Lehrmittel dient . 347
Erstdrucke, Nachdrucke 353
Abbildungen zur Dokumentation 357
Literaturverzeichnis 367
Register 370
Editorische Notiz 378

Karl Kraus
Schriften
Herausgegeben von
Christian Wagenknecht
12 Bände

Band 1: Sittlichkeit und Kriminalität
Band 2: Die chinesische Mauer
Band 3: Literatur und Lüge
Band 4: Untergang der Welt durch schwarze Magie
Band 5: Weltgericht I
Band 6: Weltgericht II
Band 7: Die Sprache
Band 8: Aphorismen
Band 9: Gedichte
Band 10: Die letzten Tage der Menschheit
Band 11: Dramen
Band 12: Dritte Walpurgisnacht